南船北归

沪港航运界百年风云

卢铭安 著

上海大学出版社

图书在版编目(CIP)数据

南船北归：沪港航运界百年风云/卢铭安著.——上海：上海大学出版社，2024.11.——ISBN 978-7-5671-5101-7

Ⅰ.F552.9

中国国家版本馆CIP数据核字第2024S3F510号

责任编辑　贺俊逸　陈　强
封面设计　缪炎栩
技术编辑　金　鑫　钱宇坤

南船北归
——沪港航运界百年风云

卢铭安　著

上海大学出版社出版发行
（上海市上大路99号　邮政编码200444）
（https://www.shupress.cn）发行热线021-66135112
出版人　余　洋

*

南京展望文化发展有限公司排版
上海华业装潢印刷厂有限公司印刷　各地新华书店经销
开本710 mm×960 mm　1/16　印张24.25　字数409千
2024年11月第1版　2024年11月第1次印刷
ISBN 978-7-5671-5101-7/F·249　定价　85.00元

版权所有　侵权必究
如发现本书有印装质量问题请与印刷厂质量科联系
联系电话：021-57602918

目　录

第一章　中国海员工会的建立及成长 …… 001
　　早期的海员团体 …… 002
　　中华海员工业联合总会 …… 005
　　收复武汉和九江英租界 …… 009
　　国共争夺海员工会 …… 012

第二章　组建中央红色交通线 …… 016
　　摧不垮打不烂的地下航线——南方线 …… 017
　　红色交通线与白求恩和林迈可 …… 019
　　抗战后的地下航线 …… 023

第三章　长江大撤退 …… 026
　　上海航运界抗战前后两重天 …… 026
　　上海及长江下游大撤退 …… 028
　　武汉及长江中游撤退 …… 032
　　六大江轮入川，取消英美航运特权 …… 039

第四章　悲壮的长江沉船堵塞抗敌 …… 047
　　招商局带头沉船拒敌，中兴公司绝不与敌伪合作 …… 047
　　黄浦江和马当要塞江上封锁线 …… 051
　　江阴要塞沉船封江计划泄密案 …… 062

第五章　虞洽卿的三北公司和陈通顺的中威轮船公司及国际海事索赔案 …… 064
　　三北公司及首次胜诉战争赔偿案 …… 064

　　　　　　中威轮船公司与诉讼78年的"中威"案胜诉 ………………… 070

第六章　民生实业公司与宜昌大撤退 ……………………………… 081
　　　　　　靠70吨小火轮起家的民生实业公司 ……………………… 081
　　　　　　参与长江大撤退 …………………………………………… 085
　　　　　　民生船队成为大后方水运中坚力量 ……………………… 093

第七章　抗战胜利后风起云涌的沪港航运界 ……………………… 098
　　　　　　西迁的上海航运界重返上海滩 …………………………… 098
　　　　　　招商局轮船舞弊案及收回英美等国航行特权 …………… 104
　　　　　　徐学禹与迅速发展的招商局 ……………………………… 110

第八章　"南船北归"前哨战 ………………………………………… 114
　　　　　　在香港建立中共的华润华夏航运公司 …………………… 114
　　　　　　解放军渡江前夕的国共"南北通航" ……………………… 121
　　　　　　"海王星"轮获新中国海轮第一号船舶国籍证书 ………… 123
　　　　　　刘浩清与大中华轮船公司"大江"轮北上回归 …………… 126

第九章　"南船北归"拉开序幕 ……………………………………… 131
　　　　　　华胜轮船股份有限公司沈锦洲人走船归 ………………… 131
　　　　　　民新轮船公司王时新——复杂人生,香港首富 ………… 133
　　　　　　指挥"沙根"轮北归的张燕铎船长 ………………………… 135
　　　　　　上海实业公司"大上海""新上海"两海轮北归 ………… 136
　　　　　　新大陆轮船公司的"新中国""新亚洲"两轮北归 ……… 138
　　　　　　船与人均迁台的华新轮船贸易有限公司 ………………… 139
　　　　　　台安航业有限公司 ………………………………………… 140
　　　　　　台湾航业股份有限公司 …………………………………… 141
　　　　　　善后救济总署水运大队 …………………………………… 142
　　　　　　著名学者翁文灏、李允成创办中国油轮公司 …………… 144
　　　　　　"永灏"油轮起义 …………………………………………… 147

第十章　"南船北归"——轮船招商局历史 ………………………… 152
　　　　　　轮船招商局在上海成立 …………………………………… 153
　　　　　　曲折坎坷的"海玄"轮起义 ………………………………… 166
　　　　　　从香港明华到招商局轮船——百年老店浴火重生 ……… 169

	从台湾招商局到阳明海运	172
第十一章	香港招商局及船队起义	175
	蒋家父子搭"江静"轮离沪	177
	"海辽"号起义,上海招商局护产	181
	海峡两岸争夺香港招商局	185
	香港招商局及13艘起义船舶展开护产行动	193
第十二章	杜月笙与复兴、中兴和隆星航业的创办人钱新之、程余斋和董浩云	201
	复兴航业股份有限公司	201
	民国大才子骆清华为国为民	209
	中兴轮船股份有限公司	210
	72岁的程余斋创建香港隆星航业	215
	筹组海运学会打破三地航运坚冰	218
第十三章	上海帮航业传奇人物:陈巳生、郑孙文淑和杨管北	223
	公茂船局、香港女船王和上海振华重工	223
	陈巳生、赵朴初的传奇人生	231
	迁台的杨管北及益祥轮船公司	235
第十四章	民生公司船队北归历程和重出	238
	卢作孚与民生船队北归	238
	"太湖""绥远"轮的曲折回归历程	244
	不可忘却的民生公司爱国者	248
	民生公司的重建	250
第十五章	航海界百年老店——起步上海滩立足维多利亚港走向世界	253
	许氏家族百年航运老店	253
	青睐上海造船的香港泰昌祥集团顾氏航运企业	257
	香港四大船王之一赵从衍与华光航业	262
	纵横亚洲的船王——万邦集团曹文锦	266
第十六章	世界船王董浩云及董氏航运集团的来龙去脉	273
	"南船北归"前后的董浩云	273

	推动三地航运业交流，走向海运强国	283
	内地伸手解董氏集团燃眉之急	291
第十七章	台海军劫持中波海运公司两艘货轮和苏联油轮	295
	成立中波海运公司，3M船突破封锁	295
	中波海运"布拉卡"号油轮被劫持到台湾	302
	中波公司"哥德瓦尔特"号货轮再遭劫持	304
	美蒋策划劫持苏联"陶普斯"号油轮	311
附录一	航海世家的二三事	319
	航海世家与他们	319
	轮机长与烟票、皮底鞋	323
	我与广远"银山海"轮和"双峰海"轮	325
	广远"明华"游轮开启对外合作	328
附录二	香港侨利、益丰船务的创立者程丽川和"香港远洋"艰辛创业历程	334
	50年代初定居香港，经营航运业	335
	组建"三兴船务行"，租船支援国内建设	336
	创办侨利公司，坚持战斗在突破封锁的第一线	338
	货款购船的机会来临	342
	成立益丰船务，开创新中国贷款发展船队新径	343
	香港远洋轮船有限公司	347
	改革开放排头兵，"香远"建造中国第一个15吨浮船坞	349
	从租船、贷款买船、造船到举足轻重的COSCO	353
附录三	我受教于民生公司北归精英的二三事	355
	北归的工程师精英	355
	老师有料，学生有成	356
	40年代的吴淞商船学校	357
	投笔从戎	359
	重返职场，成绩斐然	362
	中国轮机学术幕后功臣	363
附录四	"跃进"号沉船事件再探	366

第一章
中国海员工会的建立及成长

1922年中华海员工业联合总会职员在广州合影

道光二十二年（1842），中英《南京条约》签订，香港岛被割让给英国，英国船舶在我国得一停泊地；开上海、宁波、福州、厦门、广州为商埠，外轮遂得以自由出入。五口通商以后，由于上海居于中国南北沿海航线中点，邻近太平洋上的世界环航线，这条世界环航线由太平洋西岸经行日本、中国、东南亚之间。故上海成为所有太平洋主要商业航道的总汇处，也是中国南、北洋沿海航线的枢纽。同时上海扼万里长江出海口，再加黄浦江、苏州河两条内河。东临太平洋，西以富饶的长江三角洲和江苏、安徽、江西、湖北、四川、云南等地的整个长江流域为腹地，上海遂成为外国轮船和货物的集散中心。

同年，英国轮船"美达萨"号（Medasa）驶抵上海港。这艘英国轮船被称作"魔女号"，是最先来到上海的外国商业轮船。

上海虹口北外滩始于码头建设的航运历史，至今已有170多年。1845年，英商东印度公司在徐家滩（今北外滩东大名路、高阳路）一带建造驳船码头。

咸丰三年（1853），美国那绥公司一艘名为"孔晓修"号（Confucius，又译孔夫子号）的轮船抵达上海。咸丰五年，英国怡和洋行和宝顺洋行（Dent & Co.）均购置轮船，开辟上海—香港间的轮船航运业务。咸丰八年，中英《天津条约》开牛庄（后改营口）、登州（后改烟台）、台湾（台南）、潮州、琼州五处为商埠，更开镇江、九江、汉口为沿江商埠，准英法通商。于是外轮在沿海增加出入口，更获得直入长江航行的权利。

随着外轮抵达上海和香港的日趋频繁，19世纪四五十年代间，最早的上海海员工人便产生了。

1866年，英商蓝烟囱轮船公司大型远洋轮船"鸭加门"号首次停泊虹口码头，拉开了外商轮船专泊码头建造的历史序幕。

随着1872年轮船招商局的成立之后，华商民营大小轮船公司也纷纷加入长江和沿海的航运业，沪港津穗等地的中国人纷纷加入跑船职业。

早期的海员团体

19世纪末至20世纪初，中国香港地区受雇于外资轮船公司的中国船员多达10万人，由于僧多粥少，失业的海员通常都在万人以上。资方更是恃着海员来源人数充足而肆意地剥削压榨工人，水手的工作时间每天长达11小时以上，服侍洋人的侍应生则长达18小时，担负为锅炉烧煤的海员则更辛苦，舱内温度常常在50摄氏度左右，他们的工作强度虽如此之大，但工资却只有洋人的三分之一至五分之一。由于劳动强度逐渐增大和时间逐渐延长，加上生活条件艰苦，海员伤病时常发生，有病海员不敢声张，怕因此而被解雇导致失业，不少海员就这样被病魔夺去性命。中国海员不但在经济上备受残酷剥削，还饱受深重的民族压迫和种族歧视，外国轮船的洋人把中国海员当成奴隶，动辄辱骂殴打，稍有抗争，立即被解雇，上岸后还经常受到不少港口当局的歧视、刁难和侮辱。

1913年8月,孙中山先生等人由上海赴日本时在"满提高"轮上,与刘达潮等海员组织的民声剧团合影,该剧团常组织海员筹款支持孙中山搞革命(第三排右起第二位是刘达潮,50年代刘先生曾任中国海员工会主席)

辛亥革命前后,孙中山经常乘坐轮船奔走海内外展开革命活动,常与香港海员接触,向海员宣传民主革命思想,在他的鼓动下,受影响的海员相信只有推翻清政府才能富强,自身也能脱离苦难。海员自觉组织剧社演戏筹款,向海外各地华侨发动募捐集资,以支持孙中山的民主革命活动,并为孙中山发动武装起义运送军火、传递秘密文件和掩护同盟会的重要人员等。

是年在孙中山的鼓励下,英国昌兴公司"满提高"轮的香港海员在日本横滨发起组织联义社,并在香港成立分社,1914年在联义社的基础上组织海员公益社。这是中国首个自发性的海员组织,也是海员工会的前身。

1914年9月,"俄国皇后"邮轮由中国香港驶往温哥华途中,一位名叫麦成的海员工人染病,在日本神户港上岸留医。但当他病愈出院后要求回船工作时,被公司以其身体衰弱为由拒绝,只得流落异国行乞街头,幸得一位华侨收留。不久,"俄国皇后"邮轮又途经神户,麦成向船长要求复职,船上中国船员也向船长求情,船长才答应了麦成的要求。麦成事件使船员们深切感受需要一个自己的团体,争取和捍卫自身利益,生活和工作才能得到保障。

同年底,"俄国皇后"邮轮到达温哥华,船员吴渭池就组织召开了中国人海员大会,到会海员200人。吴渭池报告了麦成的遭遇,建议在船上建立福利组织,得到大多数船员的赞成。在联义社的基础上,海员在会上随即拟定章程,通过成立海员公益社的决议,章程规定每个社员每航次缴纳社费一元,凡社员在航行中遭遇意外的疾苦,大家要互救互助。如有人途中重病入院,由公益社拨给30元保障生活,其他津贴酌情而定。

1916年,"俄国皇后"邮轮的创举,获得香港昌兴公司属下9艘货船的同业热烈响应。由9艘邮轮组成的海员公益社宣告成立。船员们为使公益社组织处于合法地位,改以"船员慈善会"的团体名称向当局登记注册。香港海员最早的合法组织"海员慈善会"便告正式成立,会址设立于香港中环干诺道中30号2楼,陈炳生被推选为会长。慈善会的诞生,深得处于水深火热中的香港海员的拥护和支持,在很短的时间内急速发展,会员人数逾3 000人。

1920年间,加拿大太平洋轮船公司"俄国皇后"邮轮海员刘达潮等又发动该轮海员成立了民声剧社,演出话剧。由剧团发展到剧社,增强了中国海员的凝聚力。随后,其他几艘皇后邮轮也加以响应,"澳洲皇后"邮轮成立知中社,"加拿大皇后"邮轮成立重乐乐社,"亚洲皇后"邮轮成立工余乐社。四大皇后邮轮自发办起的乐社在各轮船间引起热烈反响,各"总统"号邮轮首先效仿,最后远洋和

"俄国皇后"邮轮,加拿大至远东航线,船上低级海员大部分为中国人,与其同期的姐妹船"日本皇后"号上有中国海员181人

沿海各轮船也纷纷成立剧乐社,海员为了省便,把这些文娱组织均通称为乐社。

香港的"海员慈善会"和海员的"乐社"等海员团体,为之后的中华海员工业联合总会成立提供了组织基础和构架。

1917年11月,列宁领导的俄国革命取得胜利后,世界革命形势日益高涨,香港海员来往于世界各国港口,首先受到这个革命潮流的影响。他们中有的说:"中国也应当这样干一下子。"在俄国十月革命和中国五四运动的影响下,海员中的积极分子苏兆征、林伟民等人开始着手组织海员工会。

1920年11月,孙中山在广州建立了国民政府,海员陈炳生、林伟民、苏兆征等利用广东有利形势,积极筹建海员工会,并得到了孙中山的热情支持,为工会起名为"中华海员工业联合总会"。

中华海员工业联合总会

1921年3月6日,中华海员工业联合总会(简称海总)在香港德辅道中137号3楼成立,分别在广州和香港登记注册。第一届会长陈炳生、副会长蔡文修等领导层全是国民党员。它开创了当时世界海员工会的先河,也是中国第一个真正意义上的全国性产业工会。1925年,海员工会与汉冶萍总工会、全国铁路总工会、广州工人代表会共同发起组建了中华全国总工会。现在的名称为中国海员建设工会。

中共一大后,共产国际代表马林主张,中国应像荷兰一样,积极开展工人运动。在他的推动下,8月15日,中国劳动组合书记部在上海成立。"中国劳动组合书记部"这个名称也是马林建议的,张国焘任该部主任。马林还为该部起草了英文宣言。其中文译本《中国劳动组合书记部宣言》发表在《共产党》第6期上。作为中国共产党公开领导工人运动的总机构,邓中夏担任北方分部主任,负责领导北方工人运动。

在中共成立之前,在中国传播马克思主义的陈独秀就特别重视产业工人运动。1920年4月2日,在"上海船务栈房工界联合会"成立大会上,陈独秀发表名为《劳动者底觉悟》的演说,高度评价工人阶级在社会中的重要地位,称赞"社会上各项人只有做工的是台柱子","只有做工的人最有用最贵重"。此文也被刊登在《劳动节纪念号》上。同时刊发的还有陈独秀另外一篇文章《上海厚生纱厂湖南女工问题》,文中揭露了资本家剥削工人剩余价值的真相。

4月18日，在陈独秀等人推动下，上海中华工业协会、中华工会总会、电器工界联合会、中华全国工界协进会、中华工界志成会、船务栈房工界联合会、药业友谊联合会等工会组织的代表举行联席会议，筹备首次纪念"五一"劳动节活动。根据陈独秀的建议，集会名称定为"世界劳动纪念大会"。另外，会议建议在5月1日，除了电灯、电车、自来水、电话、电报等必需性公共事业之外，其他各业均"休息"一日，并"通电全国"。

4月29日，上海工界团体联合发表《工界宣言》，申明："我们上海工人今年举行破天荒的五一运动，因为五月一日是世界各国工人得着八点钟工制幸福的日子。我们纪念它的意思，第一是感谢各国工人的努力；第二是喊起中国工人的觉悟。"

北洋政府获悉上海工人即将集会纪念"五一"劳动节，非常惊恐，立即密令上海军阀当局严加禁止。淞沪护军使署、淞沪警察厅于4月底分别发出布告，严禁工人群众开展此项活动。

5月1日清晨，荷枪实弹的军警强占南市方斜路大吉路的上海公共体育场。然而，在陈独秀指导下，上海工人、知识分子仍从四面八方赶来参加"世界劳动纪念大会"。至下午1时，已聚集5 000多人。由于上海公共体育场被军警封锁，大会几次更改会场，最终移至老靶子路（今武进路）的一片空地。

下午3时，大会正式开始。工人代表首先激昂演说，提出8小时工作、8小时休息、8小时教育的"三八制"要求，并高呼"劳工万岁""中华工界万岁"等口号。学生和商界代表也相继发言。大会通过三项决议：一，要求每日8小时工作制；二，组织真正的工会；三，各业工人要联合起来。当晚，上海工界团体发表《上海工会宣言》和《答俄国劳农政府通告》。上海工人运动促成海员工会成立。

1922年1月，香港爆发了由海员苏兆征、林伟民领导的一场大规模的香港海员大罢工。这是中国工人阶级第一次直接同帝国主义进行针锋相对的斗争，它推动了全国第一次工人运动高潮的出现，扩大了中国共产党和工人阶级在全国的政治影响，被称为是中国共产党成立后"中国第一次罢工高潮的第一怒涛"。当时中共广东支部发表《敬告罢工海员书》声援香港海员同胞。从此中共与沪港穗海员及航运界结下了长久的关联。

1922年5月1日，林伟民、苏兆征代表香港海员工会出席在广州召开的第一次全国劳动大会，其间上海来的海员代表朱宝庭加入了中共，他是海员工会中最早的中共党员。三位代表介绍了香港海员罢工的经过和上海海员工作和生活状况，以及资方的所作所为。他们的报告受到了代表们的重视和赞扬。

会后，受香港海员工会的委托，朱宝庭和林伟民赴上海组建海员工会，由此可见，香港海员工会是老大哥，有着最悠久的工运历史和长存的红色基因，在以后的"南船北归"中发挥了极其重要的作用。

7月2日，"海总"上海支部成立（简称上海海员工会），在大名路208号（当年的百老汇路163号）公廨挂牌办公，先后加入者有2万余人。该处步行七八分钟，就到了现在的国际邮轮码头，那时是招商局中栈码头和日本邮船公司码头。在1996年前，黄浦江两岸全是码头、栈房、船厂。在全国的江海航运中心，中国的金融中心，也有一群爱国反帝海员在中共的领导下选址在黄浦江畔组建了工会，从此以后，中共从未放弃过航运这条红色交通线，这是一项高瞻远瞩的战略决策。

苏征兆

1922年7月17日，虽然中国劳动组合书记部被封，当月迁往北京，上海改设分部，转入秘密活动，然而海员工会仍然积极发挥其团结就是力量的战斗力。7月23日，上海海员工会在首届会长林伟民、朱宝庭等人领导下，要求招商局履行加薪合约，由他俩同招商局总办傅筱庵谈判。在遭到傅无理拒绝后，招商局海员奋起罢工，得到宁绍、同裕、三北、裕丰等20多家轮船公司3 000多

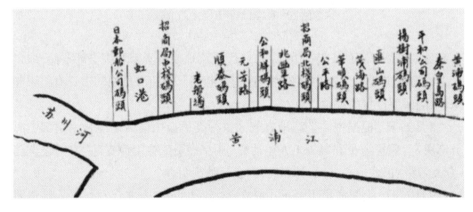

1918年北外滩沿岸码头分布图

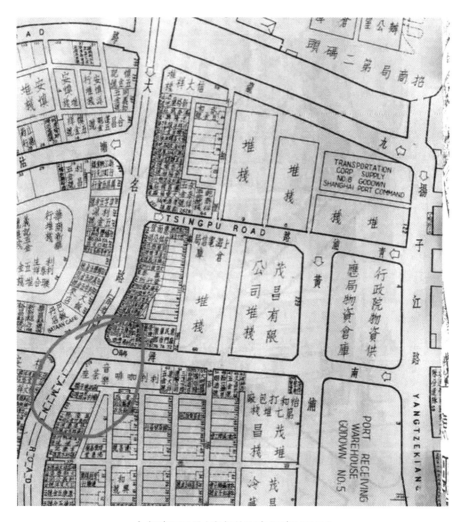

大名路208号（当年的百老汇路163号）

名海员的集体罢工的支持。在8月25日，最终迫使资本家答应全部条件，取得了上海海员工会史上极有意义的首次罢工胜利。也让海员们知道只有组织起来，才能保证自身的利益。

8月27日，根据中共上海地方兼区执行委员会中国劳动组合书记部上海分部决定，兼管海员和码头工人运动的"中华海员工会上海支部"在百老汇路（今大名路）正式成立，会长林伟民，副会长钟筱明。

9月27日，上海海员工会正式成立，入会海员达2万之众，林伟民、钟筱明任正副会长。

1924年，周恩来、陈延年等相继调到广东工作。其间，党组织十分重视对苏兆征的引导及香港海员工会的扩建，次年3月，曾是同盟会成员和国民党党员的苏兆征加入了中共。

1925年6月19日，为了声援"五卅惨案"后的上海工人罢工运动，朱宝庭执行党的决定，号召英、日外轮上的中国海员罢工，并组织起海员工人纠察队。在南方的苏兆征、邓中夏领导下，举行了震惊中外的省港大罢工，海总又是罢工运动的首倡者之一。罢工后，成为中共重要干部的有海员工会的苏兆征、林伟民、陈郁（1901—1974）、陈权（1902—1930）、何潮（1901—1985）、洋务工人邓发（1906—1945）等，海员工会更是中共领导全中国工运的重要支柱。当时共产国际代表马林正在广州，看中海员大罢工展现了强烈的反英成分，把它塑为反帝国主义运动，加上海员工会与国民的紧密关系，作为向共产国际推介国共合作策略的理据之一。

是年，招商局、三北轮埠公司、政记轮船公司、肇兴轮船公司、北方航业公司、宁绍商轮公司、恒安轮船公司、鸿安商轮公司、平安轮船公司、招商内河轮船公司等10家在沪航运企业，按民国十一年北京政府交通部公布之航业公会暂行章程，为增进同业之间的合作与利益，发起组设上海航业公会，筹备处设于上海黄浦滩路7号。

1926年1月，海总在广州召开大会，朱宝庭被选为海总执委会委员。同年5月，朱宝庭赴武汉筹备建立汉口海员分会，当选为汉口分会委员长，为长江流域地区撒下了红色种子。10月9日，上海海员工会被淞沪警察厅查封。上海总工会通告各工会支援海员工会的启封斗争。10月16日，五千吨级的招商局江永轮满载着军阀孙传芳的援军和军用物资抵达九江，却在到达当日爆炸起火。11月12日，海员工会为遇难的江永轮88名船员向招商局提出抚恤死难家属等6项要求，因局方拖延，局属全体海员罢工。至翌年3月6日工人所提出的要求获解决后复工。

收复武汉和九江英租界

1927年1月1日，国民政府从广东迁到武汉。为庆祝国民政府迁都武汉和北伐胜利，武汉各界群众举行各种庆祝活动。3日下午，中央军事政治学校宣传队在汉口英租界外的江汉关钟楼旁讲演，现场气氛热烈，高呼反帝口号，听讲群众越聚越多。英国租界当局十分恐慌,调动长江中英国军舰上的水兵登岸。冲出租界的英军当场将海员李大生等2人刺成重伤,轻伤数十人,制造了汉口"一·三惨案"。

惨案发生后,立即激起中国人民的极大民族义愤,一场新的反帝风暴迅速在武汉升腾。当时在武汉领导工人运动的中共党员刘少奇闻讯后,马上同工人纠察队赶赴现场,并会同国民政府代表,向英领事提出抗议。

武汉国民政府接受了各界团体提出的八项条件,即派中央党部代表陈群到英租界巡捕房主持一切,令卫戍司令部派兵三个连入驻英租界。省总工会也派出工人纠察队300余名,进入英租界维持秩序。在广大群众革命激情的推动下,武汉国民政府设立了汉口英租界临时管理委员会。又加派军队同原驻英租界的军警一起,正式接管英租界内的公安、市政事宜。

这样,汉口英租界从1月5日起,已在武汉人民和武汉国民政府掌握之中。6日,九江英商太古、怡和轮船公司工人罢工支援汉口。工人纠察队员在码头阻止工人为英国人装货,与赶来的英水兵发生群殴并导致数人重伤,史称九江"一·六"惨案。此后,九江人民举行示威游行,在驻防九江的国民革命军独立第二师师长贺耀祖的支持下,13日下午,中共九江市委和九江市总工会组织数万群众,占领了九江英租界。

1927年2月19日、20日,英国驻华使馆参赞阿马利与武汉国民政府外交长陈友仁签订协议,先后将汉口、九江两地的英租界交还中国。这是中国人民第一次依靠自己的力量,收回外国人在华租界,在中国革命斗争史上具有重大历史意义,也是国共两党战胜帝国主义的合作之典范。在收回汉口和九江的英租界运动中,中国海员的力量不可轻视。

1927年年初,北伐军进驻汉口英租界

1927年年初，随着国民党中央和国民政府由广州迁都武汉，国民革命的重心由珠江流域转移到长江流域，中共党内要求中央机关迁往武汉的呼声渐渐高起来。周恩来也风尘仆仆由广州乘船赶赴上海，担任中共中央组织部的负责人，由此，周恩来正式走上了中共中央的领导岗位。

1927年3月22日，在北伐军第一师攻下闸北天通庵路火车站后，上海工人第三次武装起义终于取得胜利。3月26日，北伐军总司令蒋介石乘坐"楚谦"舰由九江途经芜湖、南京抵达上海高昌庙海军码头，一场潜在的分裂国共的反革命政变悄悄拉开序幕。

1927年4月10日，也就是在《汪陈宣言》发表后不久，时任中共中央总书记的陈独秀从上海乘船到达革命的中心武汉，为中共中央五个常委中最后一个到达汉口，标志着中共中央机关完成了从上海到武汉的迁移。当时，虽然申汉线上航行的英资的怡和、太古洋行轮船占主导地位。但是海总的汉口分会理事长、中共早期工运领袖朱宝庭已布置了地下交通线，安排陈独秀坐船离沪赴汉的，是笔者的姑父陈夔一，后改名陈祺寿。

1921年中国共产党在上海召开一大会议时，姑父就背着擦皮鞋箱在会场外放哨。1924年经邓中夏介绍，他加入中共。1948年，担任卢作孚创办的香港民生公司管理机务的驻港工程师，直接参与和操作民生公司旗下三艘海轮北归上海和其他船舶北上广州，后任广州海运局首任总轮机长，以民主人士身份担任局级顾问退休。

"四一二"反革命政变爆发后，海总转入地下。不久，朱宝庭又去香港等地开展海员工作。1929年，朱宝庭被派往北方，在天津塘沽港组织海员工会，领导海员和纱厂工人斗争。20世纪30年代末，朱宝庭回到上海，负责海员工会长江部的工作。朱宝庭利用原有的海员身份（海员见海员，犹如老乡见老乡格外亲），为中共江海上多条红色交通线，筑起了坚实的基础。四年后，他从苏区回上海，很快就能组织海员参加上海工人武装自卫会。

在4月15日广州反革命政变中，省港罢工委员会被解除武装，全总广州办事处、省港罢工委员会、广州工人代表大会及其所属工会、中华海员工业联合总会、全国铁路总工会广州办事处、香港总工会等全部被查封，2 100余名共产党员和工人积极分子被逮捕，100余人被秘密杀害，2 000多名铁路工人遭驱逐。

4月17日，在上海的周恩来接到从汉口发来的中共中央电报，令他即刻启程赴汉口出席中共第五次代表大会，在几位工人纠察队员的护送下，黯然神伤的周恩来登上了去汉口的江轮。7月上旬,中华全国总工会执行委员刘少奇肺病复发。经中共中央批准,离开武汉去庐山养病。10月病情稍有好转,即化装成水手,从庐山脚下星子县乘船秘密去上海。

国共争夺海员工会

1927年大革命失败后,党的"八七会议"决定要逐步建立全国性的秘密交通网。1928年6月,在共产国际代表直接指导下,中国共产党第六次全国代表大会胜利召开。大会提出今后的工作任务:"必须努力扩大农村革命根据地,发展红军,实行土地革命,建立苏维埃政权。"党的六大后,中国各地革命形势发生很大变化,全国出现了多个以拥有军队为主要特征的红色苏维埃区域。闽西、赣南苏区是全国面积最大的一个,史称中央苏区。由上海党中央所在地通往中央苏区的红色交通线,在全国所有交通线中地位至关重要,被称为中央红色交通线。

从大革命时期开始,沪港两地就是相互依存、相互支持的革命城市,在大风大浪环境中成长的海员,其知识面广和正直豪爽、重情义的素质自然而然成为革命的中坚力量,也成为中国共产党尤为看重和依靠的阶层。尤其是香港,在其历史的长河中多次成为革命力量的避风港。这可从几位海员出身的革命前辈生涯中得到佐证。

陈郁(曾任广东省省长),参加了1922年香港海员大罢工,1925年他当选"海总"副主席兼太平洋航线分部主席,直接领导的太平洋航线分部,成为当时香港海员工会的中坚力量,至于这条与海外有联系的航线上,有多少工会成员,至今已成历史,不可细考,然而他们作出的贡献是不可忽视的。

省港大罢工后,是年8月,陈郁在广州加入中国共产党。1926年8月,陈郁任中华全国海员工会副主席、中共海员工会委员会书记。1927年年初,任中华全国海员工会主席、党团书记,成为中共早期工运领袖之一。

1927年的四一二反革命政变时,陈郁组织香港、澳门、广州、汕头、江门等几个航线的海员工人总同盟罢工。12月,又参与领导广州起义,当时,海员组成的赤卫队三队是武装起义的中坚力量,然而3天后,起义失败,他和部分海员不得不秘密转移至香港。

1928年,陈郁任中共香港市委书记兼中华全国海员工会主席。

1930年9月，陈郁在上海参加了中共六届三中全会，被选为中央委员。不久，调往上海，任中华全国海员总工会党团书记，立即与先期到达的朱宝庭一起着手恢复"海总"领导下的上海、广州、天津、长江、北方等重要海员工会支会，使海员工会在革命低潮中，成了当时"全总"属下最强大的工会组织。当年的陈郁就是沪港穗三地来回奔波的海员工运元勋，和首创者一道开创了中共海上地下航线，同时中共也利用海员与船舶的国际流动性这一特殊优越条件，布局国内外海运的红色交通线。

曾是中国航海学会副理事长、广州航海学会名誉会长的梁广（新中国成立后任广州市副市长，1979年12月，任广东省人大常委会副主任）于1929年春也来到上海，在美国大来公司"塔夫总统"号邮船当海员，来往于日本神户、大阪，美国夏威夷，菲律宾马尼拉，担任上海至香港的党内交通员。中共中央给中共香港市委的文件，由他送到中共香港市委书记邓发手中。

廖承志于1928年11月受中共中央委派到德国，任国际海员工会委员，并在柏林亨德第二大学政治经济专业学习。翌年10月，任汉堡国际海员码头工人总工会俱乐部支委、书记，主持《中国海员》复刊，并到荷兰、比利时从事工人运动，在国际海员中发展了工运积极分子，1930年夏，根据国际海员工会指示，他赴莫斯科出席职工国际第五次代表大会。翌年初，他又到荷兰鹿特丹，成立中华全国海员总工会西欧分会，曾带领中国海员罢工并获胜，曾多次被捕。笔者相信，在四年不到的时间里，懂得五国语言的廖承志没有辜负共产国际的期望，在多国海员聚集的中欧航线上的工运和情报工作大有收获。

廖承志于1932年春回国，在上海任中华全国总工会宣传部部长、全国海员工会中共党团书记。

曾生（曾广州市市长、交通部部长），从澳大利亚归国后，1935年，在广州中山大学念书，因是进步学生而遭到反动当局通缉，只身跑到香港"避风头"，在英国邮轮上当服务生，在海员中展开抗日爱国运动。

1936年12月，已是中共党员的曾生和丘金、叶盘生三人建立起中共香港海员工作委员会（简称中共香港海员工委），1937年8月，香港海员工会成立并代替了"海总"。到了12月30日，香港政府封闭了香港海员工会。在中共香港海员工委书记曾生离开香港时，该工委共发展了300多人加入中国共产党，为以后中共在香港的地下工作形成了"野火烧不尽，春风吹又生"的扎实局面。

总之，中共工运领导者利用沪港两地特殊环境，采纳游击战术式的地下活动，恢复工运和建立红色交通线。

1927年后，国民党控制了中华海员工业联合总会（已从香港迁入广州）。次年1月该会迁到上海，同年8月根据国民党中央通过的《上海工会整理委员会组织条例》改组为整理委员会，强迫海员登记，但遭抵制，在16万名海员中参加登记的仅有2.15万人，其中被迫参与者不少。

1933年，国民党政府改"中华海员工业联合总会"为"中华海员工会"。委派杨虎等九人为筹备委员，成立中华海员工会筹备委员会，并指定杨虎、张剑白、林荫生三人为常务委员。会址设在老西门翁家支弄33号，1935年8月国民党中央又将中华海员工会筹备委员会撤销，改为特派员制，任杨虎为特派员，集事权于一身。

抗日战争全面爆发后，该会曾撤至汉口，1938年12月5日因武汉沦陷而迁回香港，因1941年12月香港为日军所占，1942年4月又迁重庆。同年12月1日开始进行会员会籍总清查并强制海员入会。

抗战胜利后，国民党海员工会也制定了复员计划将全国分为四个区，分别重建海员工会组织。截至1946年上半年，已经在全国17个大的港口城市恢复了海员工会分会，在国外12个重要港口设立了海外分会，拥有会员35万人。1947年1月1日，中华全国总工会在上海正式成立，杨虎担任理事长。同时国民党中央以中华海员特别党部（当时拥有会员26 000余人，散布在全国及世界各大港口）名义，决定在中华海员特别党部下设华南、华北两个支部，便于指导各地海员工会的工作。

当时的中国高级船员四大团体也由重庆迁回上海。金月石担任中国商船驾驶员总会理事长，张树声担任中国航海驾驶员总会理事长，陆良炳担任中国轮机师总会主任委员。闻德章担任中国船舶无线电员总会理事长。1946年，四大高级海员团体为了协同一致，共同组织成立了中国商船高级船员联合会，推举姜克尼担任总干事。

1947年，国民党修订海员工会章程，又将其改名为"中华海员总工会"，规定轮船海员均应入会。1948年8月，要求所有会员应缴之会费，由其服务之公司于每月代为扣缴。

"中华海员总工会"的理事长杨虎是国民党元老，也是有着青帮背景的沪上闻人，抗日战争全面爆发前，国民党曾在上海成立过"国民党中华航业海员特别党部"。为了争夺海员属性，国民党先在国营招商局成立区党部，党部组成后,即发展组织,仅在局警务组就吸收国民党党员100余人。并在各码头成立区分部,由码头主任任区分部书记。其后建立民营航业区党部,在民营轮船公司船舶中发展党员。

国民党工会上层人物张剑白,湖南常德人,湖南劳工会组织委员。1921年冬,毛泽东携李立山、张剑白(已加入毛泽东属下的社会主义青年团)一起到安源煤矿考察,张氏曾在长沙甲种工业学校任教,有些学生在安源当机械工人。毛泽东带他去是想用师生关系同工人接触。1927年后,任中国劳动协会常务理事,中国国民党中央社会部工人科科长。

全面抗战时期,张剑白起先在华南地区领导海员,激励同仇敌忾拥护抗战,1939年后,任国民党外交部驻沪办事处处长,秘密留沪,借与在沪各国领团秘密取得联系,以增进国际援助,并暗中策动所属海员收集日方情报,破坏敌军海上交通线等工作,厥功颇伟。

当时的国民党高层也完全意识到掌控海员工会的重要性,争夺海员的属性。其做法尽管来势汹汹,但是中共在1929年也采用了针锋相对的策略,依靠沪港两地进步海员和团结广大普通海员,着手建立极其隐蔽的红色交通线,其中水运/海运日趋活跃和完善。

随着解放军在国内战场上节节胜利,杨虎开始转向共产党方面。早在重庆期间,杨虎与周恩来有过接触,他为周恩来的才智胆略和人格魅力所折服,对中国共产党以民族大义为重,不计前嫌的统战政策表示由衷的赞赏,思想日趋进步。1949年4月,解放军开始逼近上海。国民党特务在逃跑前夕,拟将张澜、罗隆基等民主人士在上海就地处决。在周恩来的部署下,杨虎全力保护和营救了张、罗二人。蒋介石为此非常恼怒,下令悬赏3万银元通缉暗杀杨虎。杨虎投奔共产党后,国民政府内政部会议对其撤职并开除会籍,中华海员总工会也由上海迁到广州,后又迁往台湾。

第二章
组建中央红色交通线

1929年年末，上海的党中央机关认识到，随着赣南闽西土地革命斗争的蓬勃开展，与朱毛红军的联系十分重要。12月22日，中央政治局常委、组织部长、军事部长周恩来代表中共中央，对闽、粤、赣及朱毛红军、闽西红军发出"单独的指示"指出："中央认为，必须与闽西红军、朱毛红军共同设立独立的交通网。这一交通网可以解决红军与江西或广东的联系问题，可以解决你们与红军及红军与中央的联系问题。"

中央联系闽粤赣各苏区秘密交通网的组织，由周恩来负责。计划开拓北方线、长江线和南方线，连接中央和各革命根据地的大动脉。周恩来毫不犹豫地挑起了这个重担，说："宁可放弃苏区一个县，也要办好交通线。"

1930年春，受红四军前委书记毛泽东和福建省委委派，中共闽西特委委员、军委书记卢肇西抵达上海，广东省委的重要交通员李沛群也同时到达上海。他们要与党中央商定，分别在香港、闽西建立交通大站等问题。9月下旬，中共六届三中全会在上海召开。

会上，周恩来作了《关于传达（共产）国际决议的报告》，强调"要巩固现有的苏维埃区域，将分散的苏维埃区联合起来，集中与加强红军的领导，发动更广大的农民群众，建立中央苏维埃政府"，要"在中央苏区立即设立中共中央苏区中央局，指导整个苏维埃区域之党的组织"。

同时在苏区成立军事委员会，以统一各苏区的军事指挥，并指示"为了巩固、发展和扩大苏区与红军，要调动'白区'百分之六十的干部到苏区；要按照苏联内战时期的办法，建立交通线和交通站，联结苏区和'白区'之间的来往关系"。

周恩来在上海的党中央机关与卢肇西谈话，指示其建立"工农通讯社"作为武装交通机构，开辟秘密红色交通线。在共产国际巨额资金支持和周恩来的直接领导下,开辟了一条由上海进入江西中央苏区的地下交通线,并在沿线主要港口、车站、关口均设立了交通站。

这些交通站受党的领导,安排主要人员负责,全程约为3 000公里。因为路程遥远,且各地军阀和反动势力不断封锁、盘查,故在沿线又设立许多交通小站便于照应、支持。

1930年秋,卢肇西从上海返回闽西传达了周恩来的指示,并在闽西永定金砂古木督,正式成立了"闽西工农通讯社"。闽西各县均建立了分支机构,简称机要交通网。

7月,在周恩来的直接主持下,中央军委交通总站成立。11月,军委交通站改为直属中央政治局领导,又称中央交通局。由周恩来、向忠发(后叛变)、李立三、余泽鸿和吴德峰组成委员会,吴德峰为交通局长,陈刚为副局长。将中央外交科归并交通局,下设总站、大站、中站、小站。主要任务是打通各苏区的交通线,布置严密的全国交通网。

在周恩来的指示下,各省调来精兵强将,集中三个月的时间,打通了通往苏区的交通线。长江、北方、南方三条交通站线相继正式建立。其中,北方线分为3条支线:上海—郑州—驻马店—鄂豫皖苏区、上海—河南—陕西省委、上海—北平—河北省委;长江线分为3条支线:上海—合肥—六安—鄂豫皖苏区、上海乘轮船—武汉—株洲—湘赣苏区、上海—重庆—成都—四川省委,后两条水上线均较为稳固,与早期的海员工会有着密切的关联。

摧不垮打不烂的地下航线——南方线

南方线(又称华南线)分为4条支线,在白色恐怖笼罩下,其中3条线路先后被敌人破获,然而,上海—香港—汕头—潮安—大埔—永定虎岗—上杭—长汀—瑞金,这条长达数千里的海路连接陆路的地下交通线始终保持畅通,即史学界常说的中央红色交通线。

蜿蜒数千公里的交通线上,陆路交通员们用普通甚至略显简陋的装备,忠于职守、前仆后继、不惜献身,以对党和理想的忠诚完成了艰巨的任务。而海上的护送得到了沪港汕三地海员和工会组织的大力支持,繁多的史料记载中无一显示交通任务失败的记录,这一切与沪港强有力的海员工会和广大海员的杰出贡献密不可分。

饶卫华于1930年在香港任总站首任站长

1930年冬,为了确保中央红色交通线万无一失,中共中央选派南方局秘书长饶卫华(广东人,曾任香港九龙区委书记)前往香港建立华南交通总站。香港交通站设在铜锣湾"金碧酒楼",不仅设立了秘密机关和招待所,接待中共中央从上海派往苏区的干部,还在九龙建立了一座秘密无线电台,与中央的电台经常保持通讯联系,并成为一批杰出交通员的行动指挥部。这条红色交通线长达数千里,跨越极度危险的国统区。香港是中共中央秘密交通线的重要一环,是联系上海党组织和各个苏区的纽带。该交通站是中央红色交通线在境外设立的唯一交通站,香港成为这条"革命大动脉"的重要枢纽。在香港建立秘密交通站有诸多有利条件:政治环境相对宽松,海上交通便利,商业发达,华洋杂处,百业并存,便于寻找职业掩护。香港作为交通线的重要枢纽,其作用与地位不可替代。

在上海的中共中央机关与中央苏区革命根据地联络的南方交通线,由中共中央交通局直接领导。它不仅传送着党中央与苏区的往来文件,运送苏区急需的物资和经费,而且完成了党的中央机关由上海到中央苏区的重大转移,安全护送一批党中央领导和党、政、军负责同志到达中央苏区。

各中转站人员冒着生命危险护送周恩来、刘少奇、陈云、博古、聂荣臻、刘伯承、左权、李富春、林伯渠、董必武、谢觉哉、徐特立、张闻天、王稼祥、李维汉、邓颖超、蔡畅、邓小平、杨尚昆、陆定一、王首道、瞿秋白、李德等,护送过无线电设备、技术人员及著名文艺工作者200多人,以及苏区300万人民每年需要的食盐和布及其他苏区紧缺物资。

当年,党临时中央在上海秘密印刷的报刊宣传品,要送到香港发行,则经由上海到香港的轮船上的海员同志(或工会会员)携带。这种宣传品数量较多,容易被敌人发现,但由于海员收藏得好,就十分安全。这些轮船到了香港后,宣传品由当地的地下交通员取走,每次都能躲过军警而顺利完成任务。

这条秘密的中央红色交通线被毛主席称为"红色血脉",也有中央领导称为"摧不垮打不烂的地下航线"。

1931年4月1日,张国焘、陈昌浩在顾顺章的伴随保护下,由上海登上夜船逆江而上,4日抵达汉口,再辗转鄂豫皖苏区。4月下旬,中共特科的行动科科长顾顺章,在汉口江汉关门口被逮捕后随即叛变。一场似乎是灭顶之灾的打击,迅速扑向中共在白区的地下组织。于是,中共中央采取应对措施,利用红色地下交通线火速撤离干部至根据地。

10月18日,为了躲避国民党的大搜捕,已在秘密处所隐蔽很久的王明与他的夫人孟庆树,在上海杨树浦的汇山码头(属日本邮船会社),登上一艘日本"大和丸"客轮远走他乡——符拉迪沃斯托克(海参崴),陪同保护的也是一对夫妇——中央特科成员吴克坚和卢竞如。与此同时,撤离到天津塘沽的陈赓,三个月后乘轮船转道上海进入鄂豫皖苏区。

1931年冬,周恩来终于等来了中央交通局的安排,头戴蓝色便帽,一身工装,与护送的交通员乘坐两辆黄包车,一前一后到了十六铺码头,并立即上了一艘洋行直航汕头的船。在统舱里找到了绰号叫"小广东"的中央特科红队的肖桂昌,周恩来认识他,于是上海的护送人员下了轮船。

船启航了,周恩来离开中国共产党诞生之地的大上海,以后他曾多次回忆过当时的心情:那时我离开上海,革命正处在最危难的时候,确实感到前途茫茫,不知道什么时候才能再回到上海……

在肖桂昌和红色交通线上的武装交通员,以及船上海员掩护下,周恩来终于抵达永定县境内的马右下村,开始进入根据地。五年后,周恩来于1937年再次重返上海,在沪与国民党谈判期间,指导正在重建的上海地下组织。

1932年12月,博古和陈云装扮成工人,也是在交通员肖桂昌的陪同掩护下,坐船离沪经汕头转入苏区。

1933年2月,林伯渠和瞿秋白从海路经香港转道汕头,再由陆路交通线进入苏区。

红色交通线与白求恩和林迈可

1938年1月初,美国共产党中国局负责人陈其瑗(大革命时期曾创办广州国民大学并任校长,大革命失败后被蒋介石通缉而撤到美国),从美国发电报给香港"中共香港海委"称,加拿大联邦和地方政府卫生部门的顾问、英国皇家外科医学会会员、美国胸外科学会会员和理事、共产党员白求恩,将率领一个由加拿大人和美国人组成的医疗队,带着足够装备几个医疗队的药品和器材,从温哥华乘"亚洲皇后"海轮前往香港。他们将到中国进行战地服务,需要中共保护他的安全。

白求恩,全名亨利·诺尔曼·白求恩(1890—1939),加拿大共产党员,国际主义战士,著名胸外科医师。1890年出生于加拿大安大略省格雷文赫斯特镇,1935年加入加拿大共产党。1936年冬,志愿去西班牙参加反法西斯斗争。1937年12月,他前往纽约向国际援华委员会报名,并主动请求组建一个医疗队到中国北部和游击队一同工作。他在中国工作的一年半时间里为中国抗日革命呕心沥血,毛泽东称其为一个高尚的人,一个纯粹的人,一个有道德的人,一个脱离了低级趣味的人,一个有益于人民的人。

时任香港"中共香港海委"组织部长的海员禤荣接到电报后,立即与八路军香港办事处负责人廖承志联系。廖承志要求禤荣负责确保白求恩在香港期间的安全。禤荣与当时海员工会副主席刘达潮商量研究,决定将白求恩安排在九龙爱国华侨开的小旅馆。该酒店较小,不引人注目,且老板有爱国思想,拥护中共抗日救亡方针,经常和中共党员联系,因而较为安全。

与此同时,"亚洲皇后"号船上的中国海员已经接到了要特别照应两位"外国旅客"的电报指示。

1月20日,"亚洲皇后"号抵达香港后,禤荣和刘达潮到船上找到白求恩和女护士尤恩。白求恩紧紧地握着禤荣的手,热情而激动地说:"我真正到达了中国目的地了!"

在白求恩和尤恩留港期间,禤荣负责照顾两人生活,同时担任向导和翻译,陪同上街购买前方所需的医药用品。

与白求恩同来的女护士尤恩同样受到欢迎和保护。她名叫琼·尤恩,美国人,这是她第二次来到中国,早在1933年,年仅21岁的尤恩就曾以传教士的名义到中国当护士。她到了山东的一些城镇,在教会开办的诊所里工作,并有了一个美丽的中国名字——于青莲。她是一位加拿大共产党领袖的女儿,以护士的身份和白求恩一起来到中国,成为白求恩中国之旅的翻译和助手。令人遗憾的是,对这位国际友人的事迹报道很少,只是1939年夏天,身有病患的尤恩最终离开中国返回加拿大,临行前新四军叶挺军长专门为尤恩送行,"他郑重其事地感谢我为他的伤员所做的一切,并说他和他的战士永远都不会忘记我"。尤恩在她的名为《在中国当护士的时候》的回忆录中这样写道。

禤荣日夜守卫着他们住宿的小旅店,每时每刻都紧紧跟随着,确保他们的安全。

这间小旅店毫不起眼,白求恩两人一住就是两天,禤荣为他们的食宿耗费了许多精力。不料,在最后一天,白求恩等差点落入日本特务的魔掌。原来日本特务侦悉白求恩的住处后,便派人化装成住客入住小旅店,企图下手。幸亏禤荣预料到白求恩在此住宿已有两日,极易出事,便在第三天天刚放亮的时候,就将白求恩和尤恩转移到另外一个地方,比敌人的行动早了10分钟,因此得以逃过一劫。

到了第五天,禤荣接到八路军驻香港办事处的通知,汽车即将出发。他立即帮助白求恩收拾好行李,包装好医药用品,将其送到九龙旺角。分别时,白求恩与禤荣紧紧握手,许久才放下,两人热泪盈眶地互道再见。就这样,在廖承志和禤荣的精心安排下,从九龙旺角出发,乘坐由外国人捐赠的救护车启程前往汉口,再转道前往延安。

白求恩和尤恩安全地离开香港,辗转到达延安,投身于中华民族的抗日战争。白求恩十分感激禤荣的帮助,到达延安后还写信感谢禤荣。

后来,禤荣回忆称,白求恩在港逗留仅五天时间,但给他留下了深刻的印象。白求恩喜欢在小餐厅用餐,上街从不坐车,喜欢步行,买医药用品时,不辞辛劳跑了很多药房讲价,最后才到价钱最低的药房购买,晚上不去酒吧、舞厅娱乐,生活简朴,对人和蔼可亲,热情诚恳。白求恩的高贵品质,深深地印在禤荣的脑海里。

禤荣(1894—1986),又名禤全光,广东恩平县人。1922年和1925年分别参加了香港海员大罢工和省港大罢工。1927年加入中国共产党,同年12月,参加了广州起义。广州起义失败后,往返于沪港两地继续开展工人运动。曾任县农民自卫军团团长、恩平旅港回乡服务团长。

1940年,禤荣接受党组织的派遣赴上海党的地下交通联络站工作。此交通站设于威海卫路(今威海路)505号,对外是福民食品社,由中共军委系统的熊志华负责的福民食品社("老

禤荣

板"是禤荣),熊志华负责国内交通和情报交换,并接应、护送来沪离沪的领导干部。由早年是远洋轮上的老交通禤荣负责食品社的营业及海外交通事宜,冯玉祥欲从美国回来的要求就是通过远洋轮船上的交通员带到这里的。

1948年6月30日,由于叛徒出卖,熊志华、禤荣等人被国民党逮捕后押送全杭州,大家在狱中都坚贞不屈。当时国民党元老陈仪在浙江主政,已与中共有所联系,经组织全力营救,被捕人员先后保释出狱。

1949年,禤荣调任中国海员工会筹委。新中国成立后,曾任华南区海员工会副主席、珠江航运管理局及广东省航运局工会主席、广州市海员工会主席、广东省政协委员等职。

接替禤荣护送白求恩的是中共四大交通员熊志华,新中国成立后,他历任中共上海市委组织部科长、干部处副处长、市委办公厅副主任、主任等职。在"文革"期间,受极"左"路线的迫害,于1975年2月23日含冤病逝。1979年1月平反昭雪。

经过中央红色交通线各分站的接力,由具有丰富地下工作经验的刘达潮陪同,白求恩医疗队和其所携器材,于3月31日到达延安。毛泽东亲切接见了白求恩一行。

刘达潮,又名耐,广东东莞人。1911年在香港昌兴公司的"日本皇后"号轮当学徒。1919年在"加拿大皇后"号轮工作时,组织"余闲乐社",发动海员与包工头斗争并取得了胜利,维护了海员的利益。海总成立后,任"俄国皇后"邮轮工会支部主持人,领导工人参加了香港海员大罢工。省港大罢工期间,任罢工委员会会计部副主任,兼纠察队军需长。1927年5月加入中国共产党,到香港海总工作,秘密在各船组织赤色工会。1930年随海总迁往上海,恢复"怡安俱乐部",开展革命活动,负责对外国轮船海员的联系工作。后因身份暴露,返回香港海员"息影俱乐部"。香港海员工会成立后,积极领导会员开展抗日救亡运动。1938年春前往延安出席陕甘宁工会代表大会,并留在延安中央党校学习。后任中共中央职工运动委员会委员。1940年末离开延安奉命到新加坡工作,解放战争时期,奉调香港任海员工会副主席。1948年任港九工会联合会副理事长。1949年出席中国人民政治协商会议第一届全体会议。新中国成立后,历任中国海员工会全国委员会主席等领导职务。

从刘达潮和禤荣等人的革命生涯中,可以确定中共有一条海外红色交通线,只是这条海上交通线较为特殊,因而有关的资料甚少,但随着岁月的沉淀,其历史也会慢慢浮出水面。

与白求恩同乘"亚洲皇后"号邮轮到香港的英国人林迈可,是"以外国非共产党员的身份参加共产党领导的抗日工作的很少几个人之一"。作为杰出的国际友人,林迈可为抗日战争的胜利作出了独特而宝贵的贡献。

林迈可出身英国世袭贵族和书香世家。祖父是苏格兰长老会的领袖、神学家、格拉斯哥大学三一学院院长。父亲桑迪·林赛是哲学教授,1924年成为牛津大学贝利奥尔学院院长,1935年至1938年任牛津大学校长。1945年获得世袭男爵贵族头衔。林迈可在牛津大学贝利奥尔学院主攻经济学、哲学和政治学,毕业后,受邀到北京担任燕京大学经济学导师,并领导和创办牛津大学式的导师制。

这位贵族出身的教书匠在"亚洲皇后"轮上,巧遇共产党员白求恩,西方资本主义经济学者与共产主义信仰者碰撞产生了热炽的火焰,反抗法西斯侵略成了林迈可和白求恩的共同追求。

抗战后的地下航线

中央红色交通线的路线上还有一个极重要的中转站——汕头的上海中法大药房分号。

当时中共交通局在汕头设立了两个秘密交通站,分别为位于海平路97号的"华富电器材料行",以及华润集团创始人秦邦礼在镇邦街7号创办的"中法大药房汕头分号"。两者都位于商贾云集的繁华之地——汕头小公园,并存而独立运作,确保中央红色交通线的畅通,作为秘密转移党员和交换文件的举足轻重的枢纽中转站。

通过中法大药房汕头分号,秦邦礼为临时中央搬迁至中央苏区做了大量工作。据资料记载,经由这条线路进入苏区的党员干部达到200多人。

中共临时中央迁至瑞金后,秦邦礼的使命仍未结束。因为要照顾上海的生意,还需要打通"白区"与"红区"之间的贸易,为红军反"围剿"提供各种物资,秦邦礼仍需奔波于上海、汕头、瑞金之间。其间多少艰难险阻,多少生死坎坷,依靠他灵活的商业头脑和缜密的工作作风,出色地完成了任务。

1938年,受八路军武汉办事处主任钱之光派遣,秦邦礼赴香港创办联和行,作为党的秘密机构。当时,在香港的宋庆龄和何香凝女士的倡导下,保卫中国同盟成立。为了支援祖国的抗日战争,世界各地爱国华侨,源源不断地向内地捐款、捐物资。在香港避难的爱国人士也捐款和捐物。由于1938年10月23日广州被日军侵占,香港和内地之间唯一的一条交通线被切断,无数的物资都囤积在香港的仓库,一时无法送到抗日战场。

面对严峻的运输环境,秦邦礼决定开辟海上通道。起初,秦邦礼选择了将物资从香港先运到越南的海防港,然后送到广西,再经过四川,送到陕北及延安。1939年9月18日,秦邦礼运送的第一批物资到了延安,不仅带来了衣服和鞋子,还有20多箱当时最先进的X光机、显微镜、电台和发电机。这为中国的敌后根据地抗战提供了有力支撑。

此后,越南海防港被日军炸毁,不得不将物资从中国香港运到缅甸仰光,由新开通的滇缅公路运到昆明,再通过重庆,最终运到延安。

两年来,在缅甸路线的货物押运期间,秦邦礼冒着生命危险,先后把30多卡车的物资,送到了延安。

1941年12月,日本攻占中国香港,秦邦礼撤退到华南继续从事党的经济工作,在华南地区,秦邦礼先后在桂林开办了经营纱布和食盐的庆生行,在曲江开办了新苏建筑材料厂,在两地之间经营起协成百货公司。

抗日战争胜利后,秦邦礼又到香港继续从事为解放战争提供必要物资的工作,在香港和广州等地组建了华润公司、华夏航运公司、天隆行等贸易公司。

他的上级钱之光也在大连开设贸易公司,不久秦、钱两人南北呼应,开辟了从香港到青岛、大连和朝鲜清津的海上运输线。一条绝佳的贸易路线:哈尔滨—朝鲜平壤—朝鲜罗津港—中国香港。其中从哈尔滨自平壤到罗津,用火车走陆路;从罗津港到中国香港走海路,悬挂苏联国旗,敌方不敢招惹苏联。

在他俩的经营下,联和进出口公司发展迅速,不但在解放区与香港两地搭建了顺畅的运输通道,将东北的大量农产品运往香港赚取外汇,还将大批解放区的金条兑换成外汇采购大量后方所需物资。

随着解放区的不断扩大,这条海上红色交通线也不断地延伸,在中华人民共和国即将成立时,此红色交通线又担负起秘密输送任务,将滞留在香港的民主爱国人士送往北京,参加中国人民政治协商会议。

其实,红色海上交通线也有海外线,只是其组织结构较为松散,留下的资料较少。

当时在香港,廖承志领导开展了上层统战和宣传、文化工作。潘汉年依照中央指示,在香港建立秘密情报网。1938年9月,潘汉年奉命离开香港,去延安出席中共中央六届六中全会。会后,中央任命潘汉年为专门收集情报的中共中央社会部副部长（康生为部长），统一掌握和管理华南地区的情报工作。自此，潘汉年接管起廖承志在粤港澳地区秘密建立的情报机构，并与廖承志和刘少文组成华南情报委员会。潘汉年负总责。1941年7月7日，中共中央发出关于设立调查研究局的通知：毛泽东任主任，任弼时为副主任，下设情报部、政治研究室、党务研究室。香港设第二调查研究分局，分局长为潘汉年，廖承志、刘少文也在分局担负领导工作，主要搜集欧美国家的情报，同时搜集日本及华中、华南地区的情报。潘汉年主管香港及华南情报后，中共香港海员工委不再隶属广东省委领导，改由潘汉年通过梁广进行单线领导，以便秘密组建国际交通网和情报网。

随着历史的进程，新的上海至香港的红色海上交通线也建立起来。1947年5月，中共中央上海局成立后，根据中央关于"党的组织要严守精干隐蔽。平行组织，单线领导，公开与秘密分开"，以及"高级领导机关更须十分隐蔽"的指示，在上海及其周边地区白色恐怖极为严重的形势下，严密布置上海局的交通通信工作。1947年上半年，上海局在香港建立联络点，接待、掩护上海局的领导人去港活动；开辟经香港转送去解放区的交通线；为上海党组织在香港举办干部学习班等活动提供方便。香港联络点又在万景光的领导下，由曹达、戴利国等人开辟了从我国香港经韩国仁川港至山东石岛或辽宁大连的海上交通线。香港联络点一直保留到1952年年底。

第三章
长江大撤退

上海航运界抗战前后两重天

1932年至1942年,中国抗战进入艰苦岁月。国共两党在1937年开始第二次合作共同抗日。在上海航运界发展的起起落落中,老一辈航运人士纷纷展现出可歌可泣的民族大义和风采。

抗战前,中国航运业取得了突破性的发展。在沿海与长江航线,中国船只艘数已占中外船只总艘数的64%,船舶总吨位占中外船舶总吨位的52%。中国航运业取得重大突破性进展,一方面在于大批民营航运企业纷纷崛起,使中外航运业力量的对比发生了大变化;另一方面,招商局经济实力不断增长,成为与外资航运企业相抗衡的中坚力量。

1932年的"一·二八"事变,日军侵犯上海,日舰封锁黄浦江江面。为了破坏中国战时经济的基础,掐断中国战时军事运输的动脉,日军把招商局的庞大船队和仓库码头设施作为重点打击目标,还调集军舰集结吴淞口阻止招商局等中国航运公司的轮船进出。日本飞机向招商局南栈等处投掷炸弹,使招商局人员财产遭受严重损失。此后,招商局客货运输的北洋航线已为日本商轮包办,南洋航线被英商轮船垄断,招商局营运业务在难以展开、困难重重的环境下,仍然顶风破浪在夹缝中求生发展。

1933年6月,招商局"源安""通顺"两船运营南洋航线之沪厦粤线,往返周期12天,运输方式为客货混装。

1934年4月,面对外资航运公司的打压,且因资本薄弱和自相排挤而不断衰落的中国航运业,于1935年6月,正式组建中国航业合作社。虽然发展并不理想,但失败的航业合作社,却为中国抗日的战时紧急运输提供了宝贵的经验。

1935年在上海港注册船舶达562艘,总吨位328 996吨(至于200担以下的航海帆船和内帆船不计),申港已成全国航运中心。

1935年1月1日,招商局与平汉铁路及江南铁路实行联运。铁路沿线各站均作为联运站。上海、九江、安庆、芜湖、南京、广州、厦门作为联运口岸。

1月11日,因"航业"两字与现代轮船业名实不符,上海航业公会经批准改名为"上海市轮船业同业公会"。彼时会员公司有62家。全面抗战期间,会务停顿。

10月,招商局协商代理了上海华商轮船公司"海翊"轮的轮运业务,并把该轮派驶沪青(上海至青岛)线,并行驶汕头、厦门、香港、广州、北海、海口、海防等埠。

1936年,招商局开通了由上海经厦门至香港的定期班轮。国民政府拨借中英庚子赔款36万镑,向英国订造新型海轮4艘,分别定名"海元""海亨""海利""海贞",交予招商局经营。

1937年1月,招商局副经理谭伯英辞职,交通部派沈仲毅继任。

3月27日,应菲律宾等地华侨商会之请,招商局派"海亨"轮从厦门开航菲律宾,开辟定期航线,方便在菲律宾的华侨能直接乘船返乡,受到侨胞热情欢迎和称赞。

4月,招商局与陇海、胶济、平汉、江南等4条铁路订立了水陆货物联运合同,并开辟了至青岛等多条国内航线。

这时,在沪的宁波人董浩云与同乡好友董汉槎(中国保险业先驱)等发起创立中国航运信托公司,总公司设在上海。后改名为中国航运公司,主要业务为自置并经理船舶,从事近海及远洋运输。自置"天行"(5 252总吨)、"昌黎"(4 683总吨)、"唐山"(4 865总吨)、"天平"(3 930总吨)、"慈云"(3 425总吨)、"慈航"(465总吨)、"滦洲"(5 338总吨)7艘轮船,共4万载重吨,多在国内近海各口岸不定期航行。"昌黎""唐山""天平""慈云"等轮,经常承运台湾地区物资,航驶印度、缅甸、泰国、锡兰(斯里兰卡)、印度尼西亚、马来西亚、菲律宾一带。上海解放前,该公司7艘轮船均驶往台湾地区,经过几十年风风雨雨,董浩云终成世界船王,这是后话。

6月24日,上海航运界公推招商局沈仲毅为同业公会主席。

1937年是中国及上海航运界历史上最悲壮的年代。"七七事变"爆发至淞沪会战前后,国营招商局承担了汉申(汉口至上海),汉镇(汉口至镇江)间繁重的军运任务。当时军委会有规定,征用船运,首先征用国营的,国营征用完了,才可征用民营的。

随着"八一三"淞沪会战爆发,有着"东方巴黎"之称的上海,顷刻陷入战争的硝烟中，上海航运界的发展从顶峰直泻谷底。但是，上海的民营航运公司及企业家，在国家和民族存亡的关键时刻响应号召挺身而出，举动悲壮，令人扼腕。

此时的长江航运肩负起战时运输的重大战略任务：兵工单位要撤退，上海及沿海民营工厂要撤退，机关、学校以及大批人员也需要撤退。上海航运界各轮船公司义无反顾承担起史称的"长江大撤退"以挽救中国之命运。广大海员和船工们冒着敌机轰炸，在前有险滩、后有追兵的恶劣环境中，把一批批作战部队和作战物资运赴前线，把一船船战略物资和人员撤向大后方，其中国营轮船招商局、民生实业公司、三北轮埠公司和大达大通公司等航运公司是撤退的主力军，在总指挥、招商局副总经理沈仲毅的运筹帷幄和调度有方的领导下，沪上航运界在长江抗战运输中起了重大作用，特别是支持沪宁抗战和武汉大撤退中的杰出表现，至今是中国航运史上不可忘却的亮点。

淞沪会战期间，招商局向上海前线运送了大批兵源和军用物资，并协助上海500余家工厂内迁，疏散运输各类物资无数。

上海、南京沦陷后，招商局全体员工以国家和民族利益为重，先后开辟了九江至南昌、汉口至长沙、汉口至常德、常德至津市、常德至桃源等航线，沟通了鄂、赣、湘三省的水上运输网。在武汉会战期间，招商局与粤汉铁路实行水陆联运，并再次与各华商航业企业密切配合，抢运各类军用物资入川。从"八一三"淞沪会战到武汉失守前夕，招商局共抢运军民144.3万人次，抢运军用物资商货47万余吨。这些人、财、物，抢运到西南地区后，成为抗战大后方的物质基础。

武汉失陷后，抗战进入相持阶段。为保持运力以利长期抗战，招商局实施六大江轮撤往重庆的行动，为此联合其他航商共同组织"试航长江上游委员会"。经周密部署、仔细勘测，招商局各大江轮从暂泊地宜昌起航，分段依次溯江而上，并相继全部安全抵达重庆，这是史无前例的壮举。招商局的船员以饱满的爱国热忱、豪迈的英雄气概和娴熟的航行技术，闯过无数天险雄关，为中国战时交通史写下了可歌可泣的篇章。

上海及长江下游大撤退

1937年8月初，为了配合淞沪会战，交通部部长俞飞鹏接到沉船封锁长江下游的命令后，电召招商局副总经理、上海轮船业同业公会主席沈仲毅赴南京,请他帮助完成海轮征集,用以沉江阻塞航道。沈仲毅回沪后首先研究确定本局用破旧船舶供应塞江,同时召集轮船同业召开秘密会议,动员以船体质量较次的船只租给政府阻塞航道。听着沈仲毅转达交通部俞飞鹏部长对上海航业界的厚望,杜月笙率先表态,将无偿捐献出自己名下的大达轮船公司的船只。杜月笙此言一出,众人纷纷踊跃参加。值此国难当头之际,各航商均深明民族大义,共抱同仇敌忾之决心,慷慨应征。

8月11日,军政部、海军部、交通部召开紧急会议,研究沉船具体时间。沈仲毅奉俞飞鹏急令赶赴南京参加会议,报告了上海商轮集中到镇江的数量。会议确认征用舰船数量已够,时机已成熟,可即刻下令海军部执行计划。参加会议的第二舰队司令曾以鼎接受指令,立即返回镇江指挥沉船塞江。

同一天,交通部还对上海航运界各轮船公司下达密令:先将江海轮驶入长江中游,再择机西迁川江。

8月12日,长江江阴航道已筑起沉船封锁线,上海至南京的航线只能行驶到镇江。

8月13日,第二次淞沪会战开始。日军调集重兵再度封锁吴淞江口,掠走招商局即将竣工的江轮"锦江"轮,并炸毁客货轮以及杨家渡等栈码头方船17艘。随着战争的不断升级,招商局船队面临被彻底摧毁或全部沦于敌手的危险。

8月14日,即淞沪会战爆发次日,"建国"轮抢先将故宫文物中最精华的八十余箱自南京运抵汉口,再从武昌换乘粤汉铁路火车运到长沙之后,辗转以卡车送往贵州。

9月1日,卢作孚的民生公司"民泰"轮到达南京,随后首航镇江,也正式加入航联处运营,并开设镇江临时办事处,其实目的是以镇江作为苏州河、江南运河、京镇线到长江水上运输转运中站,方便上海物资西迁。

当时,虞洽卿的三北公司有三万吨江河轮船被政府无偿征用。与此同时,垄断小长江航行的杜月笙的大达轮船公司的船队也成了内河航联借助的主力船队。

9月12日,出于战时运输需求,招商局、三北、民生三家航商在南京成立长江航业联合办事处(简称航联处),交通部任命招商局副总经理沈仲毅为航联处主任,负责办理所有军民运输事项,并沿上海、镇江、芜湖、九江、汉口和长沙一线设置分处,统筹安排,日夜抢运。此时的招商局共有大小船只53艘,计86 380总吨。

同时，航联处联合各家华商民营航运公司，在南京成立内河航业联合办事处，共同往前线抢运战争物资和将各地公私物资后撤往长江腹地。

沈仲毅前往南京，管理驶入长江之江海各轮，负责军公运输。并鉴于后方河道需要小轮，乃将各小轮集中，经由苏州、无锡驶至镇江与南京，其后各小轮在后方协助运输，颇收巨效。以上所述，为招商局在抗战时对于国家贡献之开始。

航政司也将沪镇联运组织原则报送交通部审核，并派招商局副总经理沈仲毅、交通部业务科长伍极中前往江苏省船舶总队部接洽租船事宜。民生公司则派陈国光东下镇江调查运输情况，陈国光迅速于10月23日完成了沪镇联运的调查研究，上报给总公司。

航联处第一次会议在南京召开，主要讨论沪镇联运处的筹备事宜。会议决定，沪镇联运处内河航路分南北两线，北线自上海经南通至镇江，南线从上海至镇江，设上海、镇江两个联运处，以资便利。于丹阳、无锡、苏州口岸、南通分设接洽处，为沿途照料、促进之需要。会上当场推定三北公司经理忻礼庠、国营招商局镇江分局经理翁奇斌、民生公司镇江办事处主任王德润为镇江联运处委员；国营招商局业务课正副主任委员曾广顷、江毅甫，大达公司经理杨管北，民生公司上海分公司经理张澍霖，三北公司经理李志一，宁绍公司经理卢于旸为上海联运委员。会议还决定，请示交通部将招商局接管的日清码头基地浮桥专供沪镇联运使用，所有参加联运公司都可以停靠。上述人员在长江大撤退这一关系国家命运的爱国行动中，用自己的智慧和专业做出了重大贡献，尤其是沈仲毅，他是后来的长江大撤退和六大江轮入川的主要指挥者。

沈仲毅，浙江宁波人，早年就读上海南洋公学。1928年招商局收归国营，他被任命为上海分局兼上海轮船同业公会主席。1937年1月，他被交通部任命为招商局常务副总经理兼长江业务管理处处长，指挥所有江海轮船。1938年5月，武汉告急，交通部委任他为长江航业联合办事处主任，统筹安排支前和后撤运输。沈氏性格温厚，责任心强，办事公正，敢于担当。

1937年11月8日，航联处在上海举行第二次会议，宣告沪镇联运处正式成立，即日开始办公。会上公推李志一为主任委员，会议还制定了沪镇联运处运营规则及有关人员的操作任务。

当时，直接参加联运的轮船规模不小，招商局有7艘轮船，三北公司3艘，江苏船舶大队征租8艘。同时，联运处还承租一批帆船以备拖带之用。只是战局发展很快，11月12日，上海华界被日军占领，刚刚开始没多久的沪镇联运

1947年，沈仲毅（右一）迎接嘉宾参加轮船招商局成立75周年的鸡尾酒会

就被迫中断了。

虽然沪镇联运处存在时间极短，但仍为京沪物资内迁作出了一定贡献。在江阴封锁之后，上海、苏州、无锡、常州等处各工厂的机器货物，及政府所需要的材料，都靠着招商局"恒吉"轮所试航的苏州河航线，由小火轮拖木船运至镇江，转装长江大轮，以维护京沪间的水运交通。民生公司在航联处领导下，动员"民泰""民宪""民族""民勤"各轮从镇江航行汉口，计1937年9月上运公物、机器1 692.77吨，10月运2 063.00吨，11月上运1 393.00吨，共计运输5 148.77吨。

上海华界沦陷之前，广大海员则积极地配合国民政府及时地将该局最好的几艘海轮，即"海元""海亨""海利""海贞""海云"等及部分人员撤退到香港，以避敌之锋芒。与此同时，招商局还暂时将上海的全部局产、轮船及岸上仓库、码头、船厂和房地产委托美商卫利韩公司代为管理和经营，以免陷入敌手。

翌年，迁香港各轮无法营运，只得忍痛割爱把"元、亨、利、贞"4艘海轮以廉价售给英国怡和洋行。

1937年12月5日，留守南京的最后一批政府官员需向内地撤退，招商局派"江汉"轮承担此任务，这也是国民政府西迁中最后离开南京的轮船。由此可见,虽然运量有限,航联处及其沪镇联运还是为京沪物资内迁发挥了一定的作用。随着战火逐渐向西蔓延,需要内迁的人员和物资越来越多,航联处的作用就更加突出。

总之,上海华界沦陷前,共计有146家企业以及1.5万吨的设备,随同2 500名工人,是由上海航运企业联合承担运输(也包括长江三角洲各地私营木帆船老大的助力),通过先转移至武汉,后来再入四川的。

招商、三北等公司是长江下游各地向内地撤退的航运主力。他们首先在镇江接装由上海迁出的民营工厂器材,在南京协助撤退各军政机关,以及运送来自杭州、南昌飞机厂机件,等等。

1937年7月到1938年1月间,招商局在沈仲毅指挥下,船队被抽调一空,13艘江轮、海轮全力以赴,共运送127万部队下江东。和部队同时运抵的军械,共计大炮有211门,枪15 510箱,枪弹炮弹18 400吨,汽油84 500箱。

武汉及长江中游撤退

1938年由于重镇武汉也朝不保夕,从元月至4月,武汉撤退由军委会水运处负责指挥,这个处的主任是交通部次长卢作孚。

2月7日,蒋介石颁发手令:"汉阳钢铁厂应择要迁移,并限3月底迁移完毕为要!"3月1日,国民政府资源委员会和兵工署共同组建"钢铁厂迁建委员会"(简称"钢迁会"),拆卸汉阳铁厂、大冶铁厂、六河沟铁厂、上海炼钢厂等的机器设备,西迁重庆,准备在大渡口兴建钢厂。中国钢铁史的这段历程被称为"铁血西迁"。

4月,交通部航联处在汉口三北公司召开会议,宣布镇江联运处正式结束,收入共计"洋3 400元,支出共计洋3 009.58元,收付两比,结余洋390.42元"。当初,联运处参加公司每家出洋500元,6家公司出资共3 000洋,由此可见,办事人员勤俭清廉。

4月27日水运处被撤销。此后在汉口的航商决定将长江航业联合办事处恢复活动,并推举招商局为主任委员。5月3日,招商局副总经理沈仲毅根据会议精神,向交通部报告了委员设置及修改简章等意见。

其间,由沈仲毅指挥航联处,开始规划各航线定期的轮船航班。据汉口航政局统计,当时武汉停航轮船约有120余艘,其中正在营运的轮船有51艘,驳船及帆船270余艘。但由于军事运输频繁，以及遣送难民疏散人口，需要船舶甚多。鉴于供不应求之势，航联处与汉口航政局重新划定了战时5条重要航线定期班轮，分别是汉浔线（汉口至九江）、汉宜线（汉口至宜昌）、汉湘线（汉口至长沙）、汉常线（汉口至常德）、宜渝线（宜昌至重庆），担负起重任的是招商、三北和民生的船队。为了增加轮船数量，汉口航政局与航联处将已经停航的海轮也尽量投入使用，有沪籍华胜公司的"华顺"轮、永亨公司"永亨"轮等多艘轮船参与钢迁会的运输。

5月2日，招商局第一艘满载内迁器材的大型货轮"裕平"号抵达宜昌，拉开了内迁物资接力抢运任务的序幕。

5月13日，上海民新轮船公司的"长泰"轮（2 200装载吨）沉塞马当。至此，历经五个月时间构筑的长江马当封锁线完工，长江下水轮船东行止于九江。

5月19日徐州会战结束，这次会战钳制和消耗了日军有生力量，中国军队以伤亡6.5万余人的代价，击毙、击伤日军2.6万余人，给予日军以沉重打击外，还迟滞了日军进攻速度，为部署武汉会战赢得了时间。此战最重要的影响在于使中国人民相信自己有击败日本的能力。

但是，武汉形势却日趋紧张，武汉军用、民用工业内迁任务繁重。除了在汉部分沿海工厂外，武汉本地需内迁的工厂达250家。其中，最为重要和艰难的是兵工署所属的汉阳铁厂和上海炼钢厂（已由上海迁入汉阳）及其他战区兵工企业共8万吨器材要西运四川。这8万吨器材主要包括钢迁会的5万吨和兵工署及其所属兵工厂器材3万吨，军政部原计划汉宜段钢迁会的5万吨由航联处负责运输，兵工署所属兵工厂的3万吨由船舶运输司令部租船运输，宜渝段全部由航联处负责。

沈仲毅对军政部方案全盘考量后，提出宜渝段8万吨全部由民生公司承运，汉宜段8万吨由航联处承运的方案，航联处请求军政部交通司将汉宜线8万吨统交商轮承运。

1938年5月20日后，武汉会战期间的大撤退任务，在交通部部长张嘉璈（中国近代政治家和银行家）的领导下，由航联处主任沈仲毅具体组织航联处开始承运8万吨军工器材。沈仲毅亲自指挥，每天上午在联运处召开现场会议，按各公司到船之性能、物件之大小分配装运，自此，各轮船公司之间的合作也得到改善。

装载作业开始时，由于码头设备较差，加之工人缺乏装运重件经验，效率较低，沈仲毅立马改派装载吨位大、并有起降设备的海轮，据资料记载：三北公司的"凤浦"轮装出1 450吨，7月11日，"英平"轮上运2 973吨，同日开航的华顺轮载量达3 000吨……之后情况大有改善，从5月20日到7月22日的2个月中上运宜昌近3万吨器材，其间三北公司海轮起了重大作用。

6月，国民政府与联运处和民生公司签订承运合约，于是兵工署向所属厂矿发布训令，"兹奉部令据航联处声述理由，请求将全部器材8万吨交其承运"。之后，各兵工厂在汉宜段原计划的3万吨器材全部交由航联处运输。至此，8万吨军公器材全部由航联处负责运输，并确定采取分段联运，汉宜段运输由航联处主任沈仲毅负责，宜渝段运输主要由民生公司负责。

5月20日，招商局与民生公司达成长江中上游货物联运的具体办法（以汉渝段为重点），并在沿线港口公布了《办理货物联运启事》，"货物由汉口、九江、沙市、长沙、常德各埠运往万县或重庆、泸州、叙府、嘉定者，在起运地交由招商局轮船装运至宜昌后，随即转由民生公司轮船运往目的地。如由万县或重庆运至沙市、汉口、九江、长沙、常德等埠，则交民生公司轮船承运至宜昌后，当即转由招商局轮船运至目的地"。双方还规定了渝沙（重庆至沙市）和万沙（万县至沙市）两航线的运费。

5月25日，航联处首派三北公司的"三兴"轮开始在汉口码头装运钢迁会器材，隶属于兵工署的汉冶萍钢铁厂同时开始迁运。随后，航联处又安排三北等公司的多艘轮船运输钢迁会的器材。刚开始时，由于码头设备不完善，导致转运非常缓慢，至6月17日的23天中，只有"三兴"轮装载1 500吨开往宜昌，为此，受到了兵工署的批评。

有鉴于此，沈仲毅每天与各轮船公司负责人碰面，随时处理运输中出现的问题，迁运效率逐渐提高。

由于时局紧张，船舶吨位有限，大量设备堆滞在宜昌码头。钢迁会艰难的转运工作开始，联运处派出11艘海轮、27艘江轮、7 000条柏木船（重庆至宜昌江段的主要船型，既可载人也可载货，大多用柏木料制作）参与运输设备，军方有两艘炮舰护航。运输途中，不时有敌机追踪袭击。据运输亲历者回忆："我们的船负责拖运一部分工厂机器到重庆，开始有兵舰保护我们。他们有高射炮，敌机不敢低飞，只在高空用炸弹炸我们。后来，兵舰不幸被敌机炸坏了。日机就开始低飞，机枪一次又一次地向船上扫射。我们不能按航道行船，只能东开西躲，不小心碰上了暗礁，船头栽入了水中，只有尾部仍在水面上，船上的人全部落入了寒冷的江水中。"

整体转运途中，共有23名工人被炸死、58人受伤。运输船只中旧式柏木船损失严重，钢迁会自己雇佣的148艘有124艘安全抵达，兵工署划拨的228艘仅有67艘安全抵达，仅此就损失随船火砖、钢轨、铁件达1 300多吨。至1939年底转运结束，共有5.68万吨设备器材运送至重庆。当时负责战时运输的民生公司创始人卢作孚回忆：

> 两岸照耀着下货的灯光，船上照耀着装货的灯光，彻夜映在江上。岸上数人或数十人一队，抬着沉重的机器，不断地歌唱，拖头往来的汽笛不断地鸣叫，轮船上起重机的牙齿不断地呼号，配合成一支极其悲壮的交响曲，写出了中国人动员起来反抗敌人的力量。

招商局经营湘江战时运输最重要的成就是派遣大型海轮驶至长沙。当时，武汉运输联合办事处协调水陆各运输单位，统一调配武汉地区运力，全力抢运军公商民物资。武汉会战前抢运物资以水运为主，为了适应战时军民运输的需要，九江地区在港所有轮船悉由内河航业联合办事处九江分处统一调度，统一分配任务。

6月12日，安庆失守，日军先锋直指马当、九江。军方为防止日军快速进入江西腹地，招商局受令拆迁南昌至九江的南浔铁路。其任务一是将路轨运往长沙，交湘黔铁路局建造衡阳至贵州的铁路，二是在拆轨前，开辟南浔线（南昌至九江）水运用以替代铁路。

沈仲毅接获命令后，先在南昌与吴城设办事处，租借码头，6月13日，试航成功。之后，有"新升隆"等5轮每天从九江、南昌发航，并可于当天到达目的地。

其间，在九江码头待运的路轨太长，江轮无法装运，招商局奉命派海轮"海祥"号（注册吨位1 852吨）驶抵九江，抢运南浔铁路拆卸下来的钢轨。并租用外轮"华强""华兴"两轮协运。

6月30日，"海祥"轮满载2 200吨钢轨离浔抵汉。当时武汉无木驳拖轮接运，日机空袭又极频繁，不宜长久留泊武汉等待接运。7月，招商局命"海祥"轮载着这2 200吨钢轨直航长沙。

汉湘线航道浅窄弯曲，"海祥"轮在船长陈秉直的指挥下，不畏艰难，小心翼翼，竟然安全抵达长沙，开创了海轮行驶长江支流湘江的一项新纪录。这一切与当年招商局船员的抗敌爱国热情和高超的操船技术密不可分。

"海祥"轮离开九江后,三北公司"长兴"轮也进行了接装。该轮可装3 000吨。因九江形势紧张,装了1 500吨即奉令撤出。到汉后,"长兴轮"船长参照"海祥"轮经验,也直驶长沙,将物资安全运达,交湘黔铁路局。

陈秉直原名陈炳直,著名海轮船长和引航员,曾撰写上海港引航第一本工具书《港内船舶操纵术》。陈炳直1902年出生在长江口崇明岛一个普通人家。1926年考入上海吴淞水产学校(现为上海海洋大学)航海班。毕业后进入招商局,先后在"公平"轮和"广利"轮做练习生。三年后,在招商局多艘船上担任驾驶员。1936年被派往著名船长马家骏掌舵的"海亨"轮担任大副。

在"海亨"轮服勤不满一年的陈秉直未曾想到,总公司传来的一份嘉奖令,萌发了马船长劝下属以秉字改换炳字,寓意秉性可嘉。此后,陈秉直在工作中越发奋进,翌年就升任"海祥"轮船长。

1937年8月,刚满35岁的陈秉直成了"海祥"轮的掌舵人,与"海瑞"轮并肩驶入战火纷飞的长江。此刻,日军已突破江阴封锁线,南京已经沦陷。猖狂的日军朝长江中游进攻。国内大批战略物资急需撤向长江中游。

"海祥"轮和"海瑞"轮承担了中国航海史上绝无仅有的航程。陈秉直没有辜负人们的期望,指挥"海祥"轮和"海瑞"轮冒着日机的狂轰滥炸,安全及时地将这批国家急需的物资运到武汉一带。

"海祥"轮抵达武汉的当天,招商局又传令嘉奖"海祥"轮船长陈秉直和电报员葛庆林。

在"海祥"轮和"海瑞"轮载铁轨抵近湘江口时,陈秉直第一次遇到了航路上的"拦路虎",他确实被难住了,一艘海轮是没有湘江的"航路图"的,面对一张连水深标注都没有临时绘制的"简意图",陈船长毅然决然下令:"起锚,开航。"

在船顶有日机盘旋空袭,航道下有曲折浅滩暗礁密布,陈船长昼夜坚守在驾驶台上,凭着他的"秉性",硬是将"海祥"轮驶入湘江口,并领着"海瑞"轮小心翼翼直朝长沙驶去,成功地在长沙卸下2 200吨铁轨。海船进入湘江创造了航运历史的奇迹,为此,招商局又一次通令全局,嘉奖陈秉直。

1938年9月,陈秉直再一次接到紧急调令:"日军逼近武汉,'海祥'轮立将一批兵工器材运往上游宜昌。"

陈秉直船长对这段艰险航程刻骨铭心,真实地展现在他的回忆录中:

> 抗日战争开始的次年,即1938年,九江失守前,我在敌机一日数次轰炸之下,奉命抢运兵工器材由武汉至宜昌。当时在宜昌下游出事的船舶

横卧沙滩者并非一艘两艘……我亲自在数十里外测深,并立水标,以观水位涨落,等候时机,幸能在急流中摆脱锚链的缠绕,平安抵达宜昌五龙码头,在急流中埠卸货,为招商局节约驳力和时间,受到当时航政局局长的称赞,并获赠匾额一幅,上面写有四个大字"海国雄风"。

其后,陈秉直船长接到航政局的嘉奖令,服勤两个月余,受嘉奖两次,在航海界甚少,陈秉直本人也感慨地写道:"舢舻千里长江险,我入荆湘第一人!"

从1947年起,陈秉直先后在中兴公司和华胜公司担任船长,直到1949年上海迎来了解放的炮声。随船滞留在香港的陈秉直不顾特务的跟踪和监视,将"华兴"轮乔装打扮成"马纳"轮,满载国内亟须的物资,穿越封锁严密的台湾海峡直航上海。

当时的长江口和吴淞口水域布满水雷,众多航船被炸沉在这一带水域。陈船长驾船穿行在沉船和水雷之间。终于将伪装的"华兴"轮驶进了黄浦江。

其后,陈秉直在集美海校教书育人,最终以上海港著名的引水员退休。他也成为今天航海人学习的楷模。

由于战时军运成为压倒一切的首要任务,粤汉铁路局无法兼顾货运,致使出口货物、两广的粮食以及华中地区亟须的日用品运输迟滞,必须另外设法开辟运输通道。于是,常德至津市线成为湖南通宜昌的水运要道,常德至桃源线则成为沿沅江沟通江西运输的重要干线。1938年10月10日招商局派"裕亨""祥裕"二轮拖带客轮在两线开航,为开展川湘联运奠定了基础。

1938年10月,《大公报》报馆全体人员带着印刷机械与纸张乘招商局"江华"轮西迁,行至宜昌遭日机轰炸,搁浅于宜昌下游。经过抢救,"江华"轮抵达宜昌港。

武汉沦陷前一天,招商局"江兴"轮由宜赴汉装载船运总司令部与抢运民工5 000多人,离开汉口码头准备回宜昌。行驶3小时后,"江兴"轮突然接到副总参谋长白崇禧急电,要它返回汉口日租界拖运6门高射炮和500箱弹药。"江兴"轮义无反顾转舵返回,将高射炮与弹药装船再向宜昌驶去。船到新泽口,遭遇6架日机轮番轰炸,"江兴"轮当即被炸沉,全船仅84人生还。

在宜渝段运输中,由于宜昌码头设施非常不完善,难以满足联运需求。沈仲毅实地考察了汉、宜两埠状况,遂令招商汉口分局一、二、三号大型趸船拖运移至宜昌,沿江砌建石阶,在岸上用大铁锚系链加以固定,很快为宜昌港增设了三个可以停靠海轮的码头,其五龙码头堆栈扩容至3万吨,谭家河码头堆栈也扩容至5万吨。为了轮船到埠靠泊方便,并为港区专门设置浮筒两个,还聘请经验丰富靠码头之大副一员,指挥轮船停靠事宜。在起重机等设备方面,充分利用各轮所有吊机,并备案宜昌联运分处,再在民生公司退租的'意康'轮驳上,安装能够起吊30吨重量至浮码头的起重机,宜昌办事处还增设发电机一台,以便电厂停电后仍可开埠装卸。沈仲毅采取的这些措施也为后来完成宜昌大撤退,提供了不可或缺的保证。

值得一提的是,国民政府最为关注的是武汉纱厂西撤。1938年8月5日,蒋介石手令拆迁武汉纱厂。经武汉市市长吴国桢的推动,经济部具体组织督促,各厂纷纷拆迁。武汉的裕华、震寰、申新都迁往重庆。招商及三北公司共派出9轮到裕华码头装货西运。在船员们日夜拼搏抢运下,前后共迁出7 000吨器材和原料。

10月24日,蒋介石正式下达放弃武汉的命令。国民政府军事委员会在武汉举行中外记者招待会,郑重宣布"我军自动退出武汉"。

蒋介石曾在日记中这样写道:"此时武汉地位已失重要性,如勉强保持,则最后必失,不如决心自动放弃,保全若干力量,以为持久抗战与最后胜利之根基。"

蒋介石召集主要将领会议,做出撤出武汉的军事部署:江北的主力部队撤至平汉路以西的汉水沿岸和大洪山区。武汉大撤退部署完毕后,蒋介石特别向国民党高级军政官员强调说:"武汉的厂矿、机关、团体、学校、难民等等都已按计划撤退完毕。"

成功的转移使得当时中国的主要经济实力得以保存,一大批工厂、大量的机器通过长江水道转移至重庆,为接下来的持久抗日提供了重要的经济和物质支持,保留了抗战的火种。长江大撤退至此,被称为"东方芝加哥"的大武汉,在半年内冒着敌人的炮火艰难地完成了往后方撤退的工作。大量的轻重工业设备、教育资源、人民群众从武汉的撤离,这被历史学家评价为"一座城市的整体搬迁",意义堪比"敦刻尔克大撤退"!

长江大撤退的成功,离不开武汉会战期间前方战士浴血奋战阻滞敌人进攻步伐,是空间换时间战略的成功,长江数万船民为此作出了巨大的贡献。

兵工器材西撤宜昌后,由民生公司转运重庆。面对如此重大的挑战,必须加快在宜昌卸船和装船。8万吨兵工器材起运前,卢作孚在宜昌召开会议,解决港口囤积设备、码头布置、装卸工人分配等问题。

1938年11月下旬,日军大举入侵华南,湘宜线(长沙至宜昌)日益显露其重要性,衡阳、桂林等地积压的器材全靠该线转运进川,湖南民众食用的川盐也通过该航线运入。招商局克服重重困难,将该航线一直维持到宜昌失陷前夕。湘宜线在抗战时期共运输各类物资1.8万吨。

武汉失守前的1938年2月,其江面船舶增至645艘,143 790总吨。失守后,抗战进入相持阶段,为保持战时运力以利长期抗战,若此时的江海轮船都集中宜昌,会再度成为日军袭击的目标,唯有撤入川江,江海轮船别无他路。

六大江轮入川,取消英美航运特权

1938年底,为保证招商局的一些大型江轮安全撤退入川,招商局与原在长江中下游一带运营的其他航商共同组成了"试航长江上游委员会",时任长江航业联合管理处处长沈仲毅兼主任委员。沈仲毅派人对川江航道及各船技术性能进行了全面调查,肯定了江轮行驶川江的可能性,并据此拟订出大轮入川具体行动方案。这个计划报呈交通部,得到批准。民生公司派遣领江一组由渝飞宜,协助招商局大轮入川。

当初,除了撤退香港与敌机炸沉的轮船,最终从宜昌准备撤退进川的招商局江海轮20艘,总吨位25 744吨。这20艘船舶是:"海瑞""海祥"2艘小型海轮,每艘吨位1 850吨左右;大型江轮"江安""江顺""江新""江华""江建""江汉",每艘吨位3 000吨以上,被称为六大江轮;中小型船舶"澄平""利济""江兴""景德""镇江""恒吉""恒通""安宁""骏发""利源""河宽""飞龙",每艘吨位在200—500吨;"江大""快利"等数艘原行驶川江的轮船未计算入内。

要进入峡江最困难的船只是两艘海轮与六大江轮。两艘小型海轮的吨位相对于普通江轮不算大,但由于它们设计结构与江轮不同,马力小,吃水深度比江轮大。因此,这两艘海轮撤退入川比江轮困难大得多。这六大江轮的主要特点是船体大,吃水也较深。

1938年11月13日,停泊在宜昌的六大江轮奉命入川。历经艰险,通过泄滩、青滩、崆岭三大险滩,各轮借助机器绞滩,经过近一年的艰难航行,终于相继抵达重庆。"六大江轮入川"这一壮举立即震惊中外,被传为佳话,既为民族航运业保存有生力量,也为后方战时运输起了重要作用。

川江自古被称作天险,航道狭窄,水流湍急,暗礁密布,巨石林立,大小险滩达30余处,船家皆视为畏途。航道全长647公里,海拔高度相差14米,江水流

"江顺"号客货轮

速通常超过6海里/小时,最急水流达13海里/小时。此前大轮从未驶入川江。

1897年,出生于英国伦敦的阿奇博尔德·约翰·立德乐(Archibald John Little),在上海订制了一艘载重量为7吨的双螺旋桨小轮船"利川"号,翌年1月15日,"利川"号从上海出发,溯江而上,在清政府的炮船和士兵等护送下于3月9日成功到达重庆。

其后,航行技术不断改进,船只吨位随之逐年增加,但是在川江行走的最大吨位均为1 500吨以下的中小轮船,且须特别构造,马力大,船底平,具有双舵、双推进器。

清末民初著名实业家、思想家郑观应在其《西行日记》中如此记载:

> 川河例定,日暮不行,大雨不行,上滩逆风不行,三伏天正午不行。盖上水船风不顺,非纤缆不能行也。

1938年11月13日清晨,作为试航川江的第一艘江轮,"江顺"轮率先从宜昌起锚上航,4小时后,于上午10时50分安全抵达庙河,途中并未出现特别的危险。大型江海轮船进入川江的试航首战告捷,为川江航运史揭开新的一页。

"江顺"轮是一艘拥有1 065客位的客货船,载货1 160吨,1921年建造,长103.6米,宽14.33米,吃水4.65米。

在川江上航行的船只

3天之内,"江安""江新""江华"也顺利抵达庙河。不久,"江汉"接踵而至。停泊庙河的江轮已达5艘,极易成为日机轰炸的目标,这一带江水又涨落无常,轮船难以久泊,于是领江皮光福提出继续上驶的建议,被招商局采纳。

庙河以上航道更难行。六大江轮航行必须驶过泄滩、青滩、崆岭三大险滩,堪称一场惊心动魄的战斗。1938年12月,当"江顺""江安"两轮上行至最为险要的泄滩时,开足马力上驶泄滩,并用人工绞滩,竟连续绞断3根直径3英寸的钢丝缆绳,但仍无法通过,反而被急流冲退,几乎发生碰撞。幸赖领江、船长、舵工均经验丰富,经过驾引人员谨慎操作,"江顺"轮缓慢倒车,退出滩头,与"江安"轮停泊于泄滩下游。此时,"江顺"轮依靠自身动力已无法上行,抢滩失败。

招商局为安全起见,为帮助大江轮上滩,决定在建立机械绞滩站之前,全部江轮抛锚泄滩下。招商局提供了钢缆、锅炉、滑车、绞车等设备,并派出工程技术人员协助安装,很快就在离原绞桩600米处,建起直径3米多粗的钢筋水泥柱,配上3组滑轮,然后用4根各长380米的钢缆连接起来。几天之后,泄滩上新的蒸汽绞滩机安装完毕,就先用吨位较小的江轮来试验。

1939年1月2日,一直跟在大轮后面的招商局"利济""利源""河宽""骏发""恒吉""恒通"与其他轮船公司的11艘小船,借助绞滩机之力,顺利绞上了滩。

紧随其后的大江轮过滩是先用"江新"轮做试验。该轮于1939年1月11日清晨通过泄滩,当天就抵达了巴东。随后,"江华""江汉"轮也顺利上滩。因是枯水季节,水流急、航道窄,为避免危险,吨位最大的"江顺""江安"暂未过滩,仍旧停在泄滩下。"江建"轮却因故被军事当局扣留在宜昌。

"江新"号客货轮

"江新"轮是一艘拥有1 162客位的客货轮,载货800吨,1905年建造,造价387 000两。排水量3 571.2吨,长310.2米,宽37.8米,吃水4.42米,马力2 200匹,航速12.5节。但因川江水浅无法航行而搁置,抗战胜利后,于重庆就地整修后复行驶于长江航线。该轮在1949年5月22日曾被汤恩伯派兵持枪押往台湾,后在上海浦东洋港码头被飞机炸沉,1952年11月16日,将其打捞出水复用,60年代改名为"东方红3号"。

此后,各大江轮经过几个月的艰难航行,相继闯过泄滩、青滩,抵达巴东。

因为"江新""江华""江汉"轮停泊巴东,目标太大。巴东县府担心这三个庞然大物会引来敌机的轰炸,祸及巴东县城的老百姓,于是出面知会招商局,希望三艘大江轮继续上行。

2月5日,"江新"先出发,2月6日,"江汉"随后出发,先后抵达奉节。2月8日,"江华"移泊巫山。6月21日,"江新""江汉""江华"驶达万县。

过了几天,"江新"从万县开航直驶重庆。万渝(万县至重庆)水路以丰都县东部观音滩和蚕背梁两段最为险要,特别是蚕背梁江中突起一条石埂,行轮易遭不测。招商局派技术人员实地勘察后,命"江新"等轮待水位相宜时再上驶。数天之后,江水稍涨,"江新"轮重新开航。

6月29日,3 373吨的"江新"号巨轮,经过艰苦卓绝的顽强拼搏顺利安全抵达重庆唐家沱。这是3 000吨以上级大轮首次靠泊山城重庆。8月4日,3 588吨的"江汉""江华"也安全过滩到达重庆。10月12日,吨位最大的"江顺""江安"两轮几经辗转,相继安全到达重庆。"江建"轮也暂时停泊台子湾,至此六大江轮入川的壮举轰动中外,当地居民奔走相告,中外报纸争相报道,盛赞六大江轮船员饱满的爱国热情、豪迈的英雄气概和娴熟的航行技术,一致认为这是中国航行技术史上的奇迹。

受到招商局六大江轮胜利入川的鼓舞,各民营航运公司船舶纷纷跟进,入川民营轮船公司还有三北轮船公司的"长兴"号、"明兴"号等大小轮船20艘,共计1.8万余吨;三兴轮船局5艘,共计5 000余吨;大达轮步公司"大达"号等轮3艘,共计2 000余吨;中国合众航业公司9艘,共计800余吨,以及肇兴、天津、永安、华胜、大通仁记等轮船公司和湖北省航业局的船舶约25艘,大小船舶共计150余艘,近3万总吨。其中又以"长兴"轮总吨位最大,达3 412吨,仅次于招商局"江顺"轮。"长兴"轮于1938年11月25日由宜昌起航,1939年10月30日午后2时,安全抵达重庆唐家沱。至此,为期一年多的大轮船进川顺利结束。

4 000吨级巨轮闯过无数天险,穿越三峡雄关,胜利驶抵重庆,创造了航运史上的奇迹。此外,众多大江海轮撤退进入川江,最大限度避免了国家损失,保存了航运实力,"江新"号、"江汉"号又在川江往返装运军公物资,更是史无前例的壮举。此壮举,当铭记。据统计,由宜昌退入川江的江海轮船共约200艘。

至此,为抗战入川打头阵的招商局,除"江建"轮暂时停泊台子湾外,其余5艘大型江轮已全部安全抵达重庆。《四川内河航运史》记载,加上招商局同期入川的另外12艘小轮,最后西迁撤入川江的招商局江海轮船共18艘,总吨位23 842吨。

到达重庆的六大江轮因船舶尺度太大,无法进行营运,全都停泊在重庆下游唐家沱江边,作为人员住宿船。

"江顺"号轮一度作为吴淞商船学校校舍,学校改名为国立重庆商船专科学校,设航海、轮机、造船等科,学制4年。

"江华""江建"两轮在重庆,遭遇了无数次日本飞机的狂轰滥炸,两轮严重受损,"江华"全船焚毁,"江建"被炸沉,后被捞起。

"江华"号江轮

"江新""江汉"等大江轮驶抵重庆后,经过修整,在川江上往返运送军用物资。偌大的江轮在川江里上下驰骋,实在是史无前例的创举!招商局众多船只入川后,在宜宾、万县设立了分局,在巴东、三斗坪、泸县设立了办事处。招商局还开辟了泸州—万县,重庆—巴东军用专线,转运美国由印度运来的作战物资。招商局与民生公司合办川湘水陆联运,确保了川湘抗战时期的交通运输。

从上海、南京到武汉,整个长江流域物资内迁中,航联处在沈仲毅指挥下发挥了重要的作用。在物资运输过程中,招商局、民生公司和三北公司的作用最大。

自1937年8月14日起至1939年底止,招商局共运公物8.8万吨,商货19万吨,共承运军队53万人、军用品19.8万吨、旅客难民36万人。

自1937年8月起至1940年底止,民生公司共运兵工器材及公物20余万吨。在运输公物和兵工器材之余,招商局和民生公司还参与了大量民营厂矿器材、学校仪器、难民等的运输。

到1940年底,航联处基本完成京沪汉地区物资内迁任务。在3年的京沪汉物资、器材、人员等的内迁过程中,航联处持续时间最长,运输物资最多,组织也相对比完善,其建立的多部门协调机制和分段联运的方法,对抗战时期的物资运输发挥了积极作用。

而沈仲毅指挥的航运处,在同仁的齐心协力、广大海员不怕牺牲的奋斗下,克服一个又一个难题,创造了让后人永世不忘的奇迹,也是一段中国航运史上光彩夺目的历史。

时任汉口航政局局长王洸对全面抗战初期的物资内迁的壮举评价道:"第一次上海迁厂,第二次国府西迁,第三次抢运汉口物资,第四次抢运宜昌器材,都是靠这长江一线的水道,才能把我们的人力物力逐步西移,我们的抗战才能够坚持到底。"

从1937年到1941年的四年间,招商局在抗战中作出了巨大贡献,也蒙受了巨大损失。据统计,因日军狂轰滥炸和大肆掳掠,加上塞港沉船,招商局共损失大小轮船、趸船、驳船73艘,计8.9万总吨,其运力被日军摧毁2/3以上,船舶总吨位降到不足3万吨,财产损失和营业损失达3.11亿美元,有69名员工为国捐躯。上海航运界几乎全军覆没,这一悲壮牺牲令人无限感慨,但是,他们的牺牲精神也永远让人肃然起敬,值得后人永远铭记。

1943年1月11日,中国驻美大使魏道明与美国国务卿赫尔在华盛顿签署《中美新约》,国民政府外交部长宋子文与英国驻华大使薛穆在重庆签署《中英新约》。中美、中英新约主要内容为:(1)废除在华治外法权;(2)废除《辛丑条约》;(3)取消英、美在北平使馆界、上海及厦门公共租界所享有的权利;(4)英国交还天津、广州租界;(5)英、美放弃在中国沿海贸易及内河航行权、军舰驶入中国领水权等;(6)英国放弃由英国人任中国海关总税务司司长特权;(7)取消条约口岸及租界特区法院制度;(8)英美人民或政府在中国领土内现有的不动产权利继续保有。国民政府声明中国保有收回九龙的权利。

美国带头签订《中美新约》,取消美国在中国享有的治外法权及一切形式上的特权。对航运界而言,西方国家船舶不再享有在中国水域的航行特权。

1943年4月10日,沈仲毅再次被任命为招商局副总经理。此时的西迁工作结束,沈氏回重庆工作。

4月26日,徐学禹正式被任命为招商局总经理,新官上升三把火,徐氏一是实行精简机构等重大行政管理措施;二是以修船专款作抵押向中央银行借款5 000万元;三是承办丁江经叙府至重庆的水空联运转接事宜。

5月25日,由沈仲毅主持的战后复员计划会议,规划和布置了招商局迁回上海后的各项具体事宜和要点。

1944年,中国的抗战形势已处于积极的防御态势,旅渝的上海航运界也处在黎明前的黑暗,10月3日,迁至内地的上海各轮船公司于重庆千厮门行街10号航业大楼成立上海市轮船业同业公会驻渝办事处,其目的在于探讨胜利后如何恢复水上交通运输,如何向政府要求赔偿战时征用船只,以及向日本进行索赔等重大事宜。

至此,艰辛的十四年抗战即将结束,招商局及上海民营航运企业迁回其诞生地上海计日可待。

第四章
悲壮的长江沉船堵塞抗敌

1937年8月,出于战时运输需求,交通部要求招商局、三北、民生三家航运企业在南京成立长江航业联合办事处,负责办理所有军民运输事项,此时的招商局共有大小船只53艘,计86 380总吨。经过战争初期几次大规模的沉船塞港行动,至当年底,该局所属江海大轮为阻敌进江沉塞在上海、镇海、龙潭、江阴、马当等处共14艘,计3.45万总吨,约占招商局江海船舶总吨位的40%,成为沉船吨位最多的航运企业。招商局与其他民族航业公司一道,为拯救民族危亡,不惜作出重大牺牲,演出了中国抗战史上极其悲壮、值得讴歌的一幕。

招商局带头沉船拒敌,中兴公司绝不与敌伪合作

1937年招商局将"海元"等设备性能较好的船只带往香港,将在上海的全部局产,包括仓库、码头、船厂、房地产及未撤走的船舶等立约转让美商卫利韩洋行代为经营,其余部分江海船只撤退长江。翌年,香港各轮无法营运,只得把"元、亨、利、贞"4艘海轮以廉价售给英国怡和洋行。自八一三淞沪会战爆发到1939年底,招商局共承运军队53万人、军用品19.8万吨、公物8.8万吨、商货19.2万吨、旅客难民36万人。1941年前后,招商局将在长江的所有残存大小船只陆续开往上游,分别调航重庆、万县、宜昌线,重庆、泸州线和重庆、江津、白沙、北碚等线,以维持重庆附近及川、鄂航运。当时,招商局航行内河的只剩大型客轮6艘、中型江轮5艘、小轮7艘,共18艘,23 841总吨。

在长江要塞沉船抗敌行动中,招商局做出了重大牺牲。这是抗日战争初期极为壮烈的一幕:

当一艘又一艘装满石块的铁船自凿沉没,此起彼伏,宛若一幕接一幕的黑

色葬礼。沉船御敌是一件极富深意的事件,中国企业在民族存亡之际,以独特的方式无比慷慨悲壮地展现了自己的决心与力量。这一壮举迟滞了日军的进攻速度,为中国军民及大量物资的后撤赢得了宝贵时间。

交通部协助军事机关共计征用船舶24艘43 948吨,其中有招商局"新铭"(2 133吨)、"同华"(1 176吨)、"泰顺"(1 962吨)、"广利"(2 300吨)、"嘉禾"(1 733吨)、"遇顺"(1 696吨)、"公平"(2 705吨)7艘,共计13 706吨,约占江阴沉船总吨位的1/3,占招商局江海大轮总吨位的1/4,而民用船舶的成功征集与招商局的带头作用也有着密切关系。

中兴轮船公司也是自行沉船,配合当局阻敌的大型民营航运企业。

1933年,枣庄中兴煤矿股份有限公司投资150万银元购买了轮船7艘、拖轮铁驳9艘,成立了中兴轮船公司。为了扩大航运规模,1937年7月,在上海派克路(今黄河路)6号成立了中兴股份有限公司,第一任董事长是黎元洪(民国第二任总统)之子黎绍基(重光),总经理是民国著名银行家钱新之,鼎盛时有货轮9艘,拖轮3艘,小火轮1艘,加上驳船共19艘,总载重吨达46 000余吨,成为全国著名民营轮船公司。其中,"中兴三号"轮船是公司近洋船队中较大的一艘,这艘客货两用船总吨位6 000吨,可载重3 300吨,载客850人,在当时的中国堪称"巨轮"。

抗日战争全面爆发后,日本侵略军大举进攻中国,给生产、运输蒸蒸日上的中兴公司带来灭顶之灾。南京沦陷后,为阻止日军沿长江西进,按照民国政府的部署,为了防范日军沿长江西进,中兴把多艘轮船炸沉于长江航道。为躲避战乱、保家卫国、抵御日寇,中兴公司于1938年4月29日在汉口召开董事会,作出决议"一致主张坚决反抗,决不与日伪合作"!

进入5月,在东海和黄海待命的日本海军舰艇,妄图攻占连云港后再攻下徐州。中兴公司总部决定撤出在上海和连云港的办事处,抢先一步炸毁码头、装煤机等机械设施,并炸沉停靠在连云港的"中兴""大宝"和"益荪"号三艘巨轮,用于堵塞航道入口,阻止日军舰进港。与此同时,公司同意英军征用航行于国外的公司所属"鲁兴""毓兴""峰兴"3艘货轮,参与抗击日寇的海上运输行动。

自抗战全面爆发以来,中兴绝不与日寇合作的一系列沉船爱国壮举震惊全国,为此,《大公报》等新闻媒体高度赞扬中兴公司的民族气节和家国情怀。

1937年7月7日卢沟桥事变后,蒋介石为了把日军由北向南的入侵方向引导改变为由东向西,以利于长期抗战,而在上海采取主动反击。

1937年7月,中日战争全面爆发的消息传遍了全世界,当时正在英国伦敦

第四章　悲壮的长江沉船堵塞抗敌

正在参加英王加冕仪式的国民政府中国使团代表们，右二为中国使团的副团长陈绍宽上将

参加英王加冕大典的中国使团副团长，即中国海军部长陈绍宽上将闻讯后，立即中止了对英国海军的考察学习，登上了飞返祖国的专机。

1937年8月7日，国民政府海军部长兼第二舰队司令陈绍宽接到国防最高会议密令，要求其封锁长江，截留散布于长江中上游的日军、军舰及日侨，同时也可拒止吴淞口的敌舰北上。

8月11日，国民政府和海军司令部联合召开紧急军事会议，主要部署在沪宁之间布防，招商局委派副经理沈仲毅列席会议。为了阻挡和延缓日军的进攻，会议决定采取堵塞的办法，征用各类船只沉于港口要塞，同时布下水雷，以此进行防御；并令各轮船公司，迅将海轮驶入长江，或转移至香港等地，以免资敌；同时公布《非常时期轮船转移外籍办法》。

回顾抗战初期，为了阻止日军的进攻，从1937年7月到1939年初，不到一年半，国民政府先后进行了8次大规模的沉船阻塞航道的行动，除了征用部分老旧军舰和木船外，大部分为商船。8次沉船阻塞航道的行动，共征用了商船87艘，近11.6万吨。当时征用沉塞航道的船，交通部规定了两个基本原则：一是船龄较大的老船，二是不适合行驶于内河的海船。

049

当日，南京政府交通部按照紧急军事会议的部署，密令各轮船公司转移海轮。同时，军事当局经由上海航政局发出征用命令，先后被调集江阴执行沉船封江任务的是，招商局"新铭"等海轮7艘，共13 706吨；应征属于三北、宁绍、天津、肇兴、中兴、大陆、惠海、通裕、茂利、中威、中国合众、华胜、寿康、华新、大振、丁耀东等16家民营航运企业的江海轮20艘，合计28艘，共30 257吨。这次沉船封江，没有征用民生的船只。因为民生船只正在运送川军刘湘的4个师、2个独立旅出川。八年全面抗战中，川军有6个集团军和部分独立旅，开赴前线。川军的兵力占了国府总兵力的1/5。

当日下午4时，停泊于镇江的各轮接到命令，要在第二天上午6时准备好蒸汽动力，但当时大家并不知要开往何处。

8月12日，陈绍宽将军率部抵达了江阴地区，开始执行令海军痛心无比的沉船封江行动。

清晨6时半，海军第二舰队司令曾以鼎下达沉船塞阻命令，以被拆除舰炮的"通济"号、"大同"号等8艘老式舰艇为先导，商轮随后，到达江阴城下游东北方面江面最窄处长山港停泊，由海军军官指示两岸标志，命令商船横停于两标直线上，按照事先划定的位置，一字排开。此时，从镇江开往江阴的船员们才恍然大悟，他们明白这是一场刻骨铭心的抗敌爱国义举。

下午6时左右平潮时，一声长汽笛响彻江面，第一批抛锚各船打开海底（阀）门，排列成一线的海轮机舱底开始进水，第一批沉下的，有招商局的"嘉禾""新铭"等6艘船舶。民营船只沉下的有"华新""华富""宁静"等14艘。海军下沉的有"通洛""大同""武胜"等8艘舰艇。

一艘艘舰船缓慢下沉，随即江心也翻出让人心如刀割的浪花，望着一艘艘慢慢消失于水面的舰船，停泊在江面上的几艘军舰鸣炮致敬，海军军官们和水手个个眼中含着泪水。不到半小时，28艘舰船全部沉入江底……，作为近代中国海军摇篮的古老练习舰"通济"号的舰长严寿华，双眼不由涌出了滚滚热泪。陈绍宽连忙握住他的手，安慰道："老严，一定要相信未来，相信将来抗战的胜利之日。那时我们将建立新的海军、装备新的战舰。"

夕阳西照，扬子江面翻滚着似血的波澜，与舰船晨夕相处的海员们满脸泪水，此时此刻他们只能脱帽致敬。

为补填"漏洞"，旋又征用招商局"公平"轮，民营海轮"万宰"和"泳吉"三艘商轮，以及先后将镇江、芜湖、九江、汉口，沙市各港日本趸船28艘拖往堵塞。江阴封锁线始告筑成。

8月16日，面对巨大牺牲筑起的中国"水上马其诺防线"，日本海军派出空军轰炸江阴防区，拉开了江阴海战。9月25日，为增强防线力量，中国海军再次抽出"海圻""海容""海筹""海琛"4艘吨位最大的军舰构筑另一辅助线。

在中国海陆军队血战抗击下，这道由钢铁石块组成的水下大坝封锁线，彻底粉碎了日本军舰沿长江西进包抄南京、武汉的战略目的，民国海军以牺牲第1、第2舰队主力为代价，以上海航运界为主的民营轮船公司巨大的损失，而换来的三个多月的时间，不仅牢牢掩护了淞沪前线的70万国军兄弟的后背和随后的有序撤退，而且促成上海及其流域的江南地区的军政机关和工矿企业成功转移到大西南，也为即刻来临的长江大撤退打下了成功的基础。

应征长江江阴沉船堵塞的上海航运界江海大轮有："醒狮""回安""通利""宁静""新平安""源长""母佑""华富""大赉""通和""瑞康""华新""鲲兴"和"茂利"二号等20艘，所有沉船的装载吨都超过2 000吨以上，其中"华富"号是5 030装载吨，实属彼时的巨轮。

黄浦江和马当要塞江上封锁线

1937年，"八一三"淞沪会战爆发，国民政府海军练习舰队司令王寿廷奉命指挥上海海军部队参加抗战，执行黄浦江沉船计划。8月14日，将"普安"号运输舰沉塞于董家渡航道，该舰长112.8米，宽13.7米，深4.3米，主机功率6 500马力；招商局奉命将大型海轮"海晏"号沉塞在上海黄浦江十六铺航道区，民营航运公司沉船超过14艘，其中包括杜月笙的大达轮船公司数艘。并将扣押的日本货船"洛阳丸"等6艘船只沉塞于海军江南造船所浮筒上游的阻塞线上。陆续在黄浦江上设置了3道封锁线。

14艘沉船是"三江"，"福兴"，"新华安"，"富阳"，"申兴"，"平济"，"利平"，"中和"，"中华渔"，"寿昌"，"民生"二、六、八、九号四艘铁驳（船），共计13 333吨。筑起一道抗击侵略者的水下钢铁大坝，让日寇放弃了溯江西进，围攻上海守军的企图，只能绕道金山海滩登陆。

全面抗战爆发后，为阻敌西进，力保九江、武汉安全，1938年，国民政府特别成立了长江阻塞委员会，专门负责长江马当航道阻塞工程的设计和施工，并聘用德国军事顾问在江西马当附近的江心，设计建成一条拦河坝式的阻塞线，经过两期施工，在两岸山峰险要处设有炮台、碉堡等，水面布置3道水雷防线，共设人工暗礁35处,沉船39艘,布水雷1 765枚,同时配置重兵防守,耗资无数,坚固异常。

船上筑礁,即用"大块乱石及大铁销,用洋灰塞牢在船上形成暗礁状",以阻敌船。最核心的阻塞工程是为江心水下沉船,其中沉入江中2 000吨以上江海轮达11艘,最大的船"长80米、深17米",应为华胜轮船公司"华胜"轮(3 507装载吨)。大小趸船十来艘,其中上海宁绍商船公司的"浔宁一号"装载吨超过3 000吨。一期、二期工程先后沉下大小型铁驳船达10来艘,大小木帆船百艘。

据不完全统计,1938年4月实施马当沉船行动的有:招商局的"江裕"轮(3 084吨)和"新丰"轮(1 707吨),同期被征用的还有招商局汉口分局刘家庙趸船(2 000吨)及安庆趸船(2 000吨)。招商局四艘轮、趸船共计8 791吨,占马当沉船总吨位的1/3以上。民企沉船18艘,共24 994吨。

沉塞马当的上海民营航运企业名单有华胜、三北、华宁、肇兴、民新、中国合众、永安、大通兴、陈广、直东和宁绍等公司。

其轮船和趸船注册号为"华胜""松浦""万象""新丰""江裕""天兴""庆宁""长泰""海州""永升""北晋""宏顺""黄石公"等十八船;还有趸船"皖安""浔安""镇安""浔宁"一号和二号、"九江码头"一号和二号等。

实际上,在国难当头之时,各航运企业表现不一。"八一三"前夕,国民政府交通部曾电令北方各轮船公司船只南驶,以免资敌。然而,当时拥有25艘海轮,北方最大的政记轮船公司,在总经理张本政的控制下,拒不执行命令,却将船只集中到大连,以船资敌。而以北洋线为主的"肇兴"轮船公司却将吨位较大的"鲲兴"、"联兴"("天兴")、"裕兴"、"捷兴"等驶入长江,资助抗战。当然资敌的民营轮船公司甚少。1947年张本政被判12年,1951年被枪毙。

1937—1945年全面抗日战争期间,为封锁日本侵略军水上通道,阻截敌军的进攻,国民政府军机关征用三北、民生、宁绍、肇兴等38家民营轮船公司的运输商船沉塞于各江防要塞,计有客货轮、拖轮、驳船、码头趸船等各类船舶63艘,装货吨为119 986.5,总吨86 569.62,净吨52 977.19。被征用于军公运输损毁的船舶计29艘,装货吨为10 641,总吨11 773.08,净吨6 830.36。

据不完全统计,参与沉船御敌的民营航运公司有:

虞洽卿创办的三北轮埠公司、宁兴轮船公司、鸿安商轮公司,以及虞洽卿、严义彬等招股创办的宁绍商轮公司。4家船公司有8艘江海轮和8只趸船,共

1.63万吨自沉于上海黄浦江、长江江阴和马当航道。另有6艘轮船约1万余吨被国民政府征用,作为兵员及军需物资的运力,为了阻止日军沿长江航线西进侵略,他跟重庆的卢作孚一样,将3万吨的船队交给中国军队,为抗战事业作出了巨大贡献和牺牲。

郑良裕的通裕航业公司的"新平安"轮(2 050装货吨)沉于长江江阴,大通客货轮沉塞宁波镇海。

郑良裕(1866—1920),慈溪市(原镇海县)龙山镇西门外村人。近代航运业中心人领军人物之一。他创设的通裕航业公司是近代第一家大规模的民营航运集团。郑氏家族百年的奋斗历程都将在"南船北归"的相关篇章中叙述。

宣统二年(1910),李氏兄弟李序园、李子初创办肇兴轮船股份有限公司。李序园,名恒春,字序园,1868年生于山东黄县(今龙口市)城关遇家村,其家族堂号为"进修堂"。李子初,名恒端,字子初,生于1883年,系李序园之胞弟。其公司所属总吨位最大的3艘货轮"鲲兴"和"天兴"两轮分别被沉塞江阴和马当航道,1艘被炸沉。抗日胜利后,只有2艘轮船,总吨位仅有3 400吨。1949年5月上海解放后,肇兴公司因船舶滞留海外,向上海区港务局申报停业。

李氏兄弟集资组建公司,初时资本仅银元15万元,分3万股,每股5元,设总公司于营口,分公司于龙口,由"肇兴"轮行驶营口、登州、龙口间。因无力与外商轮船竞争,亏损颇巨。第一次世界大战期间,利用外轮大量抽离中国沿海时机,每年盈余银元数万元至20余万元,遂增置轮船,扩充航线。1919年,增加资本为150万元。三年之后设分公司于上海。其后又设分公司于大连、汉口等埠,营业顺利,年有进展。

李氏兄弟毕生致力于兴办实业,曾先后涉足航运、金融、保险、自来水、电气、纺织、火柴、粮油、肥料等行业。而其中最令人瞩目者,则是创办肇兴轮船股份有限公司。李氏兄弟潜心经营近40年,曾一度形成了规模颇大的航运帝国,在中国近代民族航运史上,留下了浓墨重彩的一笔。

1909年,时任营口商务总会协理的黄县人李序园,联络一些商界的名人开始筹办轮船公司,以便打破洋人垄断山东到东北的海运航线。

1910年,李序园斥资12万元(小银元)购买了一艘英国货轮(1 237总吨),命名为"肇兴"号。这年8月17日下午3时,"肇兴"号驶入营口港。20日上午,李序园在"肇兴"号上举行了庆典茶会,同时宣布公司成立。24日的《盛京时报》作了如下报道:"十七日午后三钟余始行进口,国旗飘展直抵公司码头泊岸。是时,大雨之后余滴未尽,全埠商民冒雨欢迎,'华商万岁'之声欢呼雷动。当晚又经该公司柬请商界各员,准于二十日早十点钟驾至公司登轮茶会,并假警务总局乐队届时前往奏乐……"当时的盛况,由此可见一斑。

李序园担任董事长以后,即与英国太古洋行的轮船公司展开了经济乃至政治上的抗争,在船上专设妇女儿童专席,赢得众人一致好评,一度使对手处于下风。为了挽回颓势,英国人主动提出和解,放弃了营口至龙口的航线,并将在龙口的不动产转让给了肇兴公司。在其弟李子初的辅佐下,李序园又先后击败了日本人的大连汽船株式会社以及政记公司(高级船员均为日本人)等船行。

1922年,李序园在上海广东路122号增设分公司,延至1934年,肇兴公司的轮船增至12艘,航线增至9条,另有小火轮行驶于营口、田庄台之间。营口的码头扩为四处,并先后在龙口、大连、青岛等地设立了分公司。

九一八事变后,营业大受影响,遂将总公司移至上海,自置轮船8艘,航行上海至香港、广州;上海至烟台、天津、营口;上海至龙口、营口;上海至旅顺、大连、秦皇岛及长江各埠。抗日战争全面爆发后,所属"鲲兴""天兴"两轮被征用,凿沉于江阴、马当航道。留在北方的船只则被日军强占。

李序园德高望重,曾先后担任过营口总商会会长、实业局局长、山东同乡会会董等职务。他在任期间兢兢业业,克己奉公,为当地商民和客居营口的山东商民所称道。1932年,李序园病故,享年64岁。

李子初是李序园四弟,幼年就读于龙口遇家村村塾,1902年被长兄李序园送入营口私立商业学校学习,1907年赴日本早稻田大学研习经济,1909年返回营口见习,不久,再次赴日本学习考察,1912年归国后出任肇兴公司总经理,时年29岁。

李子初在担任总经理期间,协助李序园,使肇兴公司逐渐发展壮大。1932年李序园病故后,李子初接任肇兴公司董事长并兼任总经理,将总公司移至上海。延至1934年年末,肇兴公司共拥有"肇兴""同安""来兴""和兴""荣兴""联兴""瑞兴""江兴""捷兴""裕兴""鲲兴""天兴"等12艘轮船,共计近万总吨位。

1924年,李子初聘请陈干青(毕业于吴淞商船专科学校,我国航海界知名前辈。中国第一位出任外洋轮船长的中国人)出任肇兴公司总船长,掌管所有船只。陈干青慨然应允。其时,李子初新购进一艘轮船,命名为"和兴"号,遂将该船作为练习船使用,并委托陈干青培养华人航海人才。陈干青不负重托，一方面倾其所学，培训航海人才，一方面行使总船长的职权，迅速淘汰洋船员，提拔中国船员，打破了洋人在中国航海界一统天下的局面，令国人扬眉吐气。

当年，中国民族航运业刚刚起步，船舶上的通信设施落后于外轮，只能用旗语、灯号、鸣笛等手段近距离联络，无法与远距离的海上陆上联系。1927年，日本人控制下的大连港，为了排挤中国船商，竟宣布千吨级以上商船如不装置无线电通信设备，不得进入大连港装卸货物。李子初听闻后，即委托陈干青在上海北四川路恒丰里开办了中华无线电学校，共培训三期电讯人员。学生学业结束并考取执业证书后即分派到各船任报务员。肇兴公司的"和兴"轮成为中国第一艘配有长短波无线电收发报机的商船。随后，其他船舶也相继设立了无线电台。

在国际上，船舶保险费是一项巨额收入。当时，中国的船舶保险被英国人所垄断，中国的船舶都要向英国保险公司投保。1928年，李子初创办了肇泰保险公司，总公司初设营口，次年就迁往上海。肇泰保险公司的规模远远超过了肇兴轮船公司，在营口、沈阳、哈尔滨、天津、济南、青岛、龙口等地均设有分公司，在其他许多城市设有代理处，主要经营火险、船壳险、汽车险以及意外险等。肇泰保险公司的成立，改变了中国船东只能投保外国保险公司的状况，打破了中国船舶保险业被洋人垄断的局面。凡此种种，实令国人扬眉吐气。李氏兄弟，特别是李子初在中国保险业发展史上最大的贡献之一，是随着国内航运业的发展，民族的船舶保险业也在中国兴起。

抗战全面爆发时期，肇兴留在北方的船只被日军强制征用。1943年，李子初将上海总公司的楼房卖给永安公司，所办实业至此基本结束。抗战胜利后，1947年3月，肇兴上海分公司经理李界平（树疆）、肇兴公司董事王褐僧同赴香港，耗资港币115万元购买"祥兴"轮（2 724总吨），欲与孔祥熙合作，但是同年夏天，孔氏以陪太太宋霭龄看病为由跑到美国去了，"祥兴"轮也一直停泊香港，恢复肇兴公司未能成功，1949年5月上海解放后，肇兴公司因船舶滞留海外，向上海区港务局申报停业。

1960年10月28日，民族企业家李子初病逝于上海顺昌路41弄鱼村5号家中。

中兴轮船公司（中兴煤矿公司创立）大赉轮（2 500装货吨）和中兴轮（4 267装货吨）沉塞长江江阴航道，益苏轮（2 747装货吨）沉于海州连云港。

该公司的概况另行叙述。

1920年,华商黄佳秋在上海开办的安通轮船公司,公司设在福州路30号。1937年9月,其"安兴"轮(4 030装货吨,已属中国大货轮)应征沉塞于海州连云港。

抗日胜利后,安通公司尚有"安兴"轮一艘。1947年以后,安通公司没有自置船舶,企业虽在,实已停止营业。

1931年,孙韫山等人筹资10万元,在上海成立公济轮船公司,其"时和"轮(1 512总吨)应征沉塞于海州连云港。

朱志尧的航运公司旗下多达四艘江海轮应征沉船拒敌。朱氏生于1863年,中国近代工商业资本家。号开甲,字宠德,生于上海南市一个沙船主家庭。早年曾屡试科举未中,1888年经马相伯介绍任轮船招商局江天轮买办,后调任江榕轮买办。1893年科举考试,中青浦县附生。后帮助盛宣怀创办大德榨油厂,被委任为总办。1899年充任法商东方汇理银行买办。1904年,他独资创设求新机器制造厂。该厂先后制造轮船、蒸汽引擎、抽水机、工作母机等多种机器产品,在中国的机器制造史上有一定的地位。还曾制造出66吨的特大型引擎,而且零部件全系国产,令许多前来参观的西方工程师"皆叹赏不止"。求新厂是中国机器史上的创举,人称"我国机器厂中的巨擘"。此外,朱志尧先后创办宝兴铁矿公司、安徽当涂铁矿、长兴煤矿,投资于新城米厂、江西布厂、"尼各志"砖厂,任职华商电气公司、内地自来水厂、申大面粉厂、中国图书公司、苏政公司等。

在第一次世界大战期间,求新厂经营亏损,由于欠东方汇理银行债款无力归还,1918年被迫将求新厂售与法商。后几经周折,在1919年将求新厂改为中法合办。此后,朱志尧又将投资重点转向航运。1923年,他与陆伯鸿等合办大通仁记航业公司,先后购买"隆大""鸿大""志大""正大"四条千吨级轮船,专驶上海至扬州一线。

1928年5月,朱志尧筹资30万元,在上海创办中国合众航业公司。先后购置"海州""郑州""徐州"3艘旧轮,总吨位共4 450.54吨,三轮专跑连云港接陇海铁路,行驶沿海、长江,载煤、盐,但利润低薄,1932和1933两年只盈利200元。抗日战争全面爆发后,3艘轮船都被国民政府征用,分别沉塞在长江马当和海州埒子口。

1934年,朱志尧又集资20万元,在上海王家码头南侧创立合众码头仓库公司,曾购置"母佑""阜宁"两轮。"母佑"轮行驶沿海、长江,装运煤炭。"阜宁"轮在1936年售给福州福懋庄。抗日战争全面爆发后,1937年8月,"母佑"轮被国民政府征用,沉塞在江阴。抗日胜利后,上述两家航运公司未曾购置船舶,航运业务停顿。

抗战全面爆发前,由于拥有敏锐的投资眼光和老到的经营手法,这些航运公司的经营都很成功。朱志尧的轮船在吨位和设备上几乎可与虞洽卿经营的大达轮船公司匹敌,成为有名的"航运大王"。而1945年抗战结束后,朱志尧只能收回合众码头仓库公司、宝兴煤矿及大通公司仅剩的一艘"隆大"号轮船,其事业遭受重大打击。1949年5月,"隆大"号轮船被国民政府征用,沉没在黄浦江江海关码头,以阻挡解放军的进攻,在宝兴煤矿的股票也被合伙人设计骗走,仅剩下唯一的产业合众码头仓库公司。1955年,合众码头仓库公司交给人民政府经营。1955年3月17日,朱志尧病逝于上海重庆南路205弄万宜坊寓所,享年92岁,安葬于西郊息焉公墓。

华商庄惠伯集资14万元,在上海开办华宁轮船局。其"庆宁"轮(1 950总吨)应征沉塞在长江马当航道,船局也从此歇业。

华商王时新、伍泽民、姚书敏等三人发起组织民新轮船公司,其"华平"(1 750装货吨)、"长泰"(2 200装货吨)两轮被国民政府分别沉塞于福建泉州及长江马当航道。

王时新的爱国情怀矢志不渝,新中国成立后,他一度成为香港首富,并与其两个儿子一直奉行爱国情怀,将在"南船北归"相关章节加以叙述。

糖业大王黄静泉的华新轮船行所属"华新"轮(3 100装货吨),应征沉塞长江江阴航道。

1929年,交通银行经理林熙生等集资50万元,开办大陆实业公司。1937年抗日战争全面爆发前,曾拥有轮船5艘、总吨位一万余吨,航行沿海、长江线。其中"大生"轮经常航行在长江下游和江海直达航线。抗日战争全面爆发后,"通和"和"大中"两江海轮被国民政府征用,沉塞在江阴;"大陆"轮(总吨位2 325.5吨)被日军扣掳,从此下落不明,抗战胜利后,大陆公司与中威两公司曾一起请求当时的中国政府代为向日方索赔,并各自递呈索赔方案与索赔证据,其间,中国政府也是一起处理两家公司的对日索赔。

为了防止被日军抢夺,"大汉""大生"两轮移转希腊籍,避往国外,后被英国战时运输部低价征租,因使用时久失修,弃置非洲抛锚。1947年,"大生"和"大汉"两轮(总吨位4 496.95吨)从海外回归上海,其回航经历有多艰难,

"大生""大汉"两轮抗战胜利后回国全体高级船员合影

只有驾船的人才知道,可惜本人至今仅搜到一张旧照为证——大陆航业公司"大生""大汉"两轮胜利后回国全体高级船员合影。1947年大陆实业股东议决,将船务部改组,并增资成立大陆航业股份有限公司,俞佐廷任董事长,林熙生为常务董事。资本总额为法币30亿元。

"大生"轮船长100米、宽13.1米、深7.6米,总吨位2 720吨。该轮原泊于杨树浦英联船厂码头待修,1949年5月22日被迫凿沉,原因不明。5月28日,受市轮船商业同业公会委托,招商局海事(打捞)课前往现场勘察,测得当地水深6.1米,沉船主甲板露出水面,船体平正。潜水员施福林愿受雇合作打捞,作业方法采用封闭沉船海底阀、抽水,历时4天,6月4日沉船起浮。这是上海解放后打捞的第一艘沉船。

不久"大生"轮经维修后参加浦口、上海间煤运,不幸于同年9月在江阴又遭国民党之飞机轰炸,损坏严重,虽拖回上海,但已无法修复,受到如此沉重的损失,大陆航业公司也就此休业。

林熙生也曾是大陆盐业公司、大新华地产公司等多家实业公司的大股东,也是复兴航业股份公司股东兼筹备副主任（钱新之为主任），后该公司迁往香港、台湾，林氏也前往了香港。

1988年12月，上海海事法院受理大陆实业股份有限公司诉讼（"大陆"轮）赔偿案（简称"大陆案"），法定代表人林熙生的合法继承人及该公司股份所有人林丽珠等七子女诉日本商船三井株式会社定期租船合同欠款及侵权赔偿纠纷案，同时审理的还有"中威船案"。

经上海海事法院多次开庭审理，于2007年12月7日对"大陆案"判决商船三井株式会社支付和赔偿林丽珠等人租金和损失9 478 937.12美元，约合人民币7 000万元。

2013年2月4日，林丽珠等人以与被执行人商船三井株式会社达成庭外和解，并已收到和解协议项下的和解款项为由，向上海海事法院提出撤销强制执行申请。上海海事法院于2013年5月6日裁定终结"大陆案"的执行。

上海煤球大王沈锦洲的华胜轮船公司所属"华富"轮（5 034装货吨，属沉船中最大吨位海船）沉塞江阴航道，汉口沦陷前，"华胜"轮（3 507装货吨）沉于马当航道。

宁波镇海人洪宝顺独资创办的茂利商轮总局所属崭新"茂利2号"轮（2 000装货吨）应征沉塞于长江江阴航道，其余3轮均驶入长江。

1919年，洪宝顺曾与四明银行主管合资创办穿山轮船公司。1925年，洪宝顺独资创办茂利商轮总局。设址上海外马路恒心里4号。总经理陈世昌，经理洪宝顺。当年购置茂利轮1艘，开始营业。1935年添置"新茂利"轮1艘，1935年首航上海—定海—台州线，其停靠定海港码头时，因装货重量不均，船身向岸边倾斜沉没，共救起旅客400余人，溺死10余人。

1936年再添置"茂利2号"轮1艘。翌年抗日战争爆发，船被国民政府征用，沉塞于长江江阴水域。

1946年，购"茂泰"轮1艘，同年6月被国民党扣留于定海，后迫驶台湾基隆。上海解放后，公司停止营业。1949年8月，经上海海员工会证明，订立劳资协议，发给职工一个半月薪金，作为解散金，公司停业。

水手长出身的徐忠信创办达兴商轮公司，其"三江""福兴"两轮应征沉于上海十六铺。

1919年，达兴商轮公司，陆续购建"镇兴""三江""光济""达兴""鸿兴""福兴""新鸿兴"和"大兴一号"等轮，其中"三江""达兴""鸿兴""福兴""新鸿兴"轮由徐忠信开办的鸿昌机器厂承造。达兴公司轮船行驶长江和沿海航线。

达兴商轮公司是一家小公司，船多吨位小，总吨位不到2 000吨，但在1914年，徐忠信独资2万元在浦东创设鸿昌机器厂，亦称"鸿昌机器船厂"。这是我国最早生产柴油机的民营机器厂。1917年迁上海南市薛家浜南高昌庙吉善里，每年能造船1艘。1918年后能造12匹、60匹马力柴油引擎，1919年上海鸿昌机器船厂仿造柴油引擎成功，标志着我国动力机器制造业有了重大进步。还能造240匹马力四缸引擎。设备有大小车床10台、刨床4台、钻床3台，有工人百余及临时工200人左右，以修船为主要业务。1931年营业额达14万元，是较大规模的船舶修造厂。

描写中国航运史的《大海扬帆》一书中写道：当时，有一个有口皆碑的爱国航商徐忠信，他水手出身，因而备知中国民族航运业的艰辛。徐忠信积极提倡，中国轮船应该任用中国人当船长、轮机长。徐本人重视培养本国航业人才，鼓励青年学航海，免费供应实习人员餐食。任用吴淞商船学校第一届毕业生郏鼎锡为"镇海"轮船长，是中国第一个任用中国人任海船船长，第二年又任用吴淞商船学校毕业生陈干青为"升利"轮（向三北公司租用）船长。徐是第一个敢于破除外国人散布的中国人不能当海船船长偏见的国人。

1919年，航业界郏鼎锡、徐忠信、章曾涛、杨英、陈干青、陈景舆、刘鸥策、金月石、徐霖生、王嵩才、朱宝华署名发起组织中国航海协会。发起词称："中国人在内河外海各船上作船主、大二三副及大二三四车（即管轮员）已有五六十人……"这年就成立了第一个高级船员组织——中国航海协会，以集体力量显示中国人有驾驶海轮的志气和能力。

抗日战争全面爆发后，"新鸿兴"轮被日军劫走，"大兴一号"轮撤至宜昌出卖，作船员遣散费，"鸿兴"轮被日机炸沉在宜昌。达兴商轮公司易名为葡商正德轮船公司，将仅有的"达兴"轮改名为"山泰"轮，挂葡萄牙国旗，经营沿海航运。日本侵占长江中、下游后，"达兴"轮还是被日伪合营的中华轮船公司强制接管，航行苏北线。

抗战胜利后，达兴商轮公司向国民政府赎回"达兴"轮，又添"大贤""祥生"两轮，航行长江、沿海航线。上海解放前夕，"祥生"轮驶往香港。1953年10月，达兴公司参加公私合营，经清产核资，达兴公司负债超过资产，亏空人民币33.57亿元（旧制）。

1956年，鸿昌机器船厂公私合营，徐忠信去向不明。因达兴公司是中国台湾的复兴航业有限公司的股东，其可能去了中国香港或中国台湾。

1926年，宁波慈溪人汪子刚等集资银元14万元，在上海开办华通轮船公司，购置"中和"号货轮1艘，2 032总吨，航行长江、沿海航线，装运煤炭。1937年8月15日"中和"号货轮应征沉塞在上海十六铺黄浦江。公司从此停业。

船东丁耀东的"万宰"轮（1 400装货吨）被征用沉塞长江江阴航道。

新常安轮船公司的"新华安"轮（2 660装货吨）应征用沉塞长江江阴航道。

陈禹平在1935年成立利平轮船公司，二年之后，公司仅有的"利平"轮（2 094总吨）应征在上海黄浦江十六铺沉塞。之后，该公司在航业公会目录上消失，不过它又出现在1946年的复兴航业公司的股东名单上。

大通兴轮船股份有限公司"安顺"轮（2 000装货吨）沉塞马当航道。

1923年，山东人卢汲三、庄村庭创办大通兴轮船公司，总公司先设营口，后迁上海福州路89号，分公司设龙口，资本50万元（银元）。董事长王季良，经理周子安。1934年，计有轮船6艘："通顺"（2 346总吨）、"源顺"（1 631总吨）、"永顺"（1 244总吨）、"平顺"（1 584总吨）、"隆顺"（921总吨）、"和顺"（886总吨），行驶北洋、南洋航线。抗战全面爆发后，其新购的"安顺"轮被国民政府征用，沉于长江马当。上海解放前公司迁台。

陆伯鸿（大股东）的大振航业公司"泳吉"轮（2 875装货吨）应征沉塞长江江阴。

1924年6月，他和朱志尧、杨在田等人集资40万元，合办大通仁记航业公司，任总经理，于上海设总公司，拥有"隆大""鸿大"等轮船四艘，行驶上海至通州、扬州航线。同年还创办了大成内河轮船公司，新建和兴码头埠栈。大通航业公司开业后，与南通的大达轮船公司同时采用降低运费及给回扣等手段展开了激烈的商业竞争。由于合伙人朱志尧拥有求新机器厂，大通公司用改进轮机提高航速的办法占有优势，至1933年秋终于迫使大达与大通联营，设立办事处共同议价、统一会计等，竞争始告结束。陆氏还与人合办大成内河轮船公司。

20世纪二三十年代，在上海滩提起"陆伯鸿"，几乎无人不晓。这个名字和上海华界地区的电灯、电车、自来水、钢铁、造船以及慈善机构紧紧地相连，人称"实业大王"。

陆伯鸿（1875—1937），原名陆熙顺，上海南市人，生于光绪二年，近代中国知名实业家、慈善家、天主教人士，并且是上海法租界首位华人公董之一。

淞沪会战后，陆氏不甘心对数以百万计的这些难民无所作为。于是他主动与日本占领军接触，试图解决严重的难民危机，同意参加上海地区伪改组委员会。

1937年12月30日,陆伯鸿在吕班路住宅前乘车准备帮新普育堂办事时,遭到两名伪装成卖橘子的男子袭击身亡,终年62岁。他的死因一直是个谜,可能与他接触日本人有关。

朱秀庭于1932年,在上海萨坡赛路(今淡水路)290弄312号成立寿康轮船公司,拥有5艘江海轮、共1.5万吨。该公司原有"瑞康"轮(3 550装载吨)1艘,在抗战全面爆发后,奉命被征用,沉塞江阴。他开办的利记轮船公司"昌安"轮(1 491吨)沉塞连云港。抗战胜利后,积极筹备复业,先后购置"凌云""慈云"和"端新"三艘海轮(总计21 700净吨),均委托董浩云的中国航运公司经营。

1931年,顾宗瑞等集资在上海开办永安轮船行和永亨轮船行。永安行的"永升"轮(1 688.99总吨位)行驶江海,装运煤、米等。1937年12月13日,永升轮被国民政府征用,在长江马当沉塞,企业从此休业。1938年7月2日,永亨行的"永亨"轮(总吨位1 195吨)运送国民政府军兵工厂机件,自汉口上驶,在藕池口搁浅,因无法施救,被拆售,公司也从此休业。不过,两船行业务都由泰昌祥轮船行代理,泰昌祥老板也是顾宗瑞的,抗战胜利后,该行越做越大,祖孙三代并在香港大显身手,连女婿董浩云也成世界船王,这是后话。

茂利商轮总局的洪宝顺,华通轮船公司的汪子刚,公济轮船公司的孙韫山,裕中轮船股份公司的陈在渭,利平轮船公司的陈禹平,华宁轮船局的庄惠伯等船东,他们仅有的一艘船都被征调抗日,民新轮船股份公司王时新仅有的两艘船,以及中国合众航业的朱志尧的仅有的三艘船亦悉数被征调,中威轮船公司陈通顺的四艘船中,两艘被征调沉塞镇海,这些船东为了国家的利益,毫不计较"身家性命",展现彼时的中国企业家的人品和风采。

江阴要塞沉船封江计划泄密案

悲壮的长江沉船拒敌计划粉碎了日军三个月灭亡中国的美梦,有些遗憾的是按原计划本可将日本在长江内的商船和军舰全部俘获,但不幸是这一重大军事机密,却被行政院秘书黄濬向日军告密,日本各舰船纷纷逃出长江口,仅俘获"岳阳丸"(3 208吨)和"大贞丸"(1 369吨),两轮分别改名为"江汉""江襄",由招商局接收,作为抗战全面爆发以来的第一批战利品,投入战时运输。

第四章 悲壮的长江沉船堵塞抗敌

1937年8月初，蒋介石曾召集军委会的高级将领开了一个非常机密的军事会议，会议结果决定为了粉碎日军从长江上游包抄国民政府的大后方，实施海军封锁江阴要塞江面和沉船构筑封江计划。然而，令人扼腕的悲剧便发生了：江阴要塞沉船计划泄密。

8月12日之前，蒋介石突然接到一个令他目瞪口呆的消息，在长江中上游沿线包括在南京、九江、武汉、宜昌、重庆等各港口行驶与停泊的约20多艘日本军舰和商船，突然不约而同地全部冲过江阴江面向长江下游疾驶。

突然的变故，让蒋介石既郁闷又大为愤怒，然而就在他还未来得及安排清查内鬼时，最高军事机密再次发生泄漏。

8月下旬，蒋介石获悉日军要大规模增兵淞沪战场，在25日的军事会议上决定26日亲赴上海前沿阵地视察。第二天，不知何故，蒋介石没有搭乘彼时为中立国的英国大使座车，但是当天传来不幸消息，插有英国国旗的专车遭到两架日本军用飞机的轮番追逐轰炸。虽然轿车左躲右藏，终于还是翻了个底朝天。英国大使许阁森受了重伤，替蒋介石避过一劫。

显然，两次最高机密的泄密间隔才10多天，必定在高层有个高级奸细出卖情报。为此，蒋介石震怒，下令彻查。

经国民党特务机构的调查，知道蒋介石这个计划的只有几个高层的军政要员，以及担任会议记录的行政院机要秘书黄濬（字秋岳）最可疑，其长子黄晟也浮出水面，终于在又一次最高国防会议后，跟踪特工发现，黄濬在咖啡店用礼帽交换方式传递情报。

黄濬、黄晟父子间谍案由军委会组织最高军事法庭审理。蒋介石亲笔签署了判处黄氏父子死刑的判决书。

1937年8月26日，也是"八一三"淞沪会战爆发后的第二周，黄氏父子一同被当局明令处决。这份判决让黄濬成为抗日战争全面爆发后第一个被处决的高级汉奸。

长江江阴悲壮的沉船封江计划虽有缺陷，还是使日本舰艇无法从长江越雷池半步，日军只好派飞机对江阴要塞和中国海军舰艇进行轰炸，妄图尽快打开长江航道。

爱国民营企业家沉船御敌这一壮举，极大迟滞了日军的进攻速度，为中国军民及大量物资的后撤赢得了宝贵时间。招商局与其他民族航业公司一道，为拯救民族危亡，不惜作出重大牺牲，演出了中国抗战史上极其悲壮、值得讴歌的一幕。

第五章
虞洽卿的三北公司和陈通顺的中威轮船公司及国际海事索赔案

三北公司及首次胜诉战争赔偿案

上海老百姓,尤其是宁波人俗称虞洽卿创办的三北轮埠公司、宁兴轮船公司、鸿安商轮公司,以及虞洽卿、严义彬等招股创办的宁绍商轮公司为三北公司。初办轮船公司之时,虞氏购置三艘百吨小轮,取名"慈北""姚北""镇北",行驶于宁波、余姚、镇海、舟山等地。因虞洽卿的家乡是宁波镇海县龙山,居镇海、慈溪、余姚之北,故称三北,就有了三北公司之称。

虞洽卿(1867—1945),浙江宁波慈溪龙山人,中国近代民族资本家、航运业巨子。其手下4家公司有船80轮船余艘,总吨位9.17万余吨,为当时国内民营航运之冠。

早年,人称阿德哥的虞洽卿从宁波闯荡上海,起先在商行当学徒,白手创业,游走于上海滩,1892年起历任德商鲁麟洋行、华俄道胜银行、荷兰银行买办。1903年独资开设通惠银号,发起组织四明银行。

1905年上海发生大闹公审公堂案,经虞洽卿四处奔走,与租界当局交涉获胜,遂名闻沪上。

1908年虞氏开始与人合伙创办宁绍商船股份有限公司。原本至1908年,在上海到宁波的海上沪甬航道上,中国人只能搭船英国太古公司之"北京"轮、法商东方公司之"立大"轮以及招商局之"江天"轮,三轮呈三足鼎立独霸之势。虽说相互之间时有激烈商战,然后总是以合谋抬价欺负乘客,彼时三方统一将票价提至一元,这是三方都皆大欢喜的价位,然而,直接的受害者却是宁波人和来往沪甬的商人,此事引起公愤,为了维护大众的利益,以虞洽卿为代表的宁波帮绅商向三家公司提出抗议,要求将统舱票价一律降至五角,结果

第五章　虞洽卿的三北公司和陈通顺的中威轮船公司及国际海事索赔案

却遭到太古大班傲慢对待,已具有一定实力的虞洽卿最后硬气地向太古大班撂下一句狠话:如果你们不降价,宁波同乡只能自办轮船公司了。

君子一言,快马一鞭。1908年7月,高举"爱国爱乡,挽回航权"为外争利权的旗号,虞洽卿遂联络严信厚等宁绍同乡发起组建宁绍商轮股份有限公司。初定资本100万,分作20万股,每股5元。总行设上海,在宁波设有分行,又在上海、宁波等国内15个主要商埠及日本横滨设立代收股款处。虞洽卿率先认购,宁绍同乡中的有力人士纷纷响应,共襄其成。

《申报》曾以"宁绍轮船抵甬详志"为题作了生动报道:"宁绍商轮二十三日由申开往宁波,廿四晨抵镇海口,即由炮台及水师兵轮营船放炮欢迎。进口后凡所过镇海大道头梅墟等处,均由各商界及学堂沿江升旗燃炮庆贺,距甬江北岸二里之遥岸上一带参观者数万人。"

宁绍商轮股份有限公司成立伊始,便与英资太古公司、法华合资东方轮船公司和轮船招商局展开了激烈竞争。在虞洽卿的全力经营和1910年成立的航业维持会支持下,宁波籍商人出资,补贴船票票费等一系列举措后,确保了宁绍公司在中国民营航运业中的地位。

宁绍商轮公司总经理竺梅光,经理郑良斌。公司成立后,向福建马尾船厂订购轮船1艘,取名"宁绍"(2 641总吨),航行上海—宁波间,载运客货,隔日往返。1910年(宣统二年)9月,又添购"甬兴"轮1艘(1 585总吨),亦在沪甬线上航行,载货搭客,两轮每天对开。

1912年,宁绍遂顶着外国航业的竞争压力,向美商瑞皎船厂订造新轮1艘,取名"新宁绍"(3 407总吨),代替"宁绍"轮行驶申甬线,"宁绍"轮改驶长江线,营业兴旺,连年盈利。1914年,续招股份银50万元,扩充营业范围,于汉口增设分公司,并陆续购置总公司房屋4座,上海堆栈及镇江、芜湖、九江等处码头。至1917年,公司筹建初期的经营亏损18万元全部偿还,净盈利7万余元,第一次发放股息7厘。经七年经营后重估资本总额为150万元。

1915年6月,事出有因,虞洽卿离开宁绍公司独资创办了三北轮埠公司。创办之初,三北公司注册资金仅20万元,三年后资本增至100万元。虞洽卿以三北公司为依托,1916年开办鸿升码头堆栈公司,积累码头仓储资源。1917年设立宁兴轮船公司。1918年筹资购买鸿安商轮公司的全部英资股份,使其成为受虞氏控制的全华资企业,然后把这3家轮船公司统一交由三北轮埠公司经营,实现船队的快速扩张。三北的航线开始从沪甬线扩展到长江线,再扩展至北洋线和南洋线,后期又开辟远洋航线,开辟了符拉迪沃斯托克(海参崴)、日本、新加坡、西贡及南洋群岛等国际航线。

一战结束后,欧美航运企业大肆回归上海,国内航运竞争加剧。最困难的时期,虞洽卿动用多年以来在官场和商场上积累的资源,争取到了北洋政府的支持。拿到大量津贴和低息贷款。他改善航运经营策略,淘汰旧轮添置新轮,到1921年,三北共有船舶21艘,2万多总吨位,成为当时实力最强的民营航运企业。

五四运动期间,虞氏上街劝说开市。1920年合伙创办上海证券物品交易所,任理事长。1923年当选为上海总商会会长。

北伐军进驻上海后,虞氏任上海特别市参议会董事、中央银行监事、国民党政府全国经委委员、公共租界工商局华董。

1930年,宁绍公司购置"宁静"轮1艘(1 663总吨),行驶长江及沪闽沿海航线。当时宁绍公司在沪甬线上的航运业务最为发达,居招商局、三北、太古公司之上。但是进入30年代后,经营渐不景气。1932至1933年,宁绍公司两年支出累计亏损7.2万银元,屋漏偏逢连夜雨,其所属"甬兴"轮也遇雾沉没。

但是虞氏凭借他的身份和与蒋介石的交情,在1930年,国民政府特许他创办的三北轮埠公司发行债券,同时蒋介石将很多军需的运输业务交由他经营,三北公司业务迅速做大。

1933年元旦,全国民众、海外侨胞、商界人士发起航空救国。看到这一消息,虞洽卿牵头"宁波帮"发出了"宁波旅沪同乡会航空救国募款会征信录",被推选为募捐总队长,组织了266个捐募队,集资捐款购置了五架"宁波号飞机",轰动上海滩,乃至全国。

到1936年年底,三北公司拥有大小轮船82艘,总计9.17万吨,占当时全国总运力的1/7,成为全面抗日战争前中国最大的民营航运企业,晋升为航运集团。

1937年8月13日,淞沪会战爆发,为了逃避战乱,70万难民挤进弹丸之地的租界。已年过七旬的虞洽卿再次担当"调人",他奔走呼号,发起成立上海难民救济协会,自任会长,英商麦克诺登为副会长,该会设30余处收容点,按期支付代养金,先后收养难民8万余人,发放81期给养,共计970余万元。为了阻止日军沿长江航线西进侵略,他跟武汉卢作孚一样,将3万吨级轮船船队交给中国军队。抗日战争全面爆发后,"宁静"轮及趸船4艘,被国民政府征用,沉塞于长江江阴及马当航道。"新宁绍"轮于抗战初移转为外籍,悬挂外国旗航行中国沿海。

11月,上海华界沦陷,12月,南京沦陷。沪上几乎所有商贾大亨都星夜出逃避难,虞洽卿思量再三,决意留下。日军对中国港口和海面进行全面封锁,上海陷入米荒。虞洽卿出面召集各行业公会开会,倡议成立上海平粜委员会,他恳请各公会先行垫款,以便购买南洋大米,以求平稳物价。考虑到留在上海的总载重4万吨的各艘船只受动荡战局的影响,一时施展不开运营,虞洽卿不愿坐以待毙,想用这些船只运米纾困,为了避免运米轮船被日军击沉,与意大利商人泰米那齐合组"中意轮船公司",三北公司占股份88%,代理人是其三子虞顺慰。于是船只悬挂意大利和中立国挪威、巴拿马国旗从外埠运米进沪。所运大米均按市价7折出手,差额由各公会捐款补贴,平粜米共办30多期,被颂为善事。当然虞氏也从中获利,有不少人骂他是"米蛀虫",称"虞洽卿路"为"米蛀虫路",此话有偏颇。

1938年8月25日,日本海军特务部发函给虞洽卿,提出要虞洽卿经营的三北公司与当时日本在青岛的东海轮船有限公司合作,加入由日伪控制的伪船舶联合局,为所谓的"中日经济提携"效力。

9月3日,虞洽卿又分别致函日本海军特务部和东海轮船公司,明确指出:"孙梁臣君并无特权得以代表三北公司成立此项契约,鄙人既未同意于前,断无承认于后之理。""三北轮埠公司与青岛东海轮船公司成立合作契约加入船舶联合局之事,本人并未同意。盖在此中日不幸事件(存)续中,按环境事实,殊难共同经营海运事业。"

虽然此时公司经营困难重重,尽管日本海军特务部不断胁迫,虞洽卿作为三北公司的掌舵人,在有关国家尊严、民族利益与个人利益的取舍上,他还是果断地拒绝了日军的要求,经受住了现实的考验与历史的检验。

1941年12月太平洋战争爆发后,日本"东亚海运株式会社"接管其在沪的公司。共产党与日本人及蒋介石、汪精卫等不同政治力量在上海激烈角力,所有上海头面人物均须选择立场,一时政治暗杀成风。当年与虞洽卿争夺总商会会长的傅筱庵应诺出任伪上海市市长,被国民党特工在其家中铡奸毙命,青帮大佬张啸林勾结日伪,也被军统特工铡奸。虞洽卿也收到了夹有子弹的恐吓信,1942年春,虞氏在深夜悄然离开南京西路1081弄洋房老宅赴港,并由香港转道抵达抗战大后方重庆,虞洽卿和王晓籁先后组建三民、三北运输公司,经营滇缅公路运输。转运物资,支持抗战。

1945年4月初,在重庆的虞洽卿患了淋巴腺炎,每天发烧,经医治无起色,该月下旬,他自知不起,叫来儿子虞顺慰和女婿江一平,叮嘱后事:"为父一生总算也风光过了,从乡下一个拾泥螺小孩闯进上海滩,闯出了三北轮埠公司这个天下,你们一定要把三北保住。侬阿姐来信说到山下小学学田四十亩,统统捐献给政府。听说三北是新四军的政府,新四军也是中国人,捐给自己人是不会错的。还有,我有黄金一千两,捐献抗战事业。那要晓得,铜钿银子生不带来,死不带去,不要看得太重。"

1945年4月26日,虞洽卿病逝,终年79岁。蒋介石派人送了挽词,亲书"乡国仪型"四字。国民政府送了"输财报国"匾额一方。中国共产党在重庆的代表也参加吊唁,《新华日报》发了消息,说"商界巨子虞洽卿病逝"。1945年4月,浙东敌后抗日根据地的《新浙东报》报道:"我政府(指抗日民主政府)褒扬三北热心文教人士虞洽卿。"

同年11月,灵柩由专轮送到三北,安葬于故乡宁波慈溪的龙山。

整个全面抗战时期,为了支持抗战,虞洽卿的轮船公司遭受接踵而至的厄运。保存在长江轮船公司档案室里的,有一份抗战胜利后三北轮埠公司船舶存损记录,虞洽卿曾经庞大的船队仅剩下32艘,包括驳船14艘,计1.73万,员工也只剩643人。公司的船只被敌炸沉5艘,计9 452.13吨;被敌虏去27艘,计44 780.57吨;被敌炸伤5艘,计5 860.30吨;被政府征用沉塞损失12艘,计16 516.50吨;另装运公物牺牲6艘,计3 665吨。损失之巨大位居上海航运界之首。

在虞洽卿去世后,1947年虞氏家族分家,还闹了一场官司,虞洽卿之子虞顺恩、虞顺懋、虞顺慰继续维持业务,以三子虞顺慰的三北公司实务代理民生、福民等公司的船务及码头、仓库为主,但业务很平淡。新中国成立后,三北公司的部分船只开往香港。

1952年,三北总公司决定把天津分公司的房地产售出后,隔年并入"公私合营长江航运公司"。1954年改称"公私合营上海轮船公司",1956年并入国营长江航运管理局。

航运企业家虞顺慰

1979年,虞顺慰去香港任三北轮船公司董事长。1986年3月29日《团结报》上海讯:"著名企业家虞洽卿先生生前在上海华山路有精致花园一座,曾经被邻近的华山医院借用多年,最近,上海市人民政府已将该花园发还原主。"

虞洽卿坟墓在伏龙山上,现整修一新,完整如初。虞氏故居天叙堂、三北轮埠公司机器厂等历史遗迹均为国家级文物保护单位。

历经近50年的上海三北航运集团走进了历史。然而,之后发生的事情还是与虞氏家族和三北公司有关,这要从虞顺慰说起。

第五章 虞洽卿的三北公司和陈通顺的中威轮船公司及国际海事索赔案

1926年，虞顺慰入读上海交通大学（当时称南洋公学）。曾任三北航运公司副总、董事长，上海市轮船商业同业公会委员、常务理事。抗日战争全面爆发后，在大后方四川、重庆替父组织三北公司、川光公司，负责物资运输。创建中国建业贸易公司。1947年7月，联名发起成立中国国际旅行安全保险公司。同年，在上海受地下党委托，曾先后掩护解救沈钧儒、李济深、章伯钧、翦伯赞等左派人士，并安排他们乘坐三北公司的轮船安全抵达香港。

1948年，蒋经国"上海打虎"期间，曾被扣押，后获释放。1950年春，受章伯钧邀请赴北京，受周恩来和中华人民共和国交通部人员接见。1952年，任公私合营长江航运公司董事，后仼上海长江航运局董事长。

1965年，虞顺慰首次从挪威方面获悉有关"三北索赔案"的消息。此官司缘于1938年至1940年间，三北公司通过上海华伦洋行（挪威籍）先后向挪威、丹麦订购8艘船，共2万多吨位。因当时正值全面抗日战争期间，为避免被日军强制征用，三北公司以信托方式，将其中"海"、"海平"、"大浦"和"海通"四条轮船委托华伦公司代理。其后该公司四艘悬挂挪威国旗的轮船被挪威政府征用，并于1943年因故沉没，按国际法相关规定，可获兵险赔偿。

也就是说按照战后国际法，虞氏的企业可获挪威政府的赔偿。因种种原因，直至1965年，虞顺慰才获得挪威方面有关赔偿案的通知，于是由上海长江航运局代理虞家出面与挪威方面交涉。按国际法，若沉船后15年内不领取相关赔偿，即告自动放弃。虞顺慰也请昔日老友，当时在香港的世界船王董浩云出面与挪威方面交涉。

1979年10月，华伦洋行通过其律师致函董浩云先生，表示愿以捐赠后之余款（约为原来款项的1/3）67万挪威克朗或10万美金作为结付，但又坚持需董浩云做担保才可了结此案。董浩云对此非常不满，虞顺慰本人也不满意，也不能接受这一苛刻要求，于是，一场官司在所难免。

1982年1月，上海第一律师事务所涉外组派出两位律师受理此案，他们以三北公司法律顾问的身份陪同虞顺慰上北京，向外交部等有关部门作了初步汇报，得到中央各部门的明确支持。但是案子的进展并不顺利，缘于这是中华人民共和国成立后首次向欧洲方面索赔二战期间私有轮船沉没的案例。

虞家合法权益得到了外交部、交通部、最高法院交通庭等积极支持，经过法院两个多小时的审理，法官当庭判决三北公司索赔案成立。

三北索赔案开创了中华人民共和国成立后首次大陆私人航运企业获得外国战争赔偿。虞顺慰将挪威方面的外汇赔偿金悉数捐给国家。此案例后，又有了陈顺通的中威轮船公司诉讼日本公司索赔案。

中威轮船公司与诉讼78年的"中威"案胜诉

陈顺通,1897年1月(农历丙申年腊月)出生于浙江宁波。其父亲陈忠廷是疍船船老大,为了继承家族事业,14岁时,在父亲的陪送下,陈顺通开始闯荡上海滩,进入一家专跑申甬线的船运公司当了一名学徒。由见习水手成长为一名技艺娴熟的船长。

1925年,年仅28岁的陈顺通已是日本在中国的最大航运企业日清汽船会社等数家航运公司的买办。在藏龙卧虎的上海航运界,这个年轻人的名字已开始经常被他的同行提及。其间,因拯救被军阀追捕的国民党元老张静江而受到器重。

1926年,张静江提携陈顺通为国民航运公司副经理,据考证当时该公司有四艘江海巨轮,这也解释了陈顺通为何此后偏爱购买吨位大的船舶。那家公司名为货运公司,实则在陈果夫和陈立夫两兄弟安排下,由公司名下的"东丰"轮为北伐运输军火以及革命同志来粤等事宜,为北伐铺设了一条从上海到广州的海上国民革命地下航线,为此,北伐胜利后陈顺通获得北伐革命三等功勋。

1927年,北伐军进驻杭州,新任浙江省省长的张静江再次想到自己所器重的陈顺通,陈顺通追随张静江到浙江省建设厅工作,之后又进入轮船招商局,任招商局上海分局副局长,随即又出任浙江内河招商局总经理。

当时,《申报》的相关报道称:"浙江省航政局特委沪航界专才陈顺通将总理招商局全部内河轮船",各界期待张静江的这位得力干将能够雷霆出击,尽快恢复内河航运之昔日辉煌。陈顺通的这个新职被看作招商局整饬内河航运的一个信号。

陈顺通大刀阔斧,制订了多项规制,以遏制贪污腐败,提升营运效率。不到一年,浙江内河招商局即扭亏为盈,航运局面焕然一新。

然而,在1930年7月,招商局总监(办)赵铁桥在招商局改组过程中被暗杀,陈顺通受到触动,就此辞去官职,决心创办自己的轮船公司——中威轮船公司。离职时,张静江想将"东丰"轮赠予陈顺通,但他觉得这份礼物实在贵重,推辞拒绝。最终张静江将"东丰"轮半价卖给陈顺通,陈顺通将其改名为"太平"轮。"太平"轮是陈顺通的第一艘轮船,代表着张静江对他的知遇之

第五章 虞洽卿的三北公司和陈通顺的中威轮船公司及国际海事索赔案

恩。塞翁失马焉知非福,陈顺通开始了他的人生又一征途。

1930年年底,上海滩诞生了一家独资的中威轮船公司,春风得意的当家人陈顺通选定上海四川中路110号普益大楼二楼作为公司的办公地。

那时,普益大楼三楼有一家名为大同海运株式会社,是一家专门经营煤炭和海上运输的日本公司,不知是天意的安排,还是机缘巧合,多年后,发生了轰动国际航运界及中日两国博弈的诉讼案,原告是中国的中威轮船公司,被告是日本的大同海运株式会社。

1931年11月,上海市航业同业公会成立,陈顺通也加入其中。1932年至1935年期间,朱家骅出任交通部部长,陈顺通与朱的交往自然也增多起来。

20世纪30年代,国民政府与苏联签订协议,使苏联商船得以往来于中国各大港口。苏联政府交通部和外交部屡次向国民政府发出消息,希望中国也派出商轮驶往苏联,实行两国之互航。国民政府交通部屡次去电招商局落实此事,但招商局总以"无合适船舶可以航行"予以回答。朱家骅部长见招商局一时无法安排,便向陈顺通表示国民政府打算要尽快实现中苏两国间的互航。

碰巧陈顺通在1933年5月以30万元的价格向一家欧洲航运公司购得"乌苏拉立克茂斯"(Ursula Rickmers)轮,这艘1911年由德国建造的钢质海轮,虽然船龄超过20年,但设施完善,动力强劲,6 725吨的超大吨位更让其在上海航运界有鹤立鸡群之感。陈顺通将该轮改名为"顺丰"号。

上海市航业同业公会成立大会合影,后排左起第七人为陈顺通

十六天后,陈顺通就从交通部获得第860号"顺丰"轮船舶国籍证,便接受交通部之指示:"顺丰"轮代表中国首航苏联。1933年6月1日,中威轮船公司的"顺丰"轮从上海驶往符拉迪沃斯托克(海参崴),成为当年中国航运界的一件大事。当年,上海《申报》等报刊都进行了报道。

1934年3月召开了全国航政会议。这次全国会议的议题,其一是讨论收回内河航运权的相关事宜,其二就是会议后成立了全国航业设计委员会,一共11名委员,陈顺通当选为航业设计委员会的成员。

"顺丰"轮首航符拉迪沃斯托克(海参崴)

北伐胜利至抗战全面爆发,其间10年,被称为民国"黄金十年",陈顺通的事业也水涨船高,上海中威轮船公司的航运业务蓬勃发展,在随后的几年里,由于经营出众,几乎每隔一年就购置1艘轮船,公司的资本也从成立之初的30万银元增加到100万银元。到1936年陈顺通已经拥有海轮"顺丰"轮(6 725吨)、"新太平"轮(5 050吨)以及江海货轮"太平"轮(3 550吨)和"源长"轮(3 360吨)等4艘轮船,主要行驶于长江,沿海和远洋航线。陈顺通在航运界也取得了一定的地位与成就。

表5.1

轮船公司名称	船只数量	总吨位
招商局	84	86 381
政记轮船公司	23	40 786
三北轮船公司	15	31 810

续 表

轮船公司名称	船只数量	总吨位
中威轮船公司	5	14 630
华新公司	3	12 955
中兴煤矿公司	4	12 016
美顺轮船行	2	10 877
鸿安商轮公司	9	10 631
民生实业公司	12	9 825
肇兴轮船公司	6	9 089

资料来源：1936年《申报年鉴》，中国十大航运公司。

然而，20世纪30年代中期，日本侵略者的狼子野心和国际大环境的改变，造成很多经营沿岸航线的沪籍航运企业在北洋水域的经营活动受到日本航商势力的恶意排挤，被迫将船只租给日本。中威轮船也无法摆脱大环境的压力。

1936年6月16日，中威轮船公司与同楼的日商大同海运株式会社签了租船合同（Charter Party），以整船包租的方式将"顺丰"轮交予大同海运营运一年，1936年10月14日，中威轮船公司又将"新太平"轮租予大同海运。

"顺丰"轮和"新太平"轮吨位在当时中国各大轮船公司拥有的轮船中属于名列前茅的。"顺丰"轮一天的租金是1.85日元/载重吨，新太平轮租金是1.04日元/载重吨。由于1934年，1美元约合3.45日元，1941年，1美元约合4.2日元，这二艘轮船的租金还是较可观的。其中"顺丰"轮的载重吨为6 725吨，"新太平"轮的则为5 050吨。

1937年淞沪会战爆发，陈顺通响应国民政府的征召，中威船运公司所属"源长"轮（3 360吨）于1937年8月12日应征沉于江阴要塞。

次年，屈指算来，自从十六铺码头离开至今，"太平"轮在镇海甬江口已整整坚守了一年半，它一直在等待一个特殊的命令。

那天，接到宁波城防司令部的命令，中威公司的"太平"轮（3 350吨）汽笛拉响了。随着一声沉闷的爆炸声，一股浓烟冒出，"太平"轮像一个醉汉般地摇晃了一下，然后开始慢慢下沉。

当时的报道记载："在许多人的眷恋里，在许多人的悲叹里，在许多人的忿恨里，太平轮终于沉下去了。"清晨时分，在镇海口，人们看到了露出水面的"太平"轮的烟囱，当潮水退下去时，太平轮的小半个船体露了出来。

"太平"轮

沉没的"太平"轮

1937年,全面抗战爆发后,日商不再继续履行两轮的租船合同,既不按时支付租金又不按约定的时限归还两轮,也不告知两轮的实际状况。其间,中威公司法律顾问魏文达多次受托致函日方,询问两轮的使用情况、租金支付情况,但是对方的答复都是闪烁其词,不愿意正面回答,始终都不肯以实情相告。

到了1940年,陈顺通不得不亲自去日本讨要,而对方以种种理由加以搪塞,讨债无果。后来才知道是1937年卢沟桥事变之后,日本军方以战争为由把两艘船扣留,经日本递信省管船局转手,又交回大同海运株式会社运营。

"新太平"轮在遭扣留一年多之后,在1938年10月21日满载煤炭由北海道驶往名古屋之际,在日本伊豆大岛北岸的冈田灯塔附近海岸触礁沉没。但大同海运1940年9月致函中威轮船的信件却称,直到当时为止,一直定期将两轮的租金交付递信省,而对"新太平"轮已经沉没一事只字未提,也就是说大同海运这份信件隐瞒"新太平"轮已经沉没的事实。

1944年12月23日,已改名"顺丰丸"的"顺丰"轮作为日本陆军运输船,满载日本陆军部队,从新加坡启航前往婆罗洲古晋(Kuching)。25日凌晨1时

39分，它于婆罗洲西岸的山口洋（Singkawang）西南方向外30海里（54公里）处遭"巴贝罗鱼"号美海军潜艇发射的鱼雷攻击，被击沉。美军作战报告资料显示："顺丰丸先后遭二枚鱼雷命中船尾和机舱，随后火势蔓延到满载弹药的货舱引发剧烈爆炸，它也就此葬身海底。"沉没当天离日本投降仅剩8个多月，"顺丰"轮最后仍然逃不过战争的厄运。

汪伪政府曾经向陈顺通提出，只要他出任伪职官员，就可以帮忙代讨要回两船，但他认为让汪伪政府去向日本讨要，那性质就变了，他坚决拒收此"好意"。

1945年7月，中、美、英三国发表《波茨坦宣言》，在宣言第十一条中明确规定，日本应"交付公正之实物赔偿物资"，成为战后日本对盟国赔偿之基本依据。据此，中国政府除了向日本提出将各项工业设施移交中国作为赔偿之外，也积极办理战时遭日本掳获、扣押物资设施的归还作业。其中，包括为日方所掳获、扣押的中国船舶，这也是归还作业的重点之一。

依据《波茨坦宣言》条款，陈顺通及其律师魏文翰先生、魏文达先生便整理、提交了两轮的全部中英文资料，即两轮的船舶情况表、两份租船合同、两轮的船舶国籍证、日商就两轮情况给陈顺通先生的回函，以及两轮分别从1937年8月16日、1937年8月1日起截至1946年10月15日按国际租船市场不同时期的价格计算并扣除相关船舶运营费用后应该支付的租金资料等，委托国民政府向日方提出索赔要求：第一，归还"顺丰""新太平"两轮或同等级、同吨位的船舶两艘；第二，支付"顺丰""新太平"两轮截至1946年10月15日的租金，约六百万美元。两项索赔合计近千万美元。日方回函表示索赔要求不符合日方利益，对此，陈顺通理直气壮坚持按照他的索赔方案向日方索赔。

1945年年底，由民营船舶战时损失要求赔偿委员会向交通部提出最初受损船只数据，经过6轮反复认真统计，至1949年驻日代表团提出最终统计为止，其结果是，确定有下落的掳获船只达123艘、总吨位21 598吨。则全面抗战期间约有相当于1935年中国登记有案之轮船总吨位30.3%的船舶为日本所扣，由此也表明了战时中国轮船损失之重。

船舶赔偿与归还问题虽然有了好的开始，但各国随即发现远东委员会发布的被劫物归还政策限制颇多，不利归还作业之进行。

再者，美苏冷战爆发，尤其是美国自1947年后重新扶持日本工业化，以便再武装日本用于在东亚对抗苏联，这一企图日趋明显。在日本的太上皇——占领日

中威轮船公司船东陈顺通

本的盟军最高统帅部——的影响下,其结果就是中威轮船公司向日本大同海运索讨租金一事无法取得实质性解决,甚至盟军总部还变相迫使国民政府放弃对"新太平"轮所有权的主张。

1949年11月14日,一代船王陈顺通在上海逝世,陈家后人选择留在上海。身处台湾的顾维钧一直坚持以陈顺通按市场价格向日方追讨租金的原主张向日方索赔。

1952年,台湾当局放弃对日求偿,虽然台湾当局在单独签订所谓"对日和约"之前,就赔偿问题的处理仍可说付出了相当的心力,但是再由其出面讨回租金的"法理性"已消失,加之整个社会环境的巨变之下,其结果只能靠陈氏家族于20世纪50年代之后,由在世陈氏亲属与日方继续漫长的争讼。其第二、三和四代后人继承船王的遗志,开始了长达几十年的"中威轮船案的诉讼法律程序"。

1958年,陈顺通的大儿子陈恰群带着"讨债"的陈氏家族任务离沪赴港,在港重新拉开了与被告(日)的诉讼纠纷序幕,然而大同海运不仅与日本奈维克斯海运株式会社(NavixLine)合并,后者又跟商船三井合并。多次合并及并购后的存续企业,在权利义务关系上的难以界定,加上民事诉讼的时效问题,让整个索偿诉讼案更加复杂。

面对大同海运公司无赖耍滑的腔调,1961年,陈恰群重蹈父亲之路,奔赴日本,打响了漫长的索赔之战。然而花了近九年的功夫,在对方及日本有关部门层层设防和阻碍下,整个"讨债"过程没有实质性进展。

至此,在律师团支持下,陈恰群不得不背水一战,于1970年4月25日,在日本东京地方法院正式起诉日本政府。日本媒体反应强烈,纷纷以"陈恰群诉日本国"为题争相报道,此案轰动一时。

然而,东京法院又要求原告提供亲属关系证明,当时正值大陆特殊时期,日方认为中国政府不可能出具这样的证明,由此原告就会丧失起诉的权利。事在人为,上海的亲属戴芸香、陈乾康即刻前往上海市高级人民法院申请办理"陈顺通、戴芸香家族亲属关系证明书"。

诉讼期间,中国海商法先驱魏文翰将一封"中威轮船案"有关信件,呈递曾是同为南开中学校友周恩来总理案头。两人私交甚笃,魏文翰也是应周恩来的号召而于1950年由香港回到内地,其公司船队四艘海轮也从海外北归。

彼时的周总理虽已重病缠身,心力交瘁,但读了这一马拉松式诉讼案报告后,凭着外交无小事的信念,竟拨冗接见了魏文翰。

周总理让魏文翰转告陈氏家族要坚持真理,坚持斗争,并指出中日实现邦交正常化之前"中威轮船案"可作人民外交处理,是对日本政府的和平诚意的一个考验。通过这一案件的处理,可以看出日方哪些人真心要同我们友好,哪些人依然抱有狭隘的民族利己观念。

1972年,在周恩来总理和廖承志的过问下,中国外交部领事司立即与英国驻华使馆联系,并会同上海市高级人民法院很快便出具了原告的身份及亲属关系证明,使得日本法院借主体关系否定原告作为诉讼主体地位的刁难未能实现。

其间,周总理明确指出:蒋介石已经宣布放弃对日战争赔偿,中华人民共和国也将放弃对日战争赔偿,但是民间赔偿不能放弃,也永远不应该放弃。同时,他又指示有关部门要支持中威轮船公司和陈氏后人的合理诉讼。

然而,官司拖到1974年,日本东京地方裁判所竟然以"时效过期"为由判原告败诉。

此后,中威案的原告陈氏家族呕心沥血做了常人无法想象的努力,由于种种原因仍然无法突破,然而,十三年之后,柳暗花明又一村的机遇青睐陈氏家族。

1987年1月1日,《中华人民共和国民法通则》(简称《民法通则》)颁布施行。最高法院规定"凡是在《民法通则》颁布前民事权利受侵害未被处理的案件,在《民法通则》颁布后的两年内都可以提起诉讼"。依据此规定,"中威案"原告不用奔波到日本起诉,也不担心诉讼时效的问题,为索赔扫清法律障碍。

1988年12月31日,陈家再度踏上漫漫索赔之路,原告依法向上海海事法院提起一轮新的诉讼。

尽管这次是在中国本土打官司,陈氏兄弟也不敢掉以轻心,他们不惜血本,组建了阵容强大的律师团。除了聘请来自中国大陆的专业律师,还有来自中国香港地区、美国、中国台湾地区法学界权威和名流,人数接近60人。

1991年8月,引人注目的上海海事法院首次开庭审理中威轮船案。1996年5月,上海海事法院重组了一个由五人组成的超大合议庭,连续开庭审理九天。2003年11月海事法院再次开庭。

诉讼方在上海海事法院前留影

直到2007年12月7日,上海海事法院终于对这一旷日持久的"中威轮船案"做出一审判决:陈家胜诉。判令被告赔偿原告各种损失共计约29亿日元。2014年4月24日,中华人民共和国驻名古屋总领事馆公告全文如下:

上海海事法院依法强制执行"中威"租船合同
欠款及侵权赔偿纠纷一案情况

2014年4月19日,上海海事法院为执行生效民事判决,依照《中华人民共和国民事诉讼法》《中华人民共和国海事诉讼特别程序法》的有关规定,在浙江省舟山市嵊泗马迹山港对被执行人日本商船三井株式会社所有的226 434吨"Baosteel Emotion"货轮实施了扣押。1988年12月,上海海事法院受理了中威轮船公司、陈震、陈春诉日本商船三井株式会社定期租船合同欠款及侵权赔偿纠纷案(以下简称"中威案")和大陆实业股份有限公司法定代表人林熙生的合法继承人及该公司股份所有人林丽珠等人诉日本商船三井株式会社定期租船合同欠款及侵权赔偿纠纷案(以下简称"大陆案")两案。

上海海事法院经多次开庭审理,于2007年12月7日对两案作出一审判决:"中威案"判决商船三井株式会社支付和赔偿陈春、陈震租金和损

第五章　虞洽卿的三北公司和陈通顺的中威轮船公司及国际海事索赔案

失2 916 477 260.80日元,约合人民币2亿元;"大陆案"判决商船三井株式会社支付和赔偿林丽珠等人租金和损失9 478 937.12美元,约合人民币7 000万元。

中威轮船公司、陈震、陈春以及日本商船三井株式会社不服"中威案"一审判决,日本商船三井株式会社不服"大陆案"一审判决,分别向上海市高级人民法院提起上诉。上海市高级人民法院经审理,于2010年8月6日作出终审判决,驳回各方当事人上诉请求,维持一审判决。

二审判决生效后,商船三井株式会社向最高人民法院提出再审申请。最高人民法院经审查,于2010年12月23日依法裁定驳回其再审申请。

终审判决生效后,商船三井株式会社未履行生效判决确定的支付和赔偿义务,林丽珠等人就"大陆案",陈震、陈春就"中威案"向法院申请强制执行。此后,商船三井株式会社与两案的申请执行人就执行和解进行多次协商。2013年2月4日,林丽珠等人以与被执行人商船三井株式会社达成案外执行和解,并已收到和解协议项下的和解款项为由,向上海海事法院提出撤销强制执行申请。上海海事法院于2013年5月6日裁定终结"大陆案"的执行。"中威案"虽经多次协商,但因各方提出的支付和赔偿数额差距较大,未达成一致意见,执行和解未果。2013年12月,陈震、陈中威(已故陈春之子)以双方当事人和解谈判破裂为由,再次请求法院强制执行。2014年4月19日,上海海事法院依法对到达浙江省嵊泗马迹山港的被执行人日本商船三井株式会社所有的"Baosteel Emotion"货轮实施了扣押。法院执行人员依照法律规定向船长宣布了《扣押船舶命令》,并送达了《执行裁定书》和《限期履行通知书》。

4月19日,在中日关系颇有些敏感的时期,上海海事法院扣留了被告方"商船三井"的一艘货轮,以迫使对方执行法院判决进行赔款。4天后,这家日本公司宣布履行上海海事法院的判决,支付40亿日元的赔偿金。

那天,4月20日,按照父亲的遗愿,陈中威带着父亲的骨灰回到宁波老家,和曾祖父安葬在一起。而恰好在下葬前的一晚,陈中威接到了律师打来的电话。"在电话里律师告诉我,为执行生效判决,就在当天,法院对被执行人的一艘船舶实施了扣押。"

至此,陈氏家族终于赢了这场持续了前后77年的"诉讼长跑",跨越两个世纪,四代人的接力,其间,当事人本人及第二代、第三代子孙相继去世,官司打到当事人的第三代和第四代子孙；从1988年上海海事法院正式受理这起案件至今，26年间，专为这起案子组成的中方律师团、顾问团共56名成员中，2/3的人也相继离世。从应邀参加中威船案索赔律师团，到"中威船案"胜诉及获得赔偿，律师叶鸣等了足足26年。这期间，他从权威专家云集的律师团中的一名普通成员，成长为该案的主要出庭律师。"中威轮船案"是典型的租船合同纠纷，但又有"中国对日民间索赔第一案"之称。陈家三代人的索赔延续半个世纪，先后得到多位中国著名海商法专家的协助，在中国海商法史上具有重要的意义。

2018年由北京大学海商法研究中心发起的"口述海商法项目"。为了尽可能还原"中威轮船案"，其志愿者团队以电话访谈的形式采访了陈经纬先生。陈先生现居上海，是"中威轮船案"船主陈顺通先生的孙子。

采访问答中，陈经伟透露，其姑妈说，其实历届中国政府都支持我家对日索赔的，这种坚定的支持跨越了时代的距离，印证了两岸同属一个中国的道理。在这种支持之下，我祖父更加没有放弃的念头，国民党当时撤退到台湾去，都带着很多资料，可以说明他完全没有放弃过索赔。

这个带有传奇色彩的真实历史国际索赔事件，终于了结。作为"中国对日民间索赔第一案"，案件的始末，让我们认识到，即便是单一历史事件，背后也蕴含了经济、政治、外交等各个层面的复杂关系，从古到今，海运就伴随着地缘政治进入世界政治博弈，任何时期，强大的海运实力是保障国家航海安全不可缺少的坚强后盾。

第六章
民生实业公司与宜昌大撤退

靠70吨小火轮起家的民生实业公司

1925年10月11日,卢作孚在合川县知事郑东琴、县教育局长陈伯遵的支持下,与陈伯遵等12人募集到3.5万元,到上海和兴造船厂订购建造了70吨的"民生"号轮船。

1926年6月10日,民生实业股份有限公司在合川成立。取孙中山先生提倡的三民主义中的"民生"两字为公司名,招100股,股金5万元,石壁轩为董事长,卢作孚被推为总经理。

1926年5月,民生公司第一艘轮船在上海造成,取名"民生"轮,经过初步试航以后,于6月初离开上海驶回四川。1926年7月23日,对于民生实业公司来说,是一个值得纪念的日子。这一天,民生公司"民生"轮顺利到达了合川。并开通了第一条合川到重庆的嘉陵江每日定期航线。

1927年1月,"民生"轮顺利首航涪陵,于是一条新航线开始通航。四川东部和南部的这两条水陆联运线,是大后方的两条极为重要的运输线,后来成为支撑抗日战争的两条生命线。

1928年,浅水轮船"新民"代替"民生"进行重庆—合川航线的全年航行,不再受嘉陵江枯水季节的影响。同年,收购了"民望"号,并开始在重庆建立民生机器厂,以修理船舶。

1929年7月6日,川江航务管理处在重庆成立,卢作孚就任处长。

10月,与长江轮船公司合并,接收"长江"轮(初名"顺庆"),改名"民望"。本年实收股本增至153 500元。

1930年9月27日,民望轮正式由重庆航行叙府(今宜宾),公司开始经营重庆上游航线。10月15日,购买福川公司的"福全"轮,改名"民福",由此揭

"民生"轮

开了公司"化零为整"统一川江航运的序幕。其间,长江公司也并入民生公司。12月30日,购买九江轮船公司太平门外码头地基3处。这年年尾,国民政府公布《船舶法》《船舶登记法》《交通部航政局组织法》。

1931年,民生公司从合川移到重庆,开始从地方航运企业迈入长江航运行列。2月17日,"民福"轮首航重庆至宜昌航线。当年,公司轮船增至12艘,共计1 500吨,职工人数由前一年的164人,猛增到518人。为了同外轮争夺川江航运利权,民生公司制订了团结川江中国轮船公司的联合原则,开始合作航运。

1931年"九一八"事变爆发后,全国人民掀起了汹涌澎湃的反帝运动,民生公司全力响应,积极开展维护航运利权的斗争,取消了"甲级船员只能……全部由外国人担任"的陈规,开始启用中国人任船长。又通过航业工会组织与各民众团体联合召开"收回内河航权大会",对外公开发表宣言以示决心。

是年,公司收买七家航运公司,增船九艘,开始加入渝宜航线。从年初至年中分别在宜昌、嘉定、泸县和万县设立办事处。

1932年6月2日,民生公司"民主"轮(643.5吨)从重庆出发,首航上海成功。6月11日，成立民生公司上海办事处，开辟了2个码头，为公司经营长江下游航运业务创造了条件，长江上游与西南进出口物流及人员增多，渝申航线开通。并将上海办事处扩大为上海分公司。张澍霖任经理。8月，民生公司继续收并同业的大小轮船4艘、趸船1艘，又新建"民族"轮，开通宜申线。是年，公司又收并了川江、永安、蜀平、培丰、长宁等5家轮船公司及刘文彩的3艘轮船，航线扩展至长江中下游。9月18日。民生公司举行九一八事变周年大会，通过爱国公约。12月6日，公司收购中兴轮船公司"万安"轮，改名"民宪"。

1934年，民生公司又收并吉庆、绍兴、扬子江三家航业公司和美孚油行的大小轮船6艘。11月10日，"民权"轮首航渝申线。至此，民生公司在长江中上游的重要大港都开设了行走上海的班轮。

1935年，即民生公司刚刚统一了长江上游的民族航运业之时，以日商日清、英商太古、怡和为首的外轮船公司，为了维护它们对长江上游航运的垄断地位，采取了联合行动，妄图趁民生公司立足未稳之际，一举将它扼杀。

江湖上有人认为这一年必倒两个轮船公司：一为美国籍的捷江公司，另一即为新起的民生公司。

民生公司在得到张嘉璈、周作民、钱新之等银行家及相关的金城银行、交通银行等金融上的大力支持后，与资本雄厚、横行川江的美商捷江轮船公司展开激烈竞争，最终成功击败美商捷江公司并收购其大部分轮船和产业。6月，民生公司以65万元，收购美商捷江公司的7艘轮船，统一川江航业大体告成。

12月，卢作孚出任四川省建设厅厅长，是时，川江上有轮船80艘，民生公司就占有38艘。

1936年，民生公司除了收购了三艘船只，还大肆新造船只，计有"民康"、"民运"、"民立"（后改为"民德"）、"民来"、"民本"、"民元"、"民苏"、"民熙"、"民视"、"民听"、"民律"、"民宪"等轮。另改造小轮常平小轮一艘，船名为"民庆"。拖驳一艘，船名为"民聚"。

4月12日，军事委员会委员长蒋介石由武汉飞抵宜昌，听取宜昌行辕汇报，视察了市容及在建的东山公园。4月14日上午，蒋介石一行10余人乘"民生"轮从宜昌过奉节，与县长韩光钧在三堂座谈后乘木船去白帝城，游览完毕离夔去万。蒋离宜后，宜昌行辕撤销。这一路看似视察游玩，实为迁都四川做长期抗战准备，他构想，日本在华北发动进攻后，四川应作"根据地"。此次蒋介石到宜昌视察，一是促成四川地方实力派服从中央，二是对四川的地理环境进行认真考察。

6月,民生公司奉令秘密从南京装运政府公物到汉口。

7月7日,"民宁"轮由泸州首航邓井关,开辟了沱江航线。是年,上海的大中华造船机器厂倒闭后,民生实业公司卢作孚、金城银行周作民和永利制碱公司(南京化学工业公司前身)范旭东等金融及企业界著名人士出面,集资法币25万元,改组了大中华造船机器厂。改名为中华造船机器厂股份有限公司,由卢作孚任董事长,原厂主杨俊生任董事兼厂长。

1947年"民俗"号在中华船厂下水

至1936年,民生公司一共合并、收购了中、日、法、英、意等国25家公司的43条轮船。到年底,民生公司轮船总数达到48艘,总马力达到41 252匹,总吨数达到20 249吨。一个原本资本微薄的小企业,又处在四川军阀混战那样混乱的社会政治局面当中,居然在十年左右的时间内,就成长为长江上游轮船航运业中首屈一指的劲旅,不能不说是一个奇迹。从1936年开始,民生公司在上海大规模订造新轮船,这些新轮在上海"八一三"淞沪会战前先后加入长江航线的商业运行,在之后的"宜昌大撤退"行动中起到不可估量的作用。

在整条长江航运线上,民生公司的船只占各大轮船公司轮船总数的46.46%,货运量占川江轮船货运的59.5%。1932—1936年,因与外国航业竞争,兼之在长江举办申渝直航业务,财务周转一度发生困难,于是民生公司扩大募股,中国银行、交通银行、金城银行及宋子文财团前后入股,并担任董事和常务董事等职。

1937年春,川江出现特枯水位。从长江中下游上驶的中外轮船全部停航宜昌。卢作孚与公司集全体船岸人员之力，研究并主持施行了三段航行，分别以适航的船只在川江各段行驶，基本上维持了长江上游的通航，这也为宜昌大撤退做好了坚实的前期准备。

是年，七七事变后，全国掀起了抗日支前的热潮。7月19日，在沪的航海联义会、中国船舶无线电员总会、中国航海驾驶员联合会、怡和理货俱乐部、天津水手公所等30余家海员社团，共同组建中华海员抗敌后援会，全国各地的海员工会组织也纷纷成立了抗敌后援会。

8月，中共中央在洛川举行会议，部署这一时期的中心任务是"动员一切力量争取抗战的胜利"。为了争取抗战的胜利，中国共产党提出并实行全面抗战路线，反对国民党片面抗战路线。中国海员，作为中国工人阶级的一部分，在党的领导下充分地动员起来，投身抗战。

在中共地下组织和工会引导下，上海海员、码头工人都动员起来，组织救护队、运输队、募捐队，冒着枪林弹雨，出入战场。在敌占区炸桥梁、毁铁路，和抗日军民并肩战斗。

上海华界沦陷后，一部分工人离开码头，前往苏北参加新四军队伍。留在码头的工人组织起来开展拒绝装卸日货，并开展抗日罢工运动。原来在日轮上工作的海员纷纷自动离船。1937年8月15日—10月15日两个月内，20多条日轮的海员实行罢工并离船。

参与长江大撤退

1937年8月，时任四川省建设厅厅长的著名爱国实业家、民生公司总经理卢作孚火速赶赴南京，通电民生公司全体职工指出："民生公司应该首先动员起来参加战争。"

8月12日，民生公司4艘铁驳沉塞上海黄浦江十六铺航道。隔天淞沪会战爆发，民生公司进入战时运输状态。民生公司组织"民元""民本""民权""民风""民贵""民俗"等轮到南京、芜湖参加抢运难民。

8月16日，卢作孚被任命为交通部副部长（次长），负责将政府机构、学校、工厂等国家战略资源安全转移到大西南。

8月24日，招商、三北和民生3家轮船公司在南京成立长江航业联合办事处，负责办理一切军运民运事宜。

民生公司"民本"轮从南京转运难民

接到蒋介石向川军刘湘部下达了"出川抗战"的命令后,民生公司本着"抗战第一,军运第一"的指导方针,调集全部能够航行的川江船舶22艘,于9月1日公司全力以赴,仅两个星期就抢运完集中在川东的抗日部队4个师及2个独立旅共约6万人参加南京保卫战。8年全面抗战中,民生公司运送出川部队和壮丁270万人,弹药武器等30万吨。

1937年11月中下旬,为长期抗战,国民政府机构决定从南京移驻重庆(陪都)。国民政府主席林森打前站,11月16日,林森率人由南京乘"永绥"军舰出发,抵达宜昌后换乘民生公司派的专轮"民风"轮继续上行。23日,"民风"轮抵巫山县城宿夜。24日10时,"民风"轮过奉节。26日下午4时,"民风"轮抵达重庆。重庆政府全体官员到码头迎接,十万重庆人夹道欢迎。12月1日,国民政府在重庆开始办公。

此时,卢作孚组织民生公司的船舶开始执行上海、南京等长江沿岸地区人员、工厂及物资的大撤退任务,全力以赴将工厂、政府机关、科研机构、学校和人员撤退到大后方,并运输兵员、武器、弹药、物资到前线。民生公司先后抢运军工物资及厂矿设备器材约20万吨,撤退人员47万多人。

12月13日,南京陷落。蒋介石与军委会、国民政府的大部分机构,此时皆已撤至武汉,武汉遂在短期间内成为全国之政治、军事中枢。卢作孚撤至武汉后,住在汉口三教街57号,即金城银行汉口分行经理戴自牧宅的二楼。此时,汉口成了卢作孚的指挥中心,民生公司的重心也随之移至汉口。他抽调人员,在江汉路民生公司汉口分公司二楼设了一个临时指挥部,日常事务由袁子修负责,成员有秘书周仁贵、王天循和打字员小闵等。从下游撤回的上海分公司经理杨成质,也于此后加入了汉口抢运,其间出力甚巨,获卢作孚极高评价。

12月22日—27日,为避开战火,招商局"江安""江顺"两客货轮从汉口上航,由驾引人员精心引水之下,两轮顺利通过天兴洲等浅滩,安抵宜昌。此次试航成功,是有史以来4 000吨以上大型江轮在枯水季节首次上航宜昌,为近代内河航运史增添了光彩。

此后,其他各公司也随之仿效,纷纷派出江海大轮加入汉宜线运输,武汉港几十万吨的货物和几十万人口能够在武汉失守前安全撤出。

1938年1月4日,民生公司合并广安轮船公司的"广安""广吉"两轮,改名为"民仁""民爱"。1月6日,原交通部次长卢作孚被任命为交通部常务次长。10日,卢作孚被再次任命兼任军事委员会下属的水陆运输委员会主任,负责统一调度长江上一切民用船只(包括民生公司、轮船招商局、三北等公司大大小小所有民用船只),完成战略大转移运输。

湖北武汉是中国近代最早兴建钢铁工业的地区,堪称"中国钢铁工业的摇篮"。全面抗战初期,国民政府为了建立战时工业需要,断然决定对汉冶萍公司汉阳铁厂、大冶铁厂等重要企业实行征用拆迁,另在大后方创办新厂,以树立国防重工业的基础。为了坚定大冶各企业搬迁的决心,经济部电调武汉行营工兵大队前来大冶,对炼铁高炉及全部铁路桥梁实施爆破,并在各矿隧道内埋设炸药,以示彻底破坏的决心。

2月,蒋介石手令要将汉阳铁厂、上海炼钢厂迁往四川。需迁运的器材约5万吨,迁移到重庆大渡口另行建厂,定名为第29兵工厂。此外,兵工署奉命还要将粤、湘等省兵工厂3万吨器材,经由武汉迁往四川。

为此,国民政府交通部重开长江航业联合办事处,并推举招商局负责人为主任委员,三北公司负责人担任总务,民生公司负责人担任航务。兵工署从武汉起运的8万吨兵工器材,由长江航业联合办事处组织招商局、三北公司等多家航运企业的江海大轮,负责从武汉运往宜昌,由招商局领衔,其副总经理沈仲毅负责指挥;民生公司则负责从宜昌接运到重庆,由卢作孚负责。双方均以宜昌为转运站,分别在长江干支流和川江干支流发挥各自优势,开展分段联运。

5月2日,招商局第一艘满载内迁器材的大型货轮"裕平"号抵达宜昌,拉开了内迁物资接力抢运任务的序幕。到武汉沦陷前,8万吨兵工器材从武汉全数运抵宜昌。

在长江航业联合办事处的帮助下,依靠武汉会战赢得的宝贵时间,克服重重困难,湖北钢铁工业完成了重要工业装备跨区域转移的空前壮举,从而奠定了大后方钢铁工业的基础,为全民族抗战的最终胜利作出了宝贵的贡献。为了这批设备的迁运,沿途共设立运输站7处,雇用运输工人1 000余名,先后动用海轮11艘、江轮27艘、炮舰2艘、铁驳船4艘、拖轮17艘、木驳船218艘、川江木船850艘,规模之大,前所未有。

至1937年底,宜昌码头周边除了大型的金陵兵工厂与汉口军工厂的兵工器材外,其他兵工厂的器材也严重滞留,民生公司多次开会,抽调适合在川江枯水期运行的轮船,按轻重缓急统一调配,分配吨位,各轮必须满负荷运行。这一期间,公司安排运力陆续运送14 000吨兵工器材至重庆。

与卢作孚处在同一条运输战线上的,还有招商局副总经理沈仲毅和汉口航政局长王洸。沈仲毅时任长江航业联合办事处主任,他直接指挥数十艘江海巨轮,承担起武汉大撤退的历史重任。武汉失守后,他又转入湘江、沅江,成功开辟湘宜航线,使汉阳兵工厂、巩县兵工厂再度由湘西迁川。

1938年年初,长江航运已处于极度紧张时刻。年轻的航政专家王洸,由交通部船舶科长提任汉口航政局长。5月,最高军事当局决定下沉16条江海大轮以阻塞田家镇航道,构筑长江第三条封锁线。卢作孚建议不用沉船方法,以保持武汉撤退运力。但是不沉轮船沉什么?张嘉璈和卢作孚两位部长苦无对策,商诸王洸。王建议并承建四艘大型钢骨水泥船以替代轮船沉塞航道,此举挽救了16艘大轮,确保了武汉撤退的运输能力。此后,他又建议并领导宜昌航政办事处承建了川江机械绞滩站,使一批中下游大小轮船凭绞机之力,通过险滩,进入川江;而大批木船更借此上滩,使一批批军工、民营厂矿器材越过险滩,到达重庆。

1938年1月4日,民生公司合并广安轮船公司的"广安""广吉"两轮,分别改名为"民仁""民爱"。1月6日,原交通部次长卢作孚被任命为交通部常务次长。10日,卢作孚被再次任命兼任军事委员会下属的水陆运输委员会主任,负责统一调度长江上一切民用船只(包括民生公司、轮船招商局、三北等公司大大小小所有民用船只),完成战略大转移运输。

日寇对国民政府的战略撤退有所觉察,开始了对宜昌的空袭轰炸行动。1938年1月24日上午10时,9架日军飞机第一次袭击宜昌,轰炸了铁路坝机场,炸毁中国空军飞机6架,死伤民工和市民达200多名。

5月2日,卢作孚飞抵宜昌,以交通部次长身份在宜昌主持召开抢运军、公物资紧急会议,并成立军、公物资迁建委员会宜昌办事处。

6月,宁波城防司令部征用民生公司的"司凯登"客货轮沉塞于镇海。民生公司在香港设立驻港办事处。

1938年下半年,民生轮船公司展开了宜昌大撤退,当时正值国共合作最好时期,中共利用这一机会,除在湖北建立各级组织发展党员外,还在长江航运战线建立了党组织,即中共长江海员委员会(简称"中共海委"),并在川江海员中建立的十余个海员工会组织,发展了不少中共党员,其中的理事长、常委、秘书、文书等职都由共产党员担任。建立了轻工第二支部、舵工支部、水手支部、理货支部、中舵支部等党的基层组织。中共海委认真贯彻中共中央统战方针,要求海员必须以阶级利益服从于民族利益,积极投入抢运宜昌战略物资的行动中去。正在抢运任务最紧要关头,有个别工会组织领导人盲目鼓动部分海员为增加工资进行罢工斗争。中共海委认为,若这样必然要破坏大撤退的正常进行,抗战定遭损失。中共海委立即发出通知,坚决反对罢工,要求海员坚守岗位,以抢运货物为己任,于是罢工事件得以平息。全体海员深明大义,夜以继日工作,全力支持卢作孚,将抗战的战略物资全部撤到大后方,并且这些党组织在50年代初民生船队的"南船北归"进程中起到了重要作用。

6月21日下午,日机投下的大批燃烧弹,将宜昌码头附近的大公路和四道巷子完全烧毁。敌机还在江边上空盘旋,轰炸了江边堆放的物资,焚毁了几十条船只,200余人死亡。

7月5日,宜昌难民总站开始转运难民难童。民生公司免费将河南信阳难童共900人运到重庆。8月由民生公司、招商局和怡和、太古两洋行将1 400名难童在10天内运完。自8月18日至9月2日,滞留宜昌战时儿童救济协会护送的300多名难童,又由民生公司轮船运往万县。

10月24日早上7点30分,一艘装满着物资和人员的"民权"号轮船从宜昌起航,这是民生公司实施撤退计划后,开出的第一艘轮船。船上乘客包括时任国民政府交通部次长卢作孚亲自护送的几百名免费上船的孤儿难童。据史料记载形容,"当汽笛声中,这些孩子们扒在栏杆上放声高歌,摇着小手向卢作孚告别的情景,令岸边观者无不动容"。

10月25日武汉失守后,长江大轮不能上驶川江,失去用武之地,唯有民生公司集天时、地利、人和之优势,一枝独秀,生意蒸蒸日上。由于公司主要业务在川江,国民政府内迁后,运输繁忙数倍于前,全面抗战初期,公司轮船撤退及时,又无行船被征用沉江,实力不减,全面抗战时期的水上运输重担就自然而然由民生公司承担。

武汉第一临时保育院儿童离开武汉经宜昌入川

民生公司首船"民权"轮从宜昌逆江而上,行往四川大后方。此后,整个民生船队在卢作孚的指挥下,冒着日军的炮火和飞机轰炸,抢运战时物资和人员到四川,奋战四十天,从而保存了中国民族工业的命脉。

正是从这天开始,民生公司的22艘轮船和850多只木船,日夜不停地在川江来回穿梭。中国的敦刻尔克大撤退就此拉开了帷幕。

"轮船还没抵达码头,舱口盖子和窗门早已打开,起重机的长臂早已举起,两岸的器材早已装在驳船上。轮船刚抛锚,驳船便被拖到轮船边,开始紧张地装货了。岸上每数人或数十人一队,抬着沉重的机器,不断地歌唱。汽笛不断地鸣叫,配合成一支极其悲壮的交响曲,写出了中国人动员起来反抗敌人的力量。"卢作孚在回忆录中这样写道。

11月13日,招商局的"江顺"试航川江,从宜昌启航,安抵秭归庙河。此后,招商局组织"江安""江新""江华""江汉""江建"大轮入峡进川,克服重重困难,相继抵达重庆等地,创下4 000吨大轮川江航行纪录,六大轮入川成为中国航运界有名的重大历史事件。

12月,在民生机器厂新造117尺长轮船2艘、新造80尺长轮船2艘。

本年，民生公司组织力量开通叙嘉、渝叙、沅江等航道。因战事暂时撤销汉口分公司和沙市办事处。新增船舶31只。自抗战全面爆发至本年10月，公司累计装运出川官兵和壮丁20万人以上，入川公务人员和旅客不下10万人，各地迁川难童三千余人，政府公物及各厂家器材约10万吨。投资江合煤矿公司、嘉阳煤矿公司、恒顺机器厂等。

在卢作孚的统一指挥下，这场转移3万多人和10万吨物资的大撤退，仅用40天时间就胜利完成。原先在江边堆积如山的上海钢厂、航空兵站、技术研究处、炮技处第四库、陕厂、宁厂、巩厂等军工与民用器材，基本撤退入川。这40天的运输量，竟相当于民生公司1936年全年的运量！这40天对于当时的民生公司全体员工和卢作孚本人都是刻骨铭心、毕生难忘的40天。

自1938年秋开始，在嘉陵江和长江重庆段的河谷地带，先后有17家兵工厂扎根，聚集了9万多兵工员工。

其实，1938年经宜昌内迁后，不仅仅是在重庆，在整个西南和西北大后方，一批现代化的钢铁厂、兵工厂、航空电讯、能源机械和纺织工业在大后方相继建立。为国民政府组织反攻和夺取整个抗日战争的最后胜利发挥了至关重要的作用。

除了抢救物资之外，民生公司经由宜昌抢运入川的机关、团体、学校、工厂、医院等单位的人员达6.4万余人。其中有复旦大学、中央大学、金陵大学、武汉大学、山东大学、航空机械学校、中央陆军学校、国立戏剧学校等，保留国家教育事业半壁江山。

卢作孚和他的民生公司担纲的这一次大撤退，保留了战时的经济基础与文化命脉，对抗战胜利，对战后重建，均起到难以估量的作用。

整个宜昌大撤退期间，民生公司付出了巨大的牺牲：9艘轮船被炸沉，6艘被炸坏，117人牺牲，76人伤残。

遥想当年，民生轮船公司中有部分是西迁的上海籍船员，他们在民族危难时刻，并未退缩，与同仁们冒着敌人的炮火轰炸，在激流险滩的长江上游谱写了"东方的敦刻尔克"壮丽篇章，在这些撑起抗日航运事业的百姓英雄中，恕我只能列举我所知道的人名中有：黎明船长，莫家瑞船长，陈思问轮机长家族，笔者父亲卢学庭轮机长，外祖父麦锦波轮机长（曾任清朝江汉关巡视船轮机长）。舅舅麦松炳轮机长（后任长航总局武汉机务处负责人，湖北青山造船厂厂长），二姑父陈祺寿轮机长（1924年曾以陈夔一的名字加入共产党），七姑父潘顺波轮机长（70年代出任香港南方船务公司负责人）。他们所驾驶的无武装的轮船,在长江流域上航行,遇到日机的狂轰滥炸,完全无招架之力,逃生的机会全凭运气和操轮技术所定。

整个"宜昌大撤退"过程的惨烈程度已在现有的各种媒体有详述,本人补充如下二个小段文,可见一斑。

当时,民生公司许多船员家属都住在长江沿江码头边上,只要耳闻汽笛声就有人跑到岸边,眺望从上游回航的民生船队,众人提心吊胆地一直守到船靠岸,目睹自己家人走下舷梯,才算如释重负,一旦有受损船舶出现,江岸就会传出哭喊声,这种场面只有亲历者才会有刻骨铭心的记忆。记得笔者母亲一提那时的情景就会激动,她说:"鬼子飞机追着你父亲的船扔炸弹,好险、好险!还有汉奸告密,半道上想炸沉你父亲的船,最可恨的是,在炸重庆时没有扔光炸弹的日本鬼子飞机,会沿着长江寻找江上正在逆流而上或下水的轮船,经常一天会被鬼子飞机炸二次。"

据我哥说:"有一次,父亲船运送一船银元去重庆,船上有第九战区司令长官陈诚一帮国民党军政人员押送,三艘船组成的船队也是在航行途中,遭遇四、五架敌机轮番追逐,死咬不放,来回俯冲,投弹扫射,幸亏甲板上设有高射炮,经过一番缠斗,船队总算脱险。"不过,其中陈思问任轮机长的那艘船的大副身亡,至今还记得,母亲常说陈家阿公(指陈思问)福大命大,那天没上甲板观察敌机,大副却在甲板上被飞机炸弹的碎片插入背后不幸惨死,为此,船队到港后,陈诚褒奖一箱银元给船员们,以示安抚。

正如作家林语堂在影视片《苦干》中的解说词:"轰炸摧毁了这个国家,但轰炸能击垮建立这个国家的人吗?他们拥有强大的内心,我们看到中国是如何抗敌,时刻创造着奇迹。这就是'苦干',刻苦的奋斗。中国人与生俱来的精神,深入在他们的灵魂与命运之中,永垂不朽。他们的存在和付出,是中国不可战胜的秘密。""东方的敦刻尔克"——宜昌大撤退的历史,证实了全体民生公司的员工内在的"苦干"和韧性,筑起了外敌不可逾越的铜墙铁壁。

林语堂大师所述的坚强精神,并不是一朝一夕就地而成,远的不说,近代甲午战争中的"黄海海战"的历史就证实了宁死不屈的血脉早就潜存在中国士兵的灵魂中,也遗传给民生轮船公司的全体员工,当然包括上海航海世家,不仅他们的长辈能冒着外敌的炮火,一步一步顽强地走来,在1949年新中国成立之时,不少人选择了北归,撑起了新社会初期的海运事业,以精湛的技术和爱国的情怀,成为中国远洋航运事业的开路先锋。

民生船队成为大后方水运中坚力量

1939年1月1日,卢作孚因抗战贡献突出,获授三等采玉勋章。

1月16日,民生机器厂首次成功建造两艘500吨级钢壳客货轮下水。

2月7日,国民政府军事委员会传令嘉奖"民楷"号、"民政"号、"民勤"号等30艘轮船船员。

从抗战全面爆发至本年底共运送迁川物资15万余吨。公司资产增加到2 805万元。因战时需要,新造轮船17艘,购进海关船4艘,购进从长江下游上驶到宜昌却无力继续上驶川江的各类轮船多艘。公司轮船总数达到137艘,是公司增加轮船最多的一年,总吨位达到3.6万余吨。

在整个西撤运输过程中,最为紧张的当属1940年6月上旬的宜昌第二次紧急抢运。日军直逼宜昌时,宜

1939年,卢作孚在汉口航政局改良木船试航典礼上演讲

昌尚有万吨器材尚未西撤,仅仅在一周时间内,在陈诚的督导下,由童少生指挥民生公司的4艘轮船紧张地抢运这批物资。随着形势的紧迫,最后抢运的船只和航线又有调整,航线再行缩短。紧邻宜昌的三斗坪南沱滩头,堆满了装有各种器材的大木箱。最后,民生公司派船将抢进三峡的这批物资由三斗坪接运到重庆。

1940年6月12日,宜昌沦陷,日军在城中焚烧房屋五天五夜,从城市毁灭的程度讲,"破坏之甚为全国冠"。民生公司的船舶也遭到敌机日夜不停地轰炸。

9月3日,"民元"轮在巴东码头上被炸沉,一名船员殉职。

依相关史料记载,从这场抢运之后,直到宜昌沦陷,宜昌港累计转运了150余万难民以及100万吨物资。

1941年5月19日—23日,"生存"轮试航涪陵至彭水的乌江航线成功。

8月22日,民生公司"民众"轮在巴东台子湾被炸,死伤8人。"民俗"轮从巴东开往重庆,船上满载前方受伤将士与入川旅客,船行至巫山神女峰下青石洞时,"民俗"轮遭到7架日机轮番轰炸后沉没。250人遇难,其中伤兵160人,旅客20人,船员70人。

据幸存的船员亲身回忆:

机舱加油(工)邱宝定在机舱值班工作时,弹片穿破腹部,流血不止,叫他赶快离去,他却回答:"死就死吧,绝不能走!"他仍然按着腹部忍痛工作,毫无畏怯,竟与船舶共沉亡。船将倾倒,机舱人员尚望能挽救船只,然而发动机已被炸停,可是全体值班人员均未离去,仍照常工作。加油工杨培之,看炉水工罗绍修等,均随同船舶被炸沉而英勇殉职。

甲板部水手长龙海云,当船将倾覆沉没时,仍屹立船头继续工作,努力挽救船舶。船长数次催其逃生,他却慨然回答:"船长不走,我怎能离去!"船又一次被炸时,龙海云腹部中弹牺牲。三引水王炳荣奉船长之命执舵,被炸伤,船长改命徐鸿章执舵,叫王速离船逃生,但王仍坚守岗位不肯离去,后随船沉没殉职。

吴淞商船毕业的大副李晖汉,当船被炸沉时,他急赴驾驶室将航行日记簿、船舶证书及其他重要文件抱于怀中,忽一弹片飞来,随即倒于血泊中牺牲。

被日机炸损的民生轮船

报务员陈志昌,当船被炸沉时,已不能再发电报,但仍保护着电报机而不离去,终被炸死殉职。护航组长申志成,茶房头脑唐泽民、袁文彬,当敌机临空投弹扫射时,乘客骚乱,他们却不顾个人安危,冒着枪弹,照样维持秩序,企图保持船身平稳,但敌机不断地轰炸,扫射,弹如雨下,袁、申被炸惨死,唐被炸断其臂,昏倒于血泊中,英勇牺牲。

船沉没后,幸存水手辜华山,仍不顾个人安危,急泅水至岸,抢推木划,在惊涛骇浪中救起伤兵和旅客数十人。其余未被炸死的船员均积极抢救浮于江上呼救之客人。

民生船员为挽救国家民族危亡,把热血洒在祖国的江河上,为抗日战争的伟大胜利贡献了自己的一切。

8月30日,"民宪""民政""民泰"3轮在万县附近又被敌机炸沉。

此时的民生公司已是抗日大后方不可或缺的军民交通运输部门,不管日军飞机如何疯狂轰炸,企图扼杀长江上游航道,民生公司仍然不惧危险,新船下水,开辟新航线。10月1日,新造的"民武"轮首航涪陵。10月3日,"民新"轮试航宜宾至安边航线成功。

本年,民生公司5艘川轮被炸沉,但收购了9船投入川江航行,继续全力以赴支援抗战。

国民政府对冒着敌机轰炸危险完成军运任务的"民勤"号、"民熙"号、"民俭"号三轮传令给予嘉奖。

1942年1月,叙府(今宜宾)至安边航线扩展至屏山。4月6日,派员开航泸县至合江航线。8月至12月,以川境县名定名的新造木壳船10艘,分别投入川江多条航线。12月15日,民生机器厂承造"民雍""民范"两木壳油船。同日,"鹦鹉"轮被敌机炸沉。

1943年2月,重庆轮渡公司作价转让给民生公司。5月31日,卢作孚正式辞去政府职务,复任公司总经理。8月24日,"民勤"轮被敌机炸沉。

本年,国民政府军委又对"民康"号船长及全体船员颁发了奖章、奖状等。

因鄂西战役紧张,货源断绝,空袭频繁,客货运收入锐减。民生还是投资强华轮船公司、民安保险公司、中国企业协和公司等机构。重庆大轰炸期间,公司船舶、厂房、仓库等多次遭受敌机轰炸,造成重大损失。

从宜昌大撤退后不满五年,民生公司已成为维护战时水上运输的中坚力量,营运范围遍及川江、岷江、涪江、嘉陵江、金沙江和乌江,对抗战运输和后方生产、生活物资交流起着极为重要的作用,船员们在战斗运输中发挥了杰出的聪明才智,为了保全船舶和人员生命,扩大航运潜力,1943年民生公司的船只在万县至三斗坪这段航道上冒险夜航,船员们利用拂晓和傍晚时航行,白天到达有利地形停泊,躲过敌机的轰炸。这时的夜航是在没有灯标,缺乏安全保障,全凭驾驶人员高超技术的情况下进行的,由于驾驶人员具有较高的航行技术,极少出现航行事故。

1944年4月8日,卢作孚被推举为出席美国纽约国际通商会议的中国代表之一。5月5日,国民政府授予卢作孚二等卿云勋章。7月4日,成立内江办事处。7月6日,"民听"轮试航重庆南充线成功。7月24日,交通部给"民苏"轮船长颁发奖章。10月5日,卢作孚乘中航专机出席国际通商会议。

本年,民生公司投资新民报社、中国内河航运公司、中国公估行、中国人事保险公司等。

1945年春,卢作孚在加拿大经加政府同意,与加拿大帝国银行、多伦多银行、自治领银行草签长期贷款1 500万加元予民生公司,用于在加订造轮船(18艘)。但须由中国政府致函加政府,为民生公司借款担保。4月20日,设立津沙办事处于江津。5月1日,总经理卢作孚赴美出席国际通商会议事毕返国。7月1日,公推民生公司为泸县空运物资轮船接运委员会主任委员,与招商局共同承运泸县空运到的物资。

8月15日,日本天皇宣布无条件投降。9月,民生公司战后正式展开战后复员工作。上海、汉口两公司恢复,沙市、南京办事处恢复。宜昌分公司由三

卢作孚(左四)与同事在加拿大考察和购船

斗坪迁回宜昌,撤销巴东、云阳两办事处。在此后的四个月中,公司逐步恢复长江下游航线,并开始筹划沿海及南洋业务。

盟军的敦刻尔克大撤退是依靠国家的力量,由一个军事部门指挥完成。宜昌大撤退则完全依靠的是卢作孚和民生公司全体员工,因此,亲历了宜昌大撤退的晏阳初(中国平民教育家和乡村建设家)说:"这是中国实业史上的'敦刻尔克',在中外战争史上,这样的撤退只此一例。"

卢作孚被毛泽东同志誉为发展中国民族工业不可忘记的中国四位实业界人士之一(即从事重工业的张之洞,从事化学工业的范旭东,从事纺织工业的张謇,从事交通运输的卢作孚)。

第七章
抗战胜利后风起云涌的沪港航运界

西迁的上海航运界重返上海滩

1945年8月6日，美军在日本广岛投下第一枚原子弹，预示抗战胜利即将来临。此时的重庆商界沸腾，尤其是旅渝上海航运界同仁纷纷做出回沪准备。

8月9日上海轮船业同业公会驻渝办事处召开临时会议，商讨胜利后复员、接管敌伪船只财产以及索赔等问题，同意成立复员委员会，并决议因各会员公司过去均经营航业有年，而且敌伪航业财产中不免尚有部分是会员公司的原有财产，因此要求政府同意由同业公会委派代表参与接收工作，而接管敌伪航业财产中，原属于本国各轮船公司所有者，应尽快发还。接管敌伪航业财产除发还本国各公司外，其余应尽速分配补偿予各有损失的轮船公司。决议呈交交通部备案，交通部也同意民营航业公司与政府接收人员一同前往收复区，各自接收原有产业。

1945年8月15日，日本天皇宣布无条件投降。

8月16日，日本宣布投降翌日，交通部训令：（一）自宜昌起至上海为止，各商轮公司在各轮埠所置之栈埠房屋及一切设备颇多，应由各商轮公司迅派人员随同前往各埠接收，并统由该（招商）局支配利用，以利复员。（二）敌伪在各轮埠所置之上项设备，统由该（招商）局查明，接收使用。（三）各轮埠外商公司之上项设备统由该（招商）局接洽。

其间，国民党政府通知日方，长江一带所有船只集中沙市、宜昌，沿海一带船只集中上海听候接收。招商局于8月25日拟定《接管敌伪船只办法》12条。

8月17日，日本投降的第三天，国民党政府自重庆迁回南京。民生公司首先以"民权"轮作为"还都专轮"，船上满载了国民党政府行政院各部会的还都接收官员五百人沿江东下。

"还都专轮"

与此同时,国民政府也立即部署复员还都,长江航线顿时出现客运甚为拥挤的局面。军政人员亟待重返京沪,难民亟须返归故里,学生急于返校,等等,出现一票难求的情况,但凡下水轮船,船船必定爆满。

1945年9月15日,民生公司的"民熙"轮则由宜昌驶抵汉口,拉开了复员运输的序幕。

得知胜利消息后不久,招商局于8月21日及28日举行了临时紧急会议,做出多项决定,针对迁回上海办公,拟定《国营招商局复员迁沪办法大纲草案》,当中有12项要点作为办理复员事宜的指引。

9月6日,率先到达上海的招商局副总经理沈仲毅率领一部分员工,接收了上海广东路20号日本东亚海运株式会社大楼。所以徐学禹于9月11日在上海办公后,很便掌握了接收航产及收复区航运的情况。

不久,招商局、民生公司、三北等航运企业也陆续恢复上海总局(总公司)及沿江分支机构,派船参加复员运输。到1946年年初,长江航运原有体系已大体恢复,并组建了一些与复员运输相适应的临时机构,如航业复员委员会、复员运输委员会、消除沉船委员会等。

民生公司战后复员工作也正式展开。上海、汉口两公司恢复,沙市、南京办事处恢复。宜昌分公司由三斗坪迁回宜昌,在此后的四个月中,公司逐步恢复长江下游航线,并开始筹划沿海及南洋业务。

9月24日,招商局正式迁入其所接收的广东路20号原日本东亚海运株式会社大楼,10月23日,招商局全体由重庆返回上海,此后招商局即一直在广东路20号办公,直至1949年。在此期间,原轮船招商局大楼先后有多家公司入驻,包括大达轮船公司、民生公司和大道公司。

广东路20号大楼

抗战胜利后,原先的轮船招商局办公楼(外滩9号楼)成了民生实业公司驻沪办事处的办公地点。1949年上海解放后,又为上海港务局、上海海上安全监督局所使用,直到2001年5月,上海市政府终于将外滩9号楼的产权证补给了招商局,成为招商局这个百年企业的珍贵历史文物。

在台湾光复的大背景下,招商局又一次站在时代的前列,对台湾的发展始终给予了关注。徐学禹的《中央训练团台湾行政干部训练班航政讲义》,不但让台湾行政干部训练班的学员对台湾航运有了基本了解,提出接收台湾应注意的问题,还为台湾接收及重建做了展望。台湾光复后,招商局又积极参与接收在台日伪船舶及敌产,建立台北分局及高雄、基隆办事处,开展对台运营,开辟对台航线,运送人员物资,促进了台湾航运业的复兴与发展,加强了两岸的交流与沟通。

9月25、27日,招商局"江汉""江顺"两轮从重庆分别驶往汉口、南京。三北、大达等公司也相继派轮驶出川江。

招商局和民营航运企业马不停蹄般的连夜返回上海的举措,加之民间团体和百姓的返乡潮,造成江轮大量出川。但由于缺乏集中统一的协调、指挥系统,战时运输管理局和后方勤务总司令部各自成立水运指挥机构,互不统辖,时生抵牾。为统一办理复员运输事宜,行政院命交通部于1945年12月1日成立全国船舶调配委员会,刘鸿生、卢作孚分任正副主任委员,徐学禹任秘书长。总会设于上海,在沪、汉、渝三埠设分会,沿江沿海各埠设办事处。为保证复员运输的顺利进行,长江区航政局1945年10月1日在汉口恢复办公,并陆续恢复或设立镇江、南京、芜湖、九江、长沙、宜昌、重庆、宜宾等分支机构。沿江海关及所属江务机构也陆续恢复原有建制。

10月1日成立国营招商局上海临时办公处,办理复员工作,并派员赴长江及沿海各地,筹备恢复各分支机构与办理接收事宜。等到招商局副总经理胡时渊率领留渝全部工作人员抵沪后,总局便于10月23日正式在沪恢复办公。在布置交通接收人员时,招商局早已抢占先机。先前,何应钦派往上海从事水运接收的骨干成员,以招商局人员为主,包括招商局副总经理沈仲毅、招商局高等顾问杨志雄、抗战全面爆发前的招商局南京分局经理施复昌,而民营公司只有抗战全面爆发前的民生公司上海分公司襄理杨成质。

其实,招商局于1943年4月在重庆恢复总局之前,便着手计划复员工作,并开始具体行动,包括购船、修船及调查局产等,为复员铺路。自1943年起朝野开始讨论航运复员的问题,而交通部也于此时下令招商局在重庆恢复总局。1944年7月,国民党国防最高委员会第141次常务会议通过下属中央设计局提出的《复员计划纲要》(简称《纲要》),《纲要》中有关航运接收复员的重要原则,涵盖面颇为广泛,涉及原有交通设备及工具的利用及改善、交通工具的补充及修造能力、敌伪交通事业的接办、预定接收人选、收复区民营交通事业的维持以及码头等设备的修整等。交通接收复员的具体负责机关为交通部,但一直未见它提议由下属的招商局负责接收收复区船舶,《纲要》亦没有提及此事。

与此相反,招商局显然早已预见敌伪船舶对战后航业的巨大影响,并且考虑到其可能在战后负责接收及暂管敌伪以及其他航业的资产。为何招商局会有如此先见之明,那么了解敌占区航运家当就一清二楚。

1938年8月,日本在上海成立"东亚海运株式会社",以日本邮船和大阪商船为基础,将日清汽船、近海邮船、三井船舶部、山崎汽船、冈崎汽船、阿波共同汽船、原田汽船、山下汽船轮船公司合并,开辟日本至天津、天津至台湾、天津至上海、天津至华南等航线。同年9月,日伪又以汉口为中心,合资组成伪武汉交通股份有限公司和日商戴生昌轮船公司,开辟了5条区间航线。1940年日本和汪伪政府又合资组成了伪中华轮船股份有限公司。

1940年,伪中华公司航线扩大到淮河流域(田家庵与蚌埠之间),1941年再扩展到江北各支流,如南通、如皋、泰县、江都等地。该公司成立时,船舶只有194艘,均劫自我方,以后发展到包括拖船在内共有1 100余艘。

汪伪政府的所谓伪国营中华轮船公司专门经营长江沿岸及江北各线航运,就连丁默邨和李士群的特务机关也喜欢轮船公司名称,为了掩人耳目,他们以"中华扬子江轮船公司"的名义对外进行活动。

1945年9月26日,同业公会召开有关轮船公司会议,经议决于同年11月3日正式成立民营船舶战时损失要求赔偿委员会。调查登记航商在抗日战争期间被政府征用和损失船舶。请求政府对战时征用船舶进行赔偿。经调查:战时政府征用沉塞封锁线船舶63艘,119 906吨;军公运输中被损毁的船舶33艘,15 981吨;被日军劫掳占扣的船舶67艘,111 006吨;被日军炸沉、炸毁的船舶43艘,49 357吨。几经交涉后,获得政府部分赔偿,按各船公司损失的比例,以摊股形式,拟组成复兴轮船公司。

不久,招商局由国民政府指定接收日本在华的大批船舶,以及汪伪的船舶。其中被接收单位有上海运输株式会社、上海内河轮船公司、三关洋行株式会社、伪中华轮船公司、日本邮船会社等。从1945年9月开始,招商局共接收海轮3艘,江轮32艘,拖船167艘,铁驳307艘,小轮93艘,机帆船135艘,机动木船234艘,特等船只(挖泥船、登陆船等)47艘,木驳及民船317艘。合计接收敌伪船舶1 335艘,共129 510吨。

1946年接收工作继续进行,截至1946年7月,累计接收敌伪船舶2 158只,239 141吨。除接收和留用了大量的敌伪船舶外,在国民政府的具体部署和指挥下,战后招商局还接收了一批造船厂、码头、仓库和地产等,使得这一时期招商局的局产实力也出现了大大的膨胀,其船队的规模和航运实力随之大幅增加。

随着各轮船公司回迁上海,1945年10月28日,上海市社会局指令沈仲毅、虞顺慰、林熙生、杨管北、张树霖为上海市轮船业同业公会整理委员,办理公会整理和接收事宜,公会驻渝办事处被取消。11月6日,整理委员会召开首次正式会议,推选沈仲毅为主任委员。其后该委员会历经半年的整理与筹备,于1946年4月17日成立上海市轮船商业同业公会,原上海市轮船业同业公会之名取消。当日公会选举第一届理监事,其中杜月笙为理事长,杨管北、钱永铭(新之)、虞顺慰、徐学禹为常务委员,沈仲毅为常务监事。

会上修订了章程,办会宗旨未变,任务略有变动,增加至20项。当时参加会员的公司共166家,总计船舶739艘,891 500吨。其中,1 000吨以上者有245艘,计761 812吨。1946年9月会址迁至汉口路99号。1948年11月6日改选理监事会,选出魏文翰为理事长。上海市轮船业同业公会之会务一直延续至上海解放。

到1946年3月,长江干支流已基本具备通航条件,通航里程也恢复到战前水平。在此基础上,复员运输如火如荼,各公司船舶纷纷顺江东下,轮、木、驳各类船只竞发,川江和长江中下游各港呈现一片繁盛景象。

4月10日,卢作孚率领民生代表团由渝飞印度转美、加各国,联系购新船事宜。4月,建立行政院善后救济总署水运大队(简称CWT),地址设于上海北苏州河路(现北苏州路)400号河滨大楼,后迁广东路20号招商局楼及建华公司礼查大楼。善后救济总署水运大队正式营业。5月,台安航业有限公司成立于上海,其老板是原中统头目徐恩曾。5月18日,国民政府委派卢作孚为第28届国际劳工大会中华民国雇主代表。6月3日,成立民生公司纽约办事处,意在开辟太平洋航线。

1946年上半年,复员运输大体完成,全国船舶调配委员会奉命于1946年6月30日结束,7月1日停止办公,沿江、沿海有关船舶调配的未了事宜统由招商局接办。

7月,经民生公司力争,交通部同意在招商局接收的美军中型登陆舰中拨5艘交民生公司使用。该舰英文缩写LST,其在70年代后才退役。

LST型坦克登陆舰作为二战盟军的标准大型坦克登陆舰(战时一共建造了1 051艘之多)在二战结束后作为剩余物资流入世界各国的海军之中,中国自然也不例外。自1946年起,中华民国海军、轮船招商局、民生公司、行政院善后救济总署船运大队,江南造船所等机构陆续接收或者购买了三十余艘LST,

美制LST坦克登陆舰

构成了抗战胜利后中国船运力量的主力,1949年后,有一部分随着国民党当局败逃台湾,一部分迁往香港避难,一部分在大陆,随着两岸政局的明朗化,避难于香港的部分LST也回到了祖国大陆的怀抱,这就有了"南船北归"中的民生公司,其"怀远"轮和"宁远"轮冲破国民党军舰封锁的台湾海峡,北归上海。

到1946年7月止,累计接收敌伪船舶2 158只,239 141吨。

10月30日,卢作孚在加拿大渥太华政府大厦代表公司与加拿大帝国银行、多伦多银行及自治领银行签订借款合约,总额为加币1 500万元(其中民生公司自筹15%的现金垫头),原议定货款时,计划造大小船只18艘,后因申请政府担保时间拖延,正式签约时,加拿大物价上涨,借款仅得建造新船9艘。

本年,民生公司新增船只五艘。设立青岛办事处。开辟上海到青岛、天津到营口的北洋航线及上海到基隆、福州、汕头、广州、香港等沿海航线。与金城银行联合成立太平洋轮船公司。民生公司开始从长江航运向沿海航运发展。

根据1946年12月底的统计,招商局航线以恢复长江和沿海南北航线为主,拥有"海"字号客货轮25艘,"江"字号15艘,"人名"字号13艘等,共计60余万吨,超出1941年2.4倍,而招商局在1941年最低谷时只有江海轮船8只,计22 713吨。到抗战胜利之时,也仅"残存大小船舶28艘,25 500余吨"。上海各民营轮船公司拥有船舶也达到396艘。

在船舶和局产都大幅增长的情况下,招商局的航线也在不断扩展。1946年,招商局行驶的航线主要为:北洋线计有连云港、青岛、天津、秦皇岛、葫芦岛、营口;南洋线计有宁波、温州、福州、厦门、汕头、香港、广州、海口、基隆、高雄;长江线计有镇江、南京、芜湖、安庆、九江、汉口、长沙、沙市、宜昌、万县、重庆,各埠均设有分局或办事处。海外方面,也已在海防、曼谷、仰光、马尼拉四地设置代理处,以为拓展国际航线之准备。

此时,上海各民营轮船公司拥有船舶也达396艘,民企也购置船只用于开辟新航线,并想方设法加入海运及远洋运输,其中以董浩云和卢作孚最为雄心勃勃。

招商局轮船舞弊案及收回英美等国航行特权

1946年,上海航运界发生了两件大事,是行内人人皆知和乐道的话题。

一是所谓招商局轮船舞弊之事。当时，有媒体报道，有些轮船公司通过各自关系，购入或租借廉价的招商局接收的船舶，此事一石激起千层浪，引起行内众人不满，由于事件牵涉面较大，调查也一度被搁置。

事后，招商局陈仲瑜和胡时渊提及，涉及舞弊事件的权贵资本公司只拥有13艘船只，包括大通大达（2艘）、益祥（4艘）、公益实业（3艘）、通安（2艘）、兴中（1艘）、海鹰（1艘）。虽然上述统计数字未必完整，但这些涉嫌舞弊的权贵公司似乎未能在接收敌伪船舶的过程中取得明显的利益。考虑到当时的官场习气与社会氛围，人们所忆述的敌伪航产舞弊现象未必不可信，但是有关问题的严重性却未能证实。

第二件大事是1月25日上海市轮船业同业公会与市商会、商船驾驶员总会、轮机员总会、航海驾驶员联合会、中国引水人公会、中国航业学会等一起召开保全航权紧急会议，并发表《维护航权联合宣言》。郑重宣告中外"凡有侵害我国内河及沿海航权之任何行为或企图，我人必以八年来浴血抗战、艰苦奋斗之精神加以抵抗"，并要求政府采取"急要措施"维护航权。维护航权的起因是抗日战争胜利后，外商轮船假借运送救济物资之名，企图重享中国沿海及内河航行权，并要求开放长江沿线之南京、芜湖、九江、汉口等四口通商。

6月，同业公会联合航业有关八个团体，组织维护航权运动联合会，向国民政府及社会作维护航权呼吁。为制止外轮乘运送救济物资及遣送难民之机，暗中揽载沿海和长江商货及旅客，7月，同业公会建立救济物资承运小组，担负救济物资运输任务。由国营招商局抽调船舶4艘，民营寿康、中兴、益祥、上海实业等公司抽调船舶4艘，其他会员公司也派轮多艘参加运输。12月该承运小组工作结束，共计承运救济物资164 153吨，难民9 045人。此后，该会组设中国轮船业济运联运处，开始时租用行政院善后救济总署（简称行总）水运大队全部船舶，后改为由水运大队将全部船舶委托该处经理营运，运输救济物资。这是一次上海航业界全体同仁为维护自身正当权利并最终获胜的团结行动。

其实收回中国水域航行权是中国及上海航运界的夙愿。第一次维护航权是从1925年开始的，此后南京国民政府前期收回航权运动的兴起、发展与航业团体有密切关系。是年11月1日，航业大佬虞洽卿联络轮船招商局、三北轮埠公司、政记轮船公司、肇兴轮船公司、北方航业公司、宁绍轮船公司、恒安轮船公司、鸿安商轮公司、丰安轮船公司、招商内河轮船公司10家公司筹组上海航业公会,因时局等原因,至1927年7月2日才正式成立(1931年改称上海航业同业公会,1934年改称为上海轮船业同业公会),该公会成立后,为航权收回提出了诸多建议,各地航业团体亦非常活跃,他们通过电报、宣言、信函、集会、谈话、演讲等形式,推动收回航权运动发展。

由于航业团体与航权存在切身利害关系,因此在南京国民政府刚成立时,他们就一直呼吁收回航权,这直接影响了政府决策,没有航业团体的呼吁,南京国民政府收回航权态度不会那么积极,在收回航权的过程中,航业团体也一直呼吁和提出建议,在中日修约、航政会议、中美中英修约交涉等过程中,都可以看到航业团体积极活动的身影,这既为政府收回航权提供了有利后盾,支持了政府的外交活动,当然也对政府决策形成了压力,使之不敢在收回航权问题上过多妥协,航业团体在收回航权问题上的态度与政府之间也存在紧张关系,因为两者在收回航权的具体主张和步骤方面有一定差距。

1927年,由航海界资深人士金月石等筹备成立中国商船驾驶员总会,其宗旨定为"维护航权,收回引水权,发展航海技术,联络同仁感情"。该会一直为收回航权奔走呼号。

从1928年7月国民政府照会日本宣布废止《中日通商旧约》开始,中日围绕旧约是否有效问题发生长时间争执,修约交涉并未进入实际程序,但这并不影响航业团体的积极行动。1929年1月,航业界专家陈天骏拟具《收回航权意见书》,分呈立法院、行政院,请求在法理上取消外人航行特权,他认为挽回航权,根本之道在于立法,同时通过外交交涉进行补救。

1947年的招商局营业方针则转而为"着重于海外航线之扩展",相继恢复并开辟了多条外洋航线。从正月起,招商局即陆续派自由轮开航曼谷、加尔各答及关岛、狄宁岛、曼纳斯岛,并派"海厦"号开航中国香港、新加坡定期班,"海陇"号开航马尼拉、厦门定期班。此外,还奉令派"海黔"轮前往日本,接运侨胞返国。"海黔"轮于6月19日离沪,载运日本船员75人、日侨日俘342人、中国驻日军事代表团官员眷属16人及中央信托局桐油1 000余吨。抵佐世保卸日侨、日俘后,即赴神户卸货,复驶回佐世保,装运中信局物质2 000吨、台湾及上海归侨共424人,7月12日经基隆返抵上海。后复租赁美轮试航南洋线之马尼拉及中美之夏湾拿、美亚美,南美阿根廷之布宜诺斯艾利斯等地。近海远洋均已开辟新航线。截至1947年5月时,招商局恢复及开辟的航线如表7.1所示。

表7.1

航　　线		配　　船
海外线	中印线——上海经中国香港、星岛至加尔各答	"海天"轮
	沪关线——上海至关岛	"海地"轮
	中暹线——上海经汕头、中国香港至曼谷	"海陇"轮
	中菲线——上海经厦门、中国香港至马尼拉	"海黔"轮
南洋线	上海—香港—广州	"汉民""培德""仲恺""林森"等轮
	上海—厦门—广州	"海粤"轮
	上海—汕头	"海沪""海航"两轮
	上海—福州—厦门	"海滇"轮
	上海—基隆	"海厦"轮
	上海—宁波	"江亚""江静"轮
北洋线	上海—天津	"其美""执信""蔡锷""黄兴""秋瑾""海甬""锡麟""元培"等轮
	上海—青岛	"海苏"轮
	上海—秦皇岛	"海康"轮
	上海—营口	"海汉""海津"两轮
	青岛—天津	"海有"轮
南北洋线	天津—青岛—上海—香港—广州	"延闿""邓铿"两轮
	汕头—天津	"海穗"轮
长江线	上海—汉口	"江宁""江安""江建""江泰"四轮

1947年2月1日，中国油轮股份有限公司（简称"中国油轮公司"）在上海江西中路115号成立。隶属于交通部。中国石油公司和交通部招商局分别持股60%和40%，是抗日战争胜利后国民政府在工程交通领域投资的一家公营事业公司。

10月3日，马家骏以中国引水员的身份，首次引领中国油轮公司的万吨级"永洪"号油轮出海前往伊朗。当时上海各报都以显著的版面报道此事。10月4日《大公报》的标题是："永洪油轮开伊朗，由国人引水驶出，恢复了丧失47年的引水权。"《新民报》的标题是："国人引水第一声，'永洪'轮昨放钢沙，马家骏船长首开纪录。"

马家骏（1892—1970），江苏青浦（今属上海）人。20岁时考入清政府邮传部高等商船学校（后改名交通部吴淞商船学校），为该校第二期毕业生。当时

香港《大公报》相关报道

国内出洋海轮的高级船员必须由外籍人员充任，中国人上船只能当水手、生火、服务员。马家骏毕业后，不能用其所学，只得返回家乡。

第一次世界大战期间，英国船队驾驶人员紧缺，马家骏被招进英商太古轮船公司，任"武昌"轮代理二副，开始其航海生涯。大战结束，英籍驾驶人员陆续涌进中国，马家骏被无理解雇。嗣后，他与哈尔滨戊通轮船公司取得联系，先被委派调查松花江、黑龙江航务情况，后继任"海城"轮大副。1921年，马家骏重返上海，任"肇兴""和兴"等轮二副、大副。1928年，马家骏进入招商局，时招商局的海轮船长都由外国人充任。为大力培养本国航海技术人才，招商局总办赵铁桥冲破各阻力，任命了一批中国江海轮船船长。是年7月，年仅36岁的马家骏由大副递升招商局"图南"轮船长，并被评为甲级船长，成为中国第一任海轮船长。1929年3月，招商局又派他替代外国船长接任"新昌"轮船长，行驶南洋线。后又任"海晏"轮船长，行驶上海—温州线。1931年1月他被调到"新铭"轮，行驶北洋线。11月30日，马家骏驾驶"新铭"号从上海启程，带着中国人民的重托赴日本接回中国侨民。

"九一八"事变爆发后，我国在日本的华侨有3万余人。日本军国主义操纵国内舆论，污蔑中国首先挑起事端，日本社会对待旅日华侨的态度逐渐恶劣，大批华侨被解雇，部分人员还遭到日人的袭击殴打，这些侨胞在日本的生活面临严重困难，纷纷回国。

但是部分留日华侨生活困难，无力承担回国旅费，为此，国民政府交通部命令轮船招商局派船赴日接侨。轮船招商局选用"新铭"号，派航行经验丰富的马家骏为船长。为了防止日本港方刁难，轮

马家骏总船长

船招商局联系了美国大来洋行,大来洋行同意"新铭"号到达日本横滨时停靠大来洋行的码头,并代"新铭"号申请领港。

"新铭"船上海员全部为中国人。12月5日下午抵达横滨,搭载华侨891人,12月7日又驶往神户,搭载334人,合计两地共搭载1 225名华侨,行李2 000余件。12月9日下午从神户开航,12月13日顺利返回上海。

1933年秋天,"新铭"轮从威海卫驶回上海,途中遇到了强台风。全体船员在马家骏的指挥下,奋不顾身,全力拼搏,经过24小时与风浪的苦战,"新铭"轮终于驶出了危险海域,安全地驶回上海。事后,马家骏写有《新铭轮历险记》一文,在当时报界广为宣传,大长中国海员的志气,曾被编入当时的小学语文教科书,以海员的勇敢顽强精神激励学生。

1934年招商局用庚子赔款订造了"海元""海亨""海利""海贞"四艘新船,这是当时招商局最好的海轮。马家骏被指派为"海亨"轮船长。"海亨"轮行驶于上海、汕头、香港、广州之间。因为船长是中国人,"海亨"轮初经香港时,港英政府不准其在香港出售客票,经过马家骏的严正交涉,才获得解决。"海亨"轮是第一艘可以在香港出售客票的由中国人任船长的中国轮船。

1937年3月,招商局开辟了厦门至菲律宾马尼拉的国际航线,这是中国第一条国际航线,马家骏任"海亨"轮船长,受命开处女航。八一三淞沪会战爆发后,以上海为基地的中国商船被迫停航。马家骏被留职停薪后,与朋友合营海元贸易行。其间,一些与敌伪有关系的航业机构请他继续工作,但马家骏出于民族仇恨,拒绝为敌伪航业服务。

抗日战争胜利后,招商局从重庆迁回上海,但是黄浦江的引水权,仍然为英美等国所霸占。为收回国家主权,不再让外国人领船任意出入我国港口,马家骏奔走疾呼,会同金月石、秦铮如、李云衢、翁纪清、滕士标等上海知名船长16人,经航海界同仁协力,发起组织了上海铜沙区引水公会,连同中国商船驾驶员总会发起收回铜沙引水权的斗争。经过斗争,收回了铜沙区引水权。从此上海港有了中国引水员。

1948年马家骏任招商局总船长。上海解放前夕,国民党当局对马严加监视,徐学禹在台湾对马家骏不断施加压力,要求其驾船去台湾(尤其是打捞用船舶),主持船只调动等有关事宜,被马家骏拒绝后,国民党特务也派人对马家骏实施软禁监视,要挟他驾船赴台。马家骏利用上厕所的偶然机会,摆脱了监视,从招商局大楼后门出走,避居陈干青船长家多日,在中共地下党的劝导下,马家骏与胡时渊、黄慕宗等人决心留在上海,做好招商局的护产工作,以实际行动迎接全国解放。

新中国成立后,马家骏继续投身于祖国的航海事业。他先后担任上海海运局总船长、海监室副主任、船务部第二副经理、顾问室顾问、中央交通部海事委员会委员、上海市第二、三、四届政协委员等职。

1970年11月21日马家骏不幸逝世,终年78岁。

1979年1月26日,上海海运局和中远上海分公司的负责人、职工及马家骏生前好友200余人,在龙华革命公墓举行马家骏骨灰安放仪式和追悼会,并为其冤案平反昭雪,恢复名誉。

马家骏的一生经历了中国早期船员成长过程中的许多个"第一",是中国海员的杰出代表。他一生热爱祖国,与祖国共命运,是一位深怀爱国情怀的招商局人。

徐学禹与迅速发展的招商局

截至1947年8月底止,招商局留用的船只共332只,74 000吨。其他十几万吨船舶均让给民营企业,至此,上海的原先的私营轮船公司也大肆扩张,新

抗战胜利后国营招商局总经理徐学禹在接收美国剩余船舶的仪式上

成立的航运公司也如雨后春笋般出现，其中以1946年7月，民国闻人杜月笙谋士杨管北在上海广东路43号新设益祥轮船公司最为典型。

招商局在战后迅速扩充其运输能力，除了接收大量的敌伪船船外，另一主要途径是购买美国、加拿大剩余船舶。抗战胜利前夕，招商局就派员赴美国，商谈战后订购船舶事宜，同时选派高级船员和技术人员前往实习，为战后大量购买外国船只做准备。

从1946年元月19日，招商局向美国购买的第一艘澳菲旧轮"海苏"轮驶抵上海起，至1948年6月，招商局向美国、加拿大购买的船舶江海大小轮船达144艘，计302 150总吨，这些外国船舶构成了招商局船舶的主体，其吨位约占招商局船舶总吨位的70%—76%。招商局战后购买的外国船只与接收的敌伪船只合计总吨位达383 569吨，占该局船舶总吨位的93.7%。

1948年6月，招商局拥有大小船舶490艘，计409 200总吨，总吨位相当于抗战前夕的4.74倍，相当于抗战胜利前夕的17.2倍，其资产总额也在急剧膨胀，抗战前夕，招商局资产额为2 973 902元（法币，下同），抗战胜利前夕的1944年资产额达到4 118 107元，抗战结束后，1945年资产总额达1 669 514 933元，相当于抗战前夕的561倍，1944年的9.6倍，1946年资产总额又比上年增加1亿元。1948年9月，招商局资产总额达607 401 206元（金圆券），约折1.5亿美元，此时，民国时期的官僚资本在招商局的发展达到了最高峰。

招商局接收十几艘美军登陆舰时，中美双方合影

需要说明的是,国民政府对招商局的扶持和对民生公司的限制排挤,并非个别人或个别事件的简单案例,而是整个国民政府总政策的一环。从总体看,这时国民政府对招商局和民生公司的区别对待,并非偶然,是这一时期国民政府扩展国家资本势力、排挤打击民间资本势力的具体体现,招商局和民生公司只不过是其中较有代表性的案例而已。

从抗战胜利后,至招商局撤台期间,其掌舵者徐学禹是沪港航运界特别活跃的实权人物,要了解近代招商局必需介绍徐学禹。

徐学禹(1903—1984),浙江绍兴人。徐学禹是刺死清廷安徽巡抚的烈士徐锡麟的侄子,毕业于德国柏林工业大学电机科,曾任德国西门子电机厂工程师,是早年中国很优秀的电机工程人才。回国后,历任国民政府交通部技正兼上海电话局局长,浙江省公路局局长,福建省政府委员兼建设厅厅长,台湾省行政长官公署交通处处长,上海市招商局总经理、董事长,中国航联保险公司董事长兼总经理等职。

算起来,陈仪——即后来的台湾当局行政长官——是徐学禹开始步上官场的伯乐,器重他行政管理方面的长才,引介他步入仕途。1938年,时任福建省主席的陈仪,推荐徐学禹担任福建省政府委员、福建省政府建设厅厅长,兼福建省贸易、企业、运输三公司董事长,福建省银行董事长。抗战最艰困的时期,肩负中国战时运输重责大任的招商局在1943年4月26日于战时陪都重庆恢复总局,徐学禹经陈仪向蒋介石荐任招商局总经理。陈仪出任台湾当局行政长官时期,徐学禹出任台湾省行政长官公署交通处处长。1947年,徐学禹当选国民党籍国大代表。

1949年年初,战争局势对国民党极为不利,徐学禹仓皇受命,奉命协助抢运中央银行国库黄金到台湾。当时,部分海关总署、海军和招商局的船只,都曾经参与抢运黄金及故宫宝物的行动。1949年3月,距上海和南京被解放还有两个月,徐学禹被调升招商局董事长。

徐学禹升任招商局董事长后,经常来往于上海、台湾与香港之间。1949年4月间,他由香港最后一次飞来上海,同汤恩伯、谷正纲碰头以后,召开最后一次的局务会议,宣称时局已到"最后关头",指出招商局的重点要从上海搬至台湾,原台湾招商分局改为所谓招商局总局,并叫胡时渊(历任国营招商局业务处处长,招商局副总经理、总经理,招商局轮船股份有限公司总经理等职)赴台湾去任职。胡时渊表示要暂时留在上海,台湾招商局总经理一职建议由韦焕章代理,徐勉强同意了胡的要求。会后,徐学禹忽又从汤恩伯处回局,说是蒋介石方面的意思叫胡留沪。因此最后胡还是留沪不走,此事是否徐学禹自作主张,还是另有目的,已不能考证,然而,胡时渊留任对上海招商局护产举措,以及香港招商局起义都起到极有效的正面作用。

中国人民解放军解放上海前夕,徐学禹随国民党政府撤往台湾。在台湾时期,徐学禹仍任招商局董事长职务,但徐学禹曾经长期跟随过的仕途恩公陈仪,却在解放前夕,由蒋介石亲自下令军统局特务,押解到台湾执行枪决。此时的徐学禹已不是蒋介石父子的亲信,故而始终把他冷落在招商局,不予重用。20世纪70年代末期,徐学禹终于离开台湾地区,先去新加坡小住一段时间,最后定居美国,1984年病故于美国纽约。

2005年,徐学禹住过的淮海中路1350弄愉园被上海市政府列为历史优秀建筑。

第八章
"南船北归"前哨战

在香港建立中共的华润华夏航运公司

1947年,解放战争进入第二年,国民党大肆进攻解放区,此外,还从陆海两方面严加封锁解放区。

为此,从1947年3月,根据周恩来、任弼时关于"去香港主持海外及内地经营,并筹划今后蒋管区地下党经济接济"的指示,"南船北归"的前哨战正式启动。其实,这一方针,中央是有的放矢,了然于心,远的不说,当年建立海员工会和中央红色交通线,都为以后贯彻"南船北归"政策打下了夯实基础。

1947年9月,1927年入党的中共经贸能人钱之光辗转来到大连,在天津街靠近火车站旁一处三层楼房内秘密组建中华贸易总公司。当时,各解放区正面临国民党军队的疯狂进攻,对外交通几乎全被切断,只有大连一个对外海上通道的港口,物资供应严重不足,中华贸易总公司的主要任务,就是设法探索开辟出一条由大连通往香港的红色海上交通航线。并以此为掩护,开展上层统战活动,组织在香港的著名民主党派代表人物和爱国人士,将其秘密送到解放区参加新政协的筹备工作。

到1949年3月为止,分多批次从香港北上,登陆大连、青岛和塘沽港的民主人士有800多名,其中搭乘的海轮有挂外籍旗的"宝通"轮、"捷盛"轮、"华中"轮,以及太古公司的"岳州""岳阳"轮,还有中共华润公司旗下华夏航运公司的"东方"轮(Oriental)。

这些海船上有不少的中共地下党员和进步海员,确保了民主爱国人士安全北上。譬如,"华中"轮航行途中,由于东北战场发生很大变化,挪威船长不同意停靠大连。领队连贯说可以增加运费,船长又推脱无大连的海图。连贯当即拿出海图,还提出船上有懂得航海的同志可以领航。一场风波,化险为夷，船长只好同意把船开到大连。

1949年年初，金城银行董事长周作民滞留香港。为答谢同乡周恩来经济救助住解放区的胞弟一事，主动与地下党廖承志、乔冠华、潘汉年等联系和接触，愿意为民主人士北归作些贡献。经商量后，他指派原上海金城银行国外部经理杨培昌与潘汉年密商，作了周密布置。

金城银行花了50万港币，租了外籍旗"华中"号轮船，将一批民主人士安全送到天津，由大资本家的船瞒天过海，护送共产党的同路人，这是敌方万万没想到的。周作民说："四五十万元港币，一点小意思，权作奉献给共产党和新中国的见面礼吧！"不久，周作民本人也离港回沪。

秦邦礼（1908—1969），党内名为杨琳，又名杨廉安，江苏无锡人，秦邦宪（博古）的胞弟。1931年由严朴介绍加入中国共产党。临时中央成立后，在陈云、严朴领导下在上海开过家具出租店。抗日战争胜利后，秦邦礼到香港继续从事为解放战争提供必要物资的工作，在香港、广州等地组建了华润公司、华夏航运公司、天隆行等，开辟了从香港到青岛、大连和朝鲜清津的海上运输线。

1921年，14岁的他就开始在无锡钱庄做学徒。1927年11月，作为进步青年参加严朴领导的无锡秋收起义，起义失败后，他被迫离开无锡，来到上海，亲戚就此介绍他到上海一家小店铺做店员。

华润集团首任总经理秦邦礼和妻儿合影

1931年,在上海,经博古向陈云推荐,秦邦礼以新面孔加入陈云的新"特科",就此党内有了陈云"交给秦邦礼两根金条,让他开店,秦邦礼用它开了一家米店",接着秦邦礼"在上海开设了六家小商店,作为党的地下交通站"的传奇故事,秦邦礼后来又把店开到汕头、香港,"最辉煌的业绩莫过于创办'华润'"。

1938年,秦邦礼进入长江局(八路军武汉办事处),受主任钱之光派遣,此后又赴香港创办联和行,作为党的秘密机构。

1948年,周恩来曾两次电示中共中央南京局财委副书记钱之光,提出尽快开辟解放区的沿海口岸与香港的海上通道。考虑到秦邦礼有在香港经营贸易公司的经验,党中央便决定把这个重任交给他。接受任务后,秦邦礼第二次火速奔赴香港,把"联和行"改名为"联和进出口公司"。

同年,根据周恩来的指示,钱之光以解放区救济总会特派员的名义,于12月到达香港后,他向秦邦礼等同志们传达了中央的指示精神,要把香港的贸易经营规模扩大,钱之光带来的资金给公司的扩展提供了最急需的本钱。秦邦礼马上在皇后大道毕打街另租了几间大写字间,并向港英当局注册。1948年12月18日,公司正式挂牌,注册资本500万港元,成为规模最大的海外"党

钱之光(左一)、秦邦礼(右一)、刘昂(中,钱之光的夫人)和秦邦礼的儿子(前)在北京颐和园合影

产"。为了体现这个特点,秦和大家商量,给公司起名为"华润公司","华是中华的华,代表中国;润是毛润之的润,代表我们党。就是说,这个机构是我们党设的贸易公司"。大家都说这个名称好。公司最初由杨琳任经理,后来党中央又决定钱之光任董事长。

华润公司正式挂牌后,中央决定将党在香港的广大华行与华润公司合并,并陆续将党在香港的几家贸易机构全部归于华润旗下。1950年夏,中央决定在香港的中央、华东、华南3个系统16个单位合并入华润,成立香港贸易委员会,秦邦礼任主任,兼任华润公司董事长。

1952年9月后,秦邦礼任中央对外贸易部计划局局长、国家对外经济联络委员会常务副主任、党组书记等职。为新中国的对外贸易做出了卓越的贡献。

1968年12月10日,秦邦礼不幸逝世,享年60岁。当周总理向主席汇报这件事后,主席感慨地说:"秦邦礼的功绩,早晚有一天会让大家知晓的,但现在只能埋在我们心里啊!"

1948年秋天,华润作为贸易公司,需要购买自己旗下的轮船,更方便掌控货物的安全运输,华润创始人秦邦礼便去注册了华润所属的"华夏航运(企业)有限公司"。华润先后购买了十余艘轮船,当时华夏的轮船挂的是巴拿马国旗、英国国旗、挪威国旗。是年,华润先从美国和英国购买了4艘万吨轮,从英国购买的轮船是一万三千吨的"碧蓝普"。华润先后招聘了数百名海员,华夏航运公司总经理刘双恩从华侨领袖陈嘉庚投资创办的厦门集美高级水产学校招聘了第一批船员。华夏航运公司从那时起就成为中国共产党领导的进出口贸易的航运主力军。

然而,华夏公司第一艘海船是"东方"轮(3 500吨),购自爱国商人刘浩清的大江轮船公司的旧船,该公司也是有中共的一半股份,董事和管理层不缺中共党员。

"东方"轮在当时的条件下,用人较多,配齐一套海员班子是比买船更难的事情,加之地下斗争的特殊任务,要求高级海员必须是政治可靠的共产党员。多方寻找未果之际,时任华夏公司总经理的王兆勋推荐了刘双恩。

当时,刘双恩在厦门港担任引水员,1946年入党,厦门地下党工委书记。1948年10月,华润通过组织关系将刘双恩调到香港,王兆勋和刘双恩两人共同筹划成立华夏公司。刘双恩负责购买二手船、改造船只、注册成立公司,并委托他为"东方"轮物色可靠的海员。随后,刘双恩秘密往返于上海、福建、香港等地,先后调动了集美学校毕业的旅沪共产党员许新识、陈嘉禧、刘辛南、白

刘双恩

平民、林忠敬、周秉铁、白开新。又通过集美学校校长、中共党员刘松志的关系组织了一批航海专业的学生：白文爽、白金泉、白山愚、陈双土、黄国昌、陈源深、周清东、张祥霖等，为"东方"轮配齐了一套以共产党员为班底的海员班子，其中党员有大副刘辛南、二副陈嘉禧、三副许新识。其余人员大部分担任练习生。后来刘双恩把刘松志也请到了华润。在当时，刘双恩和刘松志是仅有的两位共产党员船长。此外，还有一部分海员，是来自港九海员工会的东江纵队老战士。从此中共有了首艘自己的远洋轮船。

1956年后，刘双恩先后担任中外运专员、副总经理、外贸部运输局副局长、中国租船公司总经理、中国国际贸易促进委员会海事仲裁委员会委员等职，三级副总工程师。

1949年5月，"东方"轮办理好各种手续后正式运营，6月，"东方"轮在刘双恩船长指挥下，首航搭载第五批民主人士北上大连。航行期间，刘双恩不断调整船速，利用夜幕的掩护，"东方"轮全船熄灯，全速前进，所有人一夜无眠，在拂晓时分船舶终于安全通过台湾海峡，突破了最危险的封锁区。随后沿朝鲜西海岸航行，造成去朝鲜镇南浦的假象，到镇南浦外海再转向大连。数日后，船抵大连港，顺利完成了护送民主人士的任务。此后，"东方"轮继续执行护送在香港的民主人士和党员干部北上前往解放区的任务，为新政协的如期召开作出了贡献。

文武双全的搭配，使"东方"轮犹如海上行驶红色堡垒。该轮曾护送过马叙伦、郭沫若、沈志远、丘哲、陈其尤、侯外庐、翦伯赞、曹孟君、许宝驹、许广平、宦乡、冯裕芳、韩练成等人北上，个个都是响当当的人物。

首航很顺利。此后，"东方号"轮船不断往返于香港—大连、香港—天津之间，把解放区的农产品运往香港销售，并将香港采购到的原材料、支前物资如药品、渡江战役亟须的救生圈等源源不断地送往解放区，还向刚刚解放的海南岛送去5万吨泰国进口大米，保证了新政权的平稳过渡。

1950年夏天，由于"东方"轮多次向解放区运送紧缺货物和人员，被列入台湾国民党当局的黑名单。不得不在最后一个航次抵达大连港时，交给新中国交通部运营。

乘坐"华中"轮离港赴京的郭沫若、许广平和侯外庐

同年9月14日,"东方"轮正常往返于中日航线,在驶经韩国海域时,海员们惊讶地发现海面上黑压压地漂泊着数以百计的军舰,两艘韩国军舰靠了上来,对"东方"轮进行了查验后放行。

驶出这片海域后,"东方"轮迅速将情况报告了上级,他们不知道这一天,正是仁川登陆的前夜。可惜的是朝鲜守军并没有重视中方的提醒,让联合国军成功地实施了仁川登陆。不然,历史将改观,海员将立大功。

此后,"东方"轮改名为"和平11号",继续航行在天津—大连—青岛这一航线上。

华夏公司初创时期,使用党的经费购买"东方"轮和"奥弥陀"轮,以后则是"掌握行业规律,灵活运作资本,以船养船,滚动发展"。由于刘双恩等人

香港华夏公司的第一艘客货轮"东方"号

的努力，华夏公司迅速壮大，新中国成立初期，公司已建成包括"港星""碧蓝普""梦狄莎""梦狄娜""莫瑞拉"号在内的7艘轮船船队（后4艘为万吨轮船）。

1951年10月，中国波兰轮船股份有限公司率先成立，华夏公司所属的3艘万吨级轮船作为中方的投资转入合资公司。同年，贸易部、交通部、华润公司联合成立了中国海外运输公司，对外称"中国租船公司"，管理机构设在北京，海上运输和租船业务依然由在香港的华夏公司负责。

1955年，中国海外运输公司与中国陆运公司合并成立中国对外贸易运输总公司，成为"制定国家进出口货物运输计划"和"负责租船、订舱、储运、交接、分拨等组织工作"的专门机构，海上运输和租船工作继续由华夏公司负责。

1951—1959年，华夏香港海上"游击"船队在冲封锁、反禁运的斗争中，共租船233艘，完成货运量1 186.42万吨。其在中国远洋运输史上功不可没。

1957年5月27日，华夏公司在原有的巴拿马、利比里亚旗船舶先后受到西方禁运限制后，华夏又成立一支肩负远洋运输使命的船队，对外称"香港远洋轮船有限公司"，挂索马里国旗。首任董事会成员为陈嘉禧、林凯、白金川，第一次董事会会议委任陈嘉禧担任经理。

当年，谁都没有想到，这支方便旗船队后来成为我国最大的海外远洋运输船队。当年，他们从只有5个人，3艘船开始惨淡经营，十年如一日地埋头苦干，一切以公司为先，勤俭办事业，为了给公司节省开支，他们甚至十几年都没有要求公司提供住宿，一直睡在公司的办公桌上。1957年5月27日，当他们打开香港中环都爹利街6号商铺大门的那一刻，香港远洋轮船有限公司船队就开启了革命浪漫的传奇。

1960年4月19日，北京交通部系统在港组建益丰船务有限公司，当时也只有一艘6 000多载重吨和一艘7 000多载重吨的旧杂货船。

从成立之日起，香港远洋与益丰船务就积极承担起祖国对外海上运输的桥头堡和窗口公司的作用。1970年，根据国务院决定，经报请周恩来总理批准，华夏香港远洋轮船公司及所属50余艘船舶及新造船，还有27条远洋运输干线一并移交中国远洋运输总公司。之后，两家公司又克服了1974年、1978年两次世界石油危机对航运业的重大打击，经受了80年代长达5年航运大萧条的考验，到1993年底分别拥有48艘船216万载重吨和43艘船189万载重吨。

1994年11月1日，香港远洋与益丰船务合拼成中远（香港）航运有限公司（简称香港航运）。现为中远海运散货运输有限公司（简称中远海运散运）的全资公司,是中远海运散运的境外融资平台、在港资产及公司管理平台、远洋业务操作平台。香港平台(包括昌盛公司下属,香港航运下属,珍海下属及维利下属、惠丰公司)现管理自有船舶超百艘、载重超1 400万吨,管理着84家香港公司和43家海外公司,管理的资产总值超40亿美元。

解放军渡江前夕的国共"南北通航"

1948年,即解放战争时期的白热化阶段,但是,国共也有过一次短暂的南北通航"合作"。

1947年,蒋介石命令海军总部和淞沪警备司令部专门制订了《交通经济封锁办法》,不让一粒米、一寸布运往解放区。随着天津和华北地区被解放,也切断了"北煤南运"这条航线,无异断了上海工业的"粮食",引起上海广大市民工商界不满。

到1949年年初,受战争影响,秦皇岛港开滦煤无法南运,上海地区"煤荒"加剧,投机商乘机哄抬煤价。使"各大小工厂及公用事业与贫富市民无不遭受严重威胁"。当时刚经解放的秦皇岛港及开滦煤矿在经济上亟待恢复。由于上海地区的面粉不能正常运往秦皇岛港,数十万开滦职工及家属面临严重缺粮。鉴于此,上海航业界特向国共两党吁请:"以面粉30万袋北运,交换煤炭10万吨来沪。""建议"迅即获得中共中央和华北人民政府热情支持。中共领导人毛泽东、周恩来联名复电船联理事长杜月笙和上海市轮船商业同业公会理事长魏文翰,认为"恢复华北上海间航运以利生产之发展,极为重要"。在上海各界敦促下,国民政府行政院也批复同意了南北通航易货的要求,并准先以"大上海""唐山"两轮试办。

1949年2月12日,上海航运界派魏文翰(与周恩来是南开中学同学)、周启新(世界船王董浩云的好朋友,上海成通公司船长)等人为代表,搭乘装载面粉的"大上海"号海轮赶赴华北,与中国共产党商谈通航大计。五天之后,董浩云的中国航运公司"唐山"号货轮也装载面粉启航北上,随后,又准"南强""华胜"等9艘上海货船加入秦申煤运。至南京解放前夕,11艘货船共装出开滦煤11多万吨,其中运抵上海9万余吨。北运的面粉有30多万袋,解放区和国统区皆大欢喜。随着国共和谈的最后破裂,战事逼近上海,国民党强行征用商船运兵、运武器弹药、运大批金银财宝逃往台湾,秦皇岛与上海间的南北通航易货只维持了两个月,即于同年4月中断。

谈判期间,中共领导人叶剑英、薄一波接见了魏文翰、周启新,并指明他们是毛主席、周副主席的客人。上海解放后,这两位航运界前辈放弃去台湾,留下参与组建新中国航运事业。

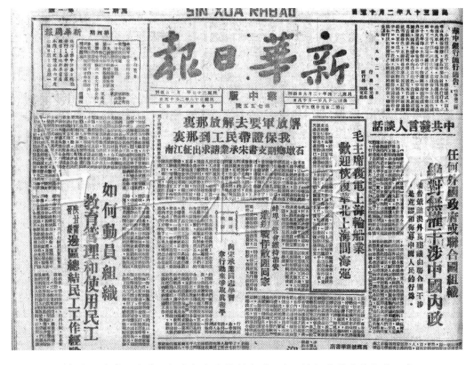

《新华日报》刊文《毛主席复电上海轮船业,欢迎恢复华北上海间海运》

上述段落中已出现三位上海航运界名人,魏文翰、周启新和董浩云。而1948年4月27日,上海市轮船商业同业公会选举第二届理监事,选举结果为:魏文翰、杜月笙、钱永铭、杨管北、徐学禹、李云良、程余斋等七人为常务理事,魏文翰为理事长,董浩云、钟山道、胡时渊、卢作孚、李志一、胡汉武为理事。

魏文翰,天津人。1915年毕业于天津南开中学,1921年毕业于南京金陵大学,获得法学学士学位。1922年至1923年就读于美国哈佛大学,1927年毕业于美国芝加哥大学,获得法学博士学位。上海商界的人都称道,他是能保护华商海运界的大律师,学界的人都承认,他是法学教授、海商法的权威,而抗战期中,后方的政界工商界也都知道,他是民生实业公司的代总经理,又是海鹰轮船公司董事长。可见,早在民国时期,魏文翰便已在海商法的理论研究与实

中国海商法专家魏文翰

务运营方面颇有建树。作为中国现代最早的海商法专家之一,称其为中国海商法先驱实不为过。

在南北通航交涉期间,中共中央主席毛泽东和副主席周恩来联名给上海航运界的回电的抬头为:"全国轮船业联合会理事长杜镛先生,上海市轮船业公会理事长魏文翰先生大鉴:……"

很多人都不知毛主席提到的杜镛先生是谁,其实就是上海滩上第一闻人杜月笙,这也是毛主席公开地首次与中国航运界领军人物打交道。在以后的"南船北归"进程中,毛主席又与杜先生衍生出戏剧性的交往,之中曝出的历史掌故至今让人无不津津乐道,这是后话。

诚如魏文翰侄子所说:"正是因为南北通航这件事情,加上海鹰公司有船。新中国成立后,我二伯父的名字被周总理列到了争取航运界回归人士的名单中。其时周总理发出号召之时,魏文翰还在美国,而其弟魏文达则在香港。"

1950年,魏氏旗下的海鹰轮船公司有海船四艘("海鹰""海牛""海羊"和"海马")。魏文翰应周总理之召回到上海,在香港的两艘海轮也随之北归。台湾当局得知魏文翰带船北上,遂以投共罪名通缉魏文翰和魏文达(民生公司副总经理,著名海商法学家)。但海鹰下属另两艘悬挂方便旗的海船,以跑航程为由绕道他国返回国内。

"海王星"轮获新中国海轮第一号船舶国籍证书

1949年10月1日,中华人民共和国成立。不久,新中国交通部向北归的

"海王星"号,颁发中华人民共和国海轮第一号船舶国籍证书。该轮也是最早北归新中国的大型海轮。该船船东,是吴淞商船专科学校1937年轮机系毕业的吴志贤。1947年,他在上海广东路51号合伙组成志新轮船股份有限公司,1949年2月,从澳洲购进"海王星"旧轮1艘(5 060总吨)。

吴志贤拟北归计划,得到中共地下组织成员袁之平和刘若明(时任中共香港工委副书记)的支持和鼓励,同年6月25日早七时,"海王星"轮在吴志贤随航监督下,悄悄地驶离香港,穿越国民党海军层层封锁的台湾海峡,6月30日北归青岛。

吴志贤和"海王星"轮穿越台湾海峡北归消息,传到香港,引起滞港的原上海航海界各公司的震动,不久,从1949年9月至1950年1月,短短4个月,在港的"海鹰""海羊""大江""大中""鲁兴""鼎兴""景兴""长春""华胜""大上海""通翔""天王星"和"沙根"等十几艘海轮先后回到大陆,分别组建成上海海运局"和平"和"中兴"号系列船队。

1954年10月1日,志新公司并入公私合营的中兴轮船公司,"海王星"改名"中兴七号","文革"时曾用名"战斗25号",直至1973年退役。

北归的"海王星"号海轮

吴志贤年轻时胆大敢闯,抗战时期就为江南新四军船运急需货品。比如在1944年春,他受学长汪德培之托,协助新四军,将秘密滞留上海两年,无人敢接单的货,运抵皖北新四军根据地杨家沟。这批"违禁品"有4吨重的抗币(新四军发行的钞票)的印刷机和模板,以及4 000担食盐。若被汪伪76号和日军抓获,将有生命危险。看过电影《51号兵站》,就知当年吴志贤所干之事有多危险。

汪德培的身份是新四军同路人,老前辈1933年毕业于交通部吴淞商船专科学校驾驶科。历任招商局船舶驾驶员，1942年获甲种船长证书。1946年任台湾基隆港光复后首位领港，之后历任高雄港港务长，引水公会主任等职。服务航运31年。99岁时定居美国南加州。

吴淞商船专科学校是中国航海家的摇篮，像吴志贤、汪德培那些在狂风恶浪中生存者，其内心深处蕴藏着的坚忍的内在力量是很难想象的。

1957年在上海海运局任机务副处长的吴志贤戴上了"帽子"，仍然敢想敢干，充分发挥自己的才干，1959年，在他的主管下，只花费56万人民币使3 200吨报废钢船"夏伯阳"号起死还生，当时交通部为表扬这种勤俭办事修船工程，特意命名该船为"勤俭"号，该船直至1972年退役，12年内为国家赚回大量外汇。

1980年，吴志贤移居香港，与中远合作成立了香港新力航业有限公司，67岁的吴志贤开始新的征途，起初帮广州海运局揽货，运送近百万吨货物，接着替上海外贸合作购买报废钢船，又用买卖报废钢船的赢利，与上海航道局合作购入海轮经管运输，一时风生水起，到1990年，新力公司船队已有5艘海轮，8万载重吨。

退休后的吴志贤利用他的人脉关系，依然奔波于两岸三地，促进了香港海运协会的成立。1991年10月，杭州召开了第三届亚洲—太平洋地区航海学术会议，78岁的吴志贤还应邀出席。从第一届学术会议开始，两岸三地的航运界闻名人士就相聚一堂，有董华民、周启新、程余斋、董建华、赵世彭、梁敏行、曹文锦多人，这也可以说是一场原上海滩航业界风云人物的盛大聚会。

香港新力航业(管理)有限公司董事长吴志贤

刘浩清与大中华轮船公司"大江"轮北上回归

1949年年初,国营招商局总公司迁往台北,撤走船舶95艘,计24.6万总吨,留沪仅剩23艘,计3.46万吨。当时,黄浦江上已看不到往日大轮船来回穿梭的繁忙景象,恢复航运事业已是关系到整个社会经济复苏的首要任务。另一方面,1949年至1951年香港的码头和锚地仍然停泊着从上海南下的众多的私营企业的海船。其间,国共两党争取民营航运公司归属,从船员思乡心切的因素着手,中共胜过国民党,加之1949年下半年志新公司的"海王星"轮北归事件,促使迷茫中的滞港上海帮船业大佬开始选择自己的去向。

"大江"轮

至此,中共又加大砝码,于1949年6月,策划了大中华轮船公司的"大江""大敬"等三艘轮船北归刚解放的上海。其实不用策划和游说相关人员,根据现有的资料,大中华轮船公司就是一家中共掌控、"潜伏"在国统区的红色航运公司。三艘轮船的北归只是在执行中国共产党的"南船北归"相关决定。

这至少得从1947年,广大华行与当年商会童子军成员刘浩清、杨长康等合伙投资创办大中华拆船厂有限公司说起。该公司资本总额为法币20亿元。程恩树代表广大华行出资6亿元,卢绪章任董事长、刘浩清担任总经理,程恩树、杨长康兼任副经理,经营从香港购入旧轮船运沪拆卸等业务,获利颇丰。

在爱国商人刘浩清的支持下,程恩树具体操办,"大江"号在船长龚丕勋率领下,经地下党员轮机长和朱大副的默契配合,团结大部分船员,勇斗智取船上反动分子,历经艰险,于1949年6月,从仁川港驶回已被解放的青岛港。两年后,该轮改名为"和平一号",成为上海海运局主力运煤货轮,为保证了上海供电和百姓用煤做出了重大贡献。

卢绪章就是电影《与魔鬼打交道的人》中主角的原型,14岁入上海源通轮船公司当练习生,后升为职员,年轻时就与船运业打上交道。业余时间就读于上海总商会商业补习班夜校(简称"商夜"),学习国文、英文、簿记等课程。21岁与他人创办光大行,后改名为广大华行,成为上海滩稍具规模的西药商行,1937年10月,由杨浩庐介绍成为一名共产党员。之后,他把广大华行变成了一个红色家庭,行内职员张平、杨延修等也成为共产党员。他们并肩战斗,将"广大华行"变成中共上海地下党革命活动的秘密据点。程恩树,10月同样经杨浩庐介绍,光荣地加入中国共产党,成为中国保险业内最早的共产党员。卢、程两人是否同一天在党旗下宣誓?有这种可能性。

刘浩清,上海宝山顾村人,16岁只身入洋行当实习生,19岁开始合伙开五金厂、中华轧钢厂,1948年1月,年仅27岁,又合伙在香港设立大中华轮船公司作为大中华船厂联号企业,以买卖船只及其附属物件为业务。当年,卢绪章、程恩树和刘浩清等人都是童子军过命的战友,志同道合走到一起,在香港购进载货量1万吨的"大江"号海轮,这就有了执行卢绪章(地下党)的指示,指挥"大江"轮船员起义的北归英勇事迹。

龚丕勋,上海崇明人。民国十二年(1923)进吴淞水产专科学校求学,1928年到合众轮船公司工作。因勤奋努力,好学进取,很快从船舶水手提升为驾驶员,曾在英商恰隆公司任船舶二副、大副等职。抗战胜利后,历任招商局"江鸿""华202""永洛""锡麟"等轮船长和该局驻天津港船长。1954年4月,他首创"和平一号"轮(即原"大江"轮)不用领港安全驶进黄浦江,紧接着又在同月驾驶"和平一号"轮安全夜航黄浦江。1953年和1954年,两度被评为上海市劳动模范。自1954至1957年,由其担任船长的"和平一号"轮连续安全航行20多万海里,被评为上海市安全航行先进船舶,本人也被誉为"安全船长"。1956年后,上海海运局挑选"和平一号"轮边进行运输生产,边作为培训驾驶骨干的基地,当年海运局第二代驾驶员都受过老船长龚丕勋的教诲,包括中国首位海船女船长孔庆芬。

龚丕勋船长

刘浩清曾在《我与上海》一文中,有意提到他在大中华轮船公司占有56%的股份,然而,1948年秋天,该公司出售了一艘海轮给香港华润旗下华夏轮船公司,也就上述的中共第一条远洋轮"东方"号,其实,当时华润与广大华行都中共第三条隐秘战线上两个潜伏机构,卢绪章是大中华轮船和广大华行的"老板","东方"轮的买卖也就是自己人过过手而已。到了大中华的三艘海船全北归后,刘浩清于1949年12月,他卖掉在香港的家产,回到广州、上海等地参加祖国的经济建设。在广州,他曾兼任中南打捞公司总经理,抗美援朝期间,他曾捐献半架飞机,也是曾光荣地被推选为广州市第一届人民代表。1954

年,时年35岁的刘浩清再次带着长期统战任务到香港发展,到港初期,刘氏得到称他为刘之江兄的世界船王董浩云的大力帮助,刘董之间的老友关系将在后文中再述。

在香港,刘浩清熟门熟路,人脉极广,以"实业家的精干和上海人的商业天赋"大展宏图,到了1966年,在香港荔枝角侨企大厦内建起了拥有几十家公司的侨民有限公司集团企业,经营范围横跨石油、航运、化工、钢铁等行业。尤其是1973年中东战争爆发,造成全球性的石油危机,香港油价攀升。在香港华润集团的支持下,刘浩清联手"红色资本家"霍英东成立东方石油公司,注册资金只有190万港元,两人各占一半权益。利用与内地的关系,成功取得大陆石油的出口代理权。当第一艘上海海运局油轮"大庆210号"停靠在观塘蚬壳油库码头起始,"东方石油"代理的中国石油冲进洋油统霸的香港市场,不久,刘浩清被誉为香港"石油大王"。在香港的刘氏船队油轮(应与霍英东合作)运输洋油支援解放军和志愿军,为新中国解放事业和抗美援朝做了不为人知的好事,如今华润集团总部墙上挂有一幅处理方式很特别的刘浩清肖像。香港中资传统公司念旧,将曾经帮过国家的功臣大照挂在墙上,也算饮水不忘掘井人。刘氏家族的东方集团(Feoso)扎根香港,业务及设施遍布内地多个城市以及新加坡、马来西亚、日本和美国。集团还从事多元化投资项目和合作项目,如参与投资了上海的爱建公司、浦东外高桥国联公司、华安集装箱公司、广州丽都酒店、广东永成漆厂、深圳的石化海港公司等等。集团的船队在中国

上海海运局劳模船长龚丕勋手把手指导中国首位海船女船长孔庆芬

香港地区和新加坡拥有6艘2 000吨级驳油油轮,另外,同董氏家族的金山轮船公司合作的4艘大型远洋油轮共有63万吨。爱国商人,航运奇才刘浩清不仅在香港富甲一方,还是香港著名慈善家,他的刘浩清基金会多次捐款内地。2016年8月18日,香港石油巨子、著名实业家、慈善家、爱国人士、香港侨民集团主席刘浩清先生在香港逝世,享年97岁。

第九章
"南船北归"拉开序幕

1950年年初,为了恢复航运业和解放台湾,中央提出"巩固北船,争取南船北归"方针,史称"南船北归",以此正式拉开了"南船北归"的序幕。那时,新中国刚成立,百废待举,各行各业有待发展,海运事业和对外贸易仍在初兴状态。为了配合恢复国民经济和加快发展的需求,交通部把"巩固北船并争取南船北归"作为当时的中心任务。交通部、华南财政经济委员会、华南工作委员会、香港招商局、香港海员工会于1950年11月11日联合组成一个南船北归领导小组,初期指派招商局天津分公司经理张庆楠正式负责此项工作。

当时,香港政治环境复杂,大批国民党特务因内战战败涌到香港。华南分局香港工委、华东财委香港工委、中共中央有关部门和香港海员工会,都在利用各自独立的组织系统秘密策动和贯彻中央的"南船北归"措施,他们是中共华南分局香港工委书记张铁生,华东财委香港工委的刘若明、连贯、朱学范、饶晓风、吴荻舟、陈明、米国钧、朱叔和等中共地下组织人员,还有不少其他人士,只是现有的公开资料甚少提及。

1950年年初,中国正呈现一派新气象,而且政府也允许资本家经营。号召共同复兴国家经济,因此在港的原上海大资本家中有不少人返回上海而受到礼遇,促使原航运界大佬们都更有北归的念头。但是受到不同因素的影响,选择北归的方式也有差别,其中一种方式——人走船归,义泰兴煤号有限公司和轮船公司掌门人沈锦洲就是如此。

华胜轮船股份有限公司沈锦洲人走船归

1911年,义泰兴煤号成立于上海新闸路182号,曾是旧上海煤炭业首魁,老上海人烧饭炒菜煮水,尤其是泡水的老虎灶,几乎都离不开该号的小小煤球和煤炭,有"上海第一殷实可靠煤号"之称的上海新闸路酱园弄"义泰兴"煤号老板沈锦洲与人商妥,先雇船到长兴煤矿装运各种煤样来沪试烧,结果良好,十分满意。

于是在1931年,时任义泰兴煤号经理兼柳江煤号经理沈锦洲,与英商开滦煤矿局,日商三井、三下洋行合伙,实行产、运、销一体,成立华胜轮船股份有限公司,沈锦洲任经理。公司设立在新闸路182号,离该号煤球厂一步之遥。当时购入运煤船"华胜"轮1艘(载重3 500吨),航行秦皇岛—上海、青岛—上海、南京浦口—上海线,承运义泰兴煤号的煤,这是中国最早,也是最大的煤运输专业航运企业,1932年又购入"华顺"轮1艘(载重4 900吨),1935年再购入"华强"轮1艘(载重5 300吨),次年,购入"华富"轮1艘(载重5 034吨),总吨位近19 000吨。同时,新增多条航线,包括越南西贡等港口装运煤炭。抗战全面爆发后,"华富"轮和"华胜"轮被国民政府征用,分别沉于江阴要塞和长江马当用作塞港。改挂外旗的"华顺"轮1942年被潜艇击沉,"华强"轮1948年夏天遇雾触礁沉没,随后用保险行赔偿的35万美元购进万吨级新"华胜"轮(载重9 150吨)。

上海解放前夕,运行不到一年的"华胜"轮被国民党军队租用驶离上海,沈锦洲随船赴福州,转道香港设立香港办事处,"华胜"轮(可能此时改名为"华星"或"星华"轮)改挂巴拿马国旗。1950年3月,"华星"轮北归,驶回华北,1953年6月15日,华胜公司与新大陆、志新、民新、安达等4家轮船公司联合成立"五轮联合管理处"。原来的义泰兴码头也归辖上海港务局管理,义泰兴煤球厂公私合营后改为上海第二煤球厂。

人在香港的沈锦洲毕竟是上海的煤炭大王,航业巨子,后改名为沈俊高,凭借其在上海的个人信誉,获得巨额贷款,购置三艘海轮,又在香港复业经营(香港)华胜轮船公司,另还开设了万安货仓公司和煤炭公司。

1954年10月1日,内地实行公私合营,上海华胜正式并入公私合营中兴海运公司,至此,上海华胜轮船公司从此消失。与此同时,沈锦洲应台湾当局行政长官陈诚之邀,携眷去台,因其一向是复兴航业公司股东,旋即当选连任复兴航业三届理事。

台湾地区著名政论作家雷震的日记对沈氏初到台湾的遭遇这样描述:徐中齐说,他岳父沈锦洲来台前已报告陈诚,此次被捕(年已69),他提出反证,保安司令部概不采纳。他见陈诚,陈诚去函谓若无通共之事应予释放,而保安司令部签呈安全局,谓应判五年有期徒刑,可特准交保。而徐去见彭孟辑,彭谓这样不像话了。

当时,彭孟辑是统领台湾当局情报系统最高负责人,与董浩云是儿女亲家,而沈、董二人在上海航运界也是老熟人,找对人,大事就化小了。

1965年沈俊高(锦洲)因心脏病病逝台北。至于"华星轮北归"是否得到沈老板的赞同,笔者至今未查到有关的确切资料,台湾当局也未获得沈氏"资敌"的确切证据。本人推测,至少是被他默许的,不然在港期间,内地有关部门不会多次派人劝沈返沪,还表示发还其全部财产和授以较高职位,最后他选择了台湾,与其女婿徐中齐有关,当时在台的徐氏曾是国民党"立法委员",任过重庆和成都警察局局长,与戴笠是黄埔军校五期同班同学,沈赴台后就居于徐氏家中。由于沈俊高与其他旧上海航运界大佬不同,其有着很强的敌对政治背景关系,这也是他选择不留港赴台湾与女儿团聚的重要因素,当然其中亲情因素和沈在复业航业有股份的关联也是不可忽视的。

民新轮船公司王时新——复杂人生,香港首富

民新轮船股份有限公司老板王时新与上述沈锦洲的境遇相似,船没去台湾,北归中共,人留在香港发展,拼出一片天地,以其在港的发展轨迹来看,似乎有着不为人知的内情。

1931年1月,由华商王时新、伍泽民、姚书敏等三人发起组织民新轮船公司,集资10万银元,购置"华平"轮(载重1 600吨),次年增资20万银元又添置"升平"轮(载重7 400吨)和"长泰"轮(载重2 200吨),总载重达11 200吨。1937年4月,"升平"轮在台湾基隆港外触礁后拖至上海拆船出售。抗战初期"华平""长泰"两轮被国民政府征用,沉塞于福建泉州及长江马当航道,用于抵御日本海军进犯。至此,民新公司拥有的三艘船只损失殆尽。抗战胜利后,民新公司得到国民政府以复兴航业公司的股票19 248股作为战时沉船赔偿。

1946年年底,民新轮船股份有限公司在上海复业,招添股东,以40万美元购置"新康"轮(载重6 250吨),1949年2月间,公司以购置万吨大船为由,将利润汇去香港,以备航运业务转移香港,同年3月,"新康"轮被国民政府征用,王时新和姚书敏去香港成立了办事处,营运业务正式从上海转移香港,轮船改挂外国船旗,后又改船名"Norina",航行海南岛及日本等埠。1950年6月,"新康"轮北归(如何回归,暂无具体资料)。民新还在天津成立办事处。1952年私营航业登记时的船东还是王时新,由此可见,当初王时新等人不反对"新

康"轮北归,尔后,"新康"轮由华东区海运管理局代理业务。1954年10月1日并入公私合营中兴海运公司,新康轮改名"中兴五号"轮。

王时新不仅经营航运业,在各种商业投资中颇有建树。1947年11月的民孚企业股份有限公司的董事监察人名单显示,王时新是该公司董事,以上海大昌新榨油厂持有5 000股,民孚企业是受中共地下组织绝对控制的广大华行属下商业公司,地下组织是大股东,不知当时的王时新是否知情,无论如何,王氏与中共地下组织股东龚饮冰(建业银行总经理)、卢绪章(广大华行董事长)等人同事,不是同道者,也是谈得拢的朋友。

到了香港后的王时新很低调,名下有一家海德航运企业有限公司,规模如何不得而知,但是,那年57岁的王氏居然入主香港华商第三大银行——大新银行,被香港媒体称为(当时的)香港首富。大新银行的易主,一时让许多行内人看不懂,不知王氏有何来路,何方神仙,能让大新银行创始人杨元龙,以及当时的大新银行老板,有着(上海)"纸业大王"称号的徐大统忍痛割爱,定有他人不知的内情,其实查阅王时新、杨元龙和徐大统在上海时的遗迹,以及三人后辈的现状就会浮现出不能言说只能意会的轨迹。

王时新在上海时就是富豪。早年,王时新在上海南市经营顺后豆行、在汉口开设炳昌杂粮行,另入股秦润福记、德祥、乾丰、承德、厚德等多家杂粮行,抗战全面爆发前,投资百万元在镇江开设了有名的贻成面粉股份公司。还有多处房财在上海,衡山路303—307号西湖公寓,原名华盛顿公寓,建于1928年,曾是王时新旧居,上海市第二批优秀历史建筑;高安路69弄丙支弄1—3号名为伟美公寓,是王在1932年建造的五层混合式三幢里弄公寓;1948年,在建国西路618号的竣工的花园洋房是王离沪赴港前的旧居,现为波兰驻沪总领事馆,上海市第二批优秀历史建筑。1933年,王氏在东熙华德路(今东长治路310号)建成了华德大戏院,1954年更名为长治电影院,"文革"期间,一度易名为延安电影院。

按老上海人讲法,王时新坐镇香港,是两岸三地都兜得转的大富商。民新轮船公司也是复兴航业股份有限公司的股东,王时新自然而然成了受台湾当局控制的复兴航业的股东持有人。2008年,王氏次子王守业管控大新银行时,在深圳设了总部,并在内地开办了多家分行,其中有镇江分行,可见父子两代对镇江情有独钟。杨元龙的女儿接班后,其溢达集团敢为人先,第一个投资新疆种棉花,并在新疆设置了教育基金会。而徐大统不仅捐资内地的教育事业,其女儿范徐丽泰曾任香港立法院主席,至今还是人大常委。王时新、杨元龙和徐大统三位老上海及子女仿佛有统一认知,均与内地有着深厚的交集。

1983年2月,在沪港两地商界叱咤风云的前香港首富王时新病逝,享年83岁。

指挥"沙根"轮北归的张燕铎船长

"南船北归"另一种形式是船公司在上海,船从海外北归,安达和上海实业两公司是其中的代表。

安达轮船股份有限公司前身为华东轮船公司,创办于1946年2月,公司设在上海广东路122号,资本总额15万美元,主要股东有邱逖先、邱铸新、邱铁铮三兄弟,占75%。邱逖先任董事长,潘家骊任经理。公司用8.5万美元从美国公司购置"华东"轮1艘(载重6 000吨)。该轮在返国途中遇到风浪,船舱进水沉没,船员全部获救,船和货由保险公司赔偿33万美元。随后以17万美元购进"华航"轮(载重6 770吨)。是年下半年,公司改名称为安达轮船股份有限公司,"华航"轮改名"安达"轮,该轮后易名"沙根"(Sagen)轮,北归后改名为"中兴三号",1956年公私合营后隶属上海海运局。

"中兴三号"货轮

率"沙根"轮北归的张燕铎船长

1949年上海解放前夕,"安达"轮被迫载国民党军装甲兵三四百人及军用物资,驶往台湾。1949年5月,在大副董宝丰/董瑞午(中共地下组织)的策动下,船长张燕铎驾"沙根"轮从香港历经艰险绕航回到秦皇岛。

张燕铎,1937年因日军进攻上海而提前毕业于交通部吴淞商船专科学校驾驶科。毕业后,先后在招商局、安达轮船公司、中兴轮船公司和上海海运局等任船长,1956年在上海海运局任客货轮船长时,获上海市先进工作者称号。1960年任中国远洋运输公司"跃进"号船长,1963年"跃进"号首航日本前与其他部分船员同被调离。1964年3月起任上海远洋运输公司跃进号的姐妹船"红旗"轮船长("红旗"轮,万吨远洋货轮。船舶总长169.9米,宽21.8米,型深12.9米。船舶最大高度41.8米。船载重吨15 925吨。主机为蒸汽轮机,额定转速103转/分。功率9 559千瓦)。张燕铎船长多次开辟远洋航线,为国家外贸运输作出不少贡献。

上海实业公司"大上海""新上海"两海轮北归

1946年4月,上海实业股份有限公司开业,地址设于上海虎丘路88号。董事长赵次胜、总经理苏大钧。购置"大上海"(载重6 200吨)、"新上海"(载重1 920吨)、"沪汉"(载重1 350吨)3艘货轮及"沪广"(载重1 148吨)客货轮1艘。后又以联和洋行名义在香港购入"科隆"(载重5 075吨)货轮1艘,悬挂洪都拉斯旗。所属各轮行驶南北洋沿海及长江各口岸。上海解放前夕,大上海轮在南北短暂恢复通航之际,航行秦皇岛—上海线,在上海与华北解放区之间运输煤炭、面粉、百货等。1949年12月,为了防备台湾当局军舰"拉夫",

"大上海"改名"密拉玛"、"新上海"改名"罗曼蒂克",挂巴拿马船船旗,"密拉玛"号航行天津—香港线,"罗曼蒂克"号一度航行上海—福州线,1950年6月公司停业,"大上海"和"新上海"被出售给上海海运局,分别改名"和平二号"和"和平十二号",并改回中国船籍。"文革"期间以"战斗二号"和"战斗十二号"名称服役至1973年。

无独有偶,1949年11月2日,曾任上海实业有限公司分公司经理励荫庭,在台北市怀宁街100号注册了(台湾)上海实业股份有限公司。据部分资料显示,该公司最初有曾航行沪台线的"沪汉"轮和"科隆"轮。到了1966年后,(台湾)上海实业与(台湾)新兴航运股份有限公司合并办公。此后,该公司也走入历史。

有意思的是,排名世界前十名的台湾长荣海运董事长张荣发,曾在上海人

北归的"大上海"轮

北归的"新上海"轮

办的(台湾)上海实业船队当三副,这一经历是台湾船王的发迹之路上的重要驿站。

新大陆轮船公司的"新中国""新亚洲"两轮北归

新大陆轮船股份有限公司成立于1946年9月7日,地址在现延安东路147号中汇大楼111室。瑞安商轮公司股东曹勉夫、曹敬容投资1/2,中国运输公司股东许云霖、朱汝翔等投资1/4,其余由轮船同业公会秘书长李云良及中兴轮船公司基隆办事处徐志凡等投资。李云良任公司董事长,瑞安商轮公司经理陈涤生兼任总经理,朱汝翔任经理。业务范围为轮船运输及代理轮船保险及有关航运业务。成立之初,公司购进"新中国"号轮船1艘(载重8 600吨)。航线为长江及南北洋、外洋线,其承运沿海煤炭、木材等货物,运费收入最多时一个航次10万美元,相当于资本总额的1/4,公司为获取更多利润,于1948年3月又向挪(威)商华伦洋行购买"新亚洲"轮1艘(载重9 414吨),但该轮被国民党用作军运,运费无固定收入,于是"新中国""新亚洲"两轮分别于1948年11月和1949年1月开往国外航行,由香港华伦洋行代理。1950年1月,该两轮又改悬巴拿马国旗,驶返华北,从秦皇岛装运煤炭开赴日本。尔后,"新中国"轮被出售。

1950年8月,公司决定响应政府号召,准备北归,但有部分船员不愿北归,后经九龙海员工会与海员协商,对不愿留船的26名船员,每人发给200元港币妥善安排后,"新亚洲"轮离香港北归天津塘沽港后,当即向天津人民轮船公司报到,受到该公司负责人的热烈欢迎。人民政府对曹家兄弟的爱国热忱和为航运作出的贡献,给予嘉奖。《人民画报》曾经刊载"新亚洲"轮北归的照片。由于当时受国际条件限制,我国船舶对外航行尚不能畅通,时时要防止台湾当局方面在海上的骚扰,因此"新亚洲"轮仍暂保持着"Norelg"的船名,挂巴拿马国旗,投入新中国的航运事业。

1952年10月17日,天津新港举行了盛大的重新开港典礼。这是新中国成立后第一个自行改建完成的深水港口开港。开港船舶是已改名为"长春号"的北归"新亚洲"轮,当时是新大陆轮船股份有限公司旗下的万吨级主力船舶。1954年10月1日并入公私合营的中兴海运公司后,改名"中兴一号",最后以"战斗十四"号运营到1967年。

第九章 "南船北归"拉开序幕

天津新港开港典礼时的万吨级"长春号"(新亚洲)货轮

船与人均迁台的华新轮船贸易有限公司

在接二连三的"南船北归"浪潮中,华新轮船贸易有限公司却选择了船和人赴台创业。该公司由华商黄静泉独资创立,1928年10月10日设于上海仁记路(后改滇池路)119号,资本总额200万元。初期经营外糖入口及杂粮买卖。

1933年8月,由黄静泉开设的上海元和糖行和镇江元生东号糖行拨来资金,购买轮船4艘("华新""华懋""华达""静泉"),共计26 900总吨,经营航运业务,开辟南洋和中国香港航线,还在南洋采购荷、印糖,用自己的轮船,运到上海销售,为了避免上海码头税,有时将南洋采购的荷、印糖就直运镇江,当年黄氏家族被称为"糖业大王"。

抗日战争全面爆发后,"华新"轮被国民政府征用,沉塞江阴航道。公司对其余三轮改注册中立国籍,悬挂希腊、葡萄牙国旗,继续营运。1940年3—5月,先后购置"三泰""爱尔陀拉陀"轮2艘,注册巴拿马国籍。1941年11月,三泰轮航行舟山群岛触礁沉没。其余四艘轮船虽入希、葡、巴籍,仍被日本军队征用,先后在海上沉没,公司业务因此停顿。抗战胜利后,黄氏家族由黄振东和黄麟奎父子二人合伙购置"华运""华海"轮(共11 050总吨),于1946年7月建立华新轮船贸易无限公司(简称华新公司),资本总额法币20亿元(黄振东12亿元,

139

黄麟奎8亿元)经营轮船航运业务。1948年,公司将国民党政府赔偿金(因抗战初期征用"华新"轮)金圆券803 600元,投资于复兴轮船公司,占复兴公司股份8 036股。上海解放前,"华运"轮因已不能使用而拆解,"华海"轮被国民党政府征用,用于运送军队和军用物资,因故开赴台湾基隆,黄振东和黄麟奎同去台湾,其华新公司是复兴航业公司的主要股东之一,黄振东是持股人兼常务董事。

上海解放后,公司登记资本总额为人民币10亿元(旧人民币),因无船航运,业务停顿,1950年12月,公司重估资产,黄氏家族共有20亿旧人民币。1958年12月,上海海运局代管华新轮船行。

去了台湾的黄振东在台北创立振东轮船公司,后来由黄麟奎接手。当年的台湾船王张荣发发迹前曾是振东公司的一位船长。

台安航业有限公司

在"南船北归"进程中,也可以说在抗战胜利后,上海众多的航运公司中,有四家公司的去向和选择最为特殊,分别是台安航业有限公司(简称台安航业)、台湾航业股份有限公司(简称台湾航业)、善后救济总署水运大队(简称水运大队)和中国油轮公司(简称中油),鉴于这四家航运公司的性质和负责人的背景,未被列入中共有关部门的重点关注对象,本书也作一补述。

台安航业于1946年5月成立于上海,当时购置"台安"轮1艘,5 573总吨,8 556载重吨,经常航行于沿海各大口岸。该公司的老板是上海滩上百家规模轮船公司的异数——徐恩曾。他利用中共特科顾顺章的叛变,使中共上海地下党组织遭受了重大的损失,是与军统戴笠并列的国民党中统大特务徐恩曾。

徐恩曾(1896—1985),字可均,浙江湖州人。毕业于上海南洋大学(今上海交通大学),后到美国卡内基梅隆大学学习电机工程并获硕士学位。1927年加入国民党CC集团,曾任国民党中央组织部党务调查科长、处长。中统局副局长、代局长,交通部政务次长等职。国民党第五届中央执行委员。1945年徐恩曾因"涉嫌中印缅边境交通线走私案"被蒋介石免去本兼各职。

1946年退出官场的徐恩曾与费侠回到上海,住进逸园新村7号,用黄金三四千两买了一艘海轮,成立了台安航业公司,以上海为中心,航行于天津、基隆、广州之间。此时,因国共内战,其他私营船只多被征做军用,徐通过各种关系求得保护,大发横财。在他经营航运的同时,还通过他的旧部——在江西浮梁行政区做专员的冯琦,廉价购得大批木材,转手卖给上海枕木公司,自己没费什么劲,又赚了一大笔钱。徐恩曾就是利用这类办法,很快就挤进了上海经济闻人之列,不久又挤进了旧轮船商业同业公会全国联合会理事会,还出任航业促进委员会主任委员。

上海解放前夕,1949年3月间,徐恩曾随船逃到台湾,凭着拥有的一艘近1.6万吨的杂货轮,经营不定期的远洋航线运输业,在台湾航运界占据一席之地。徐恩曾于1985年在台北病逝。

目前,台安航业仍在运行,徐氏家族掌控,似乎继承了徐恩曾的衣钵,显得极其低调。

台湾航业股份有限公司

1946年10月,由台湾省行政长官公署与国营招商局合资组建台湾航业股份有限公司,议定资本法币100亿元,台省占60%,招商局占40%,1947年1月1日,台湾航业股份有限公司(简称台航公司)正式成立,公司属性公营。董事会推举徐学禹任董事长,董显群任总经理。营运机构除台北总公司外,有基隆、高雄、上海分公司和广州、福州办事处,以及派驻厦门代表。同年7月1日派总公司副经理沈华庭兼任上海分公司经理,地址设在上海九江路大陆大楼411室。

公司成立之初,接收了国民政府没收的5艘敌产轮船("台北"轮原名"大雅"丸、"台南"轮原名"鸟羽"丸、"延平"轮原名"山泽"丸、"凤林"轮原名"米寿"丸、"凤山"轮原名"太和"丸),合计32 028总吨;以后又共增加5艘船只,共计15 000总吨。航线含台湾东线、上海线、榕厦线、长江线及南洋、北洋线等。榕厦线为台闽交通要道;上海线则货运繁茂,商旅众多;广州燃煤,全赖台地供应;以上三条航线经常调配大轮航驶。业务方面因所有船舶多为货轮,故以货运为主,客运仅为附属性质。台湾省政府通令省属生产贸易机构,所有物资统归台航公司优先承运,故该公司营业兴盛,获利较多。

1949年5月上海解放时,上海市军管会航运处派军代表刘延穆等接管台航上海分公司。同年6月22日,市军管会航运处决定撤销已成空壳的台航公司上海分公司。

收缩到台湾的台航,利用撤回台湾的十来艘海船,经过几十年的发展,现已是一家以散装轮船队为主的民营远洋运输企业,拥有船舶30余艘,135万载

台航的6万吨级散货轮"台毅"号

重吨,主要的装、卸货地区是中国大陆,南/北美洲和欧洲。历经几十年的波折,台航重新恢复了与大陆的航线,确实让人感到欣慰。

善后救济总署水运大队

1945年8月,抗日战争胜利后,联合国善后救济总署(简称"联总")分配给中国政府一批救济物资约270万吨,拨给中国的善后救济物资占全部善后救济物资的1/3,其中,救济物资占45%,善后物资占55%。是年11月16日,国民政府行政院善后救济总署(简称"行总")与"联总"驻华办事处签订租船合同。"行总"利用向"联总"租得的大批军用剩余艇轮,运输善后救济物资。

次年4月,建立行政院善后救济总署水运大队(简称"行总"水运大队,CWT),地址设于上海北苏州河路(现北苏州路)400号河滨大楼,后迁广东路20号招商局楼及建华公司礼查大楼。同年5月,善后救济总署水运大队正式营业,时有办事人员(包括外籍人员)4 000余人,江海艇轮200余艘,后增至350余艘,10万总吨左右。专门运输善后救济物资,航线遍及国内各灾区口岸。后由于代运商货,遭到国内航运界的反对,水运大队的船舶改由招商局代理。1947年2月10日后停止代理。是年底,"联总""行总"业务宣告结束。"行总"水运大队的业务未了之事由水运大队清理委员会负责处理。

1948年1月31日,"行总"水运大队奉令撤销。同年2月,成立善后事业委员会保管委员会水运大队(简称"善保会"水运大队,BWT),总经理麦田美。原"行总"水运大队所有船舶,根据合约规定,由"行总"及交通部负责处理。一部分船舶分配给交通部,一部分船舶售给私营轮船公司,一部分停航于龙华的船舶由"善保会"水运大队接管经营。是月,该水运大队与行政院物资供应局和亚洲实业公司签订运输合约,调派11艘大型登陆艇装运战后物资,由太平洋关岛、冲绳岛、那霸运至上海;调派9艘大拖轮为亚洲实业公司拖运军用剩余艇轮,由菲律宾拖抵上海。同年7月,工作人员减至1 208人。

1949年5月,上海解放。"善保会"水运大队及"行总"水运大队清理处由上海市军管会航运处接管。6月1日,两单位合并,名称仍为"善保会"水运大队(BWT),军代表陈廷俊,总经理白朗宁。6月30日,"善保会"水运大队移交市军管会航运处接收,全部行政、业务管理由军代表李益民全权负责处理。7月12日,水运大队稽查队宣布遣散。8月1日,军管会航运处决定,水运大队并入招商局。8月16日,水运大队的货轮、拖轮、小登陆艇等移交招商局,部分艇船移交中华拖轮驳运公司。

至此,风光不到三年的所谓"水运大队"很快就消失于历史的演变中。然而,在上海船厂工人兄弟的支援下,消失的"水运大队"的几十艘美制登陆艇,却在解放一江山岛的战役中大显身手,成为新中国首次海陆空立体登陆作战方式的海军出战主角。

解放军华东海军用美制登陆艇解放一江山岛

著名学者翁文灏、李允成创办中国油轮公司

1946年,时任行政院副院长翁文灏主导筹建中国石油公司,这位专业学者型官员意欲联合全国石油工业的力量,打破长期以来外国石油公司在中国的垄断地位,并筹设油轮公司,购买伊朗原油,由台湾高雄炼油厂精炼后,运送上海。

同年2月,国民政府向美国订购万吨级(甲级)油轮4艘和TI—M—AI型(乙级)油轮18艘(1500吨级),分配给中国石油公司与招商局使用。

1947年2月1日,中国油轮股份公司正式成立,地址设于上海市江西中路115号。该公司原由中国石油公司与招商局出资合办的官办航运公司,专门办理国内外水上油料运输。同年3月,在台湾设立分公司。8月,油轮公司改归资源委员会管辖,资本分别由资源委员会、石油公司、招商局三家分摊,其中资源委员会34%,石油公司和招商局各33%。管理机构进行调整,翁文灏任董事会董事长,徐学禹任副董事长,李允成任公司总经理,王炳南、顾久宽任副总经理。尔后,还购买了美国自由轮10艘,大湖轮16艘,"N-3"型货轮18艘,总共拥有68艘海船,总吨位达22万吨。

4艘万吨级油轮分别定名为"永洋""永洪""永澄""永清",分别建成于1913—1921年。船长均为145米,舷宽18米,吃水7—8米,主机功率2000马力左右,航速10节。油轮公司购得船只后即投入中国—波斯湾航线,进口原油运至上海、高雄等港口。甲级油轮"永洪"首航伊朗载运原油,结束了洋人垄断原油海运中国的历史,此事鲜为人知,应在中国航海史上留下浓墨一笔,不然有失公允。

由于1943年5月20日,民国政府收回英美治外法权,1946年,随着法国也宣布放弃在华特权,所有洋人的治外法权在中国终于寿终正寝,随之的航运权也被收回,因此,通常外籍船只就不能在中国内河航行,外商石油公司的货物只能委托中资航运公司。托运的外商有美孚、亚细亚洋行及德士古石油公司等。自上海、台湾运往南京、汉口及青岛、天津、葫芦岛等地的有汽油、火油、柴油、燃料油、原油等石油产品,均由中国油轮公司的"永洮"号等12艘小型油轮承担驳运业务。1948年运油总量为40.30万吨。

上海解放前夕,油轮公司及总经理李允成将甲级油轮4艘和乙级油轮9艘驶往台湾,其余乙级油轮9艘留在上海,其中4艘后被沉入黄浦江外滩太古码

头等处江底。上海解放的当月,市军管会航运处接管了油轮公司,先后将沉没的油轮全部打捞上来,并修复使用。留在大陆的共计9艘"永"字型1 500吨级油轮,就成了新中国成立初期新中国油轮的主要家底。

当时,由于国民党海军对长江口的封锁,苏联把石油运到大连,需要上海中油派油轮冲出长江口,去大连把油转运到天津,再由火车运往上海及其他地区。于是在1949年6月8日,"永潇"轮开航,不畏强敌,冲破国民党海军的海上封锁,抵达大连,从此"永潇"轮船员长期在大连—天津航线上工作,在老船长彭树道、军代表徐赞绪的带领下,把一船船的石油运往天津,为新中国立下了汗马功劳,成为英雄船,后被军管会授予"北洋一号"新船名。"永湘"轮也于1949年6月16日投入这条航线中。

1950年4月,招商局将9艘"永"字型油轮改名为"建设"系列,1952年10月,将原永洛、永湟两轮交予华东军区海军使用。"文革"开始后,上海海运局又将其余7艘"建设"号油轮改名为"大庆"系列。

1951年2月1日,迁到台湾的中国油轮公司召开董监会议,按台湾当局要求,连人带船归并台湾招商局,该局接收大小油轮14艘,共计载重72 591吨。

1949年6月,"永湘"轮复航授旗典礼

至此，整个中国油轮公司正好走完四年的历程。

翁文灏，民国时期著名学者，中国第一位地质学博士，早期的最著名地质学家。对中国地质学教育、矿产开探、地震研究等多方面有杰出贡献。开发中国第一个油田的组织领导者。创建中国首家专业油轮企业。作为一名杰出的地质学家，翁氏本是一粹然学者，时乎运乎，却一度做到了国民政府行政院长的高位，1951年，翁文灏受毛泽东、周恩来的邀请，又翩然从海外来归，任政协委员期间，为祖国地质事业和地质科学事业的发展奠定了基础。1971年1月27日，中国地质学先驱翁文灏在北京病逝。

李允成，1903年出生，浙江奉化人。幼年家境清贫，勤奋好学，以优异成绩就读于上海澄衷中学，后进上海恒昌祥机器造船厂工作。得老板资助，去英国格拉斯哥留学8年，获硕士学位，加入英国造船工程师学会和伦敦航海学会，为英国皇家学会会员。回国后，任恒昌祥造船厂工程师，吴淞商船专科学校轮机系主任，还任教于交通大学。1933年首创中国工业炼气股份有限公司。1941年，建成中国战时最大电石厂——中炼公司长寿电炼厂，上海吴淞化工厂前身就是中炼公司，该电石厂打破了外国技术垄断中国市场的历史。曾任民生公司总工程师的李允成随中油公司迁台后，复任台湾中油公司总经理。1953年，中国工业炼气先驱，航运界精英李允成考察日本时病逝，时年50岁。

撤到台湾的"永涑"油轮

"永灏"油轮起义

招商局十三艘船起义的时候,中国油轮公司"永灏"油轮正在香港黄埔船厂修理。这艘船排水量2万余吨,航速18海里,主机副机均为蒸汽轮机,配置高压水管锅炉,原名是1942年日本建造的"黑潮"丸,为当时中国船舶技术最先进、航速最快,吨位最大的远洋油轮。1944年曾被美军炸沉于台湾高雄港。油轮公司将该轮打捞起来,易名"永灏"轮,拖往香港黄埔船厂修理,之后就发生了"永灏"轮起义的惊险曲折故事。

1948年7月,在上海的中国油轮公司委派清华大学毕业、英国留学归来的造船工程师邵良到高雄,接船回香港黄埔船厂修理。邵良作为公司代表,与轮机长周延瑾,大副谢文瑞、大管轮陈国华、三副李恭正、张德耀组成香港临时监工处,公司总经理李允成(李恭正的父亲)在台湾和香港之间奔波,招商局起

起义联络员卓东明站在"永灏"油轮船艉,可以清楚地看到船籍港上海的英文大字"SHANGHAI"

义令"永灏"轮大部分船员心动。邵良对国民党的贪污腐化、任用私人,早已厌恶,他对来访的记者说:我们是上海中国油轮公司派来的。我们的船归属(上海)中国油轮公司,我们在船尾已经油漆好船籍港"上海"二字。"永灏"轮准备起义的意图被报道后,邵良就收到恐吓信。他去招商局找到吴荻舟,经研究同意他们起义。

据吴荻舟回忆,招商局早在起义前就成立了护产候命委员会,委员有苏世德、陈明、吴荻舟、陈天骏等。从上海商招局董华民到香港后,在中共地下组织和香港海员工会帮助下,成立由董华民为主的香港护产委员会,实施对外的公开工作,早前成立的护产候命委员会则是秘密的,暗中组织力量保护,这个连董华民也不知道。在"南船北归"的进程中,董华民有很大功劳。

1950年3月初,随同董华民、黄慕宗来到香港的招商局上海总公司轮机长应芝芳,受组织委托与"永灏"轮的船员接触,发动他们起义。

同年3月17日,邵良等人去信周恩来:"我们中国油轮公司香港临时监工处全体同仁暨'永灏'轮全体员工谨遵奉中央人民政府政务院1月9日电令,坚决地宣布脱离国民党反动政府,坚守岗位保护人民财产,听候中央人民政府派员接管。"

致周总理的"永灏"油轮起义信件原稿

1950年4月1日"永灏"轮在港宣布起义,为香港招商局一系列轮船起义画上圆满的句号。然而一场艰苦卓绝的保船护产,与港英当局的法律战和强制劫船的斗争就此在无硝烟气氛下激剧地展开。

紧接着,由中央人民政府交通部所属上海中国油轮公司王炳南总经理代表中央人民政府交通部电复嘉勉,予以接受,即委原任监工主任邵良继续担任监工主任。1950年10月9日,上海中国油轮公司委派香港招商局驻埠船长左文渊为"永灏"轮船长,从12月起,又陆续为"永灏"轮配齐全部船员。12月17日,在邵良及左文渊的率领下,"永灏"轮举行升旗仪式,把鲜艳的五星红旗升到桅杆上。

"永灏"轮起义一波三折。按港英法律,凡在船坞修理的船,产权由船坞保管。台湾当局又以该轮曾向菲律宾交通银行借款修船为由,聘请大律师罗文锦提出诉讼争产。通过黄埔船厂英国朋友的介绍,邵良赴罗文锦律师楼,陈述起义的经过和合法性。当时文锦已经准备好"永灏"轮的法律诉讼英文卷宗,邵良以流畅的英语说服了罗文锦不接这个官司。

到了1951年2月19日,英国政府和台湾当局又勾结黄埔船厂提请香港法院裁定,说台湾、菲律宾(交通银行)和上海中国油轮公司三方争夺永灏轮产权,船厂不知道交船给谁。为了破解对方的阴谋,九龙海员工会及时向当年香港工委领导人通报了"永灏"外档一艘万吨荷兰船开船的确切时间,"永灏"轮船长左文渊和邵良接到上级移泊通知书,离开是非之地黄浦船厂。

邵良在执行"永灏"轮移泊任务时给了黄埔船厂信件内容如下:

> 我已通知"永灏"油轮移泊。因为你厂留在船上的管子、电缆、工具等妨碍移动,我方当然必须拆除这些管子、电缆、电线等。一切损失,我方负责全部赔偿。
>
> 现在正式通知你厂:根据中国油轮公司和你们签订的修船合同来看,你厂故意拖延修理工程,又因为你们做了合同以外的活动,我已通知该轮船长将该轮移泊其他地点。凡任何确实做了的工程,做得合适而未付过款的,送来账单,立刻付清。
>
> 今附上香港中国银行的证明信一封,证明我们有足够的款子存在该行,准备做付"永灏"油轮修理费的专用款。

1951年3月11日,荷兰船刚刚离开"永灏"轮的外档,招商局的"民302"拖轮随即把"永灏"轮拖离黄埔船厂。

3月12日,香港英文《南华早报》刊登消息:因为英商黄埔船厂不再"保有""永灏"油轮,该轮案件宣告撤销。同月14日,中华人民共和国交通部部长章伯钧发表声明,提请香港英国政府注意,尊重并负责保护中华人民共和国留港财产不受侵犯。21日,"永灏"轮在香港代理人招商局往香港海事处结关,拟将该轮拖回国内。但海事处百般故意刁难,借口需要各种证件,阻挠该船结关出口。第二天,全部证备齐,香港海事处仍不予签放,显然有意拖延。

3月底,港英当局声称有买家想买这艘船,被拒绝后又要出一招,来者是香港海事处处长,声称要征用"永灏"轮,邵良拒绝接受征用令,申明他只听本国政府命令,该处长说:"征用后的付款,我们讲好。一百万,一百万,交给你。""你搞的什么鬼事!"邵良拒绝:"要买船,可派代表到北京找中央人民政府。"

果然,1951年4月6日,伦敦电台突然广播了英国割占地大臣宣布的紧急法令:香港当局对停泊不用的轮船,有权将其征用。并任命香港海事处长为执行主管官。其实这是英国与香港当局蓄谋已久的阴谋。

隔天,港英当局立马宣称,为了"公众利益",宣布将"'永灏'轮征用"。中国油轮公司驻香港代表邵良及"永灏"轮船长左文渊对于英方的这种无理措施,当场严正拒绝,指出"永灏"油轮属于中华人民共和国国家财产,香港英国当局无权"征用"。

对此,"永灏"轮60多名船员,团结一致,昼夜坚守在船上,严拒英国政府人员上船。然而,港英当局竟于4月8日下午,横蛮地派遣香港水师警署武装水警16名登船,监视"永灏"轮,相持多日,香港招商局工作组分析港英当局最终一定会强征"永灏"轮,遂向上级建议,一旦英警上船,除非他们签字承认是武力征用,否则船员决不下船。并建议征用在国内的英资船厂、油库作为补偿。很快上级便批准了此建议。不出所料,4月12日全副武装的英警强行登上油轮,船员们手挽手围绕在五星红旗下不肯离去,邵良依据上级指示,坚持提出要英方必须签"by Force"(凭武力),最后英警请示上级,签下"by Force"字据,此字据将是征用英国亚细亚公司在我国各城市的财产和英联船厂的文字依据。船长左文渊取得签字征用状后申明:五星红旗不是我们自己降下来的,是英警强行降下来的;我们的船员不是自己下船的,是英警强迫下船的。

"永灏"后来被交给了英国海军。4月底,中央人民政府颁令,征用英商亚细亚火油公司,以及上海英联船厂和各大城市的英资汽油库、加油站。至此,围绕该轮的中英较量告一段落。

邵良,1951年参与新中国船舶登记(后半的检验)局的筹备小组,1956年,任局海船处主任工程师,在原基础上草拟一份《船舶登记局组织章程(草案)》。

周延谨,1934年毕业于国立吴淞商船专科学校。曾任重庆协兴机器厂经理、中国油轮公司"永灏"轮轮机长。1950年1月,参与"永灏"油轮起义。历任中国与波兰、捷克联合海运公司机务处处长,交通部远洋运输公司副总工程师、总工程师、高级工程师,中国航海学会第一届常务理事。第五、六届全国政协委员。1985年逝世。终年75岁。

左文渊,1938年毕业于上海的中国海关税务专门学校海事班。中国航海和航道专家。1950年1月15日参加香港招商局及十三艘海轮起义,任驻埠船长,1950年11月委派为中国油轮公司"永灏"油轮船长。1951年起任交通部海运总局调度室任总调。1985年任交通部内河局任副总工程师。毕生奋斗在中国沿海及内河航道事业上,取得了丰硕的成果。在国际场合代表我国多次参加国际技术交流,他为中国的航海和航道事业作出了重要贡献。

2023年是"永灏"轮起义73周年,组织和参加起义的前辈们,绝大部分已离业,在建设新中国的过程中他们像当初起义那样,抛弃个人得失,一往无前地贡献自己的力量,为新中国的航海事业,为今日的成就打下了坚实基础,中国的航运历史应有他们的一页。

第十章
"南船北归"——轮船招商局历史

2022年9月24日上午,招商轮船在大船集团订造的全球首艘双翼动力风帆超级油轮(Very Large Crude Carrier, VLCC)在大连举行交接船暨命名仪式。这艘配备第二代风帆装置、综合性能指1标、世界一流的VLCC取名"新伊敦",旨在纪念150年前招商局创立之初的第一艘局轮"伊敦"轮。招商局集团董事长缪建民出席仪式并为新船命名,招商局集团董事段湘晖女士为新船砍缆。

"新伊敦"号

第十章 "南船北归"——轮船商招局历史

轮船招商局在上海成立

历史上的"伊敦"轮为招商局筹办之初于1872年所购,是招商局购买的第一艘轮船,也是中国近代民族航运业的第一艘蒸汽动力商船,跨越150年的奋斗历程。从"伊敦"到"新伊敦",从轮船招商局到招商轮船,百年招商始终不忘航运初心,坚守蔚蓝使命,全面推进世界一流航运企业建设。

回顾招商局历史,就是半部中国近代史。

第一次鸦片战争中英《南京条约》签订后,上海、福州、厦门、宁波、广州五口通商。1842年上海正式开埠,外国的商船大批来到上海。其中最多的是英国怡和、太古,稍后为美国的旗昌,以"洋行"为形式,组织公司,向中国倾销洋货,其中不乏挟带鸦片,赚取高额利润,再掠夺中国各种资源,剥削和坑害中国人民。当时中国沿海沿江航行多为沙船,运载农副产品、五金百货及漕粮。沙船载重量小,只能浅海航行,无法与外商轮船相抗衡。曾国藩任两江总督时,曾组织李善兰等人仿制小火轮,但制造西式机械船只,中国缺乏航行制造技术,有鉴于外国轮船公司"攘我大利",为了挽回外溢之利权,决定直接向外国购买轮船,自办轮船公司。同治年间,太平天国起义、捻军起义相继失败。在"同治中兴"的口号下,1872年,李鸿章授意沪商巨贾朱其昂同朱其诏、李振玉起草《轮船招商节略并各项条程》,在这个章程中,招商局被定性为"官商合办"。

1872年12月23日,李鸿章正式以《具奏派员设局招商试办轮船分运来年江浙漕粮由》奏表清朝廷:

> 钦差大臣大学士直隶总督一等伯臣李鸿章跪奏为派员设局招商,试办轮船,分运来年江浙漕粮,以备官船造成雇领张本,恭折具陈仰祈……查照外所有试办招商轮船分运江浙漕粮各缘由,理合缮折具陈,伏乞皇太后、皇上圣鉴,谨奏。

在这份奏折里,他重申成立招商局的目的是为了承运漕粮和与洋商分利,"翼为中土开此风气,渐收利权","庶使我内江外海之利不至为洋人尽占,其关系于国计民生者,实非浅鲜"。

他也提出了"官督商办"的制度构想——新办的企业由商人出资,合股的资本为商人所有,公司按照自己的规范章程制度管理。企业在政府监督之下,但是盈亏全归商办,与官无涉。"官总其大纲,察其利病,而听候商董等自立条议,悦服众商。"三天后,清廷就批准了这份奏折——1872年12月26日,中国近代史上第一家轮船运输企业正式诞生。

在招商局筹备期间,为使其开业后能够尽快投入运营,招商局提前开始了其购船计划。

1872年的11月2日,招商局筹办负责人朱其昂花费15 000英镑(约合50 397两白银),购得大英轮船公司(P&O)的"Aden"轮,并将其重新命名为"伊敦"。

该轮是蒸汽动力钢制客货两用船,头等舱能坐112人,二等舱则可以坐22人。总吨为812吨,总长78.49米,宽度为9.08米,1856年由英国南开普敦夏日公司(Summers Day & Co.)建造,航速12节。比起现在动辄十几万,二十几万吨的邮轮来说,简直就是迷你小舟,但相比于当时中国落后的木制帆船而言,显然,这已经是一个庞然大物了。该轮于1869年还曾参加过苏伊士运河的通航仪式。

1872年11月30日,天已入秋,上海街头的人们似乎已经感受到了冬天的凉意,不过却仍然聚集黄浦江边,因为"伊敦"号将开启她的"处女航",她满载货物,将从上海出发驶往福州和汕头。"伊敦"号就在这样一个特殊时候承载起了特殊的责任。

"伊敦"轮——招商局起家时的第一条海轮

第十章 "南船北归"——轮船商招局历史

"伊敦"号鸣笛起锚试航了。船上桅杆悬挂着总理衙门规定的龙身为蓝色的黄羽纱制三角龙旗，同时也悬挂着黄羽纱制蓝色双鱼（招商）局旗。这一天，码头上挤满了人，当伊敦号发出起航的汽笛声，震耳欲聋的鞭炮声，响彻上海滩！蒸汽机发出的吼声都被掩盖了，人们眼睁睁看着双烟筒冒出浓浓的黑烟，才察觉"伊敦"号船体徐徐离岸驶向黄浦江心，此刻犹如平地一声惊雷，万众瞩目。其意义非凡，这是中国轮船公司的船只在中国近海的首次航行，也标志着外国轮船公司一统中国近海航运的局面被打破。

1873年1月17日，在上海洋泾浜永安街正式设立"轮船招商公局"，这是洋务运动中出军工企业转向兼办民用企业、由官办转向官督商办的第一个企业。

招商局成立后肩负的一项重要使命就是与外国企业展开市场竞争，挽回航运利权，这是中国第一场"商战"，也是国家意志在经济领域的强烈体现。面对几乎垄断中国航运业的英、美等国企业，招商局敢于"亮剑"，独力抗击实力雄厚的外国航运企业，在不到10年的时间内，将中国航运利权挽回3/5以上，不仅取得了在中国航运业中的发言权和定价权，更挫败了外国资本通过航运业掠夺中国资本的侵略行径。

最初的局股是官股10万两，朱其昂、朱其诏俩兄弟各10万两，李鸿章5万两，开始从事江浙漕粮运输及各种客货运输业务。

当第一艘悬挂着双鱼龙旗（后改为红底圆月旗）的中国商轮出现在中国最大的内河长江上时，历史宣告了近代中国航运业的开端，标志中国由木船运输进入轮船运输的水运交通的新纪元。历史同时宣告了中国航运业打破了外国资本轮船运输业势力垄断中国航运局面的历史，还宣告了席卷全球的资本主义滚滚潮流开始改变着中国航运事业的面貌，标志着中国水运行业迈开资本主义化的步伐。所以，无论从生产力、民族关系、生产关系各个角度来观察评价，轮船招商局的成立都具有划时代的重大意义。

彼时的上海滩街头巷尾招商局和"伊敦"号成了众人的话题，欢乐的气氛还没有消散，"伊敦"轮又接受了新的使命。1873年1月19日，它又开启了前往香港的首航。由上海装货首航香港，2月23日从香港返沪，开辟了中国第一条近海商业航线。

为了开展运输业务，不到三个月，招商局又购买了"永清""福星"和"利运"三艘，连"伊敦"总计2 400余吨，对此，史学家称招商局为四船起家。

然而，公司开办半年，既缺资金、设备，更无经营管理经验，亏损严重，朱其昂被迫辞职。1873年6月著名买办广东人唐廷枢、徐润等加入，上海商人、英国怡和洋行买办唐廷枢担任轮船招商局的第一任总办。徐润、朱其昂、盛宣怀为会办。其中，唐为外资洋行背景；朱为漕粮北运代表；盛为李鸿章代表；徐为具有买办背景的国内工商业主代表。后唐前往天津主持开平煤矿，由盛宣怀继任。轮船招商局核定股本白银100万两，每股100两，对社会招商入股，徐润附股24万两。

1973年7月，招商局开辟到天津、镇江、九江、汉口的长江航线。8月初，"伊敦"轮首航日本神户、长崎，开辟了中国至日本的第一条远洋商业航线。年底，航线远至南洋吕宋等地。1879年，"和众"号首航檀香山；1880年，"美富""康济"号驶往越南海防；1881年，"美富"号首航英国，1882年又曾一度通航美国旧金山，因遭受美国阻挠而未果。但是，招商局为开辟远洋航线作了积极的探索。至此，招商局四艘轮船组成了中国近代第一支商业船队，中国近代民族航运业终于跨出了艰难的第一步。

8月7日，公司迁上海三马路（现汉口路）新址，改名为轮船招商总局。其后，设分局于天津、牛庄、烟台、汉口、福州、广州、香港。为了扩大与东亚其他国家的海上贸易，招商局还在华侨相对集中的日本横滨、神户及菲律宾和新加坡等地设立19个分局，其航线均以上海为中心。在国内，北洋线由上海北抵烟台、天津、牛庄，南洋线南达宁波、温州、汕头、广州、香港、澳门、海口，同时沿长江而上直驶湖北。

1875年11月初，发起组建保险招商局，是为中国人自办保险业之始。并请上海英国工部局技术协助，架设从总局至虹口码头的电缆，这是中国人自己架设的第一条专用电话线。

招商局创办伊始，即面临外国轮船公司的激烈竞争。其主要对手是控制者我国江海的主要航线的美商旗昌轮船公司。

清同治元年（1862）二月，美商旗昌轮船公司在上海成立。该公司原名为上海轮船航业公司，因由美商旗昌洋行组织并充任经理人，故通称旗昌轮船公司，是上海第一家由外商开办的专业轮船公司。其采取中外合办的方式，除外商股资外，华人亦有投资。创办资本计100万两银。根据公司章程，经营管理由旗昌洋行代理。旗昌势力伸入各通商口岸，早期驻华领事几乎都成为旗昌洋行股东。买办商人出身的苏松太道吴健彰也投资该行，为其七大股东之一。该行经营业务范围广泛，从鸦片走私扩大到进出口贸易，并建立航运公司、码头、仓库，以至于开办机器缫丝和焙茶等厂，逐步成为19世纪美国在华最大企业机构。旗昌轮船公司开业时的资本，大部来自中国买办商人的投资，船队行走沪粤、长江两大航线。

旗昌公司开办初，除有个别船只一度行驶上海—香港、上海—宁波航线外，主要经营长江航运。时因长江贸易有利可图，上海有十多家商行均有船行驶长江。同治三年，因长江线上竞争激烈，有12家航运公司退出长江航运，旗昌公司趁机买进这些公司的轮船，至1866年，已控制了长江货运业务的1/2至2/3，拥有12艘轮船，17 388总吨，遂与竞争对手怡和、宝顺洋行达成协议，由旗昌公司以不在上海以南（除沪甬线外）沿海航行作为交换，独占长江航运。1873年，其船舶由增至19艘，吨位增27 769总吨。资本银则由125万两增至225万两，营运净利润平均每年达56万多两银。

同年，轮船招商局成立，面临新的竞争对手。旗昌与成立不久的英国太古轮船公司暂停相互倾轧，共同以降低运价为手段，企图挤垮刚刚成立的招商局。面对严峻的挑战，招商局与外轮展开一系列的跌价竞争。为弥补亏损，清朝当局特许招商局承运漕粮，甚至李鸿章不得不拨北洋的官款以济之，在顶住了旗昌轮船公司的激烈竞争后，旗昌公司营业衰退、利润下降，中外股东矛盾加深。至清光绪二年（1876年）初，以旧木质轮船为主的旗昌轮船公司已无力与拥有新铁轮的太古公司竞争，也无法压倒有中国政府和华商支持的招商局，与此同时，旗昌公司的主要股东也开始将资金转移到美国国内去。

彼时的旗昌公司不仅运费收入大减，而且在中国各港转口贸易衰退，货运量下降，同治十二年的年盈利只有10.6万两，按12%付股息27万两，净亏13万多两。以后3年，每年盈利都在20万两以下，股息降至7%，引起了华商股东的严重不满。

鉴于旗昌公司的衰败，甚至即将破产，盛宣怀冷静地觉察到，如果旗昌被怡和或太古买走，那么招商局以后将面临更加惨烈的竞争。经过唐廷枢、徐润、盛宣怀三人商议，最后一致决定，必须要抢先买下旗昌！然而，面对足足200万两白银的收购价，整个招商局东拼西凑还缺100万两。为此，盛宣怀立马写信求助李鸿章，信中着重说明收购旗昌的必要性，为了招商局的生存和发展，必须打败洋商，请求清廷帮助筹款，在两个月内解决100万两的首付金。

然而，老谋深算的李中堂让盛氏与时任两江总督沈葆桢协商解决资金问题。两人相见时，面对盛氏张嘴就要100万两白银，见过大阵仗的沈葆桢也大吃一惊，不过，幸亏他是"同治中兴"时洋务运动的重要人物之一，先后曾任江西巡抚、总理船政大臣、台湾海防钦差大臣、两江总督兼南洋通商大臣，对台

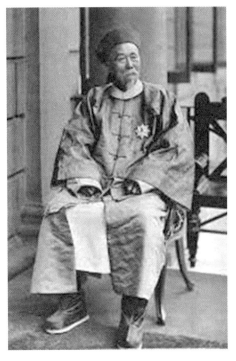

轮船招商局创始人李鸿章

湾历史发展也有重大影响。其妻林普晴是清朝名臣林则徐的三女。沈氏也完全清楚保佑招商局的前程对洋务运动的重要性,看在李鸿章的面子,从两江府拨借50万两白银,随后有从江南各地方政府凑齐100万两白银借给招商局。

1877年3月1日,招商局收购美资旗昌轮船公司举行换旗过户。该公司7艘海轮、9艘江轮及各种趸船、驳船、码头、栈房和位于上海外滩9号的办公大楼等全部财产作价白银222万两,购归局有。这也是中国民族工商企业第一次收购外商资产。

彼时的上海招商总局并拥有附近金利源、金方东、金永盛、金益盛4座码头,从新开河至东门路连成一线,并沿浦滩兴建13座浮码头,岸线长约500米,统一命名为金利源码头,又名南栈码头。这就是十六铺码头的前身。

招商局成立仅四年,就取得中外"商战"的首场胜利。在充满屈辱和失败的时局下,收购旗昌是有着显著商业影响和政治影响的重大事件,不仅为招商局带来很多优质的资产,提高了民族企业的声望,还大大振奋了国人的精神和士气。时人称赞此举"于国计商情两有裨助","为千百年来创见之事"。

吃下旗昌后,原本只有11艘轮船、资本额仅75万两的轮船招商局拥有了29艘轮船,成为中国水域上最重要的一家航运公司。其运力从11 854吨上升到30 526吨,扩大近三倍,为其开拓业务奠定了雄厚的物质基础。同时还增加地理位置优越的轮船码头,特别是像金利源这样的最佳位置的码头。这一切都必然大大增强了轮船招商局与外商的竞争实力。当年盈利额由16.1万两增至35.9万两,次年增为44.2万两。

招商局初创的10余年间,获利颇丰,股市价格明显上扬。李鸿章在光绪十三年的奏报中说:"创设招商局十余年来,中国商民得减价大益,而水脚少入洋商之手者,奚止数千万,此实收回利权之大端。"

第十章 "南船北归"——轮船商招局历史

外滩9号轮船招商局大楼

招商局收购旗昌公司之后,实力大增,底气十足,对一直面临的英资太古、怡和轮船公司多次削价的竞争,在盛宣怀的主持下,招商局不甘示弱,不仅应战,而且积极进攻,迫使怡和、太古两公司与招商局于1877年、1883年和1893年三次订立"齐价合同"。

1877年12月,招商局与英资太古、怡和签订第一次齐价合同。是为中国民族企业对抗外商倾轧的一次重大胜利,从而进一步增强了招商局的实力,对民族资本主义航运业起了有益的作用。

几年后,太古、怡和两家外资巨头又不得不找上门来与招商局签订两次(分别为1883年、1886年)签订"齐价合同":中外公司在各条航线上共同议定统一的价格,确定水脚收入和货源分配方案。虽然是一个双方妥协折中的方案,但从招商局来讲,却具有打破外轮垄断中国航运业的积极意义,这在一定程度上保护了中国的权利。从而进一步增强了招商局的实力,增添了众人对民族企业的信心,对民族资本主义航运业起了有益的作用。

光绪初年以来,工商业的发展及社会对轮运事业的广泛需求,一些华商开始冲破封建统治者的严厉限制,在内河开办航运,内河小轮企业不断涌现。

招商局的成功发展，促使不少有识之士看到航运业的美好前景和民族自豪感，更多小轮船企业相继开业，出现了诸如"汕潮揭轮船公司""益利轮船局""秦昌义记申杭湖州轮船公司"等企业。但是这些轮船企业，一般规模小，大的不过五六只船，小的仅有一二只船，而且人多倏兴倏灭，兴废无常。它们长期处于半合法地位，仅限于搭客和附拖官商座船，不准载货，也不准拖带货船，航线大多受官府限制，受到封建官府严厉盘剥，因而总体发展缓慢。

在唐廷枢、徐润的主持下，轮船招商局经历了企业发展史上的第一个"黄金十年"。经过几年的努力，招商局不仅拥有了长江和沿海航运的大部分市场，还在菲律宾、泰国设立分局，拓展了南洋运输业务，同时远航英国、日本、新加坡、夏威夷和美国本土。招商局成为中国当时最大的轮船企业，经营的轮船由最早的4艘增加到30多艘。唐廷枢为了开展码头货栈和轮船保险业务，与徐润等人先后创办长源泰、长发两个货栈及仁和、济和两个保险公司，成为中国人自办保险公司的先导。1882年，为了发展多种经营，投资中国近代最早的大型煤矿开采企业——开平矿务局。1883—1885年中法战争期间，招商局船队暂交旗昌洋行经营。1884年年底，唐廷枢和徐润因挪用公款败露而被解聘。

1885年8月1日，李鸿章委派盛宣怀为招商局首任局督办。盛宣怀奉命整顿，局体制由官商合办改为官督商办。

1886年，由盛宣怀亲自与英资太古、怡和的第三次价格谈判中，涉及的航线主要为长江、上海至天津、上海至福州、上海至宁波等几条航线。合同约定：太古轮船不走上海至福州航线，怡和轮船放弃上海至宁波航线。合同有效期为三年，至"（光绪）十五年底（1890年年初），合同期满"。

根据谈判约定，招商局与怡和、太古三公司营业份额的分配比例为上海至天津航线份额，招商局占44%，太古28%，怡和28%；长江航线份额，招商局占38%，太古35%，怡和27%；上海至福州航线份额，招商局、怡和各占50%；上海至宁波航线份额，招商局、太古各占50%。由此可见，当年的招商局在中国水域的航运业中已排第一，并非是弱者。

1887年，在上海开始试办中国近代第一家保税仓栈。1894年7月25日—1895年4月17日中日甲午战争时期，招商局又将全部船只分售予各洋行，战后全部赎回。1896年11月投资创设中国近代第一家银行——中国通商银行。同年投资创设南洋公学（现上海交通大学前身）。

晚清以迄20世纪20年代，轮船招商局与历届政府的关系变化较大。从晚清的"官商合办"与"官督商办"，至清末民初的"商办"，再到国民政府时期终被"国营"，招商局经营机制发生了巨大变化。

在这期间，频繁爆发的国内军阀战争，以及连续动荡的政局，同样是严重干扰和影响招商局营运的重要因素。

即使在1914年至1918年第一次世界大战期间，国内军阀战火也此起彼伏，使招商局在外轮撤退的有利时机，并未能顺利地得到发展。其后的军阀混战更使形势恶化，这给招商局的经营造成更加严重的危害。

其间，招商局遭受最大破坏当属1926年军阀孙传芳对招商局轮船的征用。这年7月，孙传芳为阻止北伐军东进，竟然征召招商局全部9艘江轮专供军用，使得招商局的长江航运全部中断。9月9日，满载军械军需品的江轮"江永"号在九江码头起火爆炸，死伤惨重，仅"江永"号船员死难者即有88人之多，轮船完全被毁。10月，又有三艘招商局海轮在汕头被扣，几经交涉失败后，招商局被迫全面停航，同时"登报布告全国"。该年直接亏损达173万余两之巨。

1924年，李鸿章长孙李国杰担任董事长，招商局仍然没有起色。此后直到1927年3、4月，江轮和海轮才先后复航，停航时间长达5个月之久。而招商局在全面停航后，"数月之间，公司只有支出而无收入，悉索敝赋，无米难炊"，加上负债千万，利息每年即需"担负百万"，实际已濒临破产的边缘。

当时，不仅外部环境的恶劣，局内部经营管理的腐败，促使频繁发生海损事故，这是经营管理不善的必然结果。招商局在行船方面，实行的是包办制，并无划一的章程，即使有一些规定，也形同具文。1916—1926年，招商局发生严重海损事故竟达10次之多，沉没船只6艘，就是这期间管理混乱的必然结果。现摘录国民党当局清查整理招商局委员会的报告，对此作一介绍。

1916年3月21日，装满军队饷械的"新裕"轮船驶至浙闽交界洋面时，发生军火爆炸，轮船顿时沉没，"全船船员官军千余人，仅救起洋人二名，华人十余名，余均遇难"。

1917年5月，招商局"安平"轮船载运乘客200多人，在山东威海卫之褚岛附近触礁沉没，失踪者三四十人，"损失在百万元以上"。

同年11月24日，招商局"普济"轮船与"新丰"轮船在吴淞口外互撞，"普济"全船沉没，死难者27人。

1918年3月25日,招商局"江宽"轮在长江汉口丹水池附近被段祺瑞政府的"楚材"军舰撞沉,该船载重1 450吨,是招商局创立以来至失事时损失的最大一只轮船。当时载有乘客一千多人,"仅获遇救二百余人,其余均遭灭顶之凶"。

同年11月16日,招商局"致远"轮在缅甸仰光失火,"全船被毁"。

1920年9月27日,"'新大'轮船驶至成山石岛触礁沉没,货物全失,幸人口无恙"。

1922年4月4日,招商局"江通"轮船"载客千余人,并满载货物,行至汉阳上游虾蟆矶大军山之间,突然失慎","所有货物及旅客之行囊都付之一炬,损失将近百万"。

1925年秋,招商局"江庆"船"在石门搁浅",到第二年春季水涨时才脱浅。

同年6月,招商局"飞鲸"轮"搁浅于海门",幸经救援出险,11月17日,"该轮又搁浅于厦汕交界之古雷湾",虽旅客货物被救脱险,而该船"竟成废船"。

从以上所摘史料看,1916—1926年的10年中,招商局的海损事故除两次是北洋政府军舰撞沉,一次因载运军火爆炸外,余下七次均与招商局自身人员渎职和技术不精、管理混乱有关。其中由渎职和混乱造成者占大多数。1917年"普济""新丰"轮互撞时,"不知如何认错罗盘,彼此直撞,'普济'竟被撞成两段,顿时全船沉没"。又如1922年"江通"轮失事起火时,"惟闻香味扑鼻,大约所载之油不知为何物引燃,以至不可收拾"。所载之油能轻易被点燃,导致全船焚毁,招商局管理失慎失职是可以肯定的。再如"飞鲸"轮1925年竟两次搁浅,都反映出招商局内部经营管理之极度混乱。

但是,招商局在连续遭此重大损失,甚至一年内就发生好几起重大事故之际,经营阶层不去探究事故之因,总结改进之法,依然敷衍塞责,我行我素。1919年,当招商局"三年之中损失江船一艘海船四艘","创巨痛深"之后,其经管人员在股东常会上竟腆颜宣称:"连年营业盈余,除开支外,尚存三百万两,添造船只,不患无资。"由经营管理混乱所造成的"创巨痛深",在经营者的笔下变成了一派光明的祝福。似乎借第一次世界大战之机所获盈余能弥补招商局不断毁损之船只,就是经营者的一大功劳。这就是经营大半个世纪以后,中国的第一家航运公司在20世纪初年留给人们的形象。

1923年,企业结亏101万两,"为开创以来未有之巨额亏损",招商局不得不停发股息。此后数年招商局营业收入"愈跌而愈甚",企业开支"愈涨而愈增",整体业绩"年逊一年"。航业股息金全无,产业股虽有些微股息,也因局内缺乏现金,只能暂记于积余公司"股份存息"项下。到1926年年底,招商局因连年亏损,加之江轮被孙传芳军队征用扣压,损失惨重。而海员罢工又使南北洋各船相继停驶。在内外困境相逼之下,该局董事会不得已报告股东维持会,暂行停航,并布告全国。"招商局股票行情从二百多两跌到六十两以内",企业岌岌可危。陷入困境的招商局又招致北洋政府的清查,虽然后者动机复杂,但"挽救"招商局无疑是其堂而皇之的理由。

1927年1月下旬,北伐军向上海进发的过程中,蒋介石就发布命令,委任杨杏佛办理招商局事宜,但杨因故未能就职。北伐军占领上海后,对上海总商会进行整顿,并开始通缉会长,招商局掌权者傅筱庵(名宗耀),理由是傅宗耀"助逆扰乱,挟会营私","献媚军阀",不仅为军阀孙传芳提供大量军饷,而且以招商局轮船为孙军服务,"阻碍义师"。傅宗耀不得不辞掉招商局的职务,离沪远遁。

5月3日,国民政府正式发文,任命张静江、蒋尊簋、虞洽卿、郭泰祺、陈光甫、宋汉章、钱新之等人为清查整理招商局委员,开始整顿招商局。

清查委员会由张静江担任主席,杨杏佛、杨端六与李孤帆为常务委员,下设总务、审计、秘书三组,同时,聘请潘序伦、徐广德两位会计师清查账目,魏道明、秦联奎两位律师为法律顾问。为免外界及该局股东有所误会,该委员会特向社会发表宣言。

宣言首先对比日本邮船会社,指出轮船招商局存在巨大问题与危险:"轮船招商局为我唯一之大规模航业机关,创设在日本邮船会社之先,五十年来绝少发展,邮船会社之航线已遍布全球,招商局则依然局促于长江及南北洋三航路。公司之资产尽归抵押,股东之血本日趋萎缩,长此因循,必至航权皆归外人,股票尽成废纸。受其累者岂特公司之股东,中华民国之国计民生皆将蒙无穷之损失。"然后抬出国民党政纲之一的民生主义,开始为国民政府"不得不"清查招商局摆出政治依据:"衣食住行为人民之四大需要,故本党总理之民生主义及《建国大纲》皆以解决此四者为首要。国民政府既为实现总理之民生主义而设立,对于此关系全国民生命脉之招商局,自当力谋整顿、救济之道。"在宣言中,该委员会向社会承诺办理清查整理招商局事宜期间,"当谨守总理建设廉洁政府之遗教,研求局务不振之症结,妥拟航业扩大之计划,以政府与人民之合作,谋股东与社会之利益;对公司之资产当力加保护,原有之事业当督促维持,股东及社会之意见当尽量容纳。本会委员均不支薪俸,即办公经费亦由政府拨给,以示国民政府为人民服务之精神"。同时表示,委员会"尤愿受股东及社会之监督,如委员中任何个人有受贿害公之事实者,一经举发,证据确凿,为党纪国法所不容,愿受人民之裁判,以定应得之惩罚",号召"全国人民与招商局股东共起指导,群策群力,挽已失之航权,立民生之基础,不负国民政府清理之意",委员会向社会公布的还有《国民清查整理招商局委员会条例》和《国民政府清查整理招商局委员会办事细则》。

因为招商局隶属于交通部管,所以又由交通部部长王伯群担任监督。李国杰这个董事长不仅成了王伯群的下属,也成了由王伯群任命的监督办公处总办。1929年6月,国民党二中全会议决,招商局脱离交通部改隶国民政府,由国府专员负责整顿。

之后不久,经国民党元老张静江等人推荐,又任命政府建设委员赵铁桥为招商局总办,兼代国府特派整理专员职权,由此局实权转移到赵氏掌控,董事长李国杰成了有名无实的摆设。一年之后,赵总办锐进改革,终究得罪权贵,招来杀身之祸。以下是当年中立公正的评论赵铁桥之文:

> 招商局,系中国当时唯一之航务机关。但自清朝以来,即为三数私党所把持,航权不张,私人年利其间。清亡,弊更甚。袁世凯、徐世昌、曹锟诸人当政,曾历派大员接管,皆畏祸而嗜利,未履局即怀金以去。赵铁桥数绾财务,丝毫不苟,临事严毅,不为强力屈。或说赵铁桥:"勿以政府名义入局,数十万元可立致。"赵铁桥不为所动,又谋以劫持之,犹不屈,则谋以为中伤之;赵铁桥皆不顾,毅然入局,刚直不阿,无在不与私利相冲突。不但分别变更会计制度及本局组织,整顿营业,亦且制精密统计,定规章,订预算,省用料,理船栈,清局产……凡可以兴利除弊者,不计难易,无不力办。上下无结托之私,内外无纠葛之嫌。改组后十月,收入激增,诸谋中伤者,为之气夺。后以力主"商有国办",阴为帝国主义者忌,恐其内河航行权益,将遭抵制,竟内外勾结而共谋暗杀赵铁桥。

据说,李氏买通民国第一杀手王亚樵,令其手下人行凶。1930年7月24日8时半,"赵铁桥偕妻同乘车入招商局福州路侧门,一从者侍。入门,赵铁桥先下,甫登石级而枪声发,从者扑地,赵铁桥负伤,乃疾走上楼,坐秘书室,内外衣尽赤,犹大呼捉贼。其妻坐车中,呼巡捕,司机急鸣笛,亦无应者。贼从容夺门逃去。赵铁桥复登车驰至红十字医院,经开刀,去淤血数碗,复检视,一弹从背入,坏肝叶,洞右腹而出血外注不止。过午,创剧痛,夜九时殁。识与不识,皆谓其为局事死,而凶手始终未得,竟不了了。"

10月28日,国民政府乘势颁布命令,将招商局收归国营。1932年11月15日,在宋子文、朱家骅等人的推动下,国民政府在洛阳发布对于招商局收归"国有"的命令。

20世纪二三十年代的招商局政企关系起伏较大,影响深远。该局虽然能够抵制北洋政府"查办",却被国民政府先"清查",后"国营",最后收归"国有"。1930—1937年是民国经济"黄金十年"的后七年,招商局也进入了平稳较快发展阶段。

1937年抗战全面爆发,至1945年抗战胜利,招商局损失巨大,但在全体员工的努力下,不畏艰险完成了长江大撤退,六大江轮入川等壮举,为国家在大后方保存了民族工业,为抗战胜利做出了巨大贡献。

抗战胜利后,招商局抢先迁回上海,9月上旬徐学禹、沈仲毅二人就在外滩正式办公,主要忙于接收有关航业的敌伪资产。

至1947年8月底止,招商局所接收敌伪船只,经确定留用的有332艘,7.4万总吨,连同国民政府向美国、加拿大订购拨交该局的轮船及该局自行购买的轮船106艘,22.7万余总吨,再加原有的28艘,2.5万余总吨,共有大小船舶466艘,32.68万总吨,比抗战前拥有的船舶吨位增加4倍。是年,客货运量分别达300万人(含军士)和296万吨(含军品),为该局创办后年运量最高水平。当时招商局除经营国内江海运输外,还相继恢复和开辟了多条远洋航线,陆续派轮开航加尔各答、关岛、狄宁岛、曼纳斯岛、新加坡、马尼拉、日本、古巴、阿根廷等地。1948年春,该局与中兴、益祥、中国航运等轮船公司,共组海外航业联运处,参加国际航运的竞争。并利用剩余运力,与台湾省行政长官公署合资组建台湾航业公司;与中国石油公司合资组建中国油轮公司;轮运业务发展较快。至1948年6月,该局拥有大小船舶490艘,计40.92万总吨。

1948年10月1日,股份化改组为招商局轮船股份有限公司,刘鸿生任董事长,徐学禹任总经理。

1949年3月20日,国民政府对招商局全面军管。其间,国民党指令招商局领导机构进行分拆,准备过渡班子,为应对统治崩溃做好准备。为此,招商局决定,由董事长徐学禹、副总经理韦焕章带一批人到台湾,将原来的台湾招商局改为台湾招商局总管理处,将所有的万吨自由轮和大吨位船舶集中到台湾基隆港。由俞大纲、曹省之率一批人员前往香港,利用香港作为自由港提供的特殊便利,成立华南招商局总管理处,接受台湾招商局指挥,加强对包括香港在内的招商局华南各分支机构的领导。将上海招商局总公司改称为上海分公司,由总经理胡时渊、副总经理黄慕宗等留守人员成立上海招商局应变工作小组,要求"在总经理仍能行使职权时,总公司一切有关事宜仍归上海分公司办理"。

4月30日,渡江战役发起10天后,招商局在台湾设立总管理处。上海总局改为招商局上海分公司,沈仲毅兼任经理,显然要沈氏在关键时刻应对之巨变。

5月27日,中国人民解放军上海市军事管制委员会航运处接管了招商局(总公司)。

9月19日,招商局"海辽"轮从香港赴汕头应差途中,在船长方枕流率领下庄严宣告起义,驾船抵达大连加入新中国航海事业。

1950年1月15日,香港招商局(分公司)全体员工和留港的13艘海轮共600余人起义归北。7月23日,招商局"民302"轮起义船员率先将船驶抵广州。10月20日,"登禹"轮最后驶离香港,航行中遭到国民党军炮船的阻拦。起义船员毫不畏惧,勇敢地驾船全速向敌船撞去。国民党军怕炮船被撞沉,无可奈何地让出航道,眼睁睁看着"登禹"轮朝广州方向驶去。11月15日,周恩来发来贺电,嘉勉全体起义船员。至此,在港招商局13艘海船全部摆脱国民党当局的监视,北上广州,回归祖国,这一惊心动魄的历史进程基本结束。

1951年2月1日,招商局(上海总公司)改称中国人民轮船总公司。1952年1月,香港招商局大部分人员和起义船只划归华南区海运管理局领导。由此,在大陆和台湾地区形成两个招商局共存的局面。香港招商局机构仍旧留用,成为中央人民政府交通部直属在港中资企业,航运业暂停。

曲折坎坷的"海玄"轮起义

虽然50年代,海峡两岸的航海界都在较为平稳的环境中各自发展,摩擦和碰撞还是时有发生。然而,也有小部分招商局起义海员在新加坡滞留了近五年才回归祖国——这就是"海玄"轮的曲折故事。

1949年9月24日上午,"海玄"轮驶抵香港昂船洲,香港招商局经理汤传篯、副经理陈天骏在中央酒家设宴热情招待薛邦祥、滕兆仁、吴志雄(服务主任)、陈荣生(轮机长)等人。出席作陪的陈邦达船长向大家介绍了招商局总公司和船员留沪家属的情况。"海玄"轮船员在香港招商局预支了六个月工资及伙食补贴，装足了燃油、淡水和物料等。10月17日，"海玄"轮启碇远航，驶往叙利亚的他基亚港，其后又抵达埃及赛得港。在赛得港加添燃油时，船员从英文报章得知中国航空公司、中央航空公司已在香港起义。1950年1月6日，船员又从广播得知英国政府正式承认中华人民共和国。10天后，又得悉香港招商局及13艘海轮起义的消息，大多数船员感到欢欣鼓舞，希望效法招商局起义船员，回归新中国。1月19日，"海玄"轮接到香港招商局的电报，要求船员把船开赴新加坡待命。与此同时，"海玄"轮又接获招商局台湾总管理处电令：你船立即驶返台湾，不得与香港招商局联系。

1950年1月24日，在船员们的推举下，大副杨训仪代船长行使职权，在轮机长陈天荣，业务主任滕兆仁和金振邦等大部分船员配合下，"海玄"轮终于抵达新加坡，船员在肃穆的气氛中升起了五星红旗，向世界宣告："海玄"轮庄严起义。"海玄"轮所有起义的高级船员，为表示对起义的义无反顾，按照五星形状签署了他们的名字。这颗独特的"五星"刊登在1月31日的新加坡《南侨日报》上，成为"海玄"轮奔向光明的历史见证。接着就发生了国共为争夺"海玄"轮归属的法庭战，美国政府由驻新加坡使馆出面告状"海玄"轮，以招商局欠债不还，要求新加坡法院扣船抵债，香港招商局经在当地爱国华侨的帮助，聘请大律师许春风和马拉尔，在他们的帮助下，在新加坡法庭上，杨训仪代船长和三副陆继书与美帝国主义分子展开了面对面的斗争，义正词严地驳斥对方的证据。与此同时，护船的"海玄"号船员们也在爱国侨胞的配合下，粉碎了美帝方面多次劫船的企图。

1950年3月28日，新加坡高等法院再次开庭，首席法官摩雷安斯莱庄严宣读判决书："'海玄'轮是英国政府所承认的中国政府的资产。'海玄'轮全体员工都代表中国而保护'海玄'轮。美国不得在新加坡起诉。其一切起诉都必须撤销。同时，美国政府还必须负担这一切诉讼的8 000元的费用。"

1997年8月在纽约，原"海玄"轮杨训仪代船长（左侧）与退休的COSCO副总经理兼总工程师卓东明合影，当年卓老担任广州和香港两地招商局之间联络员，参加起义工作

隔天,《南侨日报》发表社论《"海玄"轮胜诉》,新加坡爱国华侨沸腾起来,欢呼新中国海员胜利了。这也是新中国初期首次完胜美国政府长臂管辖诉讼的历史,其法律应诉过程值得深思。

"海玄"轮胜诉后的护船斗争更为艰巨,面临台湾当局的虎视眈眈,杨训仪代船长要香港招商局尽快派船长来领导护船工作。于是在1950年5月,前"登禹"轮船长沈达才受香港招商局委派,任停泊在新加坡的"海玄"轮船长,携带上海招商局军事总代表于眉以《人(一)任字第247号招商局职员动态通知书》,并率相关船员赴新加坡准备将海玄轮驶回新中国。紧接着在1950年11月,招商局军代表董华民派顾文彬携带着"海玄"轮的《中华人民共和国船籍证书》前往新加坡,以确定"海玄"轮的所有权,并设法"海玄"轮驶回祖国或开往印度港口。顾文彬就以"海皇"轮的船员身份秘密到达新加坡,他首先与"海玄"轮沈达才船长取得联系,了解"海玄"轮的开航条件及船员的思想情况,传达了香港招商局的意图,护船的沈达才船长向顾文彬表示,新加坡当局不供给"海玄"轮燃油,船上存油不够驶回最近的海南岛港口,即使驶往印度也存在同样的航程困难。而且,驻新加坡的美国总领事馆败诉后恼羞成怒,放言如"海玄"轮驶出新加坡海域,即派海空军拦劫。顾文彬向香港招商局作了汇报:受条件限制,"海玄"轮驶离新加坡的计划难以实现。由于美政府、台当局的阻挠,国际形势的复杂多变,"海玄"轮在当时只能滞留新加坡。几年后,满载工业用盐的"海玄"轮船壳渐渐锈蚀漏水,1955年年初,沈达才率去新加坡时的原班船员返回祖国。

1955年6月,香港招商局将"海玄"轮在新加坡拍卖。"海玄"轮上的最后一批船员,随即分别回到广州和上海。沈达才船长和吴厚喜大厨等十几人回到上海后,8月参加交通部在原上海海员医院(东长治路505号)举办的海员训练班。

沈达才,1924年就读吴淞水产专科学校,新加坡归队后,任上海海

招商局船员起义纪念证章(由原"海玄"轮船员吴厚喜的长子提供)

运局"和平四号""建设九号"船长,1962年7月退休。孙厚喜,这位招商局老海员曾有过被海盗抢劫,触礁跳海逃生等不堪经历。在海员训练班结业后,一直在上海海运局的"中兴八号""和平十九号""战斗七十一号"等船上稳定工作直到退休。杨训仪,1945年毕业于重庆交通大学航海科,在新加坡以大副/代船长之职为"海玄"号起义和护船作出贡献,退休前任广州船舶检验处副处长、高级工程师。

古语道:创业易,守业难。"海玄"轮船员们在远离祖国的他乡,守船护产整整5年有余,面对长期的艰辛困苦的局面,不是外人所能想象的,所以,对待那些远走他乡的船员应给予应有的尊重,对于回到祖国的船员要致以崇高的敬意。

从香港明华到招商局轮船——百年老店浴火重生

香港招商局从1950年起,近30年没有经营自己的船队,令人欣慰的是1980年1月8日,在香港的招商局船务部改组为香港明华船务有限公司(简称香港明华),承接起百年老店招商局轮船的金字招牌,以一艘从广州远洋运输公司调拨来的"临江"轮,开始重建招商局船队。当年招商局常务副董事长袁庚从穗港地区繁荣经济建设和加强中外贸易的实际出发,认为迫切需要开辟广州至香港的集装箱运输航线,两地企业界呼声很高。中国的内河航权不能容许外国轮船介入。既然中国远洋运输总公司(简称中远)出面经营该航线有难处,招商局却可以一试,顺应形势需要,把自己的船队建设起来。白手起家的最简易的办法是利用旧船改造。招商局袁庚常务副董事长把借船建队的重任交给了从广州远洋运输公司(简称广远)调来招商局主要负责航运业务的郭玉骏副总经理。经过郭副总经理努力,借调来的"临江"散杂货轮进入招商局香港友联船厂,在招商局机务总管杜永成现场协助下,进行了可以一次性装载100个国际标准集装箱(TEU)的改造工程。

1979年6月9日,39名热情高涨船员在船长王洪福的率领下,驾驶改造后的"临江"轮启航前往广州黄埔港。这是穗港之间具有开拓性意义的首创集装箱运输,在香港引起了舆论重视。《大公报》《文汇报》《新晚报》和英文《南华早报》等都以显著的版面刊登了"临江"轮首航的照片和新闻报道。同年8月16日,"临江"轮满载122个标准集装箱空箱从香港出发首航青岛。十天

改造后的"临江"轮,由民主德国沃尔格斯特造船厂建造,1971年6月竣工出厂,船长110米,船宽19米,载重6 700吨,吃水6.5米,航速每小时13.5海里。1978年8月,广州远洋运输公司购买了"临江"轮并派遣海员到荷兰鹿特丹港接船,营运于日本至中国华北各港

后,"临江"轮载运45个标准集装箱重箱和608吨散杂货回到香港,标志着香港至青岛的集装箱航线启用,开创了青岛港集装箱航运的历史。紧接着在11月1日,"临江"轮装载集装箱空箱从香港首航上海,由上海承运我国首次出口到美国的中国庭院——"明轩"——并由中国香港转运至美国,标志着香港至上海的集装箱航线启用。

1981年4月24日,香港明华董事会选任张敬华为副董事长兼总经理。从这天开始,张敬华就把自己的下半辈子都献给了招商航运,开启了人生的新航程。1988年,香港明华船队囊括了中国第一艘超大型散货船"惠砂"轮(274 326载重吨)、第一艘超级油轮"凯达"轮(390 038载重吨)、第一艘最大的成品油轮"Stellaris"号(89 636载重吨)。

2004年12月,招商局能源运输股份有限公司(简称"招商轮船")成立。2019年8月,30.8万吨超大型智能原油船"新海辽"轮交付使用,招商轮船将新船命名为"新海辽",以纪念"海辽"轮起义70周年。其总部已设在上海浦东新区,不仅再创昔日轮船招商局的辉煌,势必会在世界航运史上成为他人无可比拟的超级航运企业。经过四十年发展,从香港明华到现在的招商轮船,从一艘小小的远洋轮、几十名船员,到现在的世界第二大船东和六千名船岸员工,招商轮船正全力推进具有核心竞争力的世界一流航运企业建设。招商航运事业的蓬勃发展，其中也倾注张敬华的毕生心血，倾注了像张敬华一样奋发图强的老一辈招商人辛勤和汗水，也寄托了无数招商航运人的海之梦。另一方面，张敬华的成功印证了轮机长出身的海员也能独当一面，从无到有，创立起一家超大型航运企业。

进入21世纪初，招商轮船开始向船舶高科技智能化、节能减排、赋能绿色使命进军。2018年11月28日，全球首艘智能超大型矿砂船

香港明华船务有限公司原董事长张敬华，上海青浦人，轮机长出身的他先后在南斯拉夫、德国、日本等地工作，曾出色地完成了七艘新船监造任务

（Very Large Ore Carrier, VLOC）"明远"（Pacific Vision）轮顺利下水，该船获得"DNVGL"和"CCS"双重智能船符号，标志着招商轮船开启"智能航运"新时代。仅半年之后，订购制造的全球首艘智能VLCC"凯征"（New Journey）轮于2019年6月22日起锚远航，开启全球超大型油轮智能航运新篇章。同年11月13日，全球首艘安装风帆装置的VLCC招商轮船第48艘超大型油轮"凯力"（New Vitality）轮扬帆启航。作为船东和项目主要参研单位，积极推广应用新材料、新工艺、新技术和新设备，保障绿色、智能等新技术研究和应用，将VLCC实船作为风帆技术应用示范船，并为项目研发提供了许多可行方案和思路，但愿招商轮船成为今后中国航海大数据时代的先行者。

目前招商轮船拥有世界一流的VLCC和VLOC船队，亚洲区域领先的集装箱船队、国内领先的液化天然气（Liquefied Natural Gas, LNG）和滚装船队。截至2022年9月底，经营管理的船舶共计322艘（含订单），4 415万载重吨，运力规模在全球非金融船东中排名第二，招商轮船油轮规模位居世界第二（2022年5月），尤其是VLCC数量。招商轮船散货船队规模世界第五（2022年5月）。集运运营船队32艘，运力3.7万TEU，全球排名30。招商轮船盈利能力不断增强，净利润从2012年的9 107万元增长到2021年的36.59亿元。

秉承招商局航运的百年基业，并以轮船招商局创始年份1872铸入其股票代码，寓意传承百年航运基业的新起点。招商轮船是招商局旗下专业从事海上运输的航运企业。公司经营和管理着中国历史最悠久、最具经验的远洋油轮船队，是大中华地区领先的VLCC船队经营者，也是国内输入液化天然气运

输项目的主要参与者,拥有世界一流的VLCC和VLOC船队,国内领先的LNG和滚装船队。经过多年发展,招商轮船形成了"油、散+气、车、集、管、网"全业态的"2+N"业务格局,主营业务涵盖油品运输、干散货运输、气体运输、滚装运输和集装箱运输。

从台湾招商局到阳明海运

上海解放前夕,招商局所属船舶,凡性能设备较好的大多被劫往台湾,未及撤走的江海旧轮仅18艘、3.6万余吨。而撤迁到台湾的有95艘、24.6万总吨。

随行的上海轮船公司及航业人才、技术与船舶,可是一批巨大的财富,台湾当局拥有了这批财富,为台湾海运事业播下种子,尤其是一批专业人士均在台湾航运机构、商船公司和港口等担任要职,孵化出如今的台湾的航运业今日的盛况。其中,上海的国营轮船招商局和中国油轮股份公司,以及当时中国最大的民营航运企业——复兴航运股份有限公司撤退台湾,不仅为台湾航运业打下夯实基础,也为偏隅一方的海岛型台湾当局的生存起到至关重要的作用,还是台湾在六七十年代经济起飞的主要动力,也繁衍出位于世界十大航运公司之列的长荣海运和阳明海运。

当年撤退到台湾去的招商局同样命运坎坷。尽管原招商局船只总吨位的86%、全局员工人数的1/3撤退到了台湾,可是到1950年年底,台湾招商局的船只,就因被征应差而遭击沉、航行失事、被行政当局拨充台湾航业公司、售予台湾银行抵债、被台军事主管部门拨充工事、移拨海军长期使用、退还美债船只及售予外部等,船只大量减少计58艘,共17万载重吨。与鼎盛时期招商局在大陆时拥有448艘、40余万载重吨的船队相比,相差甚远。

1951年2月,为增强台湾招商局的实力,台湾地区行政主管部门将已撤台的中国油轮公司划归并入招商局,但台湾招商局的发展仍是举步维艰,一方面是市场空间小,经营恶化,另一方面台军方对招商局的频繁征用。1956年,台湾招商局重新开始新船的建造业务,但因航运市场萎靡,台湾招商局逐步陷入财务困境。1963年,台湾交通主管部门开始整顿、重组台湾招商局,向台湾招商局增资6亿新台币,并任命交通部门有关负责人张寿贤为董事长。经整顿,台湾招商局经营状况渐佳,到1970年年底,台湾招商局船队拥有船舶21艘,载重49.6万吨,阵容重新庞大,并在1971年盈利1.07亿新台币。

第十章 "南船北归"——轮船商招局历史

　　五六十年代由于海峡两岸完全隔绝的状态,两岸之间的一切经贸关系随之中断,两地招商局也就此天各一方,走上相对独立的发展道路。1956年,在香港的招商局开始恢复船务业务,成立了船务部。1972年12月28日,由于中华人民共和国取代台湾当局的联合国席位,台湾当局为了防止台湾招商局轮船旗下所有资产被中华人民共和国接收,招商局轮船转投资成立阳明海运股份有限公司,成立时资本额为新台币1亿元,第一代总部设于台北市怀宁街53号4至6楼。招商局轮船以及绝大多数部门被转移至阳明海运,原台湾招商局逐渐只剩管理处。台湾招商局改换阳明海运招牌时,已是台湾最大的航业公司,其船队拥有远洋船只21艘,近30万总吨。1994年6月,台湾当

上图为1949年撤退台湾的招商局"海通"轮,下图是台湾招商局28 000吨油轮

局核准招商局并入阳明海运,并于1995年3月正式完成合并,从此在台湾的招商局不复存在。

回想那时的招商局,是中国的第一个现代化企业、第一家轮船公司、载送第一批留学生,曾经缔造了许多中国第一。1949年,招商局运送120万两黄金撤台,这批黄金后来在稳定台湾当局的财政金融上发挥极大的作用,为台湾的发展和经济起飞打底。然而,其依然难逃百年老店凋零的命运,默默地走进历史之中。

此后,继承台湾招商局船队的阳明海运股份有限公司成立于1972年12月28日。截至2023年,阳明海运拥有94艘营运船舶,承运能量高达805万载重吨/71.5万TEU,船队以货柜船为主。在权威的法国的航运咨询机构Alphaliner集装箱船队运力排名中,阳明海运排名第九。

第十一章
香港招商局及船队起义

抗战胜利后，招商局在国民政府的大力扶持下，接收敌伪财产，购买美国、加拿大船舶，修复和新造码头仓库，恢复和新辟航线，开辟新业务，又恢复为一个庞大的国营企业。解放战争爆发后，招商局被迫参与繁重的军事运输任务，其主要运力几乎都用于承运国民党军队和美国政府援助国民党打内战的军用物资，正常的经营被打断，结束了短暂的辉煌，业务发展走向衰落。

在人民解放军渡江之前，蒋介石为了保存一己实力，指望日后可以卷土重来，于是使用招商局的船只，把残余的国民党军队运载至台湾及沿海岛屿。

1949年2月10日，招商局轮船股份有限公司向港英政府办理了注册并领了营业执照（即香港招商局）。

第二天，蒋介石接见招商局董事长俞飞鹏，事后在其日记中记载道："见乔峰（俞飞鹏）协议招商局事，以今后根据地在沿海各省，故海上交通之船舰比之铁路更为重要。"由此可见，随着战事的发展，蒋介石已经将战线往沿海地区转移，招商局迁台之事已进入国民党为在台湾生存之战略考量。

3月，刘鸿生辞去招商局董事长。3月12日，徐学禹被聘为董事长，胡时渊为总经理。与此同时国民党指令招商局拆分为三个部分，分拆成台湾、香港和上海三处。由董事长徐学禹、副总经理韦焕章带一批人到台湾，将原来的台湾招商局改为台湾招商局总管理处，又把万吨自由轮等较大吨位的船舶全都集中到基隆港。由俞大纲、曹省之率领一批人在广州成立华南招商局总管理处，加强控制华南地区及香港的所有分局，并接受台湾指挥。将上海招商局总公司改称为上海分公司，由总经理胡时渊、副总经理黄慕宗等留守人员成立上海招商局应变工作小组，要求"在总经理仍能行使职权时，总公司一切有关事宜仍归上海分公司办理"。

胡时渊、黄慕宗等留守人员依国民党的指示，配合上述政策，把若干船只撤往台湾,并将载运国民党军队和物资的船只开往台湾,此外又把一些仍在海外的船舶尽量集中于香港等候命令。总计撤退到台湾地区的轮船共有125艘,多达35.6万吨(含其他船公司)。当中,属于招商局的轮船95艘,占了26万吨,其中海轮(尤其是白由轮、大湖型轮、格莱型轮等性能较佳之巨型船舶)80艘,占原有海轮总数的81%,共计22.4万余吨,占原有海轮总吨位的86%。撤往台湾的人员总数为5 356人,大约占当时全局员工人数的1/3。而集中在香港地区的轮船有72艘,计有3.6万吨。

4月9日,行政院院长何应钦又把徐学禹召到南京。责成他把招商局轮船连同船员家属迅速撤往台湾。

4月13日,招商局"中102"登陆艇配合国民党伞兵三团在海上起义,拉开了招商局海员工人摆脱国民党统治的斗争序幕。

早在2月份,蒋介石预感到行将垮台的命运,一面布置汤恩伯死守上海,一面命令伞兵部队撤到福建、台湾,并准备调伞兵三团一营作为自己的警卫部队。但是在伞兵三团驻防南京时,团长刘农畯就已经和国民党陆军大学同学、中共地下党员段伯宇建立了秘密联系,并开始了伞兵三团的起义发动工作。

13日那晚,满载2 500多名国民党伞兵的招商局"中102"登陆舰驶出长江口,奉命开往福州途中,当船驶出吴淞口后,团长刘农畯召开军官会议,宣布起义,北上青岛。伞兵宣布起义得到船员们的支持,决定配合伞兵行动,船长

"中102"原是招商局购买的美国坦克登陆舰之一,长97.8米,宽15.2米,1 800马力,3 326.64总吨,航速每小时10海里,起义后成为新中国初期海军使用的主力舰,改名为"太行山"

176

林祥虬率领"中102"舰全体船员,积极配合国民党伞兵三团举义旗,成功抵达解放区连云港。"中102"登陆舰的成功起义,为此后招商局一系列海轮起义起到了先锋作用。

4月23日,中国人民解放军解放南京,招商局总公司开始随国民党军队、机关一起迁往台湾。4月30日,招商局决定在台湾成立招商局总管理处,并制订了《成立总管理处后本公司业务处理暂行办法》。上海总局改称上海分公司,沈仲毅兼任该分公司经理。

6月1日,招商局总管理处在台北正式成立,它成了台湾招商局的总部机构。

11月9日,停留在香港的"中央"航空公司、中国航空公司在中国共产党领导下驾机起义。五天后,国民党驻香港的资源委员会也宣布起义。

蒋家父子搭"江静"轮离沪

1949年5月5日,身在上海复兴岛的蒋介石认为坐商船好过乘"泰康"舰离沪(他是4月26日由"泰康"舰抵达黄浦江边复兴岛),于是其子蒋经国冒着大雨到轮船招商局,征用了"江静"号轮船。新婚后才三天的"江静"轮船长徐品富被叫到招商局,董事长徐学禹在办公室外,神色严肃地嘱咐徐船长:"首要任务,是老先生的安全。第二,要服务好招待好。你是代表我们招商局的,

"江静"轮

不能出半点差错啊!"徐品富连连点头。接着徐学禹又压低嗓门说:"这次任务是送蒋总统离开上海到舟山。此事要绝对保密,只准你一人知道。如果泄了密,你要负绝对责任!"徐船长抬腕看看表,回家向妻子告别已经来不及,只得给妻子夫了个电话,言明任务紧急,一个星期左右回到上海。

5月6日清早,宁静的复兴岛畔,不断响起汽艇声。来回穿梭的汽艇,把大批的物品运上停泊在江心的"江静"轮。其中就连蒋介石睡觉的大铜床和所骑的大洋马,也运上了船。不言而喻,蒋介石要最后告别大上海了。

黄昏,在极度的神秘气氛中,站立在"江静"轮左舷的卫兵们顿时紧张起来,笔直地站立着,注视着一艘大型的交通艇徐徐地靠上了"江静"轮。在蒋经国陪同下,蒋介石带着贴身侍卫俞济时等人登上左舷梯,据船长徐品富回忆,蒋介石穿一身玄色长袍马褂、足蹬圆口轻便缎鞋,右手执"司的克"登上了轮船。紧随蒋介石之后的是蒋经国,还有蒋经国那混血之子蒋孝文。

徐品富第一次看到蒋介石本人,他觉得比照片上的人更瘦,高高的颧骨,深深下陷的眼窝似乎有些忧伤。而他身后的蒋经国,徐品富接触过几次,因为是同乡彼此很熟,两人又是同岁,由于陪同蒋介石,他只好冲徐品富点点头。

蒋介石登上"江静"轮,当晚就住在船长室。当徐品富出来拿走要用的东西时,顺便问蒋介石:"老先生,什么时候开船好?"

江面暮色苍茫,蒋介石叹了一口气:"这样子吧,等八时正叫徐学禹来。"

晚上住舱里,徐学禹向蒋介石介绍着徐品富。蒋介石没有作声,只是看了一眼徐船长,微微点头。当晚,蒋经国住在头等客房,徐船长只能到二副的住舱里权且过了一夜。当他离开寝室时,又询问蒋介石何时开船为好,"到舟山需要多少时间?"蒋介石沉思片刻后,吩咐徐品富:"最好是天要亮未亮时开船,天要黑未黑时到舟山。"但等到隔天清晨才离港开往舟山群岛。

这天晚上蒋介石在船上写下的日记,称"旧的创痕还未愈,新的创痕又深了"。他还写道:"我眼看到中华民族的危亡,怎能不挥泪前进?前进的一条路谁都知道是困难的,但是不必害怕……我们今天要前进!莫退,莫退,前进!"

翌日凌晨,徐品富完全按照蒋介石的吩咐办,"江静"轮在"泰康"舰的护航下,徐徐驶向吴淞口,从此以后,蒋介石再也没有踏上上海的土地。

傍晚时分,该轮靠上舟山码头。在蒋介石随船视察舟山群岛部队期间,经普陀,还特意带蒋经国登上普陀山,专访普济寺。面对寺内供奉的果如和尚塑像焚香祷拜。果如和尚是溪口雪窦寺主持,蒋母王太夫人皈依佛教,即拜其为师。蒋介石幼年亦常在果如和尚面前聆听教诲。蒋介石嘱咐普济寺主持将果如和尚的塑像、生前照片及遗墨好生保存,期望来年能再来祭拜。当时蒋很重视舟山群岛,舟山的任务是作为上海撤退的中间站。陈诚秉持蒋的意旨,不断坚持加强舟山防御工事。

蒋介石到了舟山不久,5月10日,国民党特务头子毛森召集航运界上层人物,在国民党上海警备司令部举行紧急会议,威胁他们必须把所有船只南撤香港或台湾。而5月14日,在毛泽东的部署下,中国人民解放军已完成对上海的三面包围。

5月16日下午,蒋经国走来对心事重重的船长道:"老先生坐你的船很满意,今晚略备饭菜务请光临。"当晚,徐品富怀着惴惴不安的心情与轮机长走进了餐厅,看到了上船后一直异常阴沉的蒋介石脸上略略露出些平和的笑意。

蒋氏坐首席,蒋经国和船长互为左右,团团围桌,蒋介石满口赞赏船长驾船"蛮好,蛮好!"但是整个气氛还是显得有些低沉。

饭后,蒋经国又告知船长:"老先生要坐你的船到台湾去。"徐品富猝不及防,心头一震,急言道:"'江静'轮已到保修期务需检修,我一直行上海—宁波航线,对台湾和福建的航线不熟悉……"蒋经国听此推托颇为不悦道:"修船推迟无妨,'泰康'舰打头领航,'江静'轮跟着就是了。"

其实,16日这天,蒋氏父子已获情报,得知解放军已解放上海郊区:上海市区岌岌可危,浙江岛屿也岌岌可危,三野22军又于16日师出杭州。蒋介石没想到汤恩伯如此不堪一击,不得不突然决定由台湾速派飞机三架,改乘"美龄号"专机去台。

次日,彻夜未眠的船长忽听飞机声轰鸣,急忙用望远镜观察,看到三架巨型运输机飞向岱山机场,其中一架便是蒋氏专用座机"美龄"号,猜知蒋氏要坐飞机去台湾了。午饭后蒋介石还与船员一起在救生艇旁照相,下午,蒋介石果然离开了"江静"号轮船,临行之前,蒋经国曾对徐品富说:你告诉招商局,"江静"轮留在这里,等待命令。

这天,蒋介石登上了美龄号飞往马公岛。至此,愁肠百结的徐富品船长绷紧的神经总算放松,悄悄地放下救生艇赶紧跑回上海去见新婚娘子——越剧艳后金香琴。

话说金香琴,可是当年上海和宁波越剧红伶。徐品富和宁波的天然舞台的老板朱仁夫私交不错,戏院要去上海等地购置服装,就经常和徐船长商量,搭个便船。船靠岸了,船里的人要看戏,朱老板总安排好座位,备好零食,使他们满意。有一天,朱老板来和金香琴商量,说:"'江静'轮的徐船长和几位船工要来你家坐坐,可以吗?"金香琴一般不与客人往来,但老板讲了,总得给面子,就答应了。

徐品富见了金香琴之后,就喜欢上了,自己又爱看戏。两人一来二去就好上了。时值全国解放,蒋介石和蒋经国要徐品富的"江静"轮作蒋家逃台专轮,曾对徐说:"品富,你同我们一起去台湾。"他拒绝了。可见金香琴的魅力之大,《申报》刊登的演出广告曾冠以"越剧艳后金香琴"的称号。

徐品富后来当了上海海运局"民生3号"客轮船长。多年后,"江静"轮在台湾被拆解。

蒋介石离开"江静"轮后的5月19日,招商局另一艘"汉民轮"满载着黄金,漏夜急驶到基隆港。

一周后,5月24日,传来使蒋介石沮丧的消息:红旗插上了奉化县城,红旗飘扬在溪口!三日后,5月27日,上海外滩那座横跨于苏州河上的外白渡桥已有解放军士兵站岗,桥墩旁的上海大厦顶层旗杆已换红旗。

"江静"轮原为1939年日本神户制钢播磨造船厂为"东亚海运株式会社"建造的客货轮"宁波丸",长102.4米,宽15.3米,型深4.7米,排水量3 364吨,马力2 500匹,航速18节。抗战胜利后,经招商局改造后,该船可载旅客2 250余人,设有特等餐厅、休息室等,是上海招商局六大新型客轮之一

"海辽"号起义,上海招商局护产

在人民革命战争胜利形势的鼓舞和中共地下组织的教育、影响下,在上海的招商局总经理胡时渊、副总经理黄慕宗、总船长马家骏等招商局领导成员决心留在上海,抵制搬迁台湾。在他们的示范和带动下,招商局各总分支机构共有2/3的员工约9 300多人憧憬新中国,坚守岗位,想方设法积极做好护产工作,以实际行动迎接解放。其实,胡时渊已与中共地下组织有来往。

1948年11月底的香港思豪酒店,香港《文汇报》常务董事兼总经理张雅琴与胡时渊进行了长时间交谈,胡氏表示自己对将来去向还没未决定,张雅琴却诚恳地劝胡氏留沪,做好招商局护产反撤退工作。

胡张两人会见的搭桥人是当时的招商局客运部经理俞大纲,此人是国民政府交通部部长俞鹏飞的弟弟,又是共产党天津市市长黄敬(原名俞启威)的叔叔。平时与胡时渊相处不错,因此介绍两人相见。

据胡氏自己的回忆,他是在1948年11月开始进行护产工作,在他与招商局其他员工相互配合下,不顾台湾方面的压力,最终为上海保留了九艘"江"字号江轮,六艘1 000吨的油轮,这些船舶都是1949年后长江运输的主力船队。其后,胡时渊积极配合军代表和香港中共地下组织,领导和组织香港招商局起义的任务。1950年2月辞去招商局总经理职务,于1994年3月26日在上海病逝,享年90岁,生前担任上海海运局顾问。

1949年5月27日,上海解放,上海市军事管制委员会进驻招商局上海总公司。隔天,军管会任命于眉为驻招商局军事代表(后为军事总代表),邓寅冬为副代表,董华民等6人为助理代表,对招商局总公司执行军事监督及办理接管事宜。一直和共产党地下党组织保持联系的招商局总经理胡时渊立即发布《总经理通知》,号召各部门、各单位和全体留守上海的员工积极配合接管工作。各地获得解放的分支机构的负责人和员工也以高度的热情完成各项交接事宜。

中国人民解放军各地军管会根据《中共中央关于接收官僚资本企业的指示》,在保持原有各种组织、内设机构及各项规章制度的前提下,对招商局总分支机构的资产进行清理、登记,并在下设的部门派遣代表,组织原有人员去管理和经营,保障各项业务照旧开展。

6月1日,招商局总管理处(以下简称台湾招商局)在台北正式成立。总管理处设总经理一人,副总经理三人,由韦焕章代总经理,俞大纲、陈德坤和曹省之代副总经理。

6月5日,上海市军管会举行接管招商局上海总公司交接仪式。这标志着历经两个时代的招商局回到了新中国的怀抱。从此,招商局的历史翻开了崭新的一页。

至此,招商局上海总公司和招商局台湾总管理处已成为招商局的两个权力中心,隔海相望。然而,香港招商局与新中国虽然近在咫尺,但是处在港英政府管制下的特殊历史环境,何去何从,对香港招商局全体同仁都是人生重大的历史选择。

与此同时,海峡两岸也展开香港招商局归属争夺战。对于香港招商局,中共地下组织早就着手对其展开起义的策动工作。

这时的香港招商局,已是台湾招商局总管理处除海外的日本分局外唯一可以控制的分支机构,台湾招商局自然是力图维持。国民党和台湾招商局总管理处害怕香港招商局也重演起义,不敢怠慢,采取多方措施力图避免出现类似的事件。国民党派出已经调离香港招商局的曹省之、俞大纲赴香港,利用同乡、同学、朋友和熟人等关系,对香港招商局的上层职员和一般员工进行威胁利诱。台湾招商局总管理处决定再派船务处处长王鹤、基隆港港务长唐桐荪前来香港,企图直接掌控香港招商局。

中共方面,香港工委根据中央指示,早对国民党政府驻港企事业单位,包括香港招商局,开展统战工作。由于中共中央在香港建立的对外贸易机构——华润公司,与香港招商局有着业务往来。香港工委决定,华润公司参与策反招商局在港船只的联络。香港工委副书记潘汉年找到华润公司总经理杨琳(即秦邦礼),通过华润公司下属的"东方"轮船长刘双恩相机策反。刘双恩首先选择"海辽"号轮。缘于"海辽"号是国民党招商局的大海轮,船长方枕流,33岁,抗战后期,刘双恩在"峡光"轮任船长时,方枕流任大副。两人关系密切,刘双恩曾多次送进步书籍给方枕流看,双方一直保持密切联系。

1949年6月,"东方"号轮和"海辽"号停泊香港,刘双恩趁机与方枕流长谈。刘双恩首先向方枕流通报了招商局"中102"登陆艇配合国民党嫡系第三伞兵团在海上起义后,驶抵连云港解放区。毛泽东和朱德嘉勉刘农畯团长和全体起义伞兵复电,祝贺他们脱离国民党反动集团、加入人民解放军的英勇举动。听到这个消息,方枕流非常兴奋,决心效法"中102"登陆舰率船起义,早日脱离国民党的控制。

第十一章 香港招商局及船队起义

当年"海辽"号起义骨干成员.船长方枕流、大副席凤仪、二副鱼瑞麟和报务主任马骏

9月5日,"海辽"轮在海南岛榆林港驶返广州黄埔港途中,以加油为由停泊香港。方枕流船长与刘双恩会商,他提出的起义设想获得了党组织的同意,离港前,方、刘两人对起义工作作了详细的策划和应急方案。

9月19日下午6时,备足燃料、饮水、伙食物品的3 000吨"海辽"轮不用引水,在秋日的暮色中的香港维多利亚海湾起锚开航,夜幕渐渐低垂,船锚缓缓升起,"海辽"轮在没有通知港务局的情况下,晚上8点,"海辽"轮驶近香港鲤鱼门航道出口。港口管理当局设置的前方信号台发出耀眼的盘查灯光信号,询问"海辽"轮的船名和去向。

按照惯例,"海辽"轮需要答复自己的船名和去向。此时如果稍有差错,"海辽"轮将被立即截拦,方枕流丝毫没有慌乱。他走上船台,一边故意用手电筒代替信号灯,发出混乱的灯语应答对方,同时命令轮船开足马力向前进发。两次船方的信号回复让信号台人员感觉一头雾水的时候,"海辽"轮早已驶过鲤鱼门,进入了茫茫的海洋,并转向往北开去。

当"海辽"号驶抵菲律宾海峡的转向点横栏灯塔时,方枕流船长当即下令:"转舵! 113度。""海辽"号驶向巴林塘海峡,随即方船长召开船员大会宣布全船起义。

"海辽"轮更改航线是为了避开国民党海军把守的台湾海峡,改由菲律宾的巴林塘海峡调头北上,绕道太平洋迂回航行,然后航经朝鲜西海岸海域,直插大连港。

为了安全起见,方枕流和水手们连夜将轮船的外观重新涂刷,伪装成外形相似的英国货轮,以骗过其他船只的盘查,并躲过国民党飞机、军舰的侦察,船舱里，报务员则连续几日发出"海辽"轮行驶途中遭遇故障的电报，借此打消岸上的疑虑，争取宝贵的航行时间。直到国民党当局发觉不对劲，派出飞机、船只追赶时，已然来不及了。

船员们冒着生命危险，冲破海上的重重封锁，历经9天9夜，终于在9月28日到达解放区的大连港。在驶抵港口时，"海辽"轮受到当地人民的热烈欢迎。

"海辽"轮成功起义，船员极其兴奋和激动。在中华人民共和国成立前夕，方枕流船长代表全体起义船员，把他们在航程中精心制作、象征毛主席是"新中国的舵手"和"人民的大救星"的"海辽"轮舵盘及救生圈模型，交给旅大区党委转呈毛泽东主席，以表达他们对毛主席的敬意和回到解放区的无限喜悦。

10月24日，毛泽东主席以电报的方式嘉勉方枕流船长及全体起义船员："庆贺你们在海上起义，并将'海辽'轮驶达东北港口的成功。你们为着人民国家的利益，团结一致，战胜困难，脱离反动派而站在人民方面。"

"海辽"轮是第一艘在海外宣告起义的招商局轮船，它揭开了香港招商局系列起义的序幕。"海辽"轮在回到大连后改名为"东方1号"，在1953年又改名为"和平8号"，它加入北洋航线运输，为新中国成立初期的战略物资运输做出了突出的贡献。为纪念"海辽"轮的起义壮举，新中国发行的第二套人民币

"海辽"轮，建造于美国马尼托沃克。长79.6米，宽17.4米，1 500马力，2 677总吨，航速每小时8海里

五分钱纸币印上了"海辽"轮图案,中华人民共和国大事记交通类将其列入第一页。

"海辽"号的起义后,徐学禹对陈天骏已有所怀疑,曾密函正在香港逗留的招商局华南管理

第二套人民币五分纸币上的"海辽"轮图案

处副经理俞大纲,大意谓:"'海辽'轮投共,陈天骏有嫌,应严密注意。"幸俞大纲复函代陈天骏辩解,徐学禹没有继续追查。未久,徐学禹抵香港,虽然不疑陈天骏,但仍对到达香港的各轮深具戒心。其实徐学禹自己在1948年3月时已与上海的中共地下组织有联系,新闻学家、沪报业闻人徐铸成日记中记载:

> 翌日,我们约在四川南路一僻静之西餐馆见面。我自我介绍,为一无党派之报人,一切为爱国出发。徐学禹先生连声说:"久仰、久仰。"然而他坦然说:"要我公开转向,其势办不到,也于事无补,有一消极办法,到必要时,我可将招商船只,尽量调往香港。如此,可利于下一步骤。"

当时,徐铸成经常与他称之为小K的潘汉年见面,徐学禹也是被中共关注的对象,而且他与潘汉年是上海淮海中路1350弄愉园的邻居,徐住愉园7号,潘住5号,低头不见抬头见,两人彼此应为相识,有何来往,已无从考证。从上述的密函俞大纲,后来的徐氏放手让汤传篪、陈天骏等人全面掌控香港招商局一事来说,徐学禹兑现了其对徐铸成的承诺,他对中国的航运事业是有贡献的。

海峡两岸争夺香港招商局

对于台湾招商局力图维持并加以控制的香港招商局,中共地下组织早就着手对其展开起义的策动工作。其分成两个阶段,前一阶段是由中国共产党香港工作委员会(简称中共香港工委)领导的策反工作,具体实施时间是从1948年到1950年1月15日香港招商局宣布起义。后一阶段是起义后的13艘

轮船回归广州的护产工作，具体实施时间是上海招商总局军代表董华民等人抵港后，直到1950年10月20日，最后一艘起义"登禹"轮从香港开抵广州。

当时，香港政治环境复杂，大批国民党特务因战败涌到香港。中共华南分局香港工委、华东分局工委、中共中央有关部门和香港海员工会都在利用各自独立的组织系统秘密策动。连贯、朱学范、饶晓风、吴荻舟、陈明、刘若明、米国钧、朱叔和等中共地下组织人员与汤传篪、陈天骏、钱公铸、奚毓弟等香港招商局上层人员展开了极其艰苦的联络、策划工作。中共地下组织根据中央的要求，制订了策动香港招商局起义的方针：一、争取尽可能多的船舶同时起义，不要一条船接一条船地陆续起义；二、因为船长有司法权，先做船长的工作。对于策动招商局停泊在香港的轮船起义，香港中共地下组织要求分两方面进行：一方面做上层工作，一方面做船员的工作，以做各船船长工作为主。

策划招商局起义的香港中共地下组织负责人之一是吴荻舟，从其儿子的回忆文字可知：

> 1948年秋，香港工委副书记连贯告知他，1938年抗战时期，陈天骏是英国钢窗公司的经理，他通过琼崖纵队司令员冯白驹的叔叔认识连贯。陈天骏要求把他的两个儿子送到延安。据连贯说，陈天骏是留英学海军的。父亲告诉连贯："陈天骏现在任香港招商局总船长，也叫值埠船长，不出海，是所有船长的头，招商局所有船长都要听他调遣。我们一致认为要做他的工作，做好一个，带起一片。"连贯说："这人很聪明，他来港后找过我，但未见面，你就用我的名义约他试试吧。"于是，1949年春，父亲和这位总船长打了招呼，不过还是没约见面。父亲说，航运界很复杂，国民党特务多如牛毛，形势发展未到火候呢。

从上述吴荻舟儿子的回忆得以佐证，当年香港的地下工作，既要见缝插针，又要谨慎小心。

连贯回解放区后，就由吴荻舟以连贯的名义联系上招商局副总经理、总船长陈天骏，向他介绍和分析形势，通过他再动员各船船长。中共中央华东局派到香港的陈明、刘若明（苏世德）则负责做招商局经理汤传篪及机关工作人员的工作，据目前所知，当时香港中共地下组织策反招商局至少有五条线。吴荻舟曾说："第一条，米国钧，通到陈冠澄；第二条，华东线，通到汤传篪。第三条是我这一条线。第四条,后来听周鲁伯说,曾有一姓廖的同他来往。还有没有其他线? 就很难说了。"由于每条线工作都处于保密状态,现今都无法确切理清。

1949年8、9月间,吴荻舟与陈天骏研究策划船只起义,做好起义前的准备工作。此时,中共中央军事委员会派去香港工作的米国钧(化名高德华),在九龙弥登道偶遇朱叔和,米国钧知道朱叔和政治上可靠(其实也是香港中共地下组织成员),并且与招商局一些船员有密切关系。通过朱叔和认识了他的结拜兄弟"海康"轮业务主任顾文彬,再通过顾文彬认识了汤传篯。从此,米国钧就与汤、顾频繁接触,认真地做他俩的政治思想工作,不久,就策反了香港招商局经理汤传篯和顾文彬,希望汤尽可能把轮船集中到香港。后来,华南分局香港工委通过党的组织与米国钧建立了联系。于是吴荻舟与米国钧互相配合,参与了具体策划香港招商局的起义。

汤传篯、陈天骏、周鲁伯和顾文彬主要利用招商局各轮从东南亚等地区来香港停泊、卸货、装货、补给、修船等机会,做高层船员的工作。对一时不能来香港的船舶船员,能用通信联系的就用书信联系,争取在每条船上发展起义骨干。

与此同时吴荻舟共和香港海员工会主席张东荃商量以合法手段竭力把船留在香港,动员各船拒绝驶往国民党控制的港口。

除在香港的中共地下组织外,获得解放的招商局上海总公司更以自身特有的便利、直接发动香港招商局起义。

早在1949年6月,胡时渊和黄慕宗共同起早了一份通电,以招商总局名义发给各海轮,希望"海外的船只早日回归祖国,与亲人们团聚"。针对当时香港招商局许多人员对起义后的去向、前途有所疑虑,上海总公司请已归属新政府的招商局原上层人物现身说法。

到了8月,上海招商局的各项工作已逐渐恢复正常,逐步将工作重点转移到运输业务方面。这时,上海煤粮运输业务很重。招商局领导仅有的2万多吨旧船,担负不了如此繁重的运输任务。根据这种情况,于眉、胡时渊、黄慕宗商量派人去香港,策反和争取招商局轮船开往上海。黄慕宗认为自己与各船船长、轮机长都比较熟悉,愿意亲自去香港做工作。军代表于眉考虑到黄慕宗的安全问题,建议他找个可靠的人,代表他去香港。黄慕宗接受了于眉的建议,觉得陈邦达船长办事稳重,曾与陈天骏在船务处共事,又与许多船长是上海崇明同乡、朋友之谊,具有开展工作之便利。

9月初，船长陈邦达受招商局上海总公司的委托由上海乘火车到天津，转搭太古轮船公司的"嘉应"轮抵达香港。他给陈天骏和汤传箎带来了胡时渊、黄慕宗的亲笔信。胡时渊、黄慕宗指示香港招商局"克服困难，抓住时机起义"。为了让较多的招商局轮船在香港参与起义，陈邦达、陈天骏和汤传箎共同商定了准备起义的四条原则：一是表面上与台湾当局不分裂；二是找适当借口扣留来香港的船舶；三是维持南洋业务，尽量将船出租，以增加收入；四是对船员加紧宣传发动。

10月初，起义返回大连的"海辽"轮也发出通电，呼吁在海外航行的各轮"把船开回来，不要再迟疑了"。上海总公司和"海辽"轮通电所发出的期盼，透过电波，深入船员的内心深处。香港招商局还秘密鼓励停泊在台湾、华南沿海各港和航行东南亚等地船舶上的海员，寻找机会来香港起义。

在中国共产党的感召下，从1949年4月起，一艘艘招商局海轮在香港招商局经理汤传箎、副经理陈天骏的策应下，开始聚集在香港。此前，它们都经历了一段不平静的航程和辛酸、苦涩的故事。

4月底，定期客货班轮"林森"号从上海辗转来到香港，船长金知人和大副杨惟诚以修理船罗经为由抛锚香港，金知人船长响应时任招商局总船长的叔父金月石的号召，乘机离开"林森"轮，回到解放区去。而不少船员不愿再去运兵，申请加入香港海员工会，寻求帮助。6月初，华南招商局任命大副杨惟诚为"林森"轮船长，命令他驾船回广州运兵，但没有人愿意执行命令。台湾招商局命令停靠在香港的"民312"拖轮把"林森"轮拖到广州。"民312"轮在香港海员工会的支持下，坚决拒绝执行拖航令。陈天骏告诉杨惟诚等待秘密起义的消息，请他在香港抛锚等待。

5月，"民302"拖轮由上海拖货驳到香港。10月，"民302"轮遵照台湾招商局命令开往海南岛八所，出港到达垃圾尾岛时，被国民党便衣武装人员登船洗劫，船长谷源松为此十分气愤，经香港招商局同意后驾驶"民302"轮返回香港待命。

6月，"中106"艇以"尾缆绞盘需要到香港修"为名驶入香港，船长刘维英以安家费、预发半年工资、机器损坏等借口在汤传箎和香港海员工会的支持下留在香港。

7月中旬，台湾招商局总管理处电令船长王俊山驾驶的"教仁"轮驶往湛江运兵。7月29日，"教仁"轮在回航广州黄埔途中的伶仃洋水面触雷爆炸，造成主机尾轴轴承螺丝断裂，无法前行，只好拖回香港修理。天遂人意，王俊山和"教仁"轮的全体船员很幸运地留在了香港。

7月上旬,"蔡锷"轮获准解除兵差,装上2 000吨糖驶离高雄赴曼谷。随后,在曼谷卸完货,装上1 000多吨杂货驶往香港。8月初,"蔡锷"轮抵达香港,陈天骏就来做船长左文渊的工作。汤传篪也嘱咐左文渊:你们就停在这里,要保护好船,还要保密。

8月,"海康"轮驶离仰光,装载600吨麻袋开航台湾高雄港。"海康"轮不理会台湾招商局的急催电报,在途经新加坡时,船员自购了200吨木材,以船员家属在香港做饭需要为名,向香港开去,在9月下旬抵达香港。陈天骏立即通知船长朱聚奎:把"海康"轮留在香港,不开台湾。

8月至9月间,"海汉"轮奉命由高雄装800吨糖运到香港。船到香港,船长朱颂才即到香港招商局报到,向陈天骏表示要留在香港。

9月初,"登禹"轮离开台湾前往曼谷装米,在回航台湾的途中,因大部分船员反对开回台湾,船长沈达才即改变航向,于9月中旬抵达香港。

9月20日,"邓铿"轮离开香港,运货到汕头,卸货后装运国民党的败兵开往广州。由于这些官兵不肯离船,"邓铿"轮被逼送他们到北海,船上的食品被官兵一扫而光。船长罗秉球不顾台湾招商局的命令,将"邓铿"驶离北海,前往海南岛,于10月份直开到达了香港。罗秉球船长向香港招商局表示决不再去台湾,在香港抛锚。

11月,"鸿章"轮从台湾抵达香港,船员通过其他在香港停航的招商局船员获悉,香港招商局正在酝酿起义,他们按照香港招商局的通知,停航待命。

1950年1月,在中国香港至新加坡航线上行驶的客货班轮"海厦"轮在香港停航。船长和大副既不想回台湾,也不想参加起义,便相继辞职,香港招商局调决心参加起义的王俊山到"海厦"轮任船长。

在香港招商局实施尽可能多的船舶集中香港时,台湾招商局总管理处也动作多多,具体操作者是徐学禹。

当初台湾招商局设立招商局华南管理处,主任俞大纲、副主任曹省之,其办事机构设在香港招商局内,监管招商局华南各分支机构,随着福州、厦门、长沙、汕头、广州等华南机构的逐步解放,到1949年10月27日,解放军军管汕头分公司,华南管理处也就只有香港招商局一家机构可管,已无存在的意义。

1949年9月,由于董事长徐学禹对副经理汤传篪和陈天骏(兼职台北招商局总管理处运务部副经理和香港招商局驻埠船长)十分器重,徐学禹亲手交给汤传篪20万港元,让他和陈天骏放手经营香港招商局。为此,董事长徐学禹说服原经理陈冠澄辞职,改做顾问。

10月14日,台湾招商局总管理处任命汤传篯为香港招商局的代经理兼业务组主任,10月20日,陈冠澄与汤传篯办理了移交手续。不久,徐学禹又安排陈冠澄回台湾(后去台湾招商局日本东京分局任经理)。从此,汤传篯和陈天骏掌握了招商局的实际管理权。1949年11月,在董事长徐学禹的安排下,招商局华南管理处主任曹省之,副主任俞大纲、李平山等相继调任,华南管理处实质上被撤销。尤其是曹省之的离任,增强了香港招商局的独立性,为香港招商局系列起义减少了障碍。

然而,自1949年11月9日的两航驾机起义后,停泊香港的招商局船只就不再出港营运,台湾对香港招商局的起义意图已有所察觉,非常惊慌,反对起义的暗流涌动。台湾招商局通电给在外航行的各轮不准停靠香港。同时,不停地打电报催促停泊在香港的各轮开往台湾。已前来香港的台湾招商局船务处处长王鹤、基隆港港务长唐桐荪,企图制止起义。国民党控制的中华海员工会香港分会也四处活动,到处散布谣言,煽动船员到台湾去。国民党公开通缉胡时渊、黄慕宗和陈邦达。徐学禹从日本写信催陈天骏离开香港。但这一切均无济于事。台湾招商局眼看制止起义无望,当即断绝了对香港招商局的经济接济,向汤传篯和陈天骏施加压力。当时,停泊在香港的招商局船舶每艘船的月工资就需要港币1万元。在这极端困难的时候,根据中共地下组织的安排,香港招商局把招商局西环码头的一部分仓库出租给华东局设在香港的航运机构——运通公司,运通公司则预付租金给香港招商局。由此解决了船员工资和香港招商局陆地上的各种开支,渡过了财政困难。

11月18日,"成功"轮离开台湾,11月23日抵达曼谷。11月27日,船长徐汉卿顺应船员的强烈要求不回航台湾,在曼谷装了一些杂货开往香港。12月3日,"成功"轮驶进香港后,已先后有13艘海轮停留在香港,合共2.6万余载重吨,船员539人,形成了一支壮观的起义船队。留港船队的规模已经符合党组织发动起义的预期目标,香港招商局及招商局海轮起义的时机已经到来。

12月初,陈邦达船长赶回上海,向招商局上海总公司汇报了香港招商局筹备起义的进展情况。根据当时的紧急情况,中共党组织指示香港招商局,必须立即召集在香港的招商局各轮船长共商起义大计。陈天骏和汤传篯与中共地下组织协商后决定在香港中环的思豪酒店召开由各位船长出席的秘密会议。

1949年12月下旬,陈天骏悄悄地请王俊山和左文渊通知在港各位船长:

在12月29日上午,到思豪酒店聚餐。因陈天骏身兼香港招商局驻埠船长,请船长吃饭名正言顺,邀请发出后,没有引起外界的注意。12月29日上午,陈天骏、汤传篪和周鲁伯早早就迎候在酒店的大门处。"海厦"轮船长王俊山、"蔡锷"轮船长左文渊、"教仁"轮船长罗秉球、"鸿章"轮船长蔡良、"民302"轮船长谷源松、"民312"轮船长张事规、"海汉"轮船长朱颂才、"登禹"轮船长沈达才、"林森"轮船长杨惟诚、"中106"登陆艇船长金鸿兴、"成功"轮船长徐汉卿、"邓铿"轮船长刘维英、"海康"轮船长朱聚遐及前船长周鸿印等14位船长一一到达酒店。陈天骏、汤传篪和周鲁伯引领各位船长在香港思豪酒店的餐厅就座。大家聚集一堂,其乐融融。简单的午餐过后,陈天骏请大家到比较僻静的34号房,郑重地向大家宣布要召开一个简短的会议。陈天骏向各位船长宣读了一份台湾招商局总管理处的电文,大意是:英国政府可能要承认中共政权,在香港的船舶要速开台湾。随后,陈天骏放下电报,讲到"海辽"轮起义、"两航"飞机起义的历史重大事件,分析了国内形势,并宣读上海招商局总公司号召香港招商局和滞留在香港的招商局轮船起义回归新中国的电文,以此征询大家对起义的态度和决心。在会上,汤传篪向大家介绍了香港招商局的经济情况,希望大家同舟共济,渡过难关。大家一致表示拥护起义,决定"在任何环境下之下一致行动,不开往台湾,一面复电台湾招商局总管理处称各轮因燃料、淡水、伙食、物料、薪津及修理费无着落无法开航,另一面从当天起,与台湾当局断绝关系,留港招商局船队属于中华人民共和国财产,一切服从新中国领导"。

为了表示举行起义的决心,大家毫不犹豫在王俊山所做的会议记录纸上签名。"中106"登陆艇船长金鸿兴、原"海康"轮船长朱聚遐及"邓铿"轮船长刘维英因他们还有亲属在台湾,为防止国民党的迫害而不便签名,但表示坚决拥护起义。

1950年1月6日,英国宣布承认中华人民共和国,形势更加明朗。在北京,周恩来发布命令:令驻港原属国民党当局及地方行政的一切主管人员及全体员工,各守岗位,保护国家财产档案,听候接收。

英国的外交承认为香港招商局及13艘留港轮船起义排除了最大的障碍。同时,香港海员工会派人到各轮宣读周总理命令,保产命令使留港的招商局员工和船员备受鼓舞,起义热情更加高涨,决心响应周总理号召,保护国家财产。中共地下组织也在紧张地进行香港招商局轮船起义前的准备工作。思豪酒店会议后,汤传篪和陈天骏多次组织各船长共同研究起义部署。陈天骏请吴荻舟向上级党组织汇报了会议的情况,并请党组织决定起义的具体日期。

由于当时香港情况非常复杂,逃来香港的国民党军政人员过万人,单是军队已6 000—7 000人,虽然港英当局把他们缴了械,作为难民对待,并集中在调景岭,但是这些残兵败将随时可能制造事端、进行破坏和捣乱。为确保安全,保证起义成功,香港招商局组织了一支巡逻队,在办公大楼上设立监视哨,对码头、仓库等处采取了严密的防范措施。

华东财委香港工委的刘若明、陈明和吴荻舟在华南分局香港工委书记张铁生家开会,会上大家都认为趁形势一片大好,不能再等,必需抓紧开展实质性具体起义步骤。

1月10日,吴荻舟、刘若明、汤传篪、陈天骏等人在运通公司研究,并拟订了《起义宣言》、换旗和起义日期等事宜,决定上报中央。

1月11日,香港招商局作了人事调整,宣布由汤传篪、陈天骏、周鲁伯负责全局工作。

1月13日,中共中央就批准香港招商局于1月15日起义。

一切准备就绪,14日晚上七时,香港招商局派驻埠船长左文渊、驻埠轮机长瞿唐、驻局报务主任高晓峰及驻局业务主任龚以恂,带着13面五星红旗及13份通知,乘汽艇分送各轮,同时把国民党的青天白日旗及密码本收回,通知各轮于翌晨八时,升挂五星红旗。

1950年1月15日晨8时,香港招商局办公大楼的楼顶,招商局仓库、码头上空,同时升起了五星红旗。与此同时,在"海康""海汉""海厦""鸿章""林森""教仁""蔡锷""成功""邓铿""登禹""中106""民302""民312"13艘轮船的甲板上,各轮船长率领539名船员举行了隆重的升旗仪式,五星红旗在香港海湾冉冉升起。汽笛齐鸣,全港轰动。香港《大公报》《文汇报》报道了这个消息。还同时刊登了香港招商局暨全体留港船员《告被劫持在蒋管区的招商局海员兄弟书》。香港招商局向全世界庄严宣告:遵奉周恩来总理1月9日命令,各守岗位,保护国家财产,听候接收。

吴荻舟在招商局起义当日在码头附近留影

从此，招商局的历史掀开了新的一页。

1月16日，新华社从广州发出电讯，告知香港招商局及留港全体船员"接受上海总公司的领导与管理，等候总公司的命令，准备回到新生的祖国，参加发展人民航运事业的工作"。翌日，《人民日报》发表了"香港招商局船员宣布，遵奉周总理的命令，坚决保护财产，听候接管"的消息。同一时间，香港《文汇报》在内版以头条大字标题报道香港招商局"参加人民新海运事业"的消息，报道称："国营招商局香港分局昨日正式公告，遵守中央人民政府政务院周恩来总理1月9日自北京发出的命令，香港招商局及招商局在香港各轮船员，决心保护国家财产，听候人民政府接管。"香港其他报纸和广东《南方日报》也以醒目标题报道了香港招商局海员起义的消息。

香港招商局及13艘船舶起义，成为当年震惊世界的历史事件，登上当年世界十大新闻之一，也是中国航运史的重大历史篇章。

香港招商局及13艘起义船舶展开护产行动

香港招商局和香港招商局轮船改挂新中国国旗后，港英当局极度恐慌，担心这一事件危及英国对香港的统治。为防不测事故，港英水警船紧急到起义轮船周围巡逻，英国驻港海军也派遣炮艇，巡逻澳门至香港一带水面，气氛十分紧张。

1月17日，香港招商局保产候命委员会成立。当晚八时，香港招商局保产候命委员会在香港海员工会举行了记者招待会，向港九各界人士及新闻界郑重宣布，香港招商局全体员工决定遵照周恩来总理的指示，保产候命，呼吁港九各界人士给予支持。《大公报》、《文汇报》、《星岛日报》(即《英文虎报》)、路透社等报社和通讯社的记者出席了招待会。香港招商局事务组主任、保产候命委员会委员江海涛在会上介绍了招商局的历史、香港现有资产情况及起义经过。香港海员工会主席张东荃主持了会议并发表了讲话。香港工联理事长张振南、工联妇女工作委员会主席卢政之、太古船坞代表叶光、海军总署代表郭树堂、九龙船坞代表麦河志等也发表讲话，表示支持香港招商局起义。

1月18日，招商局上海总公司军事总代表于眉、总经理胡时渊联名致电香港招商局及留港船舶的全体员工，表示慰问和嘉奖，指出他们能够当机立断，站到人民的一方，参加新中国建设事业，是令人敬佩的。1月20日，招商局上海总公司全体海员签名写信,向香港招商局起义员工表示慰问和支持。

在香港招商局和停留在香港的13艘招商局轮船起义的影响和带动下,"海玄""永灏"和"海辰"轮相继起义,为招商局起义回归新中国书写下最后的历史篇章。

"海玄"轮起义经过前文已述。"永灏"轮是招商局占股33%的中国油轮公司所属巨型油轮,1948年7月被拖至香港黄埔船厂修理。中国油轮公司派出造船工程师邵良为驻黄埔船厂兼监工主任,负责"永灏"轮的检修工作,其后轮机长周延瑾、大副谢天瑞、轮机长级大管轮陈国华、三副李恭正等人相继被派往"永灏"轮工作。香港招商局起义后,他们也希望摆脱国民党政府的统治,走上起义之路。

1950年3月初,随同董华民、黄慕宗来到香港的招商局上海总公司派轮机长应芝芳,受组织委托与"永灏"轮的船员接触,发动他们起义。4月1日,"永灏"轮在香港上书周恩来总理,发表起义通电,为香港招商局一系列轮船起义画上圆满的句号。

10月9日,中国油轮公司在委派香港招商局驻船长左文渊为"永灏"轮船长,从12月起,又陆续为"永灏"轮配齐全部船员。12月17日,在邵良及左文渊的率领下,"永灏"轮举行升旗仪式,把鲜艳的五星红旗升到桅杆上。

香港招商局起义成功后,虽然香港招商局及13艘海轮已摆脱台湾招商局的控制,但由于当时珠江口外万山群岛等岛屿还被国民党军队占领,香港境外的水域还游弋着国民党军舰,起义船舶短期内无法驶回大陆。而香港历来是各种政治势力的集散地,鱼龙混杂,国民党不甘心失败,派出大量特务到香港,利用起义后船舶停航、船员生活困难,散布谣言,以各种威胁利诱手段,煽动船员反对起义,又通缉汤传篾、陈天骏、左文渊等起义主要领导成员,国民党特务利用港英当局的纵容,企图劫走船只,甚至动用暗杀、武装爆炸等手段,煽动和威胁起义海员离船。面对严峻的形势,迫切需要一个强有力的领导组织海员确保财产,保证船和人顺利返回祖国大陆,把起义坚持到底。

为了尽快稳定局面,香港招商局致电招商局上海总公司,盼请派员来香港接收船舶资产。为确保每艘起义海轮顺利回归,1950年1月19日,上海招商局军事总代表于眉、总经理胡时渊发文香港分公司:"特派黄副总经理慕宗、董代表华民前来办理接管工作、并传达一切。"

1月23日签发了招商局轮船股份有限公司信托书:"兹委托张德甫、董华民两同志全权代表本公司接管招商局香港分公司及澳门暨其他一切资财人员。"

香港招商局员工和13艘起义轮船船员在上级党组织和招商局上海总公司的领导下,坚决执行周总理的护产命令,与国民党展开针锋相对的斗争。

1月25日,董华民在上海招商局副总经理黄慕宗、船长周崇善、轮机长应芝芳和杨再新等的陪同下从上海到达广州。1月26日,汤传篪和陈天骏从香港前来广州,当晚即与董华民、黄慕宗会面,汇报有关护产工作情况。会面后,黄慕宗随同汤传篪和陈天骏先期抵达香港。

董华民

1950年2月1日,汤传篪、陈天骏、周鲁伯和各组负责人以及13艘起义轮船船长等在招商局办公房四楼会议室召开护产委员会成立大会,黄慕宗莅临会议。全体人员起立,向中华人民共和国国旗和毛主席像致敬。汤传篪报告了起义后大家坚守岗位、保护国家财产的情况。陈天骏向大家汇报了起义的经过。黄慕宗代表上海总公司向起义人员致以亲切的慰问,传达了中央人民政府对"海辽"轮起义和香港招商局起义的高度评价,介绍了中国社会的新变化和航务会议以及上海招商局总公司资产清点、员工待遇等情况。黄慕宗的讲话,使起义人员感到无上的光荣,并领悟到新中国港航事业未来的灿烂。

在广州期间,董华民在广州市交际处处长罗理实的陪同下见到了中共中央华南局书记叶剑英。叶剑英此前已经多次听取了有关香港招商局起义和护产工作的情况,他指示董华民除应依靠香港中共地下组织,并与香港海员工会密切合作外,要团结和依靠广大起义员工,掌握好党的方针政策,搞好统战工作,注意斗争策略。

2月5日,董华民到达香港,当晚即拜会了张铁生、吴荻舟等香港中共地下组织领导人员,研究今后的工作。董华民在2月6日会见了汤传篪和陈天骏,于2月7日出席了香港招商局召开的第七次局务会议。2月8日,香港招商局起义人员举行大会,热烈欢迎董华民一行前来香港领导护产斗争。

当时董华民还是个三十岁出头的青年,但庄重、和蔼的仪态给人一种亲切感,共产党员的特殊身份,使他很快成为起义船员中的领导核心。支持和参与了香港招商局旨在为保护所有财产档案账册以及留港船只的"招商局护产委员会",他在特定环境下制定的审时度势的斗争策略,显示了一个富有长期革命斗争和政治工作经验的共产党员的才智。

当时起义后的形势是非常复杂的,反动报章叫嚣第三次世界大战即将爆发,台湾派来的特务煽动起义海员"反水",提出"开船到台湾有重赏,留港无罪,船开大陆严办",既以投匿名信和子弹威胁,又以美金及到海外工作引诱,还编造谣言,使部分海员产生动摇。董华民感到一定要首先争取人心,稳定海员情绪,于是先抓思想,抓事实教育。

董华民一行到香港后,即与香港海员工会联系,筹建香港招商局工会。3月24日,香港海员工会香港招商局支会成立,陈天骏当选为名誉主席,罗秉球当选为工会主席。成立的招商局工会和各轮工会支部,在船上建立学习制度,讲新中国成立后的大好形势,讲党的政策,提高海员明辨是非的能力。习惯于海上航行的海员,一旦长期停船,反而感到生活枯燥,坏人趁机唆使海员赌博、吃喝玩乐、拉人下水。工会每周都举行文化、娱乐、体育等活动,充实了起义人员的业余生活。

此时,因沿海岸线遭封锁,香港招商局在港各轮无法使用,除少数仓库和码头租赁收入外,均赖中央交通部拨款维持。为节约开支以解决生活困难,香港招商局决定自2月16日起,所有在港船舶,一律熄火停电,把节省下来的费用,作为船员的生活补贴。

4月2日晨,两航有7架飞机在香港被国民党特务用定时炸弹炸毁。朝鲜战争爆发后,国民党产生了"第三次世界大战就要到来"的幻想,以特务头子郑介民为首的台湾秘密接收工作团到港加紧进行劫夺活动。为防不测,董华民组织海员成立各轮纠察队,由船长、工会主席、部门负责人和积极分子组成并配备枪支,昼夜巡逻。同时加强招商局楼顶上的总瞭望哨值班。"护产巡逻队"日夜驾艇海上巡逻。香港招商局护产委员会要求船舷扶梯日放夜收,人员上下严行检查,船中各部确立分部负责保管制度,并按日检查工作。

此时的董华民指挥全局,不仅做好香港公司员工和船长的工作,同时策划"永灏"轮起义,遥控"海玄"轮在新加坡的护产斗争。此外,他还坚持做统战工作,譬如,在招商局历史上,自1932年一直到上海解放的17年时间里,常务理事或理事里都有上海青帮大亨杜月笙的名字。这一段时间里招商局可以说和上海青帮有着千丝万缕的联系。董抵港不久,杜月笙就请董华民上府吃饭,他不顾个人安危去赴宴。一来招商局同仁相见，理所当然，二来是统战的好机会。董华民告别时，杜月笙将他送至门口，并向董华民交底："你们护船，需要我帮忙的话，尽管吩咐。"至今没资料显示，杜与手下有过任何配合台湾当局捣乱招商局护产工作的动作。

尽管香港招商局在地下组织的协助下，对护产工作进行了周密的部署，但仍然危机四伏：如董华民寓所被砸坏，"教仁"轮船长兼香港招商局工会主席罗秉球被殴伤，"教仁"轮三副柯全金收到特务寄来的恐吓信和子弹。危险的环境，恐怖的气氛，在日益考验着每一位起义员工和船员。

为了稳定起义船员队伍，保护起义成果，党和政府以及香港中共地下组织千方百计安排船员家属子女赴港团聚，前后共有200多人千里迢迢来到了维多利亚湾。为了使起义船员进一步了解和认识新中国的社会风貌和中国共产党对起义人员的政策，香港招商局先后组织了两批返沪观光团，让起义船员到广州、上海等地实地观光考察，感受新中国的发展进步以及党和政府对他们的关怀。

1950年6月25日朝鲜战争爆发后，港英当局对在港起义的轮船采取强硬态度。7月初，港英当局港务处借口港内船舶拥挤，强令招商局13艘起义轮船开出香港港口，到港外下锚。国民党特务则扬言国民党军舰已等在港外，准备行动。香港招商局申请购买浮筒，港英当局没有理由拒绝，才停止驱赶起义轮船出港。台湾电台反复广播：船开到台湾有重赏；原地不动既往不咎；开往广州的，待"收复大陆"后则将严惩等等。台湾当局交通运输事务负责人端木钧亲到香港策划劫船。顿时，大有风雨欲来之势。

此时的美国政府也向英国施压，并向香港法院起诉要收回"邓铿""鸿章""成功""教仁""蔡锷""林森"等6艘所谓"美债"船。

1950年1月，招商局"海辰"轮在离台赴日途中发动起义，归航青岛途中，被潜伏在该轮的叛徒出卖，向台湾当局告发而被国民党军舰拦截，起义失败。台湾当局为了阻挠其他轮船起义返回大陆，采取了杀一儆百的政策，在1950年7月11日悍然杀害了在日本起义失败的"海辰"轮船长张丕烈和报务主任严敦华。

国家主席毛泽东就此向张丕烈在内地的家属，签发了革命牺牲工作人员家属光荣证书，上面写着"张丕烈同志在革命斗争中光荣牺牲，丰功伟绩永垂不朽"。

"海辰"（Hai Chen）轮，1942年建造于美国旧金山，长134.6米，宽17.4米，2 500马力，航速每小时11海里，载重10 970吨。该轮被台湾当局出售用来抵偿美债。

恰好,当时的珠江口外的万山群岛已经解放,香港至广州的航道已经可以通航。在这种形势下,组织轮船回归祖国已迫在眉睫。吴荻舟、陈明、刘若明等赴广州请示华南分局。叶剑英同意把船开回广州,并对船行路线及各项准备工作作了指示。开航前,香港招商局做了大量的工作,包括修理船舶、配齐船员、摸清港英当局对开航的态度等。

1950年7月14日,谷源松不顾国民党特务的威胁阻挠,奉命驾驶"民302"轮首先开航祖国内地。那天,香港招商局码头锣鼓喧天,起义海员热烈欢送,吴荻舟和董华民也赶来送行。"民302"轮出香港西门青洲,经汲水门、大铲、虎门、莲花山等顺利抵达广州内港码头。随后"民312"轮,"中106"登陆艇,"邓铿"、"鸿章"、"成功"、"林森"、"蔡锷"、"教仁"等6艘N3型的所谓"美债船"等基本按照这条航线相继开回广州。至10月20日,经过9个多月惊心动魄的护产斗争,粉碎敌特种种阴谋,冲破重重障碍,13艘起义海轮终于全部成功归航广州。但招商局海员为此付出了血的代价和宝贵的生命。10月9日"海厦"轮开航广州时,船员唐达雄、陆宝仁在途中因特务放置的定时炸弹爆炸身亡,另有3名船员受重伤。

10月30日,新中国港九接收工作团团长雷任民和招商局副军事总代表邓寅冬在广州大同酒家为13艘起义轮船驶返祖国举行庆功会。大会由董华民致开幕词,中央人民政府交通部授予"民302"轮"开路先锋船"的光荣称号和谷源松"英雄船长"称号。

11月5日,周恩来总理以电报对汤传篪、陈天骏及全体起义员工表示慰问及嘉勉:"你们英勇不屈斗争,在维护祖国财产和发展人民航运事业上,是有很大贡献的。"这充分体现了党和政府对香港招商局和招商局轮船起义人员的关怀,也对起义壮举在新中国的建设中所发挥的重要历史作用的高度肯定。

至此,奉招商局上海总公司指示,将归国的11只海轮暂委托招商局广州分公司领导管辖,员工在广州分公司任职,派董华民为上海总公司驻穗代表,领导和协助广州分公司处理有关各海轮之重大问题。

1951年2月,起义海员调往南京集训,董华民任南京中国海员训练班主任。当时正值"镇反"运动,董华民顶住来自上面"左"的压力,坚持实事求是的原则,坚持党对起义人员的政策,不伤害一个好人,没有留下一桩冤假错案的后遗症,维护了起义海员爱国爱党的热忱。董华民的所作所为受到起义海

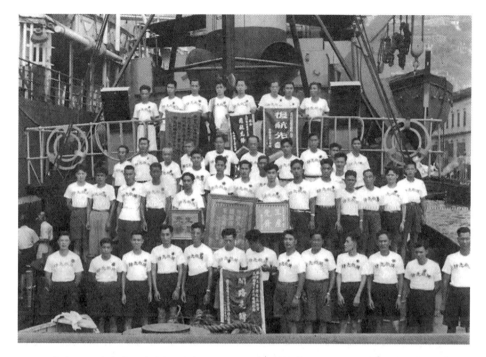

中央人民政府交通部授予"民302"轮"开路先锋船"光荣称号,船员集体留影

员的尊重,他们都把他当作指路人、老领导、老朋友,长久地保持着与董华民的联系。

香港招商局起义,在解放战争中酝酿,在新中国建立不久后举行,其间经历层层障碍、种种困难,特别是面对刀光剑影、威逼利诱而不退缩,标志着中国最大的官僚资本主义企业之一的招商局对国民党黑暗统治的彻底摈弃。它是中国人民开展民族自救、自我解放运动的一部分,是中国海员革命运动史上继1922年香港海员大罢工和1925年省港大罢工之后的又一次伟大斗争,是招商局发展史上具有划时代意义的重大事件,是招商局的一座历史丰碑,集中反映出招商局广大海员追求光明、追求进步,与祖国共命运,同时代共发展的爱国情怀和献身精神。特别是在新生的人民政权成立不久,这样的一次起义对于支持新生政权,具有重要的政治影响。

香港招商局起义,不仅具有巨大的政治意义,而且具有重大的经济意义,它为新中国港航事业的奠基发挥了突出的作用。起义归来的15艘轮船(含"海辽"轮和"中102"艇)共计33 700载重吨,成为新中国成立初期一支相当重要的水上运输力量。

内地招商局的人员和资产基本上逐渐流向机构所在地的港航单位,为全国水运体系的建立提供了强大的物质力量。据不完全统计,内地招商局涉及人员9 305人,船舶435艘,房产541处,地产5 172.2亩,码头67座,仓库214座。

起义归来的船只成为华南(后广州)海运局的主力船队。700多名招商局船员大多成为新中国航运事业的技术骨干,部分高级船员加入中波轮船公司,为开辟新中国远洋事业做出了重大贡献,1963年广州远洋运输公司成立时,一大批原招商局起义船员加入了新中国远洋运输的行列,他们为开创和发展新中国的航运事业做出了突出的贡献。

香港招商局起义,也改变了招商局自身的历史进程,招商局从此进入了一个崭新的发展阶段。新中国成立之初,招商局在内地的机构因应国家航政改革之需,改称为中国人民轮船总公司,只有香港分局为避免财产过户可能出现的纠纷等,经交通部航务总局同意"暂时仍沿用原名,以杜纠纷"。因此,自1951年2月1日(招商局总公司更名为中国人民轮船总公司的日期)起,招商局香港分公司就继承起了"招商局"这块老字号招牌,开始了招商局总部在香港的发展阶段,这也奠定了今天招商局集团的基础。

1951年9月19日,交通部决定撤销中国人民轮船总公司长江区公司,招商局沿长江的机构与长江区域航运局合并,成立长江航务管理局,从此形成长江航运政企合一的体制,招商局沿长江的机构逐渐演变为长江航运管理局的直属港口单位。通过以上机构调整,原设在中国沿海和长江的招商局分支机构就分别归并于所在地水运管理机构,譬如招商局上海总公司最终成为上海海运局。

香港招商局起义的伟大壮举,永久铭刻在共和国的历史上。它的丰功伟绩一直受到了人民的缅怀。党和国家领导人多次接见起义人员。已故中共中央副主席、全国人大常委会委员长及中共中央军事委员会副主席的叶剑英,曾在1979年11月9日为纪念香港招商局起义三十年题词:继续发扬爱国主义精神,为统一中国,实现社会主义的四个现代化而奋斗!

截至1950年年底,撤台的招商局可支配船只共有57艘,总计166 605吨,为撤台前的40%;台湾招商局的分支机构则缩小为基隆分公司、高雄分公司、东京分公司、神户办事处以及汉城代表处,相应码头、仓库、员工及航线亦随之缩减,1950年员工总计3 505人,工人2 472人,航线则以近洋和中国台湾地区至日本航线为主。随着形势的变化,招商局在台湾初期已经失去往日的辉煌。

第十二章
杜月笙与复兴、中兴和隆星航业的创办人钱新之、程余斋和董浩云

本章要叙述的是杜月笙、钱新之、程余斋和董浩云四个人，四人之所以结缘是与民国时期的复兴和中兴两大航运公司，以及后起之秀隆星航业密不可分的。

复兴航业股份有限公司

复兴航业股份有限公司是上海航运界众多航运公司中较为特别的公司，是在抗战胜利后成立的航运联合体，简称复兴航业。1948年6月23日，由战后获得赔偿金的民营航业联合在上海组建了复兴航业，不仅成为上海滩上林立繁多轮船公司中的龙头老大，更是与上海民营航运企业家和航海精英团结一致，试图借抗战胜利之势，冲进国际海运市场，为中国和上海争得应有的一席地位。

日军全面侵华期间，中国的民营航运业同仇敌忾，积极响应政府的号召，投入全民抗战的洪流之中，国民政府先后征用民营航业公司船舶61艘，计12.3吨，沉塞长江航道和沿海重要港口，用于阻滞日军进攻步伐，上海民营轮船公司为此作出的巨大牺牲和付出了极为惨重的代价，这是后人不应忘记的。

战时，三北、中兴等多家航运公司随同政府西迁，并在重庆千厮门行街10号航业学会内成立上海市轮船业同业公会驻渝办事处，公推招商局副总经理沈仲毅为主席，虞顺懋、李志一为常务理事。其余未曾西迁的如大振、利记、利源、永亨、天津、寿康等十余家轮船公司，则推请当时正在重庆的董浩云为其代表，参加公会的一切活动。抗战胜利后，随同政府内迁重庆的各民营航运公司代表即具文呈送交通部及行政院，陈明民营航运业于抗战期间所遭受的损失，要求政府予以赔偿，以利战后迅速恢复航运。同时还向交通部呈报各公司已

在重庆成立了驻渝联合办事处,并委托董浩云为全权代表,当经交通部部长俞飞鹏批准备案。抗战胜利后不久,各航商便随同政府回到上海,并组织"民营船舶战时损失要求赔偿委员会"(简称船舶赔偿委员会),会址设在广东路93号。船舶赔偿委员会成立后,即开始对战时航运业所遭受的损失广为调查,收集资料,并呈请主管部门予以赔偿。

1945年11月3日下午,船舶赔偿委员会借上海航业俱乐部召开战时损失船舶会员代表会议,讨论要求政府赔偿的具体方案,会议选出十五名常务委员,负责与政府交涉,作为大振轮船公司和天津航业公司的代表,董浩云也是其中的一名委员。其后船舶赔偿委员会即拟订出赔偿方案,要求政府出面与美国方面商洽援助,贷款购买美国战时剩余船只,其价款于政府偿还民营公司战争损失中扣除,同时还敦请政府与盟国交涉,利用被扣留的日本船舶进行赔偿。

船舶赔偿委员会经过调查,将各轮船公司遭受战争损失的情形分为四类:一、政府征用充沉塞各地封锁的船只共119 986.50吨,二、在军公运输中遭受损毁的船只计15 841吨,三、被敌人强行占扣的船只计111 006吨,四、被敌炸沉、炸毁的船只共46 457.74吨。接着船舶赔偿委员会还分别对赔偿吨位的计算标准、赔偿办法(分吨位赔偿、作价赔偿)提出具体方案。国民政府遵守战前诺言,同意赔偿美金360万元(实数是3 593 047元),由政府在向美国贷款洽购的战时剩余船只中,拨出12万吨船舶赔偿沉船拒敌的上海各轮船公司。

1947年9月,船舶赔偿委员会一面筹组复兴航业,推举钱新之为主任委员,杨管北、虞顺懋为副主任委员,钟山道为总干事。10月,谭伯英、程余斋和董浩云等抵达美国,先期筹办购买美轮事宜。通过中国驻美大使馆及纽约世界贸易公司向美国航务委员会购得3艘胜利型轮(后命名"渝胜""京胜""沪胜")、Ci-Ma-VI型货轮8艘(后命名"复明""复新""复航""复贸""复运""复昌""复权""复生")。次年

复兴航业公司"复安"号

第十二章 杜月笙与复兴、中兴和隆星航业的创办人钱新之、程余斋和董浩云

3月谭、程、董等代表复兴航业公司赴美接收船只,共计11艘,7万余吨。

1948年6月23日,复兴航业公司在上海正式成立,公司地址在四川中路220号100室。8月16日公司所购第一艘海轮"复贸"号抵达上海。钱新之、杜月笙、杨管北等人早早地在码头迎候谭伯英、程余斋、董浩云等人率船队漂洋过海。至此经近3年奔走,战后民营轮船业向国民政府索赔事宜终告一段落。

当时复兴航业公司一下子就拥有3800吨以上的轮船11艘,船价超过500万美金,成为中国第一大民营航运公司。股东单位有中兴、鸿安、三北、华胜、华新、寿康、益祥、宁绍、大振、民新、达兴、公济、北祥、永安、民生实业、天津航业等为抗战做出贡献的近廿家航运公司,董事长钱新之(兼任中兴轮船总经理),常务董事杜月笙和杨管北,总经理谭伯英和副总理程余斋、董浩云、李志一和钟山道,由此可见,"复兴"最高管理层均为中国航运界大佬级人物。公司业务为经营或代理经营国内外航运和其他有关附属业务,以及代理船舶及其机件、属具、用品等的购置或租赁事项。航线含远洋、国内沿海及长江各埠。不久,在台湾基隆设立办事处。次年在香港设立通讯处(后改办事处),不久,谭伯英辞职,程余斋任执行总经理,全面主持复业航业日常事务。

1948年"复明"号上,左起程余斋、谭伯英、董浩云

由于复兴航业公司所拥有的船只，有一部分系由国民政府担保，向美国贷款购来，杜月笙、钱新之为设立复兴航业，艰难缔造，费了不少的心血与精力，然而公司成立未几，国共战局反转，战火迅速蔓延上海，上海航运业人心浮动，招商局船队和不少民营轮船公司纷纷南撤。

1949年4月，随着复兴航业董事长、总经理等多人离沪赴港，复兴航业所有船只南下香港或驶向海外，并向香港航政机构办理注册登记手续，成立香港复兴航业股份有限公司。此时，在上海的复兴航业已成空壳，当时复兴航业的实权人物是杜月笙、钱新之和杨管北，具体事宜操作者有程余斋和董浩云等人，而这些上海航运界大佬均抵达香港。

杜月笙身为中华民国全国轮船业公会理事长，上海市轮船业公会理事长，招商局理事，民生实业公司董事，上海市轮渡公司董事长，大达、大通、裕中轮船公司董事长，再按当年每家航运公司拥有的船舶吨位数来算，毫无疑问杜月笙是中国航业界的领袖。

钱新之与陈光甫、张嘉璈、李铭并称为国内银钱业四大名旦，堪称上海金融界的巨子，中兴轮船公司董事长，又是在香港复刊上海《新闻报》董事长等等，因此，杜、钱两人都是双方争取归队的重要政商人士。

过往大众只知杜氏与蒋介石和国民党有深厚的渊源，其实在抗战时期，杜月笙与中共就有来往。

1937年10月，时任上海市各界抗敌后援会主席的杜月笙应八路军驻沪代表潘汉年的要求，向晋北前线的八路军将士捐赠荷兰进口的防毒面具1 000套，对共产党表示了合作的态度。杜月笙认为，"战争的最后胜利，不在军队一时之进退，不在一时军事占领之广狭，死伤之多寡"，"任何事业、任何斗争，谁能持久，谁能得到最后胜利"。为了争取最后胜利，杜月笙在上海华界沦陷后以市各界抗敌委员会负责人的身份仍在租界内坚持了一段时间，他不惜巨资买了不少中共党组织设法出版的《西行漫记》《鲁迅全集》等进步书籍，烫上"杜月笙赠"的金字送给租界内的各大图书馆，支持抗日宣传，为广大市民提供抗日救亡的精神食粮。

1937年11月26日晚，杜月笙抛下了所有的家属，与宋子文、俞鸿钧等人秘密乘船赴香港，继续进行抗日救亡工作。12月下旬，中共江苏省委文委创办以洋人为发行人的《每日译报》，宣传抗日。当时办报资金短缺，在香港的杜月笙获悉后认股两万五千元，使得《每日译报》版面得以扩充为对开。由于《每日译报》时常刊登中国抗日前线打胜仗的消息，振奋国人，日销量一度达三万份以上。

第十二章　杜月笙与复兴、中兴和隆星航业的创办人钱新之、程余斋和董浩云

杜月笙向新四军赠送1 000套防毒面具只是台面上人尽皆知之事，早年他还专门将薛华立路155弄13号（今建国中路瑞金二路附近）一幢洋房送给清末民初闻人杨度。1929年杨度成为周恩来直接领导的"秘密党员"，此房实际上成了"安全屋"，便于杨度与中共地下组织负责人潘汉年交接情报，这就有了1947年后，杜月笙与潘汉年频繁往来，秘密会商。在解放军发动渡江战役之前，杜月笙也与一些著名民主人士黄炎培、钱新之、章士钊、盛丕华和沙千里等人商讨时局与个人前途，其中不缺有"特殊党员"身份的人告知杜月笙，共产党不究前嫌。笔者认为这个传话之人是1932年秘密入党的，人称"电影皇帝"的著名影星金山，他也是杜月笙的关门弟子，当年金山利用其身份成立中华剧社（左翼团体），以接收大员出任长春电影制片厂（伪满映画株式会社）厂长，还以随员和顾问身份出任两次国共和谈，这一切都得到杜月笙的赞同，由此可见，杜对金山的身份是知道的，只是不说破而已，起到了他人无可替代的作用。

1949年4月10日，蒋介石在上海召见杜月笙，此时的杜月笙与蒋已有嫌隙，就以台湾的气候不利于自己的哮喘病为借口，要求先去香港把自己的病治好再去台湾，以此暂时回绝去台湾，蒋介石听他这样一说便没有再劝，因为蒋介石的目的达到了，只要杜月笙不继续留在上海，去其他哪里都行。在这种情况下，放不下历史包袱，奉行"刀切豆腐两面光"的杜月笙决定摆脱政治漩涡，既不留在上海，也不投奔台湾。1949年5月1日，杜月笙依依不舍地离开上海，举家搭乘荷兰渣华公司的客轮"宝树云"号，悄悄地由海路奔赴香港。

早于蒋介石见杜月笙之前，3月的一天，钱新之应约赶到溪口见蒋介石，后者话里话外都是要钱永铭（新之）跟他走，不是去台湾，就是去香港。

到了香港的杜月笙，其生活环境也"不太平"，国共两党都生怕他倒向另一边，双方不断派人赴港劝说他去台湾或北归上海。其中章士钊到香港游说杜氏重返上海是半公开的。

杜月笙有两个姓章的好友，一是国学大师，帮杜氏修家谱的章太炎，二是与毛主席同乡的章士钊，民国大律师，游走国共之间的政治活动家。

1931年"九一八"事变后，东北沦陷，章士钊辞去东北大学的教职南下上海，没有人聘他做教授。他只好挂牌做律师，但是生意清淡，门庭冷落，这个时候杜月笙施以援手，聘他为私人律师，给他每个月一千块，此事一经传出，其律师事务所即刻红遍上海滩。此后，不仅杜、章两人关系非常密切和特殊，其各自夫人也频繁走动。鉴于两人这种关系，时任上海市市长陈毅派章士钊赴港

统战杜氏，以便稳定上海局势。

卧病中的杜月笙时时关心着大陆形势，老友章士钊受托到香港在杜宅一住多日，反复向他宣讲中共的政策。杜月笙依旧顾虑重重。他看到中共对留在上海的黄金荣的确兑现了"不杀不捕"的承诺，后来他又得知，黄金荣响应"改造"号召，开始扫大街。报纸上风烛残年的黄金荣手拿扫帚、灰头土脸站在垃圾车前的照片映入眼帘时，杜月笙又暗自庆幸自己没有留下。

得知上海招商局军代表董华民抵港没几天，杜月笙即设家宴招待董华民。席间，杜月笙问董："内地政策变未变？我还能回上海吗？"

董华民坦诚相答："我党的统一战线政策不变，欢迎你回上海！"

杜月笙听此一说，再一次证实了潘汉年的话是真诚的。他打消了顾虑，趁董华民告别时，杜月笙郑重其事说："你们护船，需要我帮忙的话，尽管吩咐。"他还关照在港的门生，不要阻挠招商局军代表护船，不要参与台湾特务的破坏活动。

其实，在见董华民之前，杜月笙本人放心不下上海，借委派养子杜维藩去上海处理汇中银行事宜，轧轧上海苗头（上海话，探探形势），杜维藩和上海市常务副市长潘汉年见了面，回到香港对他说：爸爸，他们希望你能回内地。但是杜月笙也听到了一些不利于自己的消息，从而担心回到内地遭到清算。他让养子给内地方面回信说，自己重病，暂时关系不能回沪，但是留在香港，绝对不会做出有害国家民族的行为，也绝对不会去台湾。接着就发生了以下戏剧性的故事。

北京来人带来了毛主席的信，台湾也派人送来蒋介石的信，不言而喻都是盛情之下，要杜月笙做出选择。礼尚往来，怎么办，无论如何要回复。于是杜月笙与其绍兴师爷骆清华、一生挚友钱新之密商，决定回信北京和台湾，信写好，向外放风，此两封重要信件，仍然由一向替杜月笙传递联络信件的钱新之负责传递。而钱新之则悄悄地将两封信调了包，将写给北京的信装进了送向台湾的信封，将写给台湾的信装进了送往大陆的信封。至于调包是有意或无意只有"酒翁"雅号的钱新之心知肚明。

当大陆和台湾看到调过包的谢辞信后，知道对方都在争取杜月笙，其本人选择中间道路，暂居香港，谁也不得罪。此后，国共双方都放弃争取杜月笙站队。但是，人不归，船要归。

1950年1月，停泊香港的招商局13艘船（其中6艘美债船）宣布起义，美国以债权人地位对复兴公司航行海外的7艘船扣留抵债，致使复兴公司损失相当美金22万。

1950年3月12日，贺衷寒走马上任台湾当局交通运输部门负责人。极为

第十二章 杜月笙与复兴、中兴和隆星航业的创办人钱新之、程余斋和董浩云

重视和鼓励海外航业机构迁台,他曾致函杜月笙和钱新之,希望他们能将复兴航业迁台办公,对其政策起一点倡导作用。杜月笙、钱新之和杨管北,因而频频集议,磋商多次,最后乃由杜月笙毅然决然地作了决定,既然复兴航业公司大部分船只,系由政府担保借贷美国债款购买,那么,要复兴起一点倡导作用何妨。于是杜月笙、钱新之双双出面,以自身年高体弱多病的理由,表示无意继续主持复兴航业的业务,他们二位要求成立一个复兴航业监理委员会,而将复兴航业公司改由台当局营运。

1951年4月,复兴公司出售2艘轮船("京胜""沪胜"),并对公司留沪人员断绝经济接济,香港复兴公司及船队迁往台湾,直接受台湾当局控制。同年7月,在台湾成立复兴航业公司监理委员会,代替原复兴航业董事会,另派正、副总经理。1951年年底,复兴公司留沪人员因无经济来源,解雇了25人,仅留职员4人。为了解决这些职工的生活问题,上海市人民政府决定以代管方式予以接管。直到1957年3月,上海海运局接收并代管复兴航业公司在沪机构和人员。由此上海的复兴航业公司正式走入历史。

迁台的复兴航业公司成立了监理委员会,台湾当局为表示郑重,特由贺衷寒任监理会主任委员,贺衷寒希望杜月笙和钱新之方面推荐两个人担任常务监理委员。而在这两位常务监理委员中,杨管北是当然人选,无须多加考虑,至于提名另一位时,杜月笙和钱新之经反复商榷,最终推举招商局董事周兆棠,凑巧与贺衷寒的提名不谋而合。

周氏浙江诸暨人,毕业于黄埔军校二期,北伐军进驻上海时期,任职上海兵站总站长的周兆棠就与杜月笙相识,周兆棠后来任过中央军党务处长、考试院法规委员、交通部司长、国民党六届中央执行委员、立法委员等职,同时他又是招商局的董事之一,和杜月笙也算是同事。1949年春,周兆棠从南京举家迁往香港,住在离坚尼地台十八号杜公馆不远的堡垒街,闲得无聊之际,常去杜公馆走动,陪杜月笙聊天吃饭,钱新之也是杜府饭桌上的常客,三人酒间酒后吐真言,尽显朋友之情。杜月笙对周兆棠的才干颇为赏识,认为他确能办一番事业,钱新之也认可。虽然双方渊源不深,但是当他考虑推荐复兴航业公司的另一位监理委员时,基于"选贤与能""用人唯才力是视"的道理,他便很自然地想起了周兆棠这位朋友。

于是,杜氏与钱新之商量之后,周兆棠就离港赴台。由于贺衷寒和杨管北都忙于自家的工作,复兴航业常务监理周氏就掌控了复兴航业的经营大权。1953年朝鲜战争停战,复兴航业和中国航运解除监理,美国和台湾地区当局将

扣押和征用的船只归还复兴航业。

直到杜月笙逝世之后第四年,即1955年,复兴航业公司恢复民营,重开董事会,周兆棠被推荐为董事长,这和杜月笙当初的想法,可谓完全符合。复兴航业公司七八十年代为台湾地区航业巨擘之一,周兆棠也早已成为航业巨了,他对于十余年前杜月笙的一番培植、支持的热忱,始终是挂在嘴上的。杜月笙的儿子杜维藩也担任复业航业的董事,董事中还有钱新之的儿子。

1959年,台湾当局交通运输部门设定促台轮全面汰旧更新计划,引导岛内航运商分别向台湾内外船厂订造远洋航轮。在这个计划中,列有建造4艘12 500吨级、时速18海里的快速货轮,由台湾中国航运公司("如云"轮)及复兴航业("复安"轮)各认造1艘。

到了1971年,复兴航业公司拥有远洋轮11艘、8.61万总吨、11.6万载重吨,成为当时台湾最大的民营航运企业,也是第二大航运公司(第一大航运公司是轮船招商局)。以此为据,迁台的上海帮航运界为台湾当局的生存和经济起飞奠定了基础,也为台湾地区后来的世界三大航运公司,即长荣、阳明和万海的成长起到了鸣锣开道的作用。

1972年,联合国恢复了中华人民共和国的五大常任理事国席位,台湾招商局这块金字招牌开始退出航运江湖,复兴航业也步入下坡路,1973年6月9日董事长周兆棠在台北逝世,后继者为杨管北。此时张荣发在1968年成立的海运公司已开始崛起,林氏的万海航业公司也初具规模,随着时间的流逝,到了2009年,由上海帮杜月笙、钱新之、程余斋、杨管北、董浩云和周兆棠创办的复兴航业有限公司正式结业。

杜月笙(杜墉),1951年8月16日在香港逝世,临死之前,他对着众人说:"好,好,大家有希望。"站在一旁的钱新之,情不自禁地一声长叹,热泪泉涌,喃喃地说:"大家有希望,大家有希望,天啊!就是他没有希望了啊!"

他,信守诺言,生前始终未踏足台湾,世人的评判,众说纷纭。但毛泽东送他六个字:有本事,无脾气。其实,很多人忘了他是民国时期的航运界真正的大佬。

杜月笙的灵柩由香港东华医院迁移到台湾基隆,停放在寄柩所内。两年后,由"杜月笙灵榇安厝委员会"出面,安葬在台北南郊汐止镇大尖山麓之西。杜月笙生前关于死后葬上海高桥故里的愿望没能实现,叶落一时还难以归根。

钱新之(钱永铭)时任香港新闻报董事长,在杜月笙病逝后,钱氏才迁往台湾定居,于1958年6月19日在台北去世,享年74岁。

第十二章 杜月笙与复兴、中兴和隆星航业的创办人钱新之、程余斋和董浩云

民国大才子骆清华为国为民

行文至此,必须简介骆清华先生,以便佐证杜月笙为何最终选择终老香港。外界认为骆氏经常在杜月笙身旁出主意,就有"绍兴师爷"一称,其实他是有很高才华的商人,30岁之前,就在上海商界崭露头角,并逐渐成为上海绸缎、茶叶等行业中的佼佼者,随后不久骆先生就被任命为上海绸业银行副行长、中国茶叶公司理事等职,还是杜月笙任董事长的中国通商银行的总经理。任职期间,曾在重庆的《大公报》发表了《运用黄金政策之重检讨》一文,后又在《国民公报》上发表了《运用金融政策之重检讨》一文,两篇佳文均被美国《时代》杂志译成英文转载,实属罕见,受到国民政府金融经济管理部门的重视。

抗战胜利后,骆氏以华东商运指导员的身份在上海工商领域继续工作,1946年4月任上海商社社长兼《上海商报》社长、发行人,第二年当选为国民政府立法委员,并兼任全国工商联秘书长,当时,上海工商界人士评价有"病态才子"之称的骆清华,虽一身兼任多职,包括上海市参议会议员和立法院立法委员,他却始终不顾体弱患病,坚持为商请命,表现出不同于常人的著述独到、尽心尽力、敢说敢做、大公无私等显著特点,为此被誉为"全国工商业代言人",受到工商界和社会舆论的普遍称赞。

据上海著名棉绸界实业家章荣初回忆,骆清华1948年就加入中共地下组织。骆氏1949年5月赴香港工作期间,他受中国共产党华南局统战部的领导

最左为杜月笙,最右为杨管北,最后排为骆清华

和指挥,从事统战和联络工作,曾参与"两航"飞机起义、招商局轮船起义的统战工作,又积极动员早就从上海到香港定居的行政院院长翁文灏先生,原上海市商会主席、全国商会理事会理事长王晓籁先生,原中央合作金库总经理寿勉成先生等民国时期著名政商人士于新中国成立后回归祖国内地参加新中国的建设。

笔者查阅了许多资料,似乎杜月笙在"四一二"反革命政变后,没有再做对不起中共的事情,反而身边聚集了杨度、金山和骆清华等中共地下组织成员,应该被视为向中共示好。其最终选择留在香港,不仅是骆清华个人所出的主意,骆清华本身也代表了北京高层的意思,至于杜、骆两人私底下如何决策是永远的谜。钱新之的早逝也没有留下有关的点滴笔墨。

骆清华,带着不少的传奇,和连他的妻儿老小及至亲好友都不知的秘密,于1955年7月因病在香港去世,时年53岁。

据骆清华之子骆锡耀《忆父亲骆清华先生》一文记载:1985年,中央统战部为骆清华的子女和所在单位发了证明信,认定骆清华为爱国人士,证实"骆清华同志系上海工商界爱国人士,上海解放前夕受党的委托在香港从事统战联络工作,一直与我党保持联系,为党和人民做了不少有益的工作"。

中兴轮船股份有限公司

1933年,枣庄中兴煤矿股份有限公司投资150万购买了轮船7艘、拖轮铁驳9艘,此时的中兴公司总经理钱新之正满世界寻找专业人士来管理其船队,命里注定,已跻身上海航运界小型船东之列的程余斋入了钱氏的法眼,一经打听,钱新之听闻不少业界人士称赞程氏忠厚、勤恳、亲力亲为的办事风格之词。不久,人事资料也展现在钱氏案桌。

程余斋(荣庆),祖籍安徽休宁,1905年出生于扬州,七岁上学,中学时曾在扬州青年会中学夜校补习英文,1921年父亲所开的著名南货店德泰源歇业,赴上海马玉山糖果公司当售货员。两年后进入上海悦来航运公司当练习生,由此与航运结缘一生,并与散装货终生为伴。从职员升业务主管,并成为招商局内河航运业务代理,经过六年的磨炼,于1929年3月,程余斋创立了自家管控的诚信轮船公司,购置一艘3 000吨散装货轮,命名为"信平"。此后,又与他人合作,开办太平轮船公司,购置一艘近2 900吨货轮,取名"裕平"。此

第十二章 杜月笙与复兴、中兴和隆星航业的创办人钱新之、程余斋和董浩云

时,程氏已跻身上海20世纪30年代初的航运界中型船东行列,其年龄还不足28岁。

钱新之面对的这位上海航业界后起之秀,正是钱氏心目中的人选,为了谨慎用人,决定亲自面访程余斋,这就有了流传的钱程两人的"隆中对"故事。不管故事内容如何,钱新之见过程余斋后,铁定要人,苦等一年多后,程氏妥善处理完诚信和太平轮船公司的事务,依依不舍告别悦来老东家,投向中兴,出任上海中兴煤矿公司秘书,主管运输科。

程余斋管控的煤矿运输业务,调度有方,从江海航线发展到近洋航线,包括中国台湾地区、中国香港地区、吕宋(菲律宾)和日本,不仅运费便宜,而且船期准时,大受客户赞许。

为了扩大航运规模,1937年7月1日在上海派克路6号(今黄河路)成立了中兴轮船股份有限公司,第一任董事长是黎元洪之子黎绍基(重光),总经理是民国银行家钱新之(永铭),鼎盛时有货轮9艘,拖轮3艘,小火轮1艘,加上驳船共19艘,总载重吨达46 000余吨,成为全国著名民营轮船公司。其中,"中兴"号轮船是公司近洋船队中较大的一艘,这艘客货两用船总吨位达6 000吨,可载重3 300吨,载客850人,在当时的中国堪称"巨轮"。

同日,只有31岁的程余斋以董事身份出任公司经理,搬入有"远东第一高楼"的国际饭店办公,那时,兼任国际饭店首任董事长钱新之忙得不可开交,船务之事全交程余斋一人统揽。

公司在青岛、香港、南京、基隆、高雄等地设有分支机构,船舶行驶长江、沿海各埠及国外港口,主要业务是运载中兴煤矿产炼的煤焦,兼运其他大宗货物、旅客等业务。

正值钱、程两人踌躇满志,着手大干一场之时,抗日战争全面爆发,中兴公司不与日伪合作,积极支援抗战,为国牺牲的事迹见第四章。

不祥的遭遇接二连三将临中兴轮船,不算庞大的不动产、物资、财物被日本人抢走,仅公司船只就损失6艘,1.6万余吨。为了维持公司运营,支付员工薪水,保证大家有饭吃,程余斋几次冒险在兵荒马乱环境中处理公司业务,幸亏有惊无险。"大难不死,必有后福。"这是钱新之在香港避难见到程余斋时所说。

由于华东、华中和华南交通线全被日本人控制,大后方的物资奇缺,百姓生活在水深火热之中,钱新之转告程余斋,交通部要求尽快开辟新的交通运输线,将沿海的物质船运到香港,转越南海防港,再经云南,送到重庆。于是在抗战初期,由在上海的中兴、通成和通运三家轮船公司组成中通航业股份有限公

司,程余斋任总经理,董浩云代表通成任副总经理,翟明翰代表通运任副总理。

上海华界沦陷后,只有租界暂不受日军管制,但是日军到处设卡,检查来往人员和物资,中通公司做的活也属刀尖上行走。然而,这三位航运爱国志士一腔热血,各显神通,利用本身的专业知识和人脉,筑起一条通往大后方的海陆交通线,至1940年初夏,中通运往大后方的棉衣、棉被上百万件,棉纱、棉布、煤炭、机械设备、各种民用品和药品等战略物资已达10万吨之多。

在上海"孤岛"期间,日伪成立伪"中华轮船公司",妄想全面控制上海的航运界,那些大汉奸一个个粉墨登场,车轮大战,轮番对程余斋软硬兼施,软的计谋是许诺程氏可主管拥有近100艘货轮的伪中华轮船公司,硬的是用日本人威吓程氏,然而,面对汪伪汉奸的多次威胁,程余斋初心不改,岿然不动,坚决不与卖国贼合作。

随着第二次世界大战欧洲战场开战,中越边境的形势日趋严峻,接着太平洋战争的爆发,日军冲进租界,中通公司租用外轮的运输方式已无法实施,程余斋与董浩云和翟明翰商榷,认为抗日之举不能停摆,面子无所谓,最终想出采用木帆船队运输货物,人在屋檐下,不得不低头,此举经营艰辛,但是,也能维持公司生存,还能给予大后方一些帮助。

1943年5月,在重庆的中华职业教育社26周年社庆上,钱新之携程余斋引见周恩来,周紧紧握住程的手说道:"知道,你身兼两职。卢思先生(卢作孚),还有你,两个航运巨擘,一个长江头,一个长江尾。"

抗日战争胜利后,钱新之、黎重光返沪主持公司复业工作,董事长钱新之则运用其金融才能和人脉,从交通银行贷款45万余美元,合并英国的14万英镑赔款向美国购入客货轮3艘("中兴""景兴""平兴"),货轮4艘("昌兴""孚兴""永兴""启兴"),主要航行沪青、沪汕线。其中1.4万吨的"中兴"客货轮,载客2 000余人,同时可装货3 000吨,属当时中国最大的客货轮,以中国的"玛丽女皇"号著称,每周往返上海至基隆定期航班。

1946年1月,程余斋升任中兴轮船总经理,开始在上海四川中路261号8楼中兴公司办公。

1947年3月,程余斋入股裕中轮船行,与好友陈在渭、杨志雄和胡汉武等人合股,将船行改组为裕中轮船股份有限公司。设址南京东路233号,总经理杨志雄。公司原有"裕中"轮(5 117载重吨),后再购入"裕东"轮(载重9 010吨)。1949年上海解放前,两轮均驶离上海,公司停业。

1948年3月,程余斋、董浩云等人奉命组建复兴航业公司,在赴美接船8个

第十二章 杜月笙与复兴、中兴和隆星航业的创办人钱新之、程余斋和董浩云

月期间,程余斋当选中国轮船协会常务理事,上海轮船业同业公会常务理事兼监事。由于中兴轮船用国民政府赔偿征用船只的30万美元参股复兴航业,首任复兴董事长非大股东钱新之莫属。1949年5月,程余斋就任南迁的香港复兴航业公司总经理。

至1949年春,中兴轮船共有大小轮驳20艘,3.6万多总吨。上海解放前夕,公司船只被国民党政府强征运兵南下,创始人钱新之和经理程余斋同赴香港,拟将业务重心转移香港,国共两党也同时加紧争取中兴公司及公司高层人物选边站,这对刚成立的新中国和溃败的台湾当局,无论是政治层面、经济稳定和人才争夺都极有指标性和重要性,如下的简述就可一目了然。

中兴煤矿是中国三大煤矿之一,也是当年最大的民族资本拥有的国内屈指可数的大型综合性股份制企业。至1936年年底,已拥有3座近代化大型矿井和台枣铁路、鼎中盐业公司和开兴成煤业公司3个大公司、发电厂、水泥厂、和兴钢铁厂、永兴炼焦厂和洛口木材厂5个厂,29个分销厂,大型码头有连云港码头、中兴码头,即现在的上海码头、浦口码头、江阴和武汉码头。其拥有的中兴轮船公司也堪称中国民营第一船队。

据现存股东名册,中兴公司发行股票后,股民有2 600多人,股东包括众多军政要员和社会名流,管理层人物有如下民国时期的政商界叱咤风云,之后也直接参与"南船北归"的人物:

朱启钤,从政时曾是袁世凯登基大典的主办人,民国代总理,五任交通总长和一任内务总长,可谓北洋政府的"不倒翁";人脉广泛,他是张作霖的亲家,周恩来的忘年交,蒋介石亲自为他斟酒;梁思成的前辈,章士钊的老友,王世襄的恩师,戴笠是他家的常客,他的外孙是共和国外交部副部长章文晋。他的一生经历了晚清、北洋政府、南京政府和新中国四个历史时期,为我国著名政治家、实业家、古建筑学家、收藏家。1920年后,朱启钤基本退出政坛,从事实业和文化事业,先后任中兴煤矿和中兴轮船董事长,为中兴公司轮船北归起到了重大作用。

钱新之,早年留学日本,为人处世外圆内方,在政、商、文教、慈善事业等多个领域,都有其影响力,因而在近代中国社会舞台上长袖善舞,人脉极广,头衔众多,颇负盛名。曾是国民政府财政部次长

钱新之

代理部务,浙江省政府委员兼财政厅厅长;曾任交通银行董事长及多家银行董事和协理,作为中国近代杰出银行家的代表人物之一,是中国近代金融业和银行业发展史上的一位举足轻重的人物;黄炎培发起的中华职业教育社等文化教育事业,几乎全部由钱新之予以大力资助的,1929年起,钱新之还担任了中华职业教育社董事会主席,从1936年起,他还任复旦大学校长兼董事四年有余。

在实业上,钱氏出任民生实业公司常务董事、太平洋保险公司总经理,尤其是从1928年起,钱新之出任中兴煤矿总经理、中兴轮船公司董事长后,在其锐意进取的改革下,中兴走向最鼎盛时期。

上海中兴码头

上海解放前夕,章士钊也住在上海,与朱启钤交往甚笃。1949年国共和谈期间,周恩来请托赴京的章氏写信劝说朱启钤留在大陆,不要去香港、台湾。

1949年5月上海解放,在沪的中兴董事朱启钤、黎绍基(重光)、周叔廉、唐伯文等人便紧急磋商中兴轮船公司复运事宜,推举朱启钤为董事长、黎绍基为总经理。10月,朱启钤、黎绍基应邀赴京受到了周恩来总理的亲切接见,称赞中兴公司董事们的爱国行为。随后,在得到人民政府鼓励支持,朱启钤、黎绍基运作下,得到滞港钱新之和程余斋的默认和配合,除了"鼎兴""远兴"两轮仍滞留台湾外,滞港的"昌兴"、"孚兴"、"泰山"(原名"鲁兴",5 860载重吨)、"临城"(原名"永兴",4 675载重吨)、"枣庄"(原名"铭兴",2 990载重吨）、"台儿庄"（原名"景兴"，3 850载重吨）由香港北归时，假转英国船籍，分别经我交通部核准并担保获得中国银行贷借帮助，转道日本，先后于1950年、1951年回国。此外，中兴轮船公司在内地尚有"塘兴""浦兴""沪兴"等4只拖轮及"浦壁""浦宜""浦飞""浦尔""浦洁""浦琪"和"浦熙"7只驳船，交长江航务局代管运营。

1953年11月1日，中兴轮船和海鹰轮船合并实行公私合营，定名为公私合营中兴海运公司，1956年6月，并入上海海运管理局。至此，中兴轮船完成了历史使命，同仁们和船为新的中国航运事业，再续中兴几代人的"振兴实业，强国富民"的追求。

原中兴轮船公司掌门人钱新之赴港后很低调，只在香港注册了新闻报社，有传说滞港初期钱新之和经理程余斋，愿把在台湾的"远兴"和"鼎兴"两轮牺牲掉，其余船舶北归。此传说在2000年出版的程余斋传记中曾提到，来港实施"南船北归"计划的上海招商局军代表董华民，向程余斋转达了政务院周恩来总理的问候，还转交了北京交通部部长章伯钧的亲笔信。此后，董华民、吴荻舟（香港中共地下组织负责人）不断地做程的工作，解释共产党的统战政策。不管怎么说，不久，香港中兴轮船的船队北归了。也可从新中国成立初期交通银行仍然保留钱氏的董事职位得到佐证，是否拿董事车马费不得而知，因为当时周恩来和蒋介石都在游说他俩站队，钱氏本人也曾托人带话周总理，总理对老熟人的回应是"既有困难，就不要勉强嘛"。他最终定居台湾，这一决定的内情已无从得知。

1950年3月，原中兴轮船公司台北分公司经理徐志凡，以法人代表在台北注册了中兴轮船公司，任总经理。台湾当局获得复兴航业11艘海轮，大陆内地获得中兴6艘海轮，双方一番角力后大致"双赢"，夹在风雨中的钱新之、杜月笙、程余斋和董浩云也没得罪海峡两岸。

新中国成立初期，应周总理之邀，在外孙章文晋（曾任外交部副部长）陪伴下，朱启钤离沪赴京居住，1964年逝世，享年94岁。

72岁的程余斋创建香港隆星航业

与复兴迁台和香港中兴歇业几乎同一时期，"三反""五反"运动开始，不少当年航业老板卷入其中，尤其是被周恩来称之为"长江头"航业巨擘的卢作孚自杀身亡，有"长江尾"称号的程余斋暂避风头，不能承兑自身北归的诺言。此时的他，虽无官一身轻，但两袖清风使其想起在台湾的杨管北。几年前，杨氏在成立益祥轮船公司时，邀请程余斋入股2万元，以壮自己公司之威，此时程氏想要回股钱准备东山再起，作为老朋友老同事的杨与程私交不错，退还了程余斋的救急之款。

程余斋用上述款项成立了盛正船务公司，做起小本船业生意。老天不负有心人，南迁的裕中轮船公司出售"裕东"轮，买家是华光公司老板赵从衍，后来成为香港船王，当年在上海创立中国船务公司时，得到程余斋的大力帮助，他知道程氏在航运界的分量，交易的条件是程与船绑在一起过户，需要程管理航运业务，为了裕中股东们的利益，程余斋这次出山帮赵氏搞航运不得已而为之。

1952年2月，华光轮船公司开业，程余斋当上了只有一条船的公司的总经理，办公室里只有两个帮手，财会一人和实习生一人。不久，华光利用港府的贷款，增添船只，开辟南美航线，华光业务越做越大，世人都投来羡慕的眼光。

1955年，香港航运界在程余斋和董浩云的倡议和游说下，成立了香港船业公会，照搬原上海船业公会的规章制度，而且统揽了在港的上海航运界精英。程余斋被会员们公推首届公会主席，好友董浩云等人为常务理事。

20世纪60年代初，程余斋不仅使得华光公司的航运业务上了一个台阶，为了使香港成为东南亚的航运中心，必须为香港培养高级船员，由于香港条件有限，程氏将眼光投向台湾，多次往返考察台湾，最终说服香港船东集体出资支助台湾海洋学院，于是该院同时建立起十二个高水平的轮机工程实习室，宛如一艘万吨巨轮的轮机舱拔地而起。之后，程余斋个人出资300万新台币，为海洋学院设立奖学金，以资奖励出类拔萃的学生，为香港台湾航运界培养更多的优秀船员。

就在华光的航运事业蒸蒸日上时，华光的老板赵从衍却赌性成瘾，一次豪赌，挥金百万，甚至发展到付银行转账支票地步，在程余斋规劝无效后，决定分道扬镳，此消息一经传出，不仅香港航运界的不少公司要邀他入伙，连在日本的富商郑炜显、吴善昌数度赴港，拼命游说程合股再设新的轮船公司。

郑炜显，宁波镇海人，是船王包玉刚少年一起观海的朋友，当年包欲转型投资航运时，多人持异议，连其父包兆龙都反对，而郑炜显却力排众议，极力支持包玉刚的战略眼光，陈述投资航运业的利弊，最终的结论是老友包玉刚与众不同，适合入行航运。

第十二章 杜月笙与复兴、中兴和隆星航业的创办人钱新之、程余斋和董浩云

郑氏早先移民巴西,再转移日本,勤奋好学,精通日语,长居日本,与吴善昌合伙在日本创立东阳公司,五六十年代,郑氏作为中国香港地区船东和日本租船公司之间搭桥人,为中国香港地区船东获得长期有效的租约,有重大功劳。其不仅见多识广,也见过大场面,譬如1948年震惊上海滩的"上海舞潮案",时为上海滩著名的维也纳、米高美舞厅老板郑炜显担当当时闹事的舞业大会的顾问,闹事期间,上海社会局局长吴开先落荒而逃,党国要人潘公展受到万分惊吓,百余名舞业者被关押判刑,而他却毫发无损,安然退场。

缘于程与郑多有业务来往,彼此了解,印象不错,加之日本航运方便,造船界也声称,可在船价、付款和承租等合作给予方便。

1967年2月,62岁的程余斋以25%的股份,出任香港懋德航运公司董事兼总经理,不到十年工夫,懋德航运也在香港航运界崭露头角,当初涉足航业只是一个设想,如今不仅发展到20艘船,百万余吨,而且成为香港地区中规模相当、经营有方的航业公司。2008年郑炜显孙子郑力文入主懋德航业,至今懋德航业在香港航业仍有一席之地。

到1976年,由于经营理念不同,被香港船王包玉刚和曹文锦尊称为"香港航业之父"的程余斋决定另起炉灶,独立创立了香港隆星航业有限公司,程占股80%,邀请同乡辛德俊入股20%,自己任董事长兼总经理,时年72岁。

程余斋

隆星初期就大手笔购置两艘大型散货轮,载重11.6万吨的"苏阳光"号和相似吨位的"女王"号,三年之后,公司总吨位达50万吨。1978年10月,程余斋当选香港航业学会会长。翌年,他出任香港行政协会委员,同时当选香港船东会理事会荣誉委员。此时,程氏已近75岁,召次子程义离美返港,他看好时任美孚亚洲部总经理的程义,欲将其培养为掌管隆星的接班人。

不久,程义就任隆星总经理,程余斋腾出手来忙于航运界的社会活动。1985年,香港董氏航运集团陷入财务危机,遭到台湾高雄船厂扣船逼债,台方

放风,如请出有声望的程余斋或包玉刚出面担保,事情有回转余地,这天,董建华进入隆星董事长办公室,左一个程伯伯,右一个程伯伯,恳求程余斋看在父亲董浩云的面子上,解围救董家。程余斋是重情重义之者,看着董建华成长,哪有不出手相救之理。在做足整备之后,85岁的程余斋在董建华的陪伴下飞抵台湾,经过一番努力和程余斋的签字担保,高雄船厂立马放船,董建华七个月后也遵守协议,还清欠款。高雄解围使得当年香港航运界有惊无险,程余斋也受各方称赞。

筹组海运学会打破三地航运坚冰

1985年5月11日,程余斋一行应中国航海学会的邀请,对北京进行访问,随行的有程夫人张绿怡、梁敏行先生及香港新力航业有限公司经理吴志贤,由香港招商局总经理周吉陪同。

迎接香港同行的是中共中央顾问委员会委员、交通部前部长彭德清,交通部副部长、中国航海学会会长林祖乙,交通部外事局局长董华民,中国航海学会总干事马宝珍。

这是一场非同寻常的相见,即将开启三地航运互通的大门。双方在机场热烈握手,最令激动的情景,就是程余斋与董华民几乎同时感叹:相隔三十四年才见面。这是谁都没有料到的。

为了这次相见,在1983年交通部即派董华民、与香港航界人士有老交情的周启新两次赴港,两人做足与台湾有业务联系的香港航运界人士的统战工作,并成立了学会筹备小组。两次拜访和会谈均取得重大进展。为此,交通部又专门下达文件,其内容宗旨就是为了这次北京相会,一定要争取香港航运界亲台人士,以便发扬光大爱国统一战线。

当晚,船长出身的中共中央委员、交通部部长钱永昌会见并在人民大会堂北京厅宴请程余斋一行,其间,主客同行畅所欲言,甚是融洽,尤其在专业领域的交流更是务实和有效。

结束北方的考察后,南下上海的行程是程余斋最向往的,所到之处,所见所闻引发程老这个老上海人无限遐想,陪行的胡汉武是故旧相遇,当年胡汉武是上海航运界的少壮派,吴淞商船专科学校毕业,时任上海航政局考核股股长,抗战胜利后,胡程两人是航业同业公会整理委员会同事,与董浩云、杨成质

第十二章　杜月笙与复兴、中兴和隆星航业的创办人钱新之、程余斋和董浩云

（民生船队北归时，香港民生公司经理）和李志一（时任复兴业副总经理）负责接收敌伪船只，组织船队承运救济物资。胡又与程余斋、陈在渭等人合创裕中轮船公司。

胡汉武一路陪同程游览市容，一路说不完的知心话，回想当年，胡汉武也作为北京代表赴港劝说滞港船东北归，动身前由政务院总理周恩来亲自饯行。到香港后，获得情报的台湾当局，对胡汉武发了通缉令，受到特务跟踪。他照样公开请客吃饭，在众多航界老朋友掩护下，工作确有成效。

程余斋一行下榻茂名南路淮海中路的锦江饭店，他有着三十几年在上海生活和工作经历，对饭店周边一切的一切实在是太熟悉不过了，在胡汉武的陪同下，每到一处都会令程余斋万分感叹，勾起他对上海的旧日情怀，尤其是站在旧日老宅时，千头万绪涌上心头，即使经历过那么多风雨历程的他，想起自己和亲朋好友的冷暖人生，也久久不愿离开。

绍兴路96弄文元坊（左）及6号程余斋旧居（右）

程余斋旧居在一条不到半公里长的绍兴路，东西走向，一条幽静的小马路，时下被众人捧为有着文艺气息的一条街。程宅是靠近陕西南路口的（绍兴

219

路西侧)96弄文元坊6号,一幢三层楼独立洋房,底层是厨房和客厅,二楼母亲和儿子住,三楼他与太太陈立圆住。面对旧居,让程老想起那天太太得知丈夫受汤恩伯胁迫,必须离开上海时,取出陪嫁和积蓄,劝程余斋离开,妻子的一席话让其感动万分,也令他思索万千,其中与发妻陈立圆娘家大有关联,也就是说,与绍兴路东侧的8号丁氏家族有关,也是上海航运界的传奇之一。

1947年,原上海海运局资深高级轮机长丁永宏自南洋电机专科毕业,由程余斋安排入中兴轮船公司当轮机实习生,这缘于程余斋和陈立圆是丁永宏的姨父和姨母,当年程余斋夫妇赴港后,内地大环境的变化,程丁两家就断了来往,也不知道丁氏家族还住在同一条路的8号。1949年,丁永宏的上司英国人船长提议丁随他去香港蓝烟囱轮船公司工作,被丁谢绝。

当年,丁永宏轮机长与钱永昌船长既是同事,又是好友,程余斋与钱部长有过多次交流,不知作为姨父的程余斋是否与部长聊过丁永宏,时下三位上海航运界前辈已作古,这一切都深藏在航业史的大海之中。

结束上海之行,深怀浓浓乡情的程余斋,一回香港就马不停蹄地筹组海运学会,接受北京重托的程余斋召集董氏集团董建华、万邦的曹文锦、懋德的郑炜显、华光的赵世彭(其父赵从衍)、环球集团的苏海文(包玉刚之婿)等人商讨,这些人不仅是香港航运大佬,除了苏海文是取了中文名的洋人,大部分都是喝黄浦江水长大的上海精英,与程氏的渊源深厚,交情匪浅,再说学会的成立有利

左四包玉刚,左五为程余斋,右二曹文锦

第十二章　杜月笙与复兴、中兴和隆星航业的创办人钱新之、程余斋和董浩云

于三地航运业的发展和壮大,何乐不为,同行前辈的呼吁,与会者积极响应。

是年秋天,程余斋当选为香港航海学会主席,后为荣誉主席。不同于先前他创立的香港船东会和航业协会,该会被赋予重大的历史使命,要成为以后的"三通"的纽带,架起三方航运界互通的桥梁。

1987年6月25日是值得喜庆的一天,经过两年的筹备,以香港航海学会名义举办的"亚太地区集装箱运输学术研讨会"在港召开。一个"亚太"用词蕴含着程老的智慧。赴会之前,83岁高龄的他喜气洋洋,一边刻意修饰自己的外表,一边自傲地对夫人张绿怡说:"两年的筹备着实不容易的呢。冰冻38年了,我么,已巧妙地安排北京与台北握手。"

海峡两岸双方都派十位代表参加研讨会,一开始就显示出好兆头。大会期间,程余斋精心安排两岸代表共同讨论,同桌吃饭和品茗。首次半官方的接触,开始打破冰冻近40年的隔绝,双方都有相见恨晚之意,彼此交流均有良多的感悟,尤其是讨论如何创造条件,互惠互利三地航运界,彼此的倡议让双方都大感意外。

程余斋在大会上做了令人鼓舞的报告。随后,标志着中华民族崛起,以及华人航海事业真正迈入世界前列的大会圆满结束,坚硬的冰块已融化。

1988年9月9日,66名台湾老兵乘坐的探亲船"昌瑞"轮抵达上海港,这是两岸隔绝近40年后第一艘来自台湾的客轮;1988年11月25日,上海铜厂职工许松林成为大陆居民赴台第一人;2003年1月26日上午8点52分,台湾中华航空公司CI585航班降落在上海浦东机场,这是时隔54年后第一架台湾飞来的民航班机……上海又创造一次次两岸交流史上的"第一",然而不要忘记这一切都与80多岁的航海奇星程余斋有关,是这位老上海以爱国心,用其智慧的钥匙打开了两岸隔绝之锁。

1991年9月,应交通部部长黄镇东邀请,87岁高龄的程老赴杭州,又参加了第三届"亚太地区集装箱运输研讨会",会上,程老作了题为"我国航运问题"的报告,提出十项建议,迎来参会者的热烈掌声。

是年10月,镇江火车站有些热闹,扬州侨办主任带着一群干部已在月台等候专程回故乡的程余斋偕夫人、胡汉武夫妇等一行。阔别50年后,首次回乡的程老,此时此刻的心情是常人难以想象的激动和复杂,浓浓的亲情让他静心沉思,荣归故里,必须回报家乡人的热情款待,才算不枉此行,才称得上功德圆满。于是,扬州教育史上首个教育发展基金会就成立了,其实,程老行前就与同乡、公司常务董事辛德俊商定各捐50万港币,作为"隆星教育发展基金"

本金,以利息作为奖学金,资助和奖励学生和老师,发展家乡的教育事业。据不完全统计,程余斋先后向扬州市捐款700万人民币,育人利国是他的终生理念。

自从1992年10月,香港隆星航业有限公司程余斋、辛德俊捐资设立的"扬州隆星教育发展基金",用于奖励高中学科竞赛获得一等奖的学生近5 000名。

程余斋、辛德俊两位老先生生前对家乡的教育事业十分关心,程余斋先生曾数次慷慨解囊,捐赠梅岭中学建立现代化校园,资助兴建扬州少儿图书馆和乐凯中学体育运动场,捐资总额近千万元。

2002年,沪港航业老前辈程余斋先生去世后,其儿子程义先生继承了父辈的传统,也多次注资隆星基金。他情牵扬州,关爱学子,将父辈的爱心接力棒很好地传承了下来,继续资助贫困学生,奖励优秀学生,体现出程氏家族爱国爱乡之情。

自1992年9月,程余斋赴韩国亲自主持17万吨"隆星"号命名典礼。之后,隆星公司的船队曾扩展到百万余吨,成为香港一家中等规模的稳健航运企业,程老的接班人程义也在2000年当选为香港航海学会名誉会长。

坐落在香港中环八号码头的香港海事博物馆,馆内设有程余斋展厅,展示中国航海历史与文化,以纪念香港隆星航业有限公司创办人航界奇星程余斋。

第十三章
上海帮航业传奇人物：陈巳生、郑孙文淑和杨管北

1950年5月26日，由国共双方都认可的著名爱国华侨领袖陈嘉庚旗下的《南洋商报》引用美联社报道，沪航业巨子陈巳生谈上海已解除封锁，国军已弃守舟山群岛，新政府将恢复华北各埠的航线和外洋航线——言外之意这对滞港上海航运业老板群体充满商机。当然那时没人知道他和其搭档赵朴初与中共的关系非比寻常。1950年1月，上海市轮船运输业同业公会成立，由前上海市轮船商业同业公会、上海市汽船商业同业公会合并而成，过去这两家公会是公认的沪航运业专业性权威协调机构，陈巳生担任了新一届主任委员，凭借他过往的资历和人脉，由他出面代表上海规劝滞港的上海船东北归是不二人选。由此，将会浮现出上海或中国航运界历史上的应该记住的人物：

郑良裕，中国近代航运企业家，最早的民营造船厂和轮船公司创始人。

陈巳生，沪航业巨子，沪商名人，著名民主人士，宗教慈善家。

赵朴初，曾任中国佛教协会会长，著名民主人士和社会活动家。

郑孙文淑，女船王，郑良裕长媳，守护和延续郑氏航业的女中豪杰。其子郑瑞祥，著名船舶设计师，航运界公认的"为中国造船立了大功的人"。

杨管北，民国风云人物，沪台两地航运业先驱，台湾地区知名佛学居士。其子杨麟，台湾知名实业家，开创两岸往来的"联络人"。

公茂船局、香港女船王和上海振华重工

此话要从民国元年说起，中国近代航运业先驱郑良裕（浙江镇海人）生于1866年，从小随父去上海经商。郑良裕先在上海的一家洋布店当学徒，年轻时

就有创业大志,后自设通裕洋布号,进口英国羽绸等纺织品,一年后改为独资,独自经营,一帆风顺,业务发达。1883年在上海新闸路开设轧花厂。1885年郑良裕将轧花厂改建为通裕铁厂,制造内河小火轮,陆续有"春申""大吉""大利"等多艘船只投入上海至无锡、苏州、常熟等地的航线。

1888年,通裕铁厂改名公茂船厂,又称公茂机器厂,增加资金27 000银元,雇工增至40余人,以一台老式车床制成50—100匹马力之拖轮引擎。郑良裕经营之能力,为同行所敬服。1895年曾任英商公茂纱厂买办。

1901年,郑良裕创办公茂轮船局,在这基础上创办通裕产商号,后改称通裕航业公司,比虞洽卿1908年创办的宁绍商轮公司要早7年,先后购置轮船19艘、4 410吨。行驶内河、长江和沿海航线。

1910年,郑良裕筹资在上海兴办平安轮船局(后改名为平安轮船公司,地址在上海南市外马路214号)、宝华轮船局。后来宝华轮船局并入平安轮船局。先后购置"平安""新宝华""平阳""宝华""康泰""平文"等海轮,还有内河小轮30艘,行驶长江、沿海航线。郑氏独资开设的几家轮船行,实际上是一家,也就是航运史学者称之为通裕航业集团。

1915年,郑氏添置千余吨的"万利"和"新平安"轮,新开设上海至长沙的长江航线和天津至广州、南洋群岛的远洋航线。隔年又将宝华轮船局总号由宁波迁至上海,派"宝华"轮航行宁波—宜昌之间的江海航线。

1920年,通裕航业再添一艘"新宝华"轮,与已在航行的"平安"轮一起,行驶在上海至泉州的航线上。这样,通裕航业集团的两个轮船局、公茂造船厂,总投资已达150万银元以上,拥有大型轮船7艘,总吨位6 343吨;小轮16只,合计204吨,在苏南水域,其实力仅次于招商局与戴生昌轮船局。

公茂机器造船厂也是近代著名的造船企业,1912年迁址上海浦东白莲泾地区,工厂拥有多座船坞、船台。1919年后,曾建造2千吨级远洋轮多艘,为当时我国最大的船厂。

1920年郑良裕去世,由其子郑锡棠接手。1933年3月6日,年仅41岁的郑锡棠在上海十六铺码头突遭绑架,混乱中郑锡棠头部中枪,并于两周后去不幸身亡,当时只有26岁的郑锡棠夫人、郑家长媳郑孙文淑独自挑起郑氏航运

郑良裕

产业的重任,自任平安轮船公司、老公茂轮船公司、平安船坞、老公茂修船厂、裕新纱号等公司的总经理。次年,陈巳生经族亲、平安轮船公司账房先生周结斋介绍,入该公司任副经理,开始进入航运业和商界。

前排中间者为郑孙文淑

在郑氏家族的经营下,公茂船厂逐渐成为近代上海规模最大的民营造船厂之一。至1937年淞沪会战前,公茂船厂的码头可系泊江海轮6艘,有300尺大船船台三所,长260尺、宽38尺、深12尺木质船坞一所,长250尺、宽25尺、可拖200吨船舶用的钢筋水泥滑轨一所,当时全国造船厂有船坞10个,其中中国海军4个,省级政府拥有5个,而上海公茂机器造船厂在当时是全国唯一拥有船坞(平安船坞)的私营造船厂。

该厂拖船、驳船、挖泥船等一应俱全,还装备了德国造电焊机及机车,专供船舶修焊之用。公茂船厂建造的最大船只为2 000吨级远洋线"新平安"轮。公茂船厂内部设主任一人,总揽全厂事务。下设有工务组、物料组、事务组、会计组以及各工场,各组均设管理员,各工场则设有职工长,职工长以下设有工头,以管辖工人进行生产。

到1939年,郑家还清所借70万银元,当时平安公司拥有沿海航运船四艘,内河航运船内十几艘,还有公茂船厂等资产。陈巳生任职时,正值业务兴旺时期。但是好景不长,抗日战争全面爆发后,所属"新平安"轮被国民政府征用,沉塞江阴封港,"大通"轮沉于宁波。"新宝华""平阳""大华"等轮被日军掳去,并入敌伪"中华轮船公司"营业,陈巳生不肯向敌伪登记,毅然脱离。后除"大华"轮外,其余船只均沉没。上海华界沦陷后,郑孙文淑虽是柔弱女子,却硬是与日海军武官对峙十小时,面对日寇的淫威,坚决不签所谓租借合同,挫败敌方妄想并吞郑家企业的企图,不愧是女中豪杰。

太平洋战争爆发后,公茂船厂被迫出售给日本三井洋行,日方将船厂改名为"三井洋行上海造船所"。日本投降后,郑氏家族以8 000万伪中储券将"三井洋行上海造船所"回收并改回其原名。国民政府敌产处理局认同了郑氏家族回收企业的行为。

1948年1月,"大华"轮收回,平安轮船局改组为公司,定名平安轮船有限公司,公司设在上海外滩中山东二路9号法邮大楼四楼,遂添置"平安"轮1艘(后被国民党当局征用军运)。截至1949年,该公司有船两艘,共2 203总吨。上海解放后,平安轮停泊香港。

是年公茂船厂改制为股份公司,由郑孙文淑任总经理,郑延益(郑锡棠之子)任经理。

1950年后,郑孙文淑携儿带女离沪赴香港,公茂船厂于1953年由私营企业变成公营的长航二厂,1955年后改称"白莲泾修船厂",1960年,交通部在中央指示下决定将条件出众的白莲泾修船厂改建为我国第一个港口机械制造厂——上海港口机械制造厂,时至今日上海港口机械制造厂已演化为国际港机制造的龙头企业——振华重工。

振华重工全称上海振华重工(集团)股份有限公司(ZPMC),是1992年成立的国际重型装备制造行业的知名企业,为国有控股A、B股上市公司,控股方为世界500强之一的中国交通建设集团有限公司。

振华重工总部设在上海,并在上海本地及南通等地设有10个生产基地,占地总面积1万亩,总岸线10公里,其中深水岸线5公里,承重码头3.7公里,是世界上最大的港口机械重型装备制造商之一。

1994年,振华重工在国际招标中一举中标,为美国迈阿密港制造4台超

第十三章　上海帮航业传奇人物：陈巳生、郑孙文淑和杨管北

PGO GRACE号半潜式甲板运输船

振华34号半潜式甲板运输船正在操作"海上平台"运输

巴拿马型岸桥，这是振华产品首次进入美国，也是中国大型集装箱机械首次进入美国市场。对于这宝贵的第一单，振华人全力以赴确保优质按时交货，并委托荷兰的一家公司承担整机运输。但这家公司索价奇高，且船期无法满足公司要求。如果产品不按时运输，振华重工将面临每天高额的罚款。但当时世界上仅荷兰的这家公司拥有叉装船和海上整机运输能力。在进退维谷之际，振华重工做出了一个重大而又惊人的决定——打造自己的整机运输船，并购买了一艘旧船自行改装。次年便如愿以偿，改建第一艘世界上最大的叉装船"振华2"轮，振华重工就用自行设计改装的整机运输船"振华2"轮运载迈阿密岸桥成功首航美国，中国港机到达轰动迈阿密整个码头。故事还未结束，14年后又发生了替振华重工向全世界做免费广告的趣事，奥巴马与ZPMC并列主角。

自2008年金融危机后，美国看到了制造业的重要性，开始想办法让制造业公司搬到美国，为鼓励美国民众使用"美国制造"，2013年美国总统奥巴马在迈阿密码头演讲，显然美国工作人员不想让民众看到演讲背景的起重设备上中国公司的标志，便事先用一面美国国旗盖住"振华ZPMC"的中英文商标。然而天公不作美，无奈一阵风把星条旗刮落，起重设备上露出了"ZPMC"及"振华"标志，让这场演讲显得尴尬。

1998年开始，振华在港机方面就做到了全球市占率第一，2005年前后市场份额大概就已经占到70%左右。

2016年5月13日，世界上最大的起重船"振华30"在上海长兴岛基地交付，该船是振华重工自主建造，长宽分别达到了297米、58米，起重量12 000吨，总重约14万吨，排水量近25万吨的庞然大物，体量超过了全世界所有现役航空母舰。臂力最多能吊起1.2万吨重物，相当于60架波音747客机的重量。甲板面积相当于2.5个标准足球场，并能做360度回旋，该船还安装了12个推进器，满足动力定位功能，包括2个2 750千瓦的侧推、6个3 800千瓦的可伸缩式全回转推进器以及4个3 250千瓦吊舱式推进器。

2018年，振华重工自行设计和建造的6 600千瓦绞刀功率重型自航绞吸船"天鲲"号，3日在江苏启东成功下水。在"天鲲"号之前，外界对于绞吸船的认识来自被称为"造岛神器"的"天鲸"号。"天鲲"号下水标志着中国已经能够自主设计建造新一代的重型自航绞吸挖泥船，可以更好地满足国家经济发展和国防建设需要。因为其强大的填造能力，"天鲲"号被网友冠以"地图编辑器"的昵称。"天鲲"号虽然不是世界最大的挖泥船，但却是世界上最先进的挖泥船。"天鲲"号全船长140米,宽27.8米,最大挖深35米,总装机功率25 843千瓦,设计每小时挖泥6 000立方米。

在大型起重船、海洋钻井平台、铺管船、铺缆船、挖泥船等海洋工程装备领域,振华重工积累了丰富的业绩和20余年海运经验,拥有较强的船运设计及海上安装、海底安装能力。截至2022年9月,振华重工拥有26余艘6万吨—10万吨级远洋(整机)甲板运输船,其中9艘为半潜船,可将巨型设备运往全世界港口及用户,不仅可确保交货周期,同时保证运输安全。十年间,振华重工远洋船运输超1 000航次,运输货物总量近5 000台重、大型机械。

1950年左右,郑孙文淑抵达香港时仅42岁,手中只有"平安"轮,开始重振家业。经过多年苦心经营,在长子郑瑞琛(延益)协理下,1956年注册了平安轮船公司,在香港再次崛起,鼎盛时期有巴拿马型散装船近10艘左右。之后,郑孙文淑进入香港建成国际航运中心作出最大贡献的17位华人航运家的名录,成为与董浩云、包玉刚两位世界船王并列的唯一的女船王,这也就佐证了郑孙文淑在航运界的地位,在航运界这一男人世界中,由妇女掌管航运企业经营大权者尤为难得,开创了妇女从事和掌管航运业的先河。为此,宁波的知名作家天涯和王耀成以郑孙文淑为原型创作了长篇小说《女船王》。1988年2月20日,享有"宁波帮女船王"之誉的郑孙文淑与世长辞,享年86岁。

1999年7月,香港郑家平安轮船公司结业,从创始人郑良裕算起,一百多年的起起伏伏创业经历值得深思和展望。有人提出为何后辈不延续百年"老店"式的航运公司,其实,当年郑良裕是从创立造船厂起家的,笔者认为郑家第三代改换"跑道",重归其祖父的造船业。

郑瑞祥(延寿),郑孙文淑的次子,1930年出生在上海,1952年考入英国格拉斯哥大学造船系,以一级荣誉学位毕业后获得奖学金继续攻读博士学位。1959年博士毕业,成为当时香港极少数受过正规专业训练的船舶设计师。回国后即进入家族企业香港平安轮船公司,任技术董事,主管公司全部修船造船业务,历经15年,其间曾为董浩云造船高参,并自创郑瑞祥船舶设计咨询有限公司,在上海设有分部。1985年,与上海江南造船厂联合设计64 000吨巴拿马型散货船,也是中国大陆改革开放后现代远洋集装箱货轮设计之始,外高桥造船厂累计签约80多艘该型船舶。由此郑瑞祥名扬四海。

2003年6月,外高桥造船公司开发建造的第一艘绿色环保型17.5万吨好望角型散货船,该船是我国第一艘取得美国ABS绿色入社符号的船舶,总设计师是郑瑞祥,被《中国船舶报》评为"为中国造船立了大功的人","他把顶尖设计交给内地",称为"中国好望角型散货船"设计之父。

2012年至2014年,郑瑞祥将平生共计200箱,重达10吨珍贵资料文献捐赠上海交通大学船舶海洋与建筑工程学院,以期惠益后人,也是上海交通大学图书馆史上最大文献捐赠。

郑瑞祥(下图中)被誉为"为中国造船立了大功的人"

第十三章　上海帮航业传奇人物：陈巳生、郑孙文淑和杨管北

陈巳生、赵朴初的传奇人生

陈巳生加入平安公司之前，即1927年，他经基督教青年会推荐，游历留学欧美，1930年获美国俄亥俄州大学文凭。回国后，陈巳生担任基督教青年会全国委员会助理总干事。1934年他作为上海航运业精英，平安轮船局代表出席了国民政府收回航权的联席会议，那一年他41岁，此时年轻有为的陈巳生在上海的航运和宗教界已颇有名气。

陈巳生离开平安公司后，于1940年末，应胡咏琪（民国"保险业大王"，中共地下组织成员）之邀，到宁绍人寿保险公司任副总经理。公司有位谢寿天是中共地下党员，与陈巳生相处甚笃，经常一起参加进步社会活动。他们还同郑振铎、许广平、王任叔、雷洁琼、赵朴初等进步爱国人士聚餐。从这时开始，陈巳生与赵朴初开始一搭一档，在上海滩搞出不少动静，神不知鬼不觉地为中共地下组织完成了他人无法替代的作用。上海解放后，陈巳生还担任了基督教长老会救主堂的董事长。而陈巳生的挚友和异姓兄弟赵朴初也有着几乎一模一样的人生"复杂性"。

赵朴初，著名社会活动家、佛教人士、书法家、诗人、作家，安徽省安庆市太湖县人。1907年11月5日生于安庆，1911年随父母迁回老家太湖县寺前河居住。早年就学于苏州东吴大学。1928年后，任上海江浙佛教联合会秘书，上海佛教协会秘书，"佛教净业社"社长。

1930年任四明银行行长，在他管理的四明银行发展迅速，分别设立了南京分行和总行房地产部，同时还清之前所欠旧账，呈现出欣欣向荣之势。但由于银行事务繁忙，为了专心佛事，他逐步退出了四明银行管理层，并于1935年皈依佛门，正式成为在家居士，自此开启了普济天下、文字立禅、翰墨结缘的传奇人生。

太平洋战争爆发，日军进入租界，形势更加严峻，但经济却畸形发展，集聚在上海的社会游资急于寻找出路，美、英、法籍的保险公司都被日寇接管，而日资保险公司一时还替代不了它们。陈巳生、谢寿天抓住这个有利时机，以宁绍人寿保险公司为基础，发起在沪华商各保险公司，组成了大安物产保险公司。1944年，陈巳生以大安保险公司名义和资金投资关勒铭金笔厂，并担任总经理。他利用关勒铭金笔厂掩护中共江苏省委书记刘晓（化名刘镜清）、省委组织部部长王尧山，他俩分别担任该厂常务董事和职员。而陈巳生本人在社会

上的形象,外界对他印象完全是位有地位的工商界人士。

1945年,陈巳生和赵朴初参与发起了中国民主促进会并任常务理事。隔年,陈巳生在上海参与创建中国民主建国会。

1946年,上海著名的慈善机构"上海少年村"成立,其前身是上海净业孤儿教养院,赵朴初是院长,陈巳生任常务董事,此时的陈巳生是上海工商企业界、宗教界的知名人士,他的名下有宁绍人寿保险公司、大安物产保险公司、关勒铭金笔厂、大安木材公司等企业,又是中华基督教青年会全国总干事。另外,陈氏家族名下有美华轮船公司。

同年,在广东路153号(江西路口)成立了安通运输公司,由中共上海市委(地下党组织)提供部分资金,由美华轮船公司作底的沪航运业名人陈巳生,其兄长陈淼生和赵朴初三人持股数达33%,有若干拖轮和铁驳,还有十几辆汽车,经营运输、报关业务。总经理陈巳生和副总经理赵朴初在同一个办公室,两人的办公桌就是面对面。算上赵朴初名下的华通运输公司,也就是说一个办公室经营着两家公司,用一套班子,连两家公司的发票台账都一样。

1946年6月,国共内战爆发,人民没能休养生息,又被卷入战争的旋涡。上海各界人民团体纷纷抗议,决定推派代表赴南京,向国、共和马歇尔三方面呼吁和平。代表团11位成员中有上海学生和平促进会选举的两名学生代表陈立复、陈震中(圣约翰大学医科学生,陈巳生的儿子)。

6月23日,上海10万名群众,各界知名人士集会,集会后游行。当时游行队伍的开道车就是陈巳生派遣安通运输公司的汽车。集会游行的当天沿路散发的印刷品传单,也是由陈巳生投资的另一家公司,叫作中国文化投资公司印刷的。

当晚,上海人民和平请愿团到达南京下关车站时,遭到国民党特务包围殴打达5个小时,马叙伦等4名代表受重伤,造成了震惊中外的"下关事件"。周恩来闻讯后即与董必武、邓颖超到医院慰问,并向国民党当局提出抗议。参加请愿的民建成员有盛丕华和日后加入民建组织的黄延芳。黄延芳还将代表团请愿意见当面向蒋介石陈述。

重伤者中有陈震中,他后来与父亲陈巳生一起参加政协、一起参加开国大典,是第一届全国政协中最年轻的委员,也是登上天安门城楼,出席开国大典中最年轻的参与者。

1949年9月,在赴京出席第一届全国政协的列车上,上海代表团团长、上海市委书记刘晓让代表团联络员陈震中把一份党内文件送给陈巳生阅读。陈震中当时还感到有点惊讶,但后来想想,父亲长期来一直拥护党的领导,党自

第十三章　上海帮航业传奇人物：陈巳生、郑孙文淑和杨管北

1949年10月13日，陈巳生（前坐者）、刘晓（后排左一，时任上海市委副书记）、陈震中（后排左二，陈巳生之子）、范晓凤（后排左三，全国政协上海代表）在北京饭店4楼411客房的阳台上合影

然也把他当作可信赖的朋友，所以组织上让父亲看看党内的文件也属正常。殊不知，父亲是位比他入党更早的中共地下党员。

1950年1月，华通运输公司并入安通运输公司。3月，经清产核资，资产净值1.5亿元（旧人民币，下同）；后由华东军政委员会贸易部投资6.5亿元，总计资本8亿元。经改组成立公私合营安通运输公司，经营沿海外轮代业务。总经理、副总经理仍由陈巳生、赵朴初二人分别担任。当时，公司代理第一艘外籍货轮英商"安培"轮冲破国民党封锁线，成功驶入黄浦江之后，由该公司代理的其他外轮亦陆续驶进黄浦江。1952年，安通公司划归华东交通部领导。随后于10月间，全部资产及人员并入长江航运管理局上海分局及华东区海运管理局、上海区港务管理局。

1950年2月16日，舟山群岛的国民党军队全部撤退到台湾，几天后，陈巳生以沪航业巨子、商界和宗教界知名人士的身份，谈论道：上海已被解除封锁，恢复的华北各埠航线充满商机。这一新闻由《南洋商报》《联合早报》前身）采用美联社报道显示于香港社会，这股暖风使处于两难境地的滞港沪航运业大亨不得不作些决断，他们与陈巳生或多或少都打过交道，昔日不是朋友，也是商界同行，在这些人心目中，民主人士陈巳生的言行是可采信的。例如，掌管中国航运公司的董浩云是当时两岸的重点争取对象，早年就是"蚁社"

233

工华难童无线电培训班坐船赴新四军根据地

(左翼组织)骨干的董浩云,在抗战前后就与益友社(合并了蚁社)的常务董事陈巳生、赵朴初相当熟悉,一起投入抗日救亡运动,其中由董浩云全资赞助的工华难童无线电培训班,是董浩云与陈巳生等人合作的典范,这批毕业的难童身怀无线电技能,由陈巳生租用英商怡合洋行轮船,全部送往新四军根据地。

至于陈巳生是否曾赴香港与董浩云相见,至今为止的公开资料没有记载,当时国民党盯得那么紧,一切都处于保密状态。

从安通运输股份有限公司注册登记表中的董监事名单上,有骆清华,他与陈巳生、赵朴初和卢绪章都是董事,陈、赵两人是董浩云的好友。1948年,在上海成立了中国航联意外责任保险公司是上海最有名的保险公司,杜月笙任董事长,其中董事有董浩云、骆清华和杨管北。骆清华到香港时,董浩云也在香港,两人认识,身负统战重担的骆清华有否与董浩云有所交集,不得而知。

1953年8月,陈巳生因病在上海逝世。追悼会上,陈毅等华东局和上海市的党政领导,以及梅兰芳等各界名流前往吊唁。中国有句古话,叫"盖棺论定",但即便在逝世时,陈巳生的面纱也没有被揭开,世人甚至包括其家属所了解和知道的只是作为民族资本家的陈巳生。随着岁月的流逝,陈氏家族后人才终于得知,陈巳生原来早在全面抗战初期就已成为一名忠诚的共产党员,像其两个儿子一样战斗在党的秘密战线。

陈巳生,终年60周岁。生前曾担任过华东军政委员会委员兼人民监察委员会副主任,是第一届全国政协委员,上海市各界人民代表会议协商委员会第一届常委和第二、三届委员,行政七级干部。

迁台的杨管北及益祥轮船公司

选择连人带船迁到台湾的有杨管北名下的益祥轮船公司。杨管北,镇江人,幼年就读于鲍氏私塾,后考入润州中学读书,与李公朴同学。他在中学时,口才很好,曾获华东地区教会中学辩论演讲会第一名。润州中学毕业后,他考入上海光华大学,另一说法毕业于杭州之江大学。中国航运界公认杨氏是30年代至70年代著名航运业前辈。

1931年,被杜月笙称为"小开"的杨管北,联手杨志雄(经考试获得民国第一张船长证书,吴淞商船专科学校第四任校长)帮杜月笙获取大达轮船公司的管辖权,杜月笙任董事长,杨管北任掌握实权的副总经理,尔后又与拥有十几艘大通轮船公司成立联营处,在杨管北的精心管理下,1933年,向上海商业储蓄银行贷得白银六十万两,造成一艘可载旅客二千余人的"大达"轮船,生意极为兴隆,加强了杜月笙在航运业的地位。一年后业务由运河航线发展到江河联运,分公司遍及镇江等地,此时的杨管北依然成为航运界翘首人物。

1934年,在民国政府收回航权的联席会议上,出席会议的上海航业界精英包括三北公司虞洽卿、大达公司杨管北和联安公司陈巳生等二十几位专业人士。抗日战争全面爆发后,为了支持抗战,大达大通公司用船沉江拒敌,余下被日军劫夺,损失严重。杨管北经香港到达重庆办理各轮善后事宜,还曾利用英美商名义,成立怡太运输公司,开辟南洋群岛航线。

太平洋战争爆发后,杜月笙、杨管北转移内地,开展滇缅公路运输。直到抗日战争胜利,才返回上海重操旧业。那时公司仅剩"大庆""大豫"两轮,不过杨管北通过招商局总经理徐学禹的关系,承租了招商局接管的几艘小客轮,恢复了大达大通联运处,继续经营苏北航运业务。又将大达公司在抗战时期被日本飞机炸沉的客货轮,一一打捞起来修复,开辟了汉口至上海的航线。其中,"大达"轮在1948年投资20万美元大修后,代替"江亚"轮,在上海到宁波间航

杨管北

行。紧接着他又与三北公司、上海银行合作,成立益群轮船公司,购置海轮,经营远洋航运。

1946年7月,杨管北在上海广东路43号创办益祥轮船有限公司,本人任总经理,先后购入"利民"(2 496吨)、"福民"(1 928吨)、"惠民"(5 022吨)、"福南"(2 290吨)、"福祥"(4 607吨)、"福佑"(7 069吨)等货轮6艘,载重34 962吨,专营沿海及远洋航线,除自营船只外并代理同业船8艘,其规模进入航运业前列,这也是杨管北经营航运业鼎盛时期。

上海解放前夕,大达轮船公司的"大达"轮迁往香港,杨管北随船去港主事。1950年8月,上海大达轮船公司带头加入公私合营长江轮船股份有限公司。同年9月,章士钊赴港游说杜月笙北归,顺便劝说杨管北回大陆,为祖国建设服务。其间,杨管北曾嘱其秘书吴葆初自沪去港为其撰写自传,有为北归作打算的准备。然而到了1951年,上海益祥轮船公司搬迁到香港皇后大道中公爵行215室时,因种种原因,杨与他的公司就留港了。

1952年,国际航运市场不景气,益群公司的海轮都是陈旧老船,难以在国际航运市场竞争,杨管北去了台湾,于1953年在台北市注册了益祥轮船股份有限公司,继续从事轮船运输业,担任了台湾轮船同业公会理事长,兼任复兴、益祥两家航运业公司的董事长,成为台湾航运业初期的领军人物。

在社会活动方面,杨管北担任过上海市轮船业同业公会理事,中华轮船业公会全国联合会常务董事,上海面粉业同业公会理事,曾任上海市参议员。1947年,又经面粉业推荐,当选为国民政府立法院立法委员。

杨管北50岁后崇信佛教,有很高的佛学造诣。其所设的"杨管北儒佛奖学金",每年捐出10万新台币,使上千位优秀青年受到鼓励与恩惠。1963年,在美国的杨麟回台湾接替了父亲,出任益祥公司的董事经理,到了1971年,益祥公司就剩一艘一万五千吨的旧轮专航中东线,但杨麟在老父的协助下开始在美国和中国台湾地区创办了不少实业,改革开放初期,已加入美国国籍的杨麟是少数能进出大陆的台湾人,80年代中期开始他又担任海峡两岸的商务大使。

1985年春,离开内地三十六年的杨麟首次回到上海,随后他到北京在人民大会堂获时任军委副主席、负责对台工作的杨尚昆接见,杨麟答应用他的人脉为祖国引入外资。此后杨麟为内地引进了不少先进项目,其中航运业相关的外资项目之一,为与世交卢作孚儿子卢国纪的民生集团合办重庆大达轮船有限公司,杨麟担任副董事长,1995年又在重庆成立首家外资石化仓储的大班石化仓储有限公司。

杨管北于1977年8月1日逝世。所设立的奖学金,在他的哲嗣杨麟居士继续捐助下,每年仍然发放如故。杨麟也像其父乐善好施,90年代起资助中国社会科学院扶贫经济合作社,先后捐助达二百万美元,使内地中西部几万户贫困农户受惠。

杨麟,1928年出生于上海,杨管北家族三代单传的独子,自幼与李政道在上海一起长大,李的母亲是杨麟的姑妈。全面抗战期间,杨麟随父去重庆读南开中学,16岁参加抗日青年军远征缅甸,战后毕业于上海圣约翰大学。1949年随父去香港地区,后留学美国。毕业后打小工,努力拼搏,不久开办贸易公司,代理美国大型企业在中国台湾地区的销售,包括泛美航空、卡特彼勒重型机械、加拿大铝、美国标准洁具、波音飞机、可口可乐等。大陆开放后,杨麟在大陆有多项成功的投资,晚年曾居住上海致力于在大陆偏远地区扶贫教育。他本人生活节俭,有"亿万老开"之称。就算去豪华场所会见来访的幼时玩伴荣毅仁和董建华等,也开着一辆寒酸的小车,司机往往把车停得离目的地远远的地方,一时被传为笑谈。

2007年,杨麟投资九十万美元与上海电视台合作,拍摄十五集历史纪录片《去大后方》,为当年悲壮的抗战留下珍贵的音像史料。片中采访了145位亲历者,包括李崇道和李政道兄弟。该片于2009年被评为中国改革开放30年全国十大经典文献纪录片。

杨麟在历史纪录片《去大后方》中接受访谈

第十四章
民生公司船队北归历程和重出

  1949年初,解放战争已进入最紧要的关头,面对危险的战场形势,如何保护好民生公司这一百多条船成为民生公司老板卢作孚手头头等大事。他已命令在加拿大建造的"门"字号新轮,回国时不要再进入已被封锁的长江,而是改变航向驶往香港待命,以免被国民党海军截留。同时命令民生公司在长江上航行的所有轮船,除保留极少数应付运输的需要,继续在长江下游行驶外,其余绝大部分船只陆续向长江上游集中,驶回四川。

  卢作孚最为担心的事情还是发生了,解放军百万大军跨过长江后,国民党军队为了逃命,抢夺了民生公司7艘轮船。这批船有5艘驶往离上海吴淞口200余公里的定海。

  卢作孚派人到定海找到了被扣押的5艘船,并设法和国民党高层交涉,最终他们才同意部分轮船离开定海,但只准直驶台湾,不准驶往其他任何口岸,卢作孚心想这样也好,暂时离开国民党军队的控制,到台湾后再另图他策。数日后,民生公司的两艘轮船到达台湾基隆港。此时,国民党已经封锁了整个台湾海峡,没有签证,任何船只不得离开台湾。卢作孚又以航行香港为名,与国民党政府高层交涉,最终轮船安全抵达香港。

  其余船只也在他的软磨硬泡下,摆脱了国民党的控制,到1949年7月为止,民生公司已经有19艘轮船停靠在了香港,这几乎是民生公司全部的主力船只,其余大多数轮船都停靠在了长江上游的重庆等地。

卢作孚与民生船队北归

  如何保证在港船只的安全?卢作孚陷入了沉思。毫无疑问,国民党的旧旗帜必须换掉。那么，在香港这个受英国政府强行租借的地方悬挂新中国的旗帜是否合适？经反复考虑，卢作孚决定暂时改挂第三国旗。他电令在加拿大蒙特利尔的王世均与加拿大政府协商：在加拿大新造的"门"字号轮船改挂加拿大国旗，其他轮船按海洋大国惯例改挂巴拿马旗，在巴拿马注册。

根据加拿大航业法规，挂加拿大旗的轮船，高级船员必须聘用加拿大人或英国人。民生公司自己船员的生计都成问题，哪里拿得出那么多外汇来支付外国高级船员的高薪！卢作孚一口拒绝。加拿大政府让步了，内阁会议决定，同意民生公司在港轮船易帜。加拿大外交部远东司司长孟西斯在报告这一决定后，感慨地说："加拿人依照这样的条件准许外国商船改挂加旗，确属有史以来第一次。"

"虎门"号客货海船北归广州途中

拥有大量船只的卢作孚自然成为国共双方竭力争取的对象。早在1949年3月7日，中共香港负责人潘汉年请黄炎培（卢的挚友，民主人士）代中共向卢致意，并请求拜访卢作孚。十天后，何应钦出任行政院长，提名卢作孚为交通部部长，被其婉拒。1949年5月，阎锡山为新一届行政院物色人选（此时国民政府迁到广州）再次邀请人在广州的卢作孚入阁，被再次婉拒。

1950年五、六月间，卢作孚奔走于香港与内地间，已进入将滞留于台湾、香港的民生轮船北归实际操作阶段。其间，台湾地区行政事务主管部门负责人俞鸿钧、台湾地区涉外事务主管部门负责人叶公超又亲自赴港劝卢作孚去台，卢作孚不为所动。中共方面让在北京的黄炎培和张澜向卢作孚传达中共邀其北上之意。

台湾当局采取高官厚禄方式外，也使用董事会决定的方式迫使卢作孚放弃北归，当时已到台湾的民生董事刘航琛（民国著名实业家、财政专家、政治人物),借用滞港的在民生公司中说话有分量的董事钱新之和杜月笙等人的所谓董事会决定,要重庆的民生总公司迁台。但此时卢作孚已决定与新中国同行,将民生滞港台船队中大部分海船北归上海和广州。

与此同时,北京方面也做好二手准备,这是统战工作的常规方式,以防民生公司高层倾向台湾,这一准备就是有代表直接接受周总理的指示,开辟第二条途径——直接策划游说能调配开动船舶的高层机务人员开船北归,那么直接接受周总理指示的代表是谁?他能向卢作孚传递周总理的口信,又能隐秘地联系那些既可靠又能直接指挥和控制得住操作船舶的人,最大可能是笔者二姑父陈祺寿(陈夔一)莫属,他当时任香港民生公司工程师(老轮机长),可以调配船舶操作人员,尤其是能开动船舶的轮机部高级船员。据我大哥回忆,中共地下组织不知怎么找到了我二姑父对他说(大意是)党没有忘记你,过去你为党做了很多工作,你的离党是历史造成的等等,北京方面都了解的。笔者认为找到陈祺寿的代表很可能就是与周总理直接联系的代表,而且认识他,此人应是与陈祺寿是同事多年的何乃仁,至于他的确切身份,现有的资料无法完全确认他是地下党,但是能证实他在民生船队北归中起到了别人无法完成的贡献。

何乃仁,1932年被卢作孚延揽为重庆川江航务管理处保安科长,应是腰上佩手枪的员工,1946年任民生公司人事室主任,毛主席到重庆时,何与周恩来留法时有故,周恩来曾亲往民生公司宿舍走访何乃仁,两人叙旧中谈什么,无法知晓,不过,1946年国民党撕毁"双十协定",拟秘密逮捕共产党员,赶走中共四川省委机关和新华日报社。何乃仁因代表公司参加国民党召集各大厂商召开的秘密会议而知情,旋即通知中共地下组织成员作家沙汀,使中共四川省委及新华日报社做了充分的准备。事后,何又亲自护送沙汀转移至其家乡安县山区,以此类推,何至少是中共同路人,是否秘密党员只有当事人知道。

1947年,何乃仁常住香港,组建民生公司香港分公司,曾代表卢作孚与中共华南局联系,风尘仆仆奔走于重庆、上海、香港之间。新中国成立后,何乃仁任民生公司驻京办事处主任,其间,我二姑父陈祺寿与他是同事关系,若是何乃仁代表北京与陈祺寿联系,只有周总理告诉何乃仁,陈祺寿是何许人,或许周总理本人不认识陈,但是,总理可从有关部门调到陈祺寿过往的档案资料。

1950年4月,何乃仁专程离京赴港,向卢作孚传达了周总理的指示,中国共产党充分肯定了民生公司以往的贡献,真心希望卢作孚和民生公司滞港船只北归参加新中国建设,在新中国政府外汇奇缺的情况下,同意设法为民生公司偿付到期债务,并准备在中加建交后继续为民生公司担保。这一雪中送炭的信息,让正处于两难境地的卢作孚坚定了他率船北归的信念。

一切都在绝对保密的状态下,周恩来批准了民生船只的归来方案,并指示有关方面密切配合。在一切安排就绪之后,6月14日,卢作孚作为特邀代表出席全国政协第一届第二次会议。

在卢作孚秘密离港赴京之前,民生公司船队北归具体方案已正式启动,这一瞒天过海的计谋确实高超。

这一方案由香港民生公司经理杨成质(也是民生董事)具体负责执行。按既定方案,最先从香港返回大陆的是"怀远"轮打头阵,随后是"宁远"轮。那么,为何选择"怀远"轮为北归首轮?据我大哥说,二姑父当时"神抖抖"(神气活现),认为北京有他的以往的共事者,相当卖力配合和操作北归计划,这样就有了退掉飞机票,母亲带我和哥赴港终止之事。笔者认为此疑问有四个因素能解答:

(一)到了1974年笔者顶替父亲(新中国远洋事业早期的轮机长)当海员,才知父亲在老民生同仁们心目中的印象,记得是父亲送我上停靠在上海高阳路码头的广远"湘阴"轮,正巧该船轮机长和大厨都是老民生船员出身,与我父亲同过船,都问我,你父亲与卢作孚是亲戚吧,我的回答是卢作孚四川人,父亲广东籍。由于卢作孚在"宜昌大撤退"期间一次微访到岸船舶,遇见父亲独自一人还在机舱工作,因他人都离船回家,于是在公司大会上特别表扬父亲工作勤勤恳恳,而父亲30岁就当上民生公司轮机长,造成同仁们误以为老板放水自家人。以此来看,卢学庭的名字已被卢作孚记在心上。

(二)当时民生管理船务方式是门部长负责制,轮机部成员可以由轮机长挑选,再向公司报备,所以"怀远"轮机舱人员多数是父亲的师兄弟和广东人,相互之间知根知底。

(三)"怀远"轮是美国二战时期的坦克登陆舰,简称L.S.T.,俗称"大开门",船长100米,宽15,3米,深5.3米,3 326总吨,装备功率1 800匹马力的高速柴油主机。民生公司在抗战后购入4艘L.S.T.,分别定名为"怀远""宁远""定远"和"绥远"。该轮主甲板下间隔水密小舱甚多,破损浸水后不易沉没。舰内有较先进的导航仪器,包括电罗经、测深仪、测向仪等。父亲亲自参与"怀远"改装货轮工程,对该轮机械设备了如指掌。再者,当时有近40艘L.S.T.航行在沿海和去日本、韩国的航线,当时台湾当局控制的招商局也有几艘L.S.T.,万一"怀远"轮在海上遭遇国民党军舰,容易互相混淆而减低风险。

(四)由公司管机务的陈祺寿(广东三水人)选择自家妻弟卢学庭轮机长

"怀远"轮和 L.S.T. 的对比图

与王牌船长黎明操作"怀远"轮打头阵更安全,对完成北归更有保障。

"怀远"轮打头阵所显示的上述优点,想必是征得了卢作孚的同意。在卢作孚赴京前的亲自部署下,杨成质经理具体负责执行。"怀远""宁远"两船趁国民党方面尚未摸清动向之时,佯称要运货去韩国仁川港,分别于1950年6月7日、9日先后驶离香港,绕过被国民党海军封锁的台湾海峡,在途中折向上海。为了保密,两船的航行情况,香港民生公司不发电报、不打电话,而是由杨成质直接派人去上海,通过上海区公司副经理宗之琥,再报告新中国政府做好接应。

"怀远"轮过了基隆,船开始偏向长江口方向,被甲板部一些船员发现,开始鼓噪闹事,并将父亲和黎明船长五花大绑,如不答应他们的条件,就把轮机长和船长(可能还有电报员)扔入海里喂鱼,但轮机部全体成员支持船回上海(父亲应该同师兄弟打过招呼),双方相持不下时,父亲和船长同意发双倍工资,不愿留在上海的人,可以自行返回香港,那时香港来去自由。

6月12日,"怀远"有惊无险地驶入黄浦江,停靠东大名路378号的民生码头,市军管会航运军代表于眉(后来担任交通部副部长)亲自登船送上两面锦旗。其后,"怀远"轮转交华东海军军区,后改为"和平十五"号,归入上海海运局。

"怀远"轮机部全体同仁持锦旗留影,后排右一为轮机员李承乾,其大女儿是笔者大表嫂,右三为轮机员梁继藩,与右四卢学庭轮机长都是师兄弟,很可惜已记不得其他前辈的姓名

6月9日,第二艘北归"宁远"轮在汤镇瀛船长率领下离开香港,虽然该轮同"怀远"轮一样避开台湾海峡,航行途中还是不巧遇到国民党巡逻军舰,据随船大副蒋家骧的夫人回忆,敌舰信号灯发出问讯信号,吓得大家"半死",对方得知"宁远"轮是驶向日本,结关手续一切齐全,也就没有登船检查,总算趁黑蒙混过关,后克服重重困难,15日也胜利抵达上海。

6月13日,"民众"轮在香港结关时,船长万竞吾让船员故意拖延,出其不意地改成夜航。在气候极端恶劣的情况下,船员们冒着生命危险,强行通过台湾海峡时,突然,海面上多个方向出现探照灯直射船身,情况异常紧张。聪明

"宁远"轮高级船员合影。前排右三是船长汤镇瀛,右二是轮机长(姓名不详),后排右三是大副蒋家骧

的万竞吾船长特将"民众"轮改向靠近台湾岛航行,造成敌人的错觉。拂晓,台湾岛消失后则转向,绕过国民党残军盘踞的岛屿,避过水雷封锁区后,"民众"轮全速驶向长江口。6月15日清晨,驶入长江口时江面迷雾刚散,当大家兴奋地挂上五星红旗时,突然发现船艏前方呈现一艘军舰拦路。众人以为是国民党军舰,在这最后关头,于是在万竞吾船长指令下,大家抱着狭路相逢勇者胜之念,维持既定航向,不怕碰撞,满车前进,抵近之后,才看清对方是艘英国驱逐舰。对方同时也看清了"民众"轮上高高飘扬的五星红旗,急忙左满舵从"民众"轮右侧擦舷而过。看着远去的英国驱逐舰,"民众"轮在欢呼声驶入长江口,这些船员平生第一次体验到,做一个五星红旗护卫下的中国人的尊严!"民众"轮于当日胜利驶入黄浦江,停靠民主码头。

"太湖""绥远"轮的曲折回归历程

6月21日晚,第四艘北归客货轮(1 695吨)"太湖"号起航,22日凌晨2时刚驶离香港水域,就被国民党军舰拦截,劫持到台湾高雄港。由于台湾已得知民生已有三艘海船回到上海,国民党军队加强封锁长江出海口,此消息从上海传到香港民生公司为时已晚,守候在香港外海的国民党军舰得密报守株待兔,正在悄悄地等候"太湖"号。据现有资料记载,此密报来自"太湖"轮三副,此人系国民党卧底,将该船北归上海计划报告台湾当局,至于情报是如何传递以及后续故事暂不得而知。

"太湖"轮被劫持到台湾,禁押在高雄。船长周曾怡被台湾国民党判处10年徒刑,除特务三副及另有机匠、电工各1人外,其余船员则均被国民党军队押到汕头海外放逐,由沿海军民救回。笔者认为此事没有这么简单,就像资料显示当时大陆、台湾都缺船缺人,既使周船长承担起所谓全责,台湾当局也不会将"太湖"轮轮机长、大副等高级船员放回,难道当时的国民党发慈悲,讲人道了?至于回来的船员也没留下片语只言,甚至周船长1990年回大陆定居也无回忆记录,有关部门也惜字如金。

不过,笔者父亲曾对母亲说道,在欧洲某港卸货时,他早上起来上后甲板锻炼身体,发现有人呼叫"卢老轨",他发觉船艉后并排停靠着一艘船艏印有梅花标志的货轮,同时也看到有人站在该船前甲板再次呼叫他,父亲佯装没听见,急忙走入舱室。母亲反问是谁,他说,你认识的×××,那时我们不太相信,都认为×××很左,可能是中共地下党员,上面却说他是特务,把船搞到台湾去了。

父亲可能没有报告船上政委,然而×××却派人过来打招呼,点名要与卢学庭轮机长见面叙旧。不好推脱,电报请示国内,获得批准,第二天父亲带着些船上仓存的大陆土产回访,若只身(当时规定至少二人同行)登上台湾船只,其

董氏集团东方海外旗下船只都有"梅花"标志

中必定大有文章。然而,父亲只是关照母亲,见到了民生公司老同事和家属,转告母亲道×××很好,已是船公司的股东了,其他则三缄其口。后来,笔者才得知有"梅花"图案标志的商船是世界船王董浩云旗下之船。父亲与×××叙旧后,肯定有详细内容上报北京,×××应是当初"太湖"轮上留台三名船员中的一人。历史已翻页,笔者父亲也没留下更多的有关"太湖"轮的话语。

"太湖"轮被劫事件,对民生其余的滞港船只和船员安全也造成了重大威胁,其时卢作孚尚在北京,得知消息后十分焦急。即刻向西南军政委员会和交通部报告。

此后,杨成质受密电指令(当时船公司和船都合法拥有无线电台),即刻停止执行向上海发船的计划,改为向广州发船。从1950年7月31日至10月12日,民生公司在香港的"怒江""渠江""民俗""民本"轮相继突破台湾当局的监视,开回广州。再利用正常营运方式,瞒过港英当局,冲破层层险阻,"石门""剑门""龙门""雁门""玉门"和"祁门"六艘"门"字号船也北归广州。1951年10月13日,最后一艘"虎门"轮从黄埔开回广州,宣布七艘"门"字号轮全部回国停航,升起了五星红旗。

周必祥船长

"绥远"和"定远"两轮是租给丹麦的。1953年解除租约后也先后回到广州。然而,"绥远"轮的回穗航程曲折又惊险。

1953年2月初,当船到新加坡时,船长周必祥接到了民生实业公司的密令:开船回海南岛。船员们满怀激情起航回国。2月8日晚上11时许,船到越南岘港附近海城,突然遇到一艘不明国籍军舰追踪,且频频用探照灯扫射船尾,愈行愈近,阻挠航向,用灯号逼令随其航行之趋势,"绥远"轮立刻熄灯转向群岛之间逃避,驶入越南由法国管的沿岸水城下锚。2月9日整天未发现任何军舰踪影,待傍晚"绥远"轮由岛的西口开出直驶榆林港时,不料出口不远处又见军舰阻道,情况紧急,"绥远"轮迅急熄灯返航,慌忙中触及沙滩搁浅。不得不发出SOS求救信号,并急电报告香港民生公司。法国军舰施救,拖往越南岘港,法越当局疑"绥远"轮是接济越共的,于是把船员们扣留在岘港,法越当局对全体船员轮番审讯。

"绥远"轮这只孤舟被扣押达7个月,其间,周船长领导船员唱苏武牧羊歌以唤起民族意识和爱国思想,增强斗志。船员们以中国海员的坚强意志,团结一致,克服难以忍受的孤寂和生活上的逼迫。

为了抵制法方的经济敲诈,几经交涉,大副杨懋修被允许去香港联系,大副返港后秘密回广州汇报,得到党组织的明确指示:团结全体船员,坚持斗争,一定要把船开回祖国,至于法国索取的施救费用,由香港公司设法解决。

祖国的指示和关怀,激发了船员们的斗志,同心协力修好主副机和完成各种设备的检测工作。由于法国人找不到"绥运"轮的政治意图和北归祖国的形迹证据,也就不能把船移交美、蒋当局,最后只能作为普通的海事处理——放船。

1953年9月17日中午,"绥远"轮驶离岘港,安全抵达榆林港,回国后即改名为"南海181"轮。

周必祥船长1907年生,四川人。1936年毕业于吴淞商船专科学校驾驶科,1938年服勤"民主""民勤"等轮,参加宜昌大撤退,运输军用物资入川。抗战胜利后,任"黄海""南海"等轮大副,后升任"宁远""南海"轮船长。1947年"南海"轮首航日本佐世保,受到当地热烈欢迎。1954调入广州海运局,先后在"南海158""南海159""南海141"等轮任船长。1955年被评为劳动模范。1964年调到黄埔港监为引水科科长。1973年退休。杨懋修大副曾任广州海运局运输处处长。

卢学庭在"怀远"轮救生艇下和南京海员训练班大门旁留影

"黄海"轮在船长祁沧帆率领下也驶回广州,船员们先后受到政府和广州海员工会等热烈欢迎,其后,上述的民主公司北归广州的船只成了广州海运局船队中的主要骨干船只。

不可忘却的民生公司爱国者

民生船队北归船员们经过千辛万苦,冒着生命危险,将18艘新中国稀缺的国家财产领回内地,撑起了中华人民共和国初期海运事业的大旗,为今天中国海运发展打下了坚实基础,为中国远洋船队迈入世界航海业前列作出了不可磨灭的贡献,如同民国船王卢作孚先生一样,他们也是一群不可忘记的爱国人士:

父亲下船加入南京海员训练班,学习结束后,调入刚成立的中波轮船公司,担任中波公司第一条远洋船"国际友谊"号首任轮机长。

1951年5月28日,大修后的"国际友谊"轮(Przyjaźń Narodów,又被音译为"披·那罗多夫"轮)到达天津港,该轮由德国建造,1937年出厂,10 129载重吨

第十四章 民生公司船队北归历程和重出

梁继藩，北归后服务于上海海运局，曾以其姓名获得（技术革新）的"梁继藩小组"光荣称号，后调入南京海员学校任校办工厂主任，虽是光荣的北归海员，一个机电全能的海员离开船舶犹如好骑手失去骏马一样，其中的何等委屈只有船员明镜。后来，每当笔者父亲回沪公休，梁叔总是来沪叙旧，父亲也多次向有关部门沟通，调梁叔上船工作，由于抗战时期梁叔在上海修理过电台，始终政审不过关。

李承乾，当年亲戚都劝他留在香港，他仍然认为上海是他的家。北归后一直在海运局"和平十五"号（原来的"怀远"号）工作，直到1965年这艘船卖给了打捞局，对方非要李轮机长同船调进打捞局。从民生公司到打捞局，他一直以老黄牛精神，娴熟的技能管理着这条旧破船，当年船上经常有大连海运学院的大学生来实习，在李老轨的手把手教授下，不少人后来都当了轮机长。李承乾轮机长1971年退休，"怀远"号也随之退役，也是为沿海货轮中最后退役的一艘L.S.T.，由此可见该轮被改装成相当不错的海船。

潘顺波，笔者七姑父，随民生船队北归广州后，以轮机长职务担任广州海运局机务处负责人，后出任广东交通战线航运业务组负责人，之后派往香港出任南方船务企业有限公司总经理，他对我们小辈说他在香港是灰色人物，但香港船业老板和旧同事都知他是共产党派来的。

陈祺寿，笔者二姑夫。北归后，50年代曾任广州海运局总轮机长，退休后是局级顾问，"文革"初期，他的香港干亲家们还是不避嫌来看望他，然而，最麻烦的是从北京来的外调人员，总是想从他口中得知大革命时期的人物有关问题，姑父往往避重就轻，不说对任何人不利的话，他曾对我说，"候生仔"（广东话年轻人），我不会抓个"老白色"（上海方言，指跳蚤）放到自家身上。他是

长航局授予原"宁远"轮大副蒋家骧的荣誉证书

广东人，四川话上海话也讲得顶呱呱的。不久，组织上安排他去广州远郊黄埔码头边上的局物资供应站上班，有意让他避开运动的风暴中心，总之，陈祺寿是有故事的人。

卢作孚，1952年2月8日，民国船王回家之后，只说了七个字："我累了，我要休息。"入房选择服安眠药自尽，一代船王就这样悄然而去，多少人痛感惋惜，世界船王包玉刚说过，如果卢作孚健在，就不会有今天的包玉刚。

民生公司的重建

重庆百姓为卢氏两兄弟立的雕像

卢作孚去世后，公私合营的民生于1956年划入国营长江航运管理局（简称长航局）。民生公司消失至今，但老民生同仁们还始终不能忘怀当年民生公司可歌可泣的往事，不能忘记卢作孚先生为国为民做出巨大自我牺牲的爱国情操。

1984年，民生公司在重庆重建，源于1984年初，胡耀邦同志到重庆视察之后，提出长江航运国营、集体、个体都可以参与，"人民长江人民走"。为此，乘着改革开放的浪潮，卢作孚的儿子卢国纪决定把民生公司重新恢复起来，为国家的经济建设做更多的事情。1984年3月31日，民生公司组建的第一个合营船队"东风五号"拖着三艘驳船，满载1 400吨煤炭，由重庆首航江苏高港，揭开了民生船队重返长江的序幕。

1985年年初，民生公司上海分公司成立。笔者记得分公司组建之前，我特意向广远驻沪船技组请假几天，参与在锦江饭店礼堂组建民生上海办事处事宜，今日想起令人无限感叹。

经过近40年的不断发展，重出江湖的民生公司已成为中国大型现代综合

第十四章　民生公司船队北归历程和重出

民生轮船的江海联营的集装箱轮"海门"号

1997年，在上港十区民生船队集装箱轮"沱江"首航台湾仪式后的合影，右二是卢作孚之子卢国纪，右一是原北归"宁远"轮大副的女儿上海民生公司常务副总蒋栎，左一是上海民生公司总经理罗翀

物流企业集团,大型(重点)国有控股企业,中国服务企业500强,全国5A级综合物流企业。依托民生长江上游最大的集装箱船队和商品车滚装船队、自有海船、西南地区最大陆运车队、仓储物流基地等资源优势和强大的服务整合能力,为海内外客户提供国际国内集装箱多式联运、汽车物流、铁路物流、航空物流、仓储配送、国际货代船代、项目物流、供应链金融等一体化现代综合物流服务,服务范围覆盖全球。民生公司立足西部开放高地,积极融入"一带一路"、长江经济带、成渝地区双城经济圈建设,深度参与中欧班列、陆海贸易新通道建设。

总结国共两党在民生公司归属交锋中,台湾当局确处下风,不得不亡羊补牢,也玩起统战手法,于是在1951年3月抬出四川军阀杨森(早期大力支持卢作孚)为董事长,刘航琛(民国著名实业家,原重庆民生董事)为常务董事的台湾民生实业股份有限公司,该公司于1989年注销,这才有了以卢作孚孙子卢晓钟为董事长的(新)台湾民生实业股份有限公司。

几十年后,新民生复航台湾航线,证明历史在前进,有曲折,时而快、时而慢,留给历史学家做功课,只要世上留有"民生"两字,还是能告慰为此奋斗过的老民生前辈。

第十五章
航海界百年老店——起步上海滩立足维多利亚港走向世界

要说香港的航运业巨子,十个中有九个都是来自上海滩不为过,尤其是1949年前后,上海滩上众多的大小轮船公司南下香港,造就了包玉刚、董浩云、赵从衍和曹文锦四家航运公司以外,还有很多家著名航运企业,其中曾任香港船东会主席许积皋(Jack Hsu)所属的许氏家族旗下的益利轮船公司,从事航运业到2022年便刚好满一个世纪,许积皋已是许氏家第四代航运事业从业者,其间经历破产、战乱、分家和航运业大衰退等浪潮而屹立不倒,这一切须从祖辈许廷佐说起。

许氏家族百年航运老店

许廷佐,浙江定海县人,6岁丧父,靠母亲洗衣为生。青少年时随母来到上海,先入一家铸铁厂学徒,后经族人介绍进入礼查饭店(中国第一家西商开办的现代化旅馆)打工。他开始从最底层工作做起,当1912年周祥生(后成为闻名全国的祥生汽车出租公司老板)进入礼查饭店餐厅部当侍应生时,其姑丈许廷佐已是餐厅领班。

四年后,许廷佐用自己的积蓄在百老汇路(今大名路)自开益利饭店。1922年,他与朱葆三(中国近代商业先驱)合资购置"舟山"轮,成立舟山轮船股份有限公司。地址上海南市外马路310号,后移四川中路33号501室,开辟上海—定海—穿山—海门航线。

1923年1月12日,在百老汇(大名路)路68号有家新的西餐厅开业,取名益利西饭店(Eddie Café),老板是许廷佐,餐厅靠近闵行路转角,离礼查饭店不过一百多米,离浦江诸码头及外滩又近,是西人、海员经常出入之地。许廷佐聘请曾在租界工部局任职的洋人任经理,内设舞厅有全队西人奏乐,并有雅间数十,供应精美西式大菜,并兼售中式菜肴。餐厅内部装饰西化,与各大西式饭店无异,颇为引人注目,在上海的餐饮界中拥有了相当的名气。但他还有个更响亮的名号——"汽水大王",这缘于许氏1926年在华德/长阳路1568号开办了益利汽水公司,此后,益利汽水追上正广和汽水和屈臣氏汽水,成为闻名上海滩三大著名品牌汽水。

1927年,许廷佐在上海独自办益利轮船公司,购"益利"轮等2艘近海轮船,行驶上海经定海到温州的航线,开创了许氏家族的航运事业。1928年又辟上海—定海—三门湾航线。这一年,怀有远大抱负的许廷佐,看中三门湾是具开发潜力的天然深水良港,发起组建"三门湾开埠公司",自任经理,聘请比利时工程师设计,计划中拟筑十里防波堤,围涂16万亩,规划三门湾港口码头,筑三门至义乌铁路,修筑宁波、杭州、温州公路,办造船厂、机械厂、采矿场、飞机场等,需资金300万元。许廷佐以私产抵押借政府公债50万元,建益利码头、堆栈、旅馆,吸引了不少上海大亨和华侨的资金入股,上海商人闻风而至者百余家,一旦成功,三门湾有望成为"复制上海"商业巨港。

可惜的是几年后的1931年年末,载满开港设备物资的"益利"轮遭海盗劫持,加上日军扩大侵略中国,资金断裂,许廷佐的益利轮船公司得不到金援,损失惨重,使参股三门湾开埠事业的股东纷纷要求退股。1932年设在上海的办事处受"一·二八事变"的影响暂停相关事业。到了1935年,受多时局方面影响的益利公司不得不宣布破产。

全面抗战时期,不服输的许廷佐发展战时航运,迎来事业上第二春,在杭州湾地区通过伪装自己的船只突破敌人的经济封锁运送物资,为大后方的物资供应做出了巨大的贡献。许廷佐也热衷公益,他是上海百老汇路商界联合会会长,也是定海家乡廷佐小学的创办人。

1941年,爱国企业家许廷佐因操劳过度逝世。其不屈不挠的创业精神与实业兴邦,报效国家的爱国情怀至今都不失其价值。同时其对三门湾的开发计划,也可为当代三门湾开发提供有益的启示。

1949年5月,"舟山"轮在福州被国民党军劫走。许家在沪的企业于1950年6月停业。

许廷佐有俩儿,长子许文贵毕业于上海圣约翰大学,二子许文华上海沪江大学社会学系毕业后,留学英国牛津大学。1949年,许氏家族迁台湾,开始在台湾经营益利轮船公司,开辟远洋运输航线。不到一个月,朝鲜战争爆发,益

第十五章 航海界百年老店——起步上海滩立足维多利亚港走向世界

许廷佐（左上）与益利西饭店（右上）和益利号客货轮（下图）

利轮船从海上运输赚了钱，就连续购入货轮扩充船队。1960年，兄弟分家时的益利已拥有8艘远洋货轮。许文华掌管益利轮船，许文贵则于1961年在香港创建和合航业公司，许氏家族开枝散叶。

先说许文华。

1963年，许文华与徐有庠（沪籍台湾远东集团创始人）等人合资在台创办益寿航业公司，许出任常务董事兼总经理。翌年公开发行股票，首开台湾交通事业股票业务，益寿遂成第一家进入证券市场的轮船公司。

70年代初，许文华掌管的"益利轮船"已是台湾最大的散装货轮航运公司，拥有15艘万吨级货轮。

1984年，益利集团旗下有四家船公司：益利轮船、伟业、远东、瀛海航业，共有50艘船，400万载重吨，其中有200万吨属于台湾船厂建造。因为益利是（台湾）中国造船公司的民股最大原始股东，许志坚曾任中船董事长。然而，1984年夏季，全球航运大衰退，益利航运因债务的纠纷，其船队的1/3船只被世界各地港口的法院扣留，台湾当局不得不介入，伸出援手救助益利。

1987年，许志坚接替去世的父亲许文华掌控益利航运公司。

2007年，（台湾）中国造船公司更名为台湾国际造船公司（简称台船）时，许志坚因坚决反对更名，并另行申请设立中国造船公司获准，引发与台船间的诉讼争议。他并强调已告知历任台船董事长，只要台船愿永久换回原名，他将无条件将"中国造船"名称奉还。

2008年，益利集团的香港勇力航运轮船公司在新加坡上市。

2017年12月，在香港注册益利航运（中国）有限公司，益利正式与大陆合作航运和造船，2018年9月底，招商局重工（江苏）向益利交付的64 000吨散装货轮"康利"号从江苏重工1号码头顺利开启新的航程。

2019年3月，总部设在青岛的山东海运股份有限公司与台湾益利航运共同设立合资企业——山东海运资产管理股份有限公司，专注于海岬型船和铁矿石贸易。

再说许文贵。

1968年，许文贵在台北成立新兴航运股份有限公司。其子许志勤早在1975年挑起肩上的重担，执掌家族事业，曾任香港和合轮船公司、台湾新兴航运公司、台湾中华商船职业学校、香港国际中华中转储运有限公司的董事长。并任香港船东协会执行委员、香港航业协会董事长等职。1995年，被授予舟山市荣誉市民。

1989年，新兴航运在台湾挂牌上市，从此进入许志勤的掌管时代。随着新兴股票上市，公司建立起专业经理人制度负责营运，同年，许志勤儿子许积皋（许氏家族第四代）进入新兴，从学徒开始做起，除了向父亲许志勤学习，另一个导师就是许志勤的左右手、新兴航运董事长蔡景本，"我每天跟在他身旁，看他做决策、问问题、学习思考方式。"许积皋说。

和合航业自1991年起不断向内地船舶制造企业下单，为我国造船业叩开世界之门作出了积极贡献，目前，该公司拥有16艘大型散装货轮，其中两艘VLOC油轮，共250万吨位。

新兴航运船队共有20艘船只，包括1艘海岬型、2艘Kamsamax型、2艘轻便极限型、2艘自卸木屑船以及3艘特大型油轮（VLCC），近300万吨。

第十五章 航海界百年老店——起步上海滩立足维多利亚港走向世界

总而言之，许氏家族能够百年不衰，从其代代相承的公司的经营哲学与策略可见端倪。2007年、2008年，航运市场一片荣景，新兴却做了跟同业南辕北辙的决定，其他航商追求价格随市场上涨的短期租约，新兴反而签长约，收取固定金额。

目前，许氏家族的益利、新兴与和合等航运企业均与内地造船和航运业保持着密切的联系。

青睐上海造船的香港泰昌祥集团顾氏航运企业

与许氏家族百年益利航运企业相似的还有顾氏家族的泰昌祥集团，旗下包括香港的万利轮船有限公司，泰昌祥轮船（香港）有限公司（香港泰昌祥），泰昌祥轮船（新加坡）私人有限公司，泰昌祥轮船（上海）有限公司（上海泰昌祥）和重建的集团日本代表处（前身为日本同和株式会社Dowa & Co. Ltd）。2017年3月30日，泰昌祥集团上海分公司在香格里拉酒店隆重举办了100周年庆典晚宴。

泰昌祥集团上海分公司在香格里拉酒店隆重举办100周年庆典晚宴

1906年，顾宗瑞怀揣着母亲"做人要走正道"的谆谆教诲，从宁波江北岸码头坐上了开往上海的太古公司的轮船。21岁的顾宗瑞先来到上海一家海关报关行工作。这段时间，他不但学到了大量有关航运的知识，更在贸易中为自己建立了广泛的人际关系网。1917年受朋友的思想影响，在上海江西中路14

弄（吉庆里一弄）6号一幢二层三开间的石库门楼内创建上海泰昌祥报关行，自任经理，这便是泰昌祥集团的开局祖业。

1920年，上海泰昌祥轮船行成立，顾宗瑞任总经理，共有职工四十余人。

1928—1930年，购入"永升"号、"永亨"号、"新祥泰"号等新式蒸汽轮船。不久后规模进一步扩大，接连购入"永敏"号、"永耀"号等轮船。1931年，顾宗瑞用自置"永亨""永升"二轮，组建永亨轮船行及永安轮船行，并代理其他同型船舶，常年行驶沪津线，开始以独立船东身份经营船运业务，航线遍及沿海主要港和长江沿线。

1932年，顾宗瑞的永安轮船行参加民生轮船公司卢作孚提出的"同业合作联营"，将其长江航线延伸至川江。

直到抗日战争全面爆发前，泰昌祥已经拥有包括10艘船只在内的核心船队，总载重吨超过9 500吨。在20世纪早期海运艰难的日子里，泰昌祥船队规模对于独立船东来说，已成上海航运界的翘楚。

航运业本来就是高投入、高风险的行业，但中国航商所遭遇的风险更甚于世界上任何同行。顾氏家族就是这样一个典型代表。顾氏家族在百年创业史中，屡遭劫难，三落四起。灾难来自天灾，更来自人祸，如航权丧失下的外国资本的压迫，连年战乱等。1935年冬末，渤海湾一场严重的冻冰，就使泰昌祥5艘船遇难，仅救助费、船期损失费等就高达法币10万余元。

抗日战争全面爆发，顷刻之间使泰昌祥的船队归零。"永陆"轮被国民政府征用，在长江马当沉塞，用于阻挡日军沿水路西进，"永亨"轮（总吨位1 195吨）被征用运送国民政府军兵工厂机件，自汉口上驶，在藕池口搁浅，无法施救，被拆售，公司也只能维持低量业务。

抗战胜利后的1945年，国民政府彻底收回西方国家的航运权后，过去长期被压抑的民族航运企业的潜力如井喷般爆发，仅三年时间，中国从寥寥可数的商船数目，总载重吨位的8万吨，到1948年10月底的商船数目达3 830艘，总载重吨达1 159 897吨的历史高峰，吨位数之差竟达14倍之余，泰昌祥也是这股中国航运跃进的一分子。

由于顾宗瑞父子在战时的艰苦环境中仍然以机帆船维持业务，对行业状况十分了解，和平后便能迅速重展脚步。1945年的顾宗瑞已迅即筹集资金以泰昌祥名义购入"永耀"轮扩展业务，翌年又先后买进"泰生"轮、"永舟"轮、"镇海"轮和"新江苏"轮共4艘货轮，加上战时因挂了英国旗而没被国民政府征用，又逃过日军侵扰的"永敏"轮、"利群"轮和"江苏"轮，以及多艘机帆船,那时的泰昌祥的航运实力相当充实,在上海的民营航运公司中已名列前茅。

1946年6月,顾宗瑞立向上海市社会局提出申请,将家族控股的泰昌祥轮船行、永亨轮船行及永安轮船行合并,创设泰昌祥轮船行有限公司,总公司已拥有新式轮船13艘,于宁波、温州、天津等地设立办事处。

然而,好景不长,解放战争爆发,泰昌祥旗下所属之"江苏"轮和"泰生"轮两艘商船,遭国民政府强制征收,用于接运人员物资至台湾基隆港后,未曾返回大陆,最后都在台湾遭拆毁。

1949年,顾氏家族放弃船队,顾宗瑞率全家移居香港,在香港成立了泰昌祥。在上海的泰昌祥当时有船4艘,总吨位3 850吨,上海解放后停业。

移居香港几个月后,顾宗瑞以惊人的胆魄和见识,仅比众多竞争者多一点零头的105 060美元中标5 000吨的"雷梦娜"货船,拥有了到香港后的第一艘远洋货轮,成立了万利轮船公司(Valles Steamship CO),并将"雷梦娜"轮易名"万利"作为旗舰,立志东山再起。翌年,朝鲜战争爆发,针对航运业出现复苏的势头,到1951年的两年间,先后购入四艘二手船,即"爱丽斯"轮、"万隆"轮、"生达"轮和"银洲"轮,至此,顾宗瑞家族航运企业已有五艘远洋货轮,生意蒸蒸日上,为日后在香港的航运业的地位奠下了重要基础。

顾宗瑞在香港站稳脚跟后,二女婿朱世庆(早期台湾船王)一家也随后转到台湾,在台湾担任中国航运公司总经理,并继续经营益寿轮船公司,该公司日后在台湾上市,乃首家在股票市场挂牌的民营航运公司。

1955年,顾宗瑞三子顾国和在日本建立同和株式会社(Dowa & Co. Ltd)。

由于顾家认识到香港作为国际海港欣欣向荣的发展趋势,整个六七十年代,顾氏家族不断订造新船,到了70年代,已经拥有了数十条新船。

顾宗瑞先生于1972年不幸逝世,享年86岁。这一年,顾氏家族创立了万利轮船有限公司,顾宗瑞长子顾国敏任董事长兼总经理。

顾宗瑞另有次子顾国华,三子顾国和,于1983年创建泰昌祥轮船(香港)有限公司,共同担任联合主席,以纪念父亲顾宗瑞先生的上海泰昌祥。

此后,万利轮船和泰昌祥轮船一直奉行创始人顾宗瑞先生建立的公司核心价值和原则,即建立一个可靠而坚实的,以船运作为核心业务的企业。

从80年代中期开始,顾氏家族不断在上海建造大型散装船和油轮,以新汰旧,譬如在1984年,顾国和携手与泰昌祥有60多年老交情江南造船厂,合作建造中国最大的散货船。江南造船厂终于接受了此项当时独一无二的挑战,于1987年"祥瑞"(65 000吨)举行了命名典礼,并交付泰昌祥集团。两年之后,集团又增添了江南造船厂建造的"瑞华"(64 000吨)号散装船。

2001年,泰昌祥集团与外高桥船厂就开始研究建造世界第一艘环保型散货船,两年之后,世界上第一艘"绿色好望角"型号17.5万吨"CSK Fortune"下水,该船双层底油舱,关键结构钢板厚度比规范厚度超过25%,革新的压载水交换舱系统,加之燃油消耗效率的进一步提高,集团打算推进发展"绿色好望角"型船舶。

2005年,泰昌祥轮船(上海)有限公司(上海泰昌祥)建立。今天,上海泰昌祥已成为集团散货轮船队的管理基地,也肩负着与北京一些中央部委和省市有关机构的联系沟通工作,同时保持并发展与中国主要钢铁厂、炼油厂、船东和租家的联系。

2008年,黄浦江上建造的最大吨位油轮"海联号"下水。这艘11万吨"阿芙拉"型油轮由香港万利轮船有限公司委托上海沪东中华造船集团公司建造,总长243米,型宽42米,航速15节,交船后将航行于中东及太平洋海域。

2010年,泰昌祥与美国南加州大学发起对船用柴油发动机的相关研究,致力使航运业更环保,改善低速船用柴油发动机的效率,减低排放,这类未雨绸缪的措施,确实体现了一家航运公司管理层的前瞻领导艺术。

2019年,万利轮船出售了旗下最后一艘散货船。至此,拥有104年历史的万利轮船旗下船队包含9艘"阿芙拉"型油轮和3艘灵便型油轮,总载重吨近120万吨,该公司的管理层已经传至家族第四代继承人,顾宗瑞的曾孙顾之灏(Wellington Koo)任万利轮船有限公司执行董事,顾静慧(Tracy Koo)任商务经理。目前万利出清旗下所有散货船舶,或许自有其对未来航运市场的独特判断。

现在泰昌祥集团已经拥有一支由大型散货轮和油轮组成的,总载重吨达250万吨的船队。其主席兼总裁是顾氏家族第三代顾国华长子顾建纲。

在香港,有一个支撑着香港国际航运中心的香港船东会,在其50年历史里共产生了数任主席,其中顾氏家族就出任了6届主席,几乎占三分之一。2021年,万利轮船有限公司顾之灏先生当选为香港船东会主席。

在英国作家斯蒂芬妮·莎洛克女士所撰写的《香港航运史》中,列出了对香港的航运事业贡献最大的17位航运家。其中有10位宁波人,而顾氏家族几乎就占了一半,他们是:顾宗瑞、顾国敏、顾国华与顾国和。

第十五章　航海界百年老店——起步上海滩立足维多利亚港走向世界

顾氏家族在香港拥有的第一艘远洋货轮"万利"号（上图），顾宗瑞与其家族（下图）

其实，顾氏家族搞航运的第三代还有顾国敏的另外两个儿子顾建安（John Koo）和顾建立（Philip Koo），在船东界也很活跃，但在外界鲜为人知，他俩最初在万利工作，后于2002年另行创办东方轮船（Orient Steamship），公司曾一度拥有数艘"好望角"型散货船、一艘"阿芙拉"型油船和一艘灵便型成品油船。由于公司因一度陷入一系列的法律和财务纠纷，顾建安在出售最后一艘船，即107 000吨的"钻石女王"（Diamond Queen，1998年建成）号后，于2011年年中退出海运业务。

时隔一年，顾建安又成立了新公司——光华集团（Glory Maritime International），时下拥有五艘"阿芙拉"型油轮，这五艘油轮在五到六年前建成，签有为期10年的长期合同。但是,这批船没有列在主要的航运数据库中。2019年下半年,媒体报道,光华与内地三家船厂订造了约多艘散装和油轮订单,顾建安表示公司会采取家族一贯的积极而谨慎的经营理念。

说到顾氏家族还必须提及董氏航运集团,顾董两家是联姻。早年,顾宗瑞将女儿顾丽真嫁给自己看中的董浩云,受到岳父资助的年轻人,在七八十年代成为世界船王,全球航运集团的创始人,拥有闻名海内外的东方海外货柜航运公司、金山轮船公司和中国航运公司。

从2020年起,世界海运业碰到一个新挑战,国际海事组织(IMO)将实施低硫政策,规定船只必须使用低硫油作为燃料。新制下,旧型船只可能遭到淘汰,或是进船坞加装减硫设备。

顾之灏(左)与许积皋(右)

香港四大船王之一赵从衍与华光航业

40年代末,从上海迁往香港的人数不少,尤其是一些上海航运界人士离沪赴港,其后在国际航运业崛起,大展宏图的上海人以董浩云、包玉刚、赵从衍及曹文锦最有名望,这四名来港的上海年轻人成为赫赫有名的"四大船王"。不过时移世易,航运业在香港的发展时起时落,不同的船东和公司也有不同发展,时下已不再单靠航运维持家业。四大船王中,赵从衍一家最先抵港。他在上海当过几年职业律师,其后改当香烟贸易商,再之后从事航运业,透过中介服务赚取佣金,最后卖下旧船"国兴号"运输煤炭成了富商,1949年乘坐"国兴"轮到香港,那时赵从衍做生意还不满十年。

赵从衍,无锡人,毕业于上海东吴大学,1948年冬到港,其在港财产就一艘

第十五章　航海界百年老店——起步上海滩立足维多利亚港走向世界

"国兴"号货船。1950年,朝鲜战争爆发,当时前往中国内地和朝鲜的运费每吨高达150美元。赵从衍与其他同行一样抓住这个千载难逢的机会,雇人在香港揽货,赵从衍冒着战火铤而走险,带"国兴"号走了几回险程,赚取了丰厚的利润,再用赚来的钱购置更多的船只。当时赵从衍购买的一般都是有二十几年历史的旧船,经常需要修理,为此雇用了一些有经验的老船员定期检修,才让这些破船顺利驶航。赵从衍很喜欢雇用无锡同乡,对老乡亲如兄弟,对待雇员也非常好,一到繁忙时期便会主动给雇员加工资,哪个雇员家里出了意外,他也会慷慨解囊。这使得公司上下一条心,从未发生过工人罢工运动。

1952年,赵从衍在买船的过程中,很幸运地挖角到一位航运界实力派人物——曾任中兴轮船公司总经理(民国时期最大民营航运企业)程余斋。同年2月,在九龙贝尔兰路8幢一楼,华光轮船股份公司正式开业,只有三人办事,其中经理是程余斋,他回忆:"比我在上海创办的诚信轮船公司规模还要小。"

之后,华光购买数艘旧船行走印度及印尼,受到程余斋的鼓励,还开辟南美洲的巴西航线。不久,赵从衍与日本造船公司合作扩展事业,做法与其他同行相似。1966年,用以运载原木的16 000吨新船"New Venture"下水,以后赵再购下一艘能运载60 000吨货物的散装货船。其后,赵继续与日本公司合作,共为华光航运建造了超过100艘新船,以新船替换旧船,同时还长期出租船只给日本公司使用。用这种稳健的循环经营方式壮大船队,到了60年代末,赵氏家族已经拥有了60艘自营货船和油船,一跃成了航运界的大佬。

1963年,赵从衍安排长子赵世彭加入华光航业任总经理,随后赵世彭四弟赵世光也是加入华光航业,三弟赵世曾则加入华光地产。

20世纪70年代是香港航运业的高峰期,赵从衍的船队也越来越大,高峰时期公司拥有六十几艘船。随后,华光不仅纵横全球海域,更涉足香港地产业。华光于1973年在香港上市,每股票面值港币1.5元,上市时每股2元。赵从衍成了香港有名的超级富豪,在香港航运界的实力仅次于包玉刚与董浩云,得到了一代船王的美誉。在船王中,包玉刚专营油轮,董浩云主攻货柜轮,而赵从衍擅长经营散装货轮。

1983年,由于全球石油危机导致世界航运业急剧衰退,使庞大的船队变成了华光航业的沉重负担,一度负债高达67亿港元,令华光航业几近破产。从1986年到1987年,华光的股票不得不停牌。面对严重的财政困难,赵从衍的家财几乎耗尽,迫于无奈,他只好"忍痛割爱",将家中300件心爱的古董拍卖,并出售华光地产股权,套现3亿港元,这才得到银行的支持,进行债务重组,避过了公司倒闭的厄运。1988年,华光债务重组后股票复牌买卖,航运业走上正轨经营,但已元气大伤,同年赵从衍中风,将生意交给两个儿子赵世彭和赵世光打理。

1992年,华光的股票在伦敦挂牌上市,华光航业重振辉煌。

1997年,香港终于回归祖国。同时,业界关注港台船舶进入对方港口时的悬旗问题。时任香港船东会主席赵世光获委任代表香港与台湾代表海峡交流基金会进行磋商,仅仅两个月,双方达成共识,成功解决悬旗事宜。

2000年,华光航运被私有化,再次成为一家由赵氏家族100%控股的家族企业。2008年,华光海运再次招股上市,最多集资12.75亿港元,公司拥有11艘船只。

赵从衍于1999年去世,其夫人倪亚震也在2000年离开人世。赵氏兄妹为争夺遗产在报上展开骂战,公然决裂。直到几年后,兄妹间才逐渐和解,成立委员会处理父亲的遗产。与此同时,华光再次遭遇财务危机。后来,赵世光斥资4亿港元,重新买回所有华光股权。曾执掌华光20载的赵世彭于2001年因心脏病猝死,此后,华光的航运王国由赵世光主宰。2016年7月20日,富商华光航业集团董事长赵世光逝世。

时任香港船东会主席赵世光先生(前排右)与台湾海基会副秘书长张良任先生

航运业一直被喻为男人的世界,但是有两位上海杰出女性打破了这一性别局面。一位是前文已述的郑家长媳郑孙文淑,她年纪轻轻就独自挑起郑氏航运产业的重任,自任平安轮船公司、老公茂轮船公司、平安船坞、老公茂修船

第十五章 航海界百年老店——起步上海滩立足维多利亚港走向世界

厂、裕新纱号等公司的总经理。后去香港又设立了平安轮船公司,将郑氏家族的航运业发扬光大,被航运界尊称为女船王。

另一位是有着"美女船王"之称的赵式明(Sabrina Chao),她是赵从衍孙女,赵世光长女,1996年毕业于伦敦大学帝国理工学院,并获数学及管理学士学位。先后加入怡富和罗兵咸永道会计师事务所从事金融相关工作,2001年,她完成了英国伦敦加尔布雷思航运课程并开始投身航运业。她先后在油轮国际、不列颠船东责任互保协会和国际检验集团工作,积累了各航运细分领域经验,一年后正式加入家族企业华光海运控股有限公司。她凭

赵式明

借稳健的经营作风,助华光航业渡过航运市场低谷,在航运板块运筹帷幄十七载,将华光成功打造成世界知名航运品牌。2019年赵式明逐渐淡出家族海运板块,交由其弟赵式庆接棒。如今的她,却未因"卸下"海运事务而被世人遗忘,反而在航业界更上一层楼,获邀成为世界最大的国际航运组织波罗的海国际航运公会(BIMCO)主席,成为BIMCO百年历史上的首位华人女性主席,她将积极提升国际航运的整体利益。

21世纪初,华光航业渡过难关,受到内地经济的带动,香港航运市场蓬勃发展,华光重新走向辉煌,频频建新船。2004年9月,华光船队两艘新轮船"光荣勇士"和"星光勇士"下水。其中"光荣勇士"市值8.5亿港元,载重量31.8万吨,是当时香港最重的注册船只。

从赵式明2004年协助父亲运营整个集团以来,集团每年都盈利。7年之后的2013年元月,赵式明被公司董事会推选为董事长。那年她39岁,这与香港航运界各公司掌门人都是70多岁男性的形象截然不同。身着腰掐得细细的红色连衣裙、或黑白小格条小西装,个子高挑,皮肤白皙,当见到赵式明这位航运界最年轻的董事长时,她的甜美笑容让人很容易会忘记距离感,让人诧异于这样娇柔中又带点洒脱气质的她,居然是香港四大船王之一的家族继承人,承担着要中兴已创办了61年的华光海运集团的重任。

华光公司成立后,国际航运行业已改变了许多,展望未来,赵式明仍继续努力着致力于实现父亲的愿望,在航运周期的任何时间段里都紧跟行业走向,成为坚韧顽强的有力竞争者。她形容自己的现代化策略为"三足鼎立",以专

业化管理、高效的沟通技术和公治理念三个重要因素,将华光公司在这个动荡航运世界中打造成与时俱进的现代化航运企业。

2015年,华光海运获得由香港海员投票选出的最佳船东奖。这完全缘于该公司管理文化,犹如公司总裁洪船长所说,公司认为"师徒情谊"是将一代代华光人紧密联系起来的关键。"师带徒"不仅仅传承了一代人的技术和知识,也让华光成为一家有人情味,让人有归属感的好公司。依洪船长倡议,华光公司将在全船队践行"师带徒"文化,积极鼓励在船船长与轮机长与下属建立师徒情谊。这年赵式明也当选为香港船东协会主席。

2016年,赵世光因病离去,其儿子赵式庆放弃自己故有的理想和浪漫兴趣,加入家族的航运企业管理,在家姐赵式明的呵护下,学会经营公司、如何在发展的同时维护公司的利益。

2019年,赵式庆从姐姐赵式明手中接棒担任该公司董事长,并根据航运业发展的最新趋势对公司业务进行了重大调整。如今他在工作和兴趣中找到平衡,85%时间用于打理企业、15%时间用于做中国传统武术文化保育,他似乎在享受自己掌控的舒服节奏。

2021年6月底,由华光海运投资,中国大船集团建造的"中船湖南/CS Hunan Venture"号超大油轮被命名,该船长333米,型宽60米,最大载重量约30.7万吨,在设计吃水20.5米可正常装载200万桶原油通过马六甲海峡,同时按欧盟法规提供有害物质清单,配有开式脱硫洗涤塔,成为新一代极具市场竞争力的节能环保绿色油轮。至此,华光公司主要经营船东和资产管理两大业务,拥有27艘船,总重250万吨;连同管理包括散货船、油船、液化气船等共66艘、700万总吨位的一支年轻的现代化船队。

赵从衍家族依靠船务起家,曾经历过资产重组,家族内斗等起起落落,却能一直坚挺至今,实属不易。赵氏家族薪火传承的航运王国,至今在全球航运界依然举足轻重。

纵横亚洲的船王——万邦集团曹文锦

沪港航运界百年老店,家族企业薪火传承到第五代,非曹氏家族的万邦泛亚(私人)有限公司(IMCPAA)莫属,纵横东亚和东南亚的万邦集团的奠基人是第三代的上海人曹文锦,发扬光大的是其次子曹慰德。万邦集团从一家传

第十五章 航海界百年老店——起步上海滩立足维多利亚港走向世界

统航运公司发展为一家跨国集团,在全球超过17个国家开展多元化业务,主要经营航运、房地产、金融及工业投资等,是亚洲最大的船务管理公司之一。时下,万邦已由曹氏第五代接棒,必有其做生意的诀窍,这要追溯到20世纪初的上海,家在浦东的宁波人曹华章摇着木桨,用小木船在黄浦江沿岸接送旅客和外轮水手。随着船只的逐步增加,曹华章的业务也由接船员改成接运货物,并拥有了自己的账房、小码头、储运仓库和卡车,进而在十六铺码头开设曹宝记船务公司,不久又将业务扩展到长江中下游区域。

曹家第二代,曹华章之子曹隐云凭借良好的家世背景,在洋学堂接受了中英义教育,毕业后先是进入一家英国卜内门化学制品公司负责进出口生意,成为当年有地位的高级经理。不久,在上海租界开办了一家中小银行——中国劝业银行,自任总经理,他的妻子吴娱萱则在上海最繁华的南京路开办了珠宝金铺"天宝成银楼",员工多达70多人。

1925年,曹隐云的长子曹文锦出生,此时的曹氏家族已是一个殷实之家。曹文锦早年就读上海雷士德中学,1945年,20岁的曹文锦从上海圣约翰大学经济系毕业,作为家族选定的第三代接班人,开始接受商业训练,既学习祖父的航运生意,也跟着父亲学进出口贸易及金融业务。晚上在运输行同伙计们一起吃晚饭,耳濡目染航运生意。抗战胜利后,曹文锦协助父亲先后在广州、天津、福州、青岛等地,并亲自赴香港创立了分公司。

1948年下半年上海金融市场大乱,蒋经国到上海"打虎",下死命令,要求所有人将金银首饰、外国证券以及外汇等换成金圆券。年轻气盛的曹文锦偷偷将母亲的金银珠宝转移到广州,套现成港币存入香港银行,后来计算,这些金银珠宝价值10万美元,也正是这1%家族财产让曹家在香港东山再起。

不久,曹家选择暂时迁移香港,离沪没有把内地公司的产业、房产以及股票全部套现带走,在内地积累几十年的庞大财富瞬间化为乌有。此时,内地不少亲朋和下属赴港投奔曹家,仅靠当初存入银行的10万美元金条作为生计来源必定坐吃山空,倔强的曹文锦开始了再创业。于是他与天津的同行联系,寻找商机,得知大陆在山东威海/石岛做了个外贸小港以突破台湾当局海上封锁,利用土特产交换大陆急需的汽油、橡胶等化工品。曹文锦毅然决然地参与这一风险巨大的运输行当。

从1949年开始,短短几个月,曹文锦便赚了几十万港币。用这笔资金,与他人合伙成立了大南轮船公司(万邦航运公司前身),花40万港元购入一艘建于1908年的1 200吨级旧货轮"Ebonol/伊波诺尔"号,航行于香港至石岛港及日本之间,从香港进口的水泥、车胎和汽油等物资运到山东威海卫,再在当地装运绿豆、黄豆、花生等农产品销往日本,为重建家族航运积累了资金和业务经验。但是,天有不测风云,"伊波诺尔"号在过台湾海峡时触水雷沉没,曹文锦没有丧失信心,索性凑资又买了吨位更大的一艘3 000吨的"东方商人"(Eastern Trader)号旧货轮继续他的冒险运输。

正好朝鲜战争爆发给了曹家翻身的机会,西方国家对中国实施全面禁运,内地对战略物资的需求更甚,运费暴涨,已经熟门熟路的曹文锦与内地做起了运输生意。结果,生意越做越大。曹文锦曾表示:"我事业的转折点是朝鲜战争,那时运一吨货物付150美元……"不久,看好航海业的曹文锦又将赚来的钱再投资购入数艘旧货轮。

朝鲜战争结束后,日本成为中国香港地区航运界的主要市场之一。日本地小物稀,战后重建所需物资主要靠外运。曹文锦在回忆起这段日子时说:当时为了揽货运业务,香港各航运公司几乎都派人到机场去迎接日本客商。由于竞争激烈,后来发展至"抢客",他和包玉刚先生也曾加入其中,至于包氏投资航运时,曾向曹请教。为了抓住日本客商,曹文锦往往清晨天未亮就起床,乘车赶往机场去接机。在路上,他就拿出日文课本补习日语。他笑称,他的日语就是在车上学会的。创业的艰辛,由此可窥见一斑。

20世纪50年代末,曹氏已拥有八艘旧船,并与日本造船公司签订了长期合约。其中,日立有限公司同意只要曹将委托该公司建造的船只长期租予日本航运公司,便只需支付造船费的20%作订金。到了1963年,12 000吨的货运船只"Dona Nancy"完工,紧随其后建成的船只包括三菱重工船厂建造的"Dona Viviana"。总吨位为15 000吨,是当时全球最大的原木运载船只。此时的曹氏已在香港航运界颇有名气。

曹氏在与内地的生意中大赚了一笔,但因为帮内地运过物资,大南轮船公司也被美国列入黑名单:不准进入美国港;不能用美元和美国产品;不能跟美国公司做生意;银行的美金存款全被冻结。所以,即使在1962年被美国从黑名单中删除,曹氏家族发达了,也未向北美发展,反而大举挺进东南亚,闯出了一番天地,直到2021年,万邦才开辟亚美东航线。

1953年,受到美国当局的限制,曹文锦利用马来西亚婆罗洲大兴土木,但缺少基建用的石头的机会,做起海运石头的生意,并开始投资马来西亚纺织业。到了1958年,曹文锦在马来西亚的纺织业一片欣欣向荣,同时与马来西亚首富郭鹤年等股东一起出资,和马来西亚政府联合成立了马来西亚国际航

第十五章 航海界百年老店——起步上海滩立足维多利亚港走向世界

运公司,还兴建了可维修世界上最大船只的造船厂,并在后期,代表私方购买了政府所持有的船厂股份。

1973年,鉴于曹文锦对马来西亚国家的贡献,马来西亚元首把该国最高荣誉"丹斯里"的称号授给曹文锦这个"外国人"。

60年代初期,香港华人船东几乎都只有旧船,大家都动了造新船的念头。除了董浩云成为第一个贷款造新船的香港船东外,曹文锦得到日本日立船厂和泰国盘古银行董事长陈驱臣的担保,在没有任何经验的情况下造成了第一条新船,曹文锦也成为香港船东中完成新船建造的第二人。借鉴曹文锦的几乎是无本造新船的路子,包玉刚成了香港第三家造新船的船东。后来,包玉刚就常常对人说:"曹文锦的路怎么走,你就怎么走。"

1966年,大南轮船公司散伙,曹文锦已财大气粗,率领一班打天下的老臣在香港正式注册成立万邦航业投资有限公司(简称万邦航业公司),并于1972年10月在香港上市。万邦旗下的船队在70年代高峰时曾拥有10艘散装货船,达33万载重吨。不过,70年代后期,他预感航运业将面临巨大危机,几年间将船队从30艘减少到15艘(包括海外合资的船只),成功避免一场因为石油危机等导致的全球航运业大萧条。其间开始全球多种组合投资,曹氏家族与香港招商局、中国银行、日本野村集团和新加坡贸易局等合作,组成大亚工业发展有限公司,是在中国大陆投资的规模性起步。

80年代中期以后,全球航运开始复苏,曹文锦看好全球航运业,他把握时机,趁船价处于低谷时连续购进巨轮大肆扩张,到了90年代初,万邦船队货轮增添到16艘,63万余载重吨,而整个曹氏家族的船只已达44艘,总吨位过百万吨。

1995年起,亲任大亚工业发展公司董事长的曹文锦,将上海及山东作为重点,主要发展货运、食品及建材工业和房地产业务。上海是老家,山东是曹氏家族东山再起的发祥地,由此可见,曹文锦满怀故乡的情结和念旧的情怀。

1995年,也是曹慰德接替父亲曹文锦担任万邦集团主席的一年。曹慰德出生于1957年,毕业于美国密歇根大学工程系,学成归来后以工程实习生的身份加入万邦集团这个家族企业,从底层做起,一年后他轮流到各个部门去观摩学习。

80年代初,曹文锦以为曹慰德会开始分担公司管理的业务,没料到儿子主动向父亲借了300万美元,跑去泰国做棕榈油生意。本不看好儿子自己创业的曹文锦更想不到的是,单枪匹马的曹慰德,经过一番拼搏,竟在数年之内用300万美元为自己赚回了2 500万美元。尤其是在1986年,泰国国际船务公司面临破产，泰国政府主动请求曹文锦出面接手，曹文锦深知其中繁难，又不能拒绝，因为曹慰德正在泰国做棕榈油生意，借此机会交给在泰国创业的儿子接管，当然事先船王凭着自己在航运界的资历，与诸多债权人达成缓期付账协议，并让曹慰德重组公司，几年后曹慰德将这家即将破产的公司扭亏为盈并且私有化，最终将其收购，改名为泰国联合航运公司，1994年在曼谷上市。其后，曹氏父子兵上阵在东南亚各国之投资鲜有失败。

1989年，曹慰德出任万邦航运投资有限公司执行董事，回归家族企业。

90年代初，曹慰德用自己的赚得的2亿美元，再向银行贷款和向父亲借了一点钱，按市场价买下了3亿美元市值左右的万邦航运，并接替父亲出任了万邦航运的董事长，并没有像其他家族那样直接从父辈那里继承财产权和领导权。而才不到70岁的曹文锦则在一班同龄人中率先交班，看着下一代独立成长。接手后的曹慰德重组万邦集团，在新加坡成立了万邦（泛亚）投资有限公司，实行多元化经营。现在，万邦聚焦三大领域，分别是工业、投资和房地产。工业包括船运、船厂、海运投资、物流、离岸工程、采矿矿产、天然能源及贸易等，投资主要集中于采矿与矿物、石油与天然气、可再生资源与种植园等核心业务。在内地，他在上海和苏州均开发了房地产，在青岛开发了万邦中心、铁矿石码头，在都江堰投资旅游度假区，在大连则开发港口、房地产等。

到20世纪90年代末期，曹家投资的马国航运已成为大型综合性航运企业，自有资金达到10多亿美元。造船工程公司也成为东南亚最大，且可修理50万吨最大型油轮的船厂。他同时在世界各地经营着水泥、纺织、植物油精炼厂、榨油厂、种植园、西药销售、饭店及房地产发展等业务，事业版图跨越亚、欧、美各地，成为华人工商界的巨擘级企业家之一。

2005年起，万邦开始大举进军国际化学品船航运市场。万邦集团在全球化学品运输市场排名处于世界领先地位，而中船重工在造船、配套和国际贸易等方面具有核心竞争实力，双方已有20年的合作历史。双方合作成立的上海中船重工万邦航运有限公司，涉足国内沿海及长江中下游化学品运输等。到了2012年，该合资公司已拥有重庆川东重工建造的6艘5 500载重吨化学品船。不仅如此，2021年7月由中国船舶集团旗下广船国际为万邦集团（IMC）和中国船舶租赁建造的IMO Ⅱ型5.5万吨成品油/化学品油船7号船下水，命名为"Maritime Inspiration"（海上·精灵），该船是签订的8艘MR成品油/化学品油船建造合同中的第7艘船，设计总长183米，型宽35米，型深18.5米，设计吃水10.5米，满足IMO Tier 3排放标准，符合氮氧化物排放控制区排放要

第十五章 航海界百年老店——起步上海滩立足维多利亚港走向世界

求,是一型集节能、环保、高效于一身的现代化IMO Ⅱ型化学品油船。

2012年6月,万邦集团主席、被誉为"世界航运巨头"的华商领袖曹慰德做客"华商领袖·清华讲堂",以"家族企业的可持续发展"为主题,就家族企业如何整合外部社会资源,实现可持续发展作了演讲。从小接受西式教育长大的曹慰德,从35岁开始系统研究管理学,翻遍中外书籍后,对如何将中国的儒释道与西方文化结合,总结出一套独特的管理方法论产生了浓烈的兴趣,有着深刻的东方思维,又熟稔西方交流方式。

《中国慈善家》杂志刊登对曹慰德的报道

曹慰德曾告诉第一财经记者,自己一向倡导学以致用,多年的研究成果——"觉悟的资本主义和觉悟的生活方式",已经运用到企业的实际管理运作、家族治理以及自我修行里。

万邦航运集团与曾任新达城发展公司主席的香港船王曹文锦,2019年8月12日在新加坡逝世,享年94岁。但他始终奉行不出风头、不争第一的原则。他说:"出风头,争第一是危险的事。特别是在别国投资,更要稳健、谨慎、低姿态,不喧宾夺主。"

人称曹老板的曹文锦生平最得意的一项成就,是时任新加坡总理李光耀亲自来到中国香港,邀请他投资新加坡大型房地产国际会议综合项目——新达城中心。曹老板当年邀请香港富商李嘉诚、郑裕彤、李恒基,与江浙名人邵逸夫、周文轩等组成财团合资,发展组群商业中心,而万邦航运的营运中心设在该中心商厦内。

上海、香港和海外新加坡航运发展史,正是由一批敢于打拼、灵巧踏实,敢于担当的华商开创先河。曹文锦可谓是华商精神的典型代表:生长于上海,从上海十六铺码头,经新加坡、马来西亚、马六甲海峡,到泰国暹罗湾。回放这些数十年前的镜头,翻开一幅幅波澜壮阔的历史画卷,其驾驶航船一路闯天下,自始至终为上海滩走出的航运企业家大放光彩,争得无数荣誉。

2002年,曹文锦被评为亚洲航运风云人物,获得美国康奈狄克海事奖,这也是亚洲人第一次获得此殊荣。2006年,获得香港特别行政区政府颁发银紫荆星章,同年他又获新加坡海事及港务管理局(MPA)首届"国际海事中心奖"(IMC Awards)个人奖。2008年,时任新加坡总统纳丹亲自为曹文锦颁发"新加坡荣誉市民"奖章,同年荣膺2008亚洲海运贸易奖之"终生成就奖"。

曹慰德有一儿一女。儿子已婚,在美国一所大学教书,研究方向是胎儿的脑发育。据曹慰德介绍,儿子工作之后,他就不再给予资金支持,儿子儿媳目前住在一套只有50平方米的小房子里。"你做研究,就在研究的方面好好做。"曹慰德对儿子说,"你挑选什么样的生活,就过什么样的生活。每个人都要为自己的选择付出代价。"不过,他的女儿对商业颇感兴趣,大学读完人类学专业之后,在万邦工作了四年,现在则考进哈佛大学商学院读MBA,毕业之后,她会像父亲一样,先在外面工作,再进入家族企业。

第十六章
世界船王董浩云及董氏航运集团的来龙去脉

"南船北归"前后的董浩云

"南船北归"的进程中，董浩云为何当年没有率船队北归，这一直是困惑着中国航运界的一个谜团。最引人注目的是，2017年7月董氏集团出售旗下"东方海外/OOCL"航运公司，接盘的是中远海集团/COSCO，这一轰动国际航运界的大买卖让人始料未及，或可以算作一种特殊的"南船北归"。

追忆当年，董浩云已是中共争取滞港老上海航运界大佬北归的风向标，虽在1949年时的中国航运界比董浩云资格老的有民生公司卢作孚、复兴航业公司杜月笙、中兴公司钱新之、大达公司杨管北和招商局徐学禹等人，但是，当时只有37岁的董浩云不仅是航运界的后起之秀，还是颇有规模的中国航运公司的独立船东。他在1940年就在美国注册了独立的金山轮船公司，加之他是众人信任的复兴航业公司的专业性操作者，这一切成为航运界内行们认可的明日之星，理所当然是海峡两岸特别关照的风云人物。

早在南京、上海解放前夕，中兴、复兴、益祥，以及中国航运等几家规模较大的民营航运公司就已将旗下大部船只南下香港，拟在香港

年轻时的董浩云

成立一家（共同）联营公司。此时此刻的董浩云与大多数人一样举棋不定，也曾一度抱有"南船北归"的意向。

1949年后，董浩云将6艘较旧的船只随中国航运公司总公司迁至台北，迁台后更名为中国航运有限公司（Chinese Maritime Transport Ltd.，简称CMT）；性能更好的"天龙"轮、"通平"轮、"瑞新"轮、"天翔"轮、"北京"轮等均开往香港，船籍改为巴拿马，归入香港金山轮船公司旗下；而留在上海的只有71.26吨的拖轮"广益"号（天津益记轮驳公司所有），两艘450吨长江铁驳"北通"号和"北达"号。

虽然也有部分航商率船北归，如卢作孚、刘浩清等，但毕竟不占多数。由于国内当时的经济体制和政治运动等原因，旅港船东大多选择继续留港观望。以前香港的航运业一直由外资垄断，当时控制香港航运业的两大巨头分别是美商旗昌轮船公司、英商太古洋行。1949年后，来自上海的航运资本，带着众多的技术和管理人员以及海员来到香港，尤其是国民党从大陆败退后留下的大量海军军官和士兵，为这些华资船东提供了大量（相对）廉价的劳动力。一旦遇到航运市场的契机，华资船东的船队得以迅速扩大，从而改变了外资垄断香港航运业的局面，也奠定了50年代香港航运的基础和基调，也成就了董浩云船队的发展壮大。

董浩云创立的中国航运公司是国内一家重要的民营航商，旗下拥有众多海轮，更重要的是，董浩云年轻时曾积极参加政治活动，是中共上海地下组织领导的左翼团体"蚁社"的骨干，他非常想立根家乡上海，上海不仅有他的亲朋好友，志趣相同的同行，更有他值得信赖的挚友，其中陈巳生和赵朴初就是名副其实的，可敞开心扉说知己话的人。

1938年，26岁董浩云曾全资支助赵朴初办的"工华"（工部局华员俱乐部）难童无线电培训班，也全部由陈巳生联系英国太古轮船公司秘密送往温州，再赴新四军根据地，其中就有后来的上海市委副书记、上海市公安局局长杨堤，当时14岁的杨堤已是中共党员，还有张太雷烈士（中共早期领导者）的小女儿张茜蓉。

所谓全资是一千大洋，这在当时是一笔不小的资金，据董浩云好友李伯龙等人回忆"原蚁社社员董浩云，原在天津航业界工作，那时离津（应是离沪）委托'工华'，他认为我们'工华'应为此出力，并资助一千元"。这位上海淮海路"牛奶棚小开"出身的红色戏剧家，在80年代初期与董浩云通信时，也曾劝他投资内地。

第十六章　世界船王董浩云及董氏航运集团的来龙去脉

工华难童无线电培训班的合影

1939年7月，董浩云出资赞助由陈已生、赵朴初等组织的左翼上海业余话剧义演，为新四军募款，1942年还向由陈、赵两人担纲募款委员会委员的上海儿童图书馆捐款。

那时，董浩云和董汉槎等人出资法币1亿元创办中国航运保险公司。同一时期，中共保险业系统的地下党员谢寿天邀请郭雨东、陈已生、关可贵、董国清等为发起人，创办了大安产物保险股份有限公司，新华银行副总理孙瑞璜为董事长，陈已生为总经理。不久，为了对抗日本保险业，由大上海、大安保险公司发起、首创的分保集团——大上海分保集团。参加者有大上海、大安、中国航远等19家民营保险公司联合组建，集团中的各保险公司的"领导们"不是好友就是同事，譬如孙瑞璜的新华银行是董浩云指定为中国航运公司股款代收银行，而宁绍保险公司的陈已生与董浩云既是同行又是挚友，民国时期的企业资本相互参股投资，如同豪门的亲上加亲，加之中共地下组织在保联、银联都设党团组织，确实让局外人看得眼花缭乱。

顺带题外话，即使笔者深入阅读不少有关文章，总是感触自己有时也是雾里看花，处于只能意会不能言传的境地。比如解放前，董浩云和时任上海市银

275

行副行长的包玉刚应该认识，但又没确切资料给予印证，无论怎么说，有一点可以确定，当初的军统、中统对付日伪特工是有办法的，然而，对付战斗在上海金融保险系统的中共地下组织还是束手无策的。

上海有名的梅龙镇酒家是中共的秘密联络站，而董浩云是发起人和股东，酒家老板是30年代著名电影明星吴湄（地下党员、左翼人士），常务董事李伯龙，翻开梅龙镇酒家创立时的股东名单，不乏上海名流和文化界左翼人士和地下党成员，成为抗日时期中共地下组织和文艺界进步人士的重要活动场所，酒家外墙为红砖，内部装饰以大红成分居多，再兼有进步人士往来，红上加红，被称为"红色沙龙"。由此可见，年轻时的董浩云身边的信赖朋友几乎都有中共地下组织成员的身影，譬如中国民主促进会的创始人陈巳生和赵朴初，据陈巳生的长嫂张佩珠（新中国成立后，曾任上海家庭妇女联合会会长）亲口告诉孙辈，董浩云和包玉刚都是共产党的人，至于是何种身份的"共产党的人"已无从考证。

当年，董浩云不仅主动积极参加中共上海地下组织领导的抗日进步组织的活动，还是一位年轻有名的公益慈善捐助者，上海《申报》有过多次对董浩云的报道。

《申报》1939年1月4日，刊登《上海难民救济协会收款汇报第八号》，其中有关于天津航业公司和董浩云的捐款记录："天津航业公司五十元，方瑞六念元，叶绪耕念元，王更三念元，董浩云十元……"从报纸发行时间看，正是董浩云回到上海的第5天：1938年12月31日，董浩云结束了在天津的6年生活，回到上海。也就是说，董浩云一回到上海，没几天就代表天津航业公司，和各位同仁一起，向上海难民救济协会捐款，表明其对抗日救亡运动的急切关注。同时捐款的还有他的上司叶绪耕、王更三等人。

1941年9月22日出版的《申报》，刊登《上海幼幼教养院鸣谢募字第三号》："本院近以物价高涨，影响经济支绌，爰举行征募捐款。……董浩云经募天津航业公司、通成公司、隆大厂、新昌盛行各五百元，泰昌栈、中通公司、恒昌祥号各三百元，俞钧孚先生一百元，发达工程公司三十元。"据文中介绍，董浩云所募集的资金主要来自天津航业公司、通成公司、中通公司等这些与他关系密切的企业，总共募集资金达3 030元。

在上海"孤岛"时期，董浩云接触了不少中共和左翼进步人士，受他们影响，当年的董浩云思想激进，目光远大，在航业界虽属后起之秀，但人脉甚广，加之其老岳父和泰昌祥轮船公司是上海老牌轮船公司，因此他的动向自然成为滞港上海帮船公司老板们关注的目标。

若从董浩云生平大事说起,读者也会从中发现有用的线索,回头再寻找"谜底",那更有说服力和可信度。

董浩云1912年9月28日出生在上海闸北,原籍浙江定海,名兆荣,后改名浩云。1919—1927年就读于上海南市之育才书塾。1928年经大哥介绍,于日本人开设在上海的国际输式合社任练习生。1929年12月任天津航业公司船务兼秘书。1934年6月,成为天津轮船航业公司九名执委之一。

1936年1月中旬,天津大沽口严寒天气,造成数十艘中外船舶被冰雪封冻在渤海湾,董浩云陪同公司经理王更生坐"天行"轮,亲赴现场指挥和组织营救。2月27日、3月2日,王更三、董浩云与航政局、社会局有关人员一起乘坐"欧亚六号"飞机,两度视察大沽口冰围各轮,空投救助物品。他的这种敬业精神和指挥才干,得到同业的一致好评。短短的几年磨炼充分显示出董浩云的精明才智,不久他便脱颖而出,相继担任天津市轮船同业公会常务理事、副会长。就这样在天津一干就是6年。其间,上海泰昌祥轮船公司老板顾宗瑞看中董浩云,把自己的长女顾丽真嫁给了他。有人说,天津是船王董浩云的启航之地。

那时,年仅25岁的董浩云拟草了一份《整理全国船业方案》和《大同煤水路运输计划》呈送交通部。他提出这个方案,主要目的是希望在政府资助下,成立一个航运信托公司,以促成中国民营小公司的合并经营,充实本国航运力量,为今后收回沿海及内河航运权,并筹备开通国际航线作准备。为此,时任交通部部长亲自接见董,由于政府没钱就不了了之。

1937年4月,上海宁波人董浩云与同乡好友董汉槎(中国保险业先驱)等发起创立中国航运信托公司(简称中航),总公司设在上海西摩路(陕西北路)414号,这是一幢四层欧式楼房,居住者除办公人员,还有不少家属。公司开张时,只有一艘千吨左右的货轮,毕竟是自己拥有的,同时也开始代理运行其他公司的船舶。

全面抗战时期,中航信托与中国各民营轮船公司一样遭受了灭顶之灾,董氏公司也落入日军之手,余下的船舶中一些船只响应国民政府号召,自沉于长江,用于封锁航道,拒止日舰西进武汉。

幸亏董浩云保住了公司的几条船,而后举家迁往"陪都"重庆。此时,董浩云的航运事业跌入了低谷,但是,他无时无刻不绞尽脑汁寻找对策。董浩云于1940年在美国特拉华州注册成立独立的"金山轮船公司"。

是年3月19日，中国航运信托公司改由在香港注册，公司在上海的办事处设于外滩的汇丰银行大厦300室，其后办事处又搬迁到其岳父顾宗瑞名下的瑞华银行（爱都亚路1号，今延安东路）。公司成立后即购买了两艘旧轮，为了经营上的便利，两轮都悬挂巴拿马国旗。其中"Capella/海星"号是 艘客货轮，因为设有统舱船位，特别适合航行于中国的沿海城市，而"雷梦娜"（Remora，总吨位3 500吨，应是与岳父顾宗瑞合伙的）号是1920年由美国建造的一艘货船。9月该轮曾全部聘请中国人驾驶，往返于远东与美国西岸，由上海经菲律宾横渡太平洋，抵达美国的波特兰港口，成为中国现代远洋航运史之伟大创举。

好景不长，太平洋战争爆发，香港沦陷后，中国航运公司作为"敌产"被日军接管。董浩云只好重返上海，又将爱都亚路1号作为公司的临时办事处，由于公司没有船只，只能租用了一艘"北铭"号小轮（约667总吨），经营上海至天津间的航运，这是"中航"最凄惨的年代。

抗战胜利后，董浩云申请中航复业却被政府财政部以在香港注册为由驳回，他立马另起炉灶，于1946年8月在上海宣告成立中国航运公司。

1947年8月4日，全由中国海员驾驶的"天龙"货轮从上海出首航途经法国，穿过大西洋抵达美国诺福克的欧美航线，中航此举震动了航运界，也成了新闻界的重要新闻。次年，由船长费肇基率领59名中国海员驾驶的"通平"号（当时是中国最大的货轮）成功地由上海抵达旧金山。这是董浩云的事业和人生的一个重要的转折点，旗下"天龙""通平"轮乘风破浪，远渡大洋，相继开辟了中国通往欧美的远洋航线，中航谱写了中国远洋航运史的新篇章。

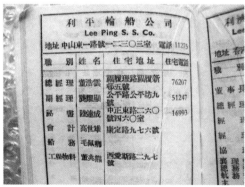

董浩云拥有两家小航运公司

此时,台湾与上海两地之间的人员往来与贸易流通日益紧密,董浩云敏锐地注意到这一商机,1948年6月,中航先在台湾的基隆设立办事处,随后又在台北的连云街成立分公司。公司成立后不久董浩云即通过一位希腊籍的掮客的介绍,先后从上海的英籍马勒轮船公司(Mollers' Line Ltd.)手中以分期付款的方式购置了"唐山""滦州""昌黎""天行"等四艘海轮(净吨位合计32 597吨),另有"慈航"号拖轮一艘,并经理大振航业公司"天龙"轮(净吨位10 471吨)、中国海外航公司"通平""天平"轮(合计净吨位18 048吨),寿康轮船公司"慈云"轮、"凌云"轮、"瑞新"轮(合计净吨位21 700吨)等航运业务,此外还有直东轮船公司"北京"轮(1 600净吨)、天津航业公司"天翔"轮(3 100净吨)、青岛长记轮船公司"亨春"轮(3 300净吨)都委托中航代理,这样中航经营的船只总吨位已超过9万吨。虽然这些货轮都很陈旧,载重量也大都只有八、九千吨,但是当时国内急需货轮运输,因此发挥了重要作用,通常航行长江沿海各埠还承运台湾物资,航驶日本和东南亚等地区。

1948年8月,中国航联意外责任保险公司在上海成立,为中国保险业资本最雄厚的保险公司,杜月笙任董事长,在钱新之、徐学禹、杨管北、卢作孚、董浩云、骆清华、李叔明、杨经纶、徐恩曾、王更三等由上海航运界闻人担任的董事、监事中,董浩云是最年轻的董事。

是年12月,董氏举家乘坐招商局"海文"轮搬迁香港(早在1940年前后,董浩云就在香港的高档住宅区九龙塘施他佛道置办了一处房产),随后,"中航"也在位于香港金融中心的中环皇后大道中鹧鸪菜大厦420室设立了办事处。

到1948年年底,董浩云一举成为中国当时最大的私人船东。在其创业过程中创下不少历史记录。

1949年4月23日南京解放,这天上海轮船商业同业公会在上海国际饭店召开第十三次会议,董浩云参加了会议,此后,他离沪赴港,直到去世再也没有踏足内地。这也是董浩云一生中最大的遗憾。

董氏走后,上海"中航"由副总经理钟山道主持公司日常工作。但其旗下船舶都南下香港和台湾。

董浩云来到临时安身之处香港后,就着手处理和经营中航和复兴航业股份有限公司(简称复兴航业)。但是,当时美国与台湾当局关系恶化,因为欠着美国银行的贷款,复兴航业2艘船只被美国借机扣留,时任复兴公司副总经理董浩云只好将仅剩的一艘船改注册到在香港注册的金山轮船(分)公司。

此时此刻，暂时栖身香港的董浩云面对着一个具有政治含义的站队决策部署，而国共双方也使出浑身解数，争夺南下滞港上海航运界人和船的归属。

1949—1950年，滞港船舶有志新公司的"海王星"，大中华公司的"大江"，民新公司的"新康"，安达公司的"沙根"等多家公司及十几艘海轮北归，尤其是招商局的13轮起义和民生的18轮北归，这些公司的掌门人都是航运界知名人士，可想而知，带给董浩云的冲击不是一点点。这一切可从洋洋大观的上中下三册《董浩云日记》中找到佐证，日记详细记录了董氏从1948年至1982年几乎每天的重要行程，透露出他的心路历程，却独独缺少1948年11月28日至1949年6月20日近7个月的日记，这有些异常。这期间北平、天津、南京和上海相继解放，尤其是国民党丢失北方天津和南方上海两个最重要的海港，对董浩云的触动肯定是刻骨铭心的。他和他的事业直接面临选边站的大难题，然而没有记录，是日记主人公太忙无暇落笔，还是编注者认为内容过于隐私不便公开，总之只能借用其他资料作一补叙。

上海解放后，周汉楚（天津航业公司经理）曾专程前往香港，会见老同事老朋友董浩云，两人多次商谈今后的去向，当部分北归的船只在天津成立了华北联合办事处后，办事处召集人周汉楚特将办事处的货运情况、船舶吨位以及货运价位等资料转告董浩云，其目的是希望董浩云下定决心早日北归。

曾任新大陆轮船公司董事长兼轮船同业公会秘书长的李云良是航运业的前辈，也是董浩云的老朋友，新大陆轮船公司的"新中国"和"新亚洲"两轮北归后，李云良也于1949年从香港北归上海，其后被当时的交通部部长章伯钧聘为交通部参事。1950年时，他作为董浩云老朋友也前往香港动员董浩云北归，但无功而返。

上海大中华轮船公司的总经理刘浩清与董浩云年岁相近，志趣相投，家国情怀、事业前途和希望国家富强是两人谈话的常见话题。

当时，国家正呈现一派新气象，百废待兴，而且政府也允许资本家合法经营，不少上海帮各企业大佬离港回沪，其中有"火柴大王"刘鸿生，他曾担任过招商局董事长，这对董浩云、刘浩清影响很大，共同复兴国家的经济也是大家的愿望，因此董、刘两人都有北归的想法。不久，只是刘浩清将旗下的三艘海轮分批北归，但他从未透露董浩云为何最终没有选择北归的原因，不透露并非不知情。而董氏本人坐镇香港，并分别在香港、台北设立船运公司。

第十六章 世界船王董浩云及董氏航运集团的来龙去脉

此时的台湾当局似乎表面没派人专程到港游说董浩云,这是因为中航一年前就在台北设了分司,至于董浩云最终没有率船北归的原因甚多,主要有以下几个原因。

1950年1月,停泊香港的招商局13艘船(其中6艘美债船)宣布起义,美国以债权人地位也对董浩云占股很多的复兴公司航行海外的7艘船扣留抵债。

是年3月12日,贺衷寒一出掌台湾地区交通运输主管部门负责人,极为重视鼓励海外航业机构撤台事宜,亲自致函杜月笙和钱新之,希望他俩能将复兴航业公司迅撤台办公,为滞港其他航业公司作出带头作用。为此,杜月笙、钱新之和杨管北频频商议,据说蒋介石也带话杜、钱两人,于是由杜月笙拍板,既然复兴航业公司大部分船只系由原国民政府担保,借贷美国债款购买,那么,就顺水推舟做得漂亮些,杜月笙、钱新之双双出面,以自身年高体弱多病的理由,表示无意继续主持复兴航业公司的业务,他们二位要求成立一个复兴航业公司监理委员会,而将复兴航业公司改由台当局营运。复兴的整体迁台对董浩云影响之深不一般。

1950年6月25日,朝鲜战争爆发,27日,美国第七舰队开入台湾海峡。当时人在日本的董浩云敏锐地感觉到,国内外局势将发生深刻的变化,客观上导致他此后最终选择坐镇香港,与台湾保持密切关系,经营香港、台北两地的旗下船队,欲想大展宏图,实现做"现代郑和"的理想。

然而,这年7月5日之后,直到1951年元旦之前,又有近6个月日记空白,事必有因,幸亏董浩云在12月24日(补记)的日记上写道:"八月十四日,乘CAT机赴台北,距上次离台日期,达九个月之久。此次飞台仅在二十四小时前决定,站在自己岗位上,自不得不有此一行,毁誉得失,亦无从计及了。旅台达三个月之久,日为复兴航业公司事奔走折冲,其间将中国航运公司四总公司迁台有所布置。俞丹、董汉槎,程云庆诸兄相继来台,完成了使命一部分,我则于十一月十五日乘Northwest飞机返抵香港,亲友均来接。丽真(注,董浩云夫人)尤喜出望外,所谓不能出境之流言,均一扫而光。"

为何补记已不得而知,但信息量极大。"距上次离台日期,达九个月之久。"可以推断赴台之前的九个月,他仍在观望是否北归。

"此次飞台仅在二十四小时前决定,站在自己岗位上,自不得不有此一行,毁誉得失,亦无从计及了。"——1950年8月14日,董浩云又一次飞抵台湾地区,美国第七舰队配合台湾地区当局加强封锁台湾海峡,他不得不仓促赴台决断自己事业的今后走向。至于这次客观上充满政治倾向的商业决策,所引起的毁誉得失后果,他也无法顾及了。

"我则于十一月十五日乘Northwest飞机返抵香港,亲友均来接。丽真尤喜出望外,所谓不能出境之流言,均一扫而光。"——在台期间,董浩云将中国航运公司总公司正式搬迁至台北,并易名为中国航运有限公司(Chinese Maritime Transport Ltd.,简称CMT),并在基隆、高雄、东京和香港设立分公司。在这次赴台前后因长达三个月,外界已盛传董浩云不能离境,补上一段日记,表明他来去自由,说明其与台当局的关系没有破裂。加之他占有相当股份的复兴航业也被迁到台湾,董浩云从实际利益考虑,不管是自愿还是被迫,或另有其他考量而"迁台"已不重要。不知内情的人只能靠分析来推定,是否符合逻辑,见仁见智。

虽然,此时的董浩云立足香港,开始着重与台湾打交道,但是董浩云并非完全倒向一边,爱国港商刘浩清在《我和董浩云的交往》一文中写到,1950—1951年董浩云旗下的船队也常常开往内地。其间,台湾当局的情报部门也开始为了董浩云设有专档,尽管收藏的多为各个时期有关董浩云活动的剪报等资料,并未发现有什么大的违规事项,也没为难"中航"和董氏本人,很可能是董氏货轮采用了巴拿马船籍的迂回方式,运载的大部分货物不是战略物资。但这些货物肯定是大陆所需的必需品。当时,即使那些已经北归大陆的不少民营轮船公司也是靠挂外籍旗为新中国运输货物。

1951年年初,香港华润公司依陈云的指示,派出中共地下组织成员谭廷栋扮成富商,在妻子陪同下前往新加坡,采购了3 700万吨橡胶,谭又委托董浩云租用了一艘米字旗轮船"南希·马勒"号(船东是马勒家族在上海开设的马勒航运公司),载着这批物资,顺利驶出新加坡,在开往广州的半道上,被英国海军"哥萨克"驱逐舰拦截返航新加坡,由于装运是被西方列为禁运中国的战略物资,为此,董浩云上了新加坡海关黑名单,被禁止入境。

此时在港的董浩云不仅仅与新中国保持贸易往来,还一如既往支持香港的进步团体展开活动。

1951年,由左翼文人顾而已执导,顾也鲁、陈娟娟主演的"港版"《小二黑结婚》上映后,在香港引起一场轰动。同年10月27日,《小二黑结婚》在北京公映,并受到观众的热烈欢迎。此后在全国上下掀起了一股"小二黑结婚"热,1962年,毛泽东调看了评剧《小二黑结婚》的影片后,称赞它"讲明理,通神韵"。现在许多人都不知道港版《小二黑结婚》电影会与董浩云大有关联。

当初在港的左翼进步导演顾而已在拍摄电影《小二黑结婚》时缺少50%

的资金,那时的文化人两袖清风,囊中羞涩。情急之中,顾而已和演员顾也鲁想到了香港"金山航运公司"经理董浩云,当年在上海时,仨人都是"蚁社"里交往甚密的热血青年,知道董浩云曾资助过许多进步艺术家,而且,当年顾也鲁也是梅龙镇酒家的股东。

顾、董见面后,董说他很喜欢《小二黑结婚》小说,当即对顾氏表示:"你们的责任是拍好电影,资金由我解决!"并且要求,他只管出钱,但是不要挂名。这是董浩云的一贯作风,也考虑到不可让台湾当局获知,他资助了这部风靡大江南北的左翼电影。

推动三地航运业交流,走向海运强国

1950年8月16日,台湾当局公布对于与大陆来往的轮船予以最严厉处罚条款,用其海空力量严格封锁台湾海峡,其间屡屡发生美国及台当局用军舰劫持商船事件。

1950年民生轮船公司的"太湖"轮和1951年上海大陆实业公司的"春和"轮都在北归途中被国民党海军拦劫到台湾。

1953年10月和1954年5月,一年不到的时间里,台湾海军先后劫持了中波海运公司的"布拉卡"号和"哥德瓦尔特"号。

1954年又发生了蒋介石劫持苏联"图阿普斯"号油轮事件。

从1954年下半年起,鉴于美蒋的海盗式疯狂劫持商船行为,行驶中波航线等来中国的波兰国旗船,一律先驶往榆林港等待中国海军护航,放弃停靠华东华北等港口,由海军护航停泊广州黄埔港卸货,再转载铁路运输,这种高成本的海陆运输直到1957年才停止。

在当时海峡两岸严峻的态势下,董浩云能支配的货轮只有六艘,经不起被国民党海军的扣押或拦劫。再说,自1950年11月15日离台后,董浩云长达十四年没有或不敢踏足台湾,也造成1952年后,到董氏逝世之前,本人几乎很少公开与大陆直接发生关系。

朝鲜战争期间,中航和复兴在运输中大赚了一笔,而后,台湾当局归还了此前征用董浩云的船只,于是董浩云借机扩充了船队规模。

1952年,从英国购买的第一艘万吨级货轮,易名为"海洋海王星"号,又称"端云"号。是年,董浩云又将金山轮船公司改在香港注册,开始以香港、台地区为基地,扩张旗下的船队,向世界航运业进发。

1956年,董氏在欧洲建造了华人第一艘散装货轮"东方之星"号(排水量13 300吨)。

1958年至1959年,分别建造了"大西洋信仰"号巨轮,以及在日本佐世保下水的载重量70 000吨的"东亚巨人"超级巨轮。

1961年,在日本建造的第二艘"如云/Ru Yung"号客货轮(载重量12 400吨)建成。隔年2月首次航行至纽约,《纽约时报》以头条篇幅的专文盛赞董浩云的创举。为开辟中国台湾地区至美国的定期航线,董浩云特意从《史记·五帝本纪》取出"如云"二字为该客货轮船命名。

1967年,董氏家族成立东方海外货柜航运公司(Orient Overseas Container Line,简称OOCL)。董氏集团率先将公司的七条旧船改为集装箱船,与时俱进首创华商集装箱海运业务,接着又向日本船厂订造了七条新船,开办全集装箱船业务。

与此同时,董氏航运获得台湾地区当局的资助,先后向日本订购了载重22万吨级以上VLCC油轮共18艘。共分三批,最后一批是每艘30余万吨的ULCC超巨型油轮。

1970年前后,董浩云购进3艘豪华邮轮,成立邮船公司,成为世界上独一无二的兼营集装箱轮船和邮船的中国人。

1971年9月4日,董氏集团将1.8万总吨的"大西洋"号邮轮(s/s Atlantic)改名为"宇宙学府"号(s/s Universe Campus),先行替代后来失火沉没的"海上学府"——"伊丽莎白"号(排水量83 600吨)豪华客轮。承担海上教育的任务,从洛杉矶起航,于圣诞节前安全抵达东岸的纽约,完成了为期100多天的秋季环球教学课程。这所具有历史意义的海上大学就此诞生,它的成立得到联合国秘书长以及国际政界领袖、学术界人士的普遍赞扬。

董浩云在首次抵达纽约的"如云"号轮上留影

1973年4月，OOCL正式在香港证券交易所上市，成为在香港上市的第一家定期航班和集装箱船运公司，为香港跻身世界集装箱运输中心创造了条件。

4月28日星期六，董浩云在忙碌的生意之余，乘着OOCL上市之兴，不忘为国共合作搭桥，试图推进三地的航运业更上一层楼，他在日记如此记载："今日下年五时，与潘静安先生晤面，系沈敏、世华邀来同观中文电影Energy Resource和Queen Elisabeth战时的贡献，他说电影很动人，不知真的会感动他否，沈敏说'海上学府'是上情不能下达，希望今后可无事，又曾探北京/台北解决歧见可能性，看来眇望（茫）。"

潘静安即潘柱，人称"潘光头"，香港中国银行副总稽核，他的另一身份却是中共中央调查部（简称中调部）驻香港负责人，也曾是著名演员沈敏丈夫李世华地产公司的董事，而沈敏却是当年"蚁社"属下的有才女之称的话剧演员，董浩云对潘静安的真实身份当然一清二楚。

然而，处于渺茫状态数月后，潘静安转告董浩云，他制作的《演变中的世界》这部电影可以带到北京。至此，从1949年算起，二十多年已过，国内的造船机构和董浩云也开始了相互的关注。董浩云认识潘静安的第二年，在巴黎遇见一位老朋友，系法国著名的造船厂经理，此人刚参加完北京造船的洽谈会，他告知董，在北京开会期间，中国政府曾多次向他了解董浩云的情况。

蚁社是30年代受中共地下组织领导的左翼抗日群众团体，董浩云是蚁社的早期社员，又因爱好戏剧，参加了蚂蚁剧团，剧团的负责人是李伯龙，由于他们志趣相投，结下了深厚的友谊。

后因于天津工作，不常在上海，处于奔走四方的状态，董浩云本身并不参加演艺，但他对剧社的财务支持不遗余力，尽心尽力，偶尔也会为剧社的活动出谋划策。支持台前幕后的演出，积极参加抗日救亡运动，如为伤兵医院筹募经费，购买医疗用品支援前线（新四军）等，有次为新四军捐献的慈善公演，他特地从天津来沪助战，用他的话来说："我是中国人。"

1936年，"蚂蚁剧团"因上演反日剧目《走私》而遭到禁演，蚁社的活动也因此事遭当局限制。李伯龙与吴湄便在上海发起创办"梅龙镇"作为文艺界人士聚会之地，董浩云也是股东之一。"其后他不论公务如何繁忙，也不错过这些文艺活动"。后来"梅龙镇"成为上海著名酒家，则是始料不及的事情。

20世纪三四十年代,上海蚁社的蚂蚁剧团合影,第二排左二为董浩云夫人,后排左二下戴眼镜者为剧团负责人李伯龙,左三为董浩云

上海的蚂蚁剧团,于1938年年初参加由中共上海文艺工作委员会领导、组织的"星期小剧场"活动。总之,蚂蚁剧团的成员不是中共地下组织成员,就是左翼人士和党的同路人,有些是秘密党员。

到了1979年,董浩云长子董建华出任东方外海主席,翌年董浩云退休,公司的第一艘高速全集装箱轮"中华货柜"号在高雄建成下水。这一年也是改革开放的第二年,上海利用其与香港有着千丝万缕割不断的联系,尤其是香港工商界有着众多的上海帮著名企业家,争取他们融入改革开放的大潮,这是使华资乃至外资进入内地的敲门砖,于是,上海工商界经济代表团组织首次访港行程。

1979年3月,香港实业家唐翔千(无锡上海人)在香港接待以上海市委常委、统战部部长张承宗(曾是中共上海地下组织负责人)为团长的上海工商界经济代表团首次访港时，董浩云告诉唐翔千，因为自己在上海解放前夕，曾把自己的航运公司的总部迁往台湾，目前依然与台湾有业务往来，在国共两党严重对立的环境下，不便由他出面接待，可又不愿意失去这个机会，为此派儿子董建华安排大家参观海上大学"宇宙学府"。在甲板上、船舱里，董建华一边领着大家参观，一边告诉大家，父亲董浩云最爱说一句话，"读万卷书不如行万里路"，为此他一直想建造世界上第一所海上大学，招收的学生来自世界各地，聘用的教授也来自世界各地，学生们在海上吃住、读书、玩耍，随船游遍五个大洲。当年，孔老夫子带着弟子周游列国，他的"列国"其实仅仅是神州大地，董浩云希望能让"海上学府"的学子真正周游世界各国，也为海峡两岸及港澳间建起海上通道。

到了10月30日，董浩云没出席英国女皇为华国锋举办的宴会（另一船王包玉刚出席了），虽然他事先得知这一消息，其日记中记载"不便参加"。但是第二天，他却与陪同来访的外交部副部长章文晋通电话，还送了两部新船下水的纪录片。这是因为章的父亲章以吴和岳父朱启钤（中兴轮船公司董事长）都是董浩云的故交。其后中国驻英大使柯华特意代表章文晋致函以示感激和问候。

上述互动，印证了北京对年轻时具有崇高爱国情怀的董浩云抱有很大的期望，接着展开了多管道与董接触。

1979年年底，董浩云长女董建平访问上海期间，曾造访董家故居福履理路福履新村，现为建国西路365弄5号，一幢独立式洋房。女儿与父亲促膝长谈回老家的观感，似乎促使董加快与北京的直接联系的节奏。

1980年4月5日，董浩云致信中国租船公司，联络该公司总经理刘若明，后者早年是中共地下组织华东财委在港的运通船务公司的"老板"，是策划招商局13艘海轮起义的主要负责人，与董浩云有过交往，所以对董在信中的建议——双方可否在中美航线上进行合作，刘总很快就回函表示"有兴趣同您具有丰富航运经验的老朋友合作……"，"老朋友"三字，佐证了当年在香港时，董浩云和刘若明之间的关系。

是年7—8月间，在美国马萨诸塞州州长引荐下，American Worldline（航业）公司主席到访北京和上海等地，受到中方的热情接待。美方提议将"东方皇后"号邮轮移至上海外滩公园，在黄浦江上建立"海上旅馆"。而"东方皇后"号的船东正是董浩云，还代表董氏航运拟与中方建立货柜（集装箱）轮航线。

北京很快有了回复，继潘静安后，曾任香港广大华行负责人，有着"华尔街的红色外贸专家"之称，时任中调部美国研究所所长，外贸部国际贸易研究

上海建国西路365弄5号董建华出生故居

所所长舒自清在致董浩云的信函中有两封信,其中一封是舒自清写给时任上海市市长汪道涵的亲笔信,解释董浩云的"东方皇后"邮轮在上海建立海上旅馆事宜;另一封则是拜托董浩云大力支持赴香港的国家商检总局副局长成立香港商检公司。由此可见,此时双方的交往已有实质性进展。

1982年,董氏集团与北京教育部和上海外事办沟通成功,上海交通大学金伟和严良瑜两位同学就前往美国,登上"宇宙学府"参加了为期100天的海上大学。

1982年4月15日,董浩云撒手尘寰,回顾董浩云奋斗的一生,他先后在天津、上海、香港和台湾等地创业,并在香港达到了成功的巅峰,并开辟了美洲、欧洲、大洋洲和非洲等多条航线,涂有梅花标志的董氏集团船舶航行于世界各个海域,航运集团最高峰时旗下不仅拥有集装箱船、散装货船和油轮,还有三艘高级豪华邮轮,各类船只总共有150余艘,总吨位1 100万余吨。国际航业中几乎没有人不知道董浩云及C.Y. Tung的名字,在20世纪80年代,被美国《纽约时报》评为全球七大船王之一,若从当时独立船东所拥有船队的吨位数来说,则董浩云应是全世界最大的独立航运集团。

1986年,董氏集团完成收购,资产负债率高达83%。高负债终于酿成董氏集团的财务危机。船王的去世,使董氏集团失去了能与内地沟通的重要管道,长子

第十六章　世界船王董浩云及董氏航运集团的来龙去脉

"东方海外香港"号巨型集装箱轮,总长400米,型宽58.8米,深32.5米,结构吃水16米,21 413 TEU装载量,是当年全球最大的集装箱船

"海上巨人"号油轮

董建华开始独当一面管理家族生意。只是那年,世界航运业持续不景气,东方海外却因为早前的快速发展而欠下大笔外债,负债达200多亿美元。由于收入大幅减少,庞大的利息支出成为沉重的包袱,拖得东方海外一步步走向破产的边缘。

从1982年至1986年上半年,董氏集团一直在寻找财务支持——"找钱",试图挽救董浩云创下的航运帝国。

1986年世界经济危机已爬上高峰,董氏集团几年前的潜在危机,随之形成了被清盘的财务危机,不久,通过方各面的努力,集团终于峰回路转,其中有:

1986年3月14日,香港商业巨擘霍英东宣布,注资1.2亿美元给"东方海外",助其渡过难关。与此同时,中国银行率先相助,贷出2 000万美元,而最大债权人汇丰银行不但延期其贷款,还主动再拨付1亿美元给"东方海外"渡过难关,还令其他11家债权银行也各贷出2 000万美元,共筹得2.4亿美元支付另12艘新船款项,令董氏集团获得喘息之机。

整个"找钱"过程,最值得回味的是,多数香港媒体认为,那是离开大陆后,董家第一次与大陆官方机构正面打交道,其实并非完全如此。

年轻时具有左倾思想的董浩云是改革开放这一战略性国策的衷心拥护者,他的家国情怀就是希望国家富裕强大,作为一个有着强烈国际视野的中国人,这也是一个千载难逢的机会。董浩云碍于时局不便公开前往内地寻找商机,但又不愿意放弃这一难得的机遇,于是他先请挚友东方石油公司的董事长刘浩清替他了解内地的情形,其后不久,董浩云在美国相认了从上海移民美国的金联桢,此人是董浩云女婿金乐琦(时任东方海外董事)大哥,两人相处甚是投机,便力邀金联桢到港出任董的私人代表,利用其熟悉国内情况的有利条件,多次返回内地寻找合作伙伴,此后,功夫不负有心人,双方在中国南海合作进行海上作业等等。同时,在董浩云的斡旋下,还促成了国际著名的凯旋钻探工程公司(KCA)与刘浩清的东方石油司合作,共同开发内地的石油产业。

经过与内地一系列的交往和合作,已是被人们称为世界船王的董浩云,此时,他的心目中的一个宏大梦想将成为实践的目标——让中国走向真正的世界海运强国。董浩云的心路历程被赵浩生(原《中央日报》著名记者,耶鲁大学教授)一语道破:

> 他的每一艘新船下水都请我们夫妇参加下水典礼。有一次,我们到佐世保参加全球第一艘30万吨巨轮的下水盛典。在军乐鞭炮狂欢庆祝中,他悄悄地离开人群,拉着我到海滩上散步。他告诉我,他想哭,但是不

愿别人看见。我不了解他的心情，问他为什么？他说，刚才在下水典礼上奏了日本、新加坡和利比亚的国歌，而没有奏中国国歌。是因为这条船是日本制造，新加坡贷款，挂的是利比亚的国旗，这是国际航业经常的安排，但他作为一个中国人，作为这艘巨轮的业主，在下水典礼上却听不到中国国歌，怎不让他这个热爱祖国的炎黄子孙潸然泪下呢？我理解他的心情，我说："世界潮流，浩浩荡荡，一切都是往好处变，我们总有一天像回归大海一样回归祖国！你回浙江，我回河南！"他在一霎沉默之后伸开臂膀，迎着海风开怀大笑起来，他看上去像热情、豪迈的爱国诗人拜伦而不像一位称霸海上的船王。

1980年12月30日，这天是董浩云盼望已久的喜庆之日，他终于可以亲自与内地同行大佬们打交道，破天荒的接触为今后董氏集团加强与中国远洋运输总公司COSCO合作增添了机遇，当天在董浩云专门宴请宾客的"香岛小筑"，招待来港访问的"中远"总经理钱永昌（1984年任交通部部长）等客人。尽管当天他的日记中只简单记录了此事，无双方谈话详情，但从这一时期前后分析，探讨合作经营的可能性必定是其谈话的主题之一。多年之后，钱永昌谈起与董浩云方首次碰面的这段往事时，深情地回忆说，晚宴前，董浩云曾陪他在"香岛小筑"海边的参天大树下面散步，突然董浩云弯下腰在地上捡起几颗红色的相思果，并把它放在钱永昌的手中。"红豆生南国，此物最相思。"此时无声胜有声，一切尽在不言中。

至此，董氏集团认识了钱部长后，1983年2月，上海锦江航运公司用贷款498万美元从董氏集团的香港美洲航运公司处购得一艘客货船定名为"锦江"轮，航行在沪港线上。

内地伸手解董氏集团燃眉之急

董氏家族为了把公司这块招牌保下来，首先想到的是向台湾当局寻求贷款，虽然见到了蒋经国，但"找钱"一事还是被拒绝了。

失望之余，董氏集团想到在日本订造的6艘新船，及一直与董家合作密切的日本财团，以为他们可能会帮助东方海外重整财务。在董建华多次飞往日本协商后，希望又再次落空。日本人的拒绝，令董建华感到走投无路。

1985年9月，董氏集团对外宣布东方海外在交易所停牌。但是，还得想方设法"找钱"解决财务危机。不久，天无绝人之路，董氏集团收到多方资金持助，从而渡过难关。

其实，最大最早的财务资助来自COSCO，当时，董氏集团核心决策人物梁敏行是董建华的堂姐夫，金山轮船公司董事长、OOCL（东方海外）董事兼香港船东协会主席，亲自跑到北京，这位上海吴淞商船专科46届驾驶系老船长，想找COSCO中远集团的人帮他引见高层，正为无熟人一筹莫展之时，梁老见到从"广远"调到北京远洋总公司担任总工程师的吴淞商船专科47届轮机系的校友卓东明，笔者的知情人，校友见校友，哪有不帮之理，那时正是改革开放火红年代，经这位校友引荐，交通部钱永昌部长（上海航务学院50届航海系，其实该院前身是吴淞商船专科学校），热情招待了老学长梁敏行，部长发话让COSCO少买几条船就能帮OOCL。那时期"中远"也开始进入大发展轨道，每年都要买三艘远洋船舶，当然这笔帮忙的巨款得到了国务院领导的批准，于是对董氏集团来说雪中送炭的财务借款，让濒临破产的世界级船公司起死回生。而30年后COSCO并购OOCL，这种特殊的"南船北归"形式，让COSCO占有世界航运11.7%的市场，在2017年迈入了世界第三大航运企业。

1987年1月，得到财务支持的董建华终于成功与债权人签订集团债务重组的协议。同年5月董建华宣布重组公司，在新的董氏集团内，金山轮船公司专门经营散装货轮，OOCL专营集装箱船队，然而董建华丧失对OOCL的控制权，由老板转为打工者，而后，再向以东京银行为首的5家银行贷款2.5亿元。

1989年3月，董氏父子创立的海上大学"宇宙学府"号首航上海。几乎所有上海市党政领导、商界要人，都参加了欢迎仪式，时任书记和市长都到船上祝贺，并参加欢迎晚会。这是董建华继父亲董浩云后，第一次在沪接触内地高层人士，也让他见识到了，比挣钱更有意义的事情，此时，他心中有了另一个目标。

1990年，董建华继续为公司瘦身，而霍英东再收购东方海外两成股权。但公司仍有630万元的亏损。

1991年，在董建华的努力下，东方海外终于转亏为盈。截至1991年12月31日，年度业绩盈利达980万美元。

1992年，东方海外在上海设立在内地的第一个办事处。随后，在内地的投资额迅速上升，截至1995年6月底，东方海外在内地的总投资达到5.33亿美元。

在和内地进行多方位的经济合作同时,董建华也开始了其政治生涯。

1995年,董建华持有的"中航"所有股份转让给在台湾的姐夫彭荫刚,与台事业做了切割。

1996年5月,董建华竞选香港特首前,由胞弟董建成接任东方海外主席。1996年12月11日上午11时,在香港会议展览中心二楼会议厅,400名推委开始以无记名投票的方式投票选举特首。最终,董建华以320票击败只获得了36票的吴光正,成为中国香港特别行政区首任行政长官。

2012年7月,董立均,董浩云长孙,原香港特首董建华之子出任东方海外主席,成为董氏集团第三代掌门人。

2017年5月30日,香港回归20周年8天后,董建华八十岁的第二天,由他的父亲——香港"船王"董浩云创办,并由董建华、董建成兄弟先后执掌,拥有70年历史的庞大航运王国OOCL,宣布计划售与多年来的合作伙伴——国企中远海运控股COSCO,收购总金额高达492.31亿港元,董氏家族可从其中套现338.24亿港元。与在同期的香港几大船王相比,航运本业做到现有的价值,家族能获得这样的回报,董氏家族经营航运业必有其为人不知的管理诀窍。

2018年8月,OOCL第三代掌门人董立均正式卸任接班6年的东方海外航运行政总裁。

与此同时,中国航运股份有限公司通过设立上海办事处,进一步加强与内地的联系。还计划在上海外高桥造船海洋工程设计有限公司和青岛北海船舶重工订造海岬型船。

2019年年底,COSCO旗下的OOCL已经成了世界第七名集装箱航运公司,旗下运营103艘船舶,包括多艘目前全球最大最先进的集装箱船,其总运力超过68万标准集装箱,在全球超过70个国家设有330多家分支机构,成为国际航运业最为优秀的企业。

2020年1月1日起,中远海运集运总经理杨志坚替代董立均为东方海外国际执行董事,董立均调任为非执行董事,由此,董氏家族开始逐渐淡出世界集装箱船队市场。

然而,2017年下半年起,董氏家族的金山轮船已经接收1艘建于2006年的MR成品油船(指3万—5万吨级)。消息显示,金山轮船还向香港另一家船东巴拉歌船务(Parakou)支付1 530万美元,收购51 224载重吨油船"PTI Volans"轮。

2020年6月的一条新闻报道更意味深长,在美国上市的希腊航运公司

GasLog这一老牌液化天然气船运公司发布公告,指出董氏家族增资获得Gaslog部分股份,但相关各方并未透露董氏家族增资数额及持股比例。该公司首席执行官保罗·沃根称赞董氏家族"悠久的海运历史及在亚洲的根基"。"我们期待与他们合作,发挥GasLog船队以及我们先进的运营及商业平台的内在价值。"

由此可见,董氏家族只是调整航业发展方向,迎接新的挑战,在世界能源需求紧张的状况下,但愿董家第三代能再创祖辈董浩云曾经有过的辉煌业绩。

第十七章
台海军劫持中波海运公司两艘货轮和苏联油轮

成立中波海运公司，3M船突破封锁

1951年1月29日，中国政府全权代表于眉和波兰政府全权代表多莫罗维奇在北京签署了《关于组织中波轮船股份公司协定》。中波轮船股份公司（CHIPOLBROK）宣告注册成立，为了保密，对外宣称中波海运公司，名义上是波兰远洋轮船公司在远东的总代理行，简称中波公司。

中波公司源于1950年6月波兰驻华大使向中国政府建议，"由中波两国政府合股成立中波轮船公司"。是年11月2日，中国政府和波兰政府代表团在北京就两国政府合资组建中波轮船股份公司举行会谈。

第二次世界大战结束后的波兰是航运大国。当时，波兰远洋运输公司有近190艘远洋船舶，远洋船员队伍庞大，航海技术发达。波兰有格丁尼亚、格但斯克和什切青等良好的港口，可以集中匈牙利、保加利亚、捷克斯洛伐克和民主德国等友好国家的援华物资直接通过海运抵华。为此，公司成立受到中央人民政府极其重视，毛泽东主席就特别指示"好好办！"周恩来总理为公司制定了"平等互利、协商一致"的工作方针并视察公司。中波海运公司持有新中国第一张中外合资的"营业执照"，登记号为116号，由副总理兼财经委员会主任陈云亲自为公司签发了营业执照。

中波海运公司是新中国第一家中外合资企业、第一家股份制企业、第一家远洋运输企业，天津是中波轮船股份公司的发轫之地，该公司曾在天津港"启航"。

1950年10月2日，5 000吨级波兰轮船"瓦尔塔"号载货3 000吨驶抵天津港，受到我国人民的热烈欢迎，这是波兰波美航运公司开辟中波海上航线的首

中波海运公司营业执照

航船。当年天津港共接待2艘来自波兰的轮船。

1951年5月,波兰首班货轮"普拉斯基"号由波兰抵达中国天津港,宣告波兰—中国航线正式开通。同年6月15日在天津马场道158号,由中国政府交通部航务总局副局长于眉和波兰政府航运部委员多莫罗维奇以公司创办人及股东之全权代表身份共同宣布中波公司成立。驻波兰分公司设在波罗的海沿岸格丁尼亚市西里西亚大街17号。

中波公司全部股本金为8 000万卢布,按平权合股原则分配,双方各占50%。中波公司之股金,分两期由中波两国政府交纳,双方各投资2艘船舶作为第一期应交纳之股金,中国方面为"和平""国际友谊"轮2艘;波兰方面为"布拉斯基""克修斯克"轮2艘;另各自缴自由外汇60万卢布。第二期4 000万卢布于第二年1月前交纳完毕。

6月23—26日管理委员会第一次会议在北京召开,中国方面由于眉、孙大光、王寄一;波兰方面由多莫罗维奇、道西、鲍隆尼斯基共6人参加。于眉为主任委员,多莫罗维奇为副主任委员。管理委员会委派波兰格罗诺维奇(Gronowicz)为总公司总经理,派中国蔡德仁为总公司副总经理。中国的李明为分公司经理,莲文(D. Lewin)为分公司副经理。

6月26日,中波海运总公司正式对外营业,新中国远洋运输事业从此拉开了序幕。同年9月7日,中波海运公司波兰分公司在波兰格丁尼亚市二月十日街宣

第十七章 台海军劫持中波海运公司两艘货轮和苏联油轮

告成立。时有职工297人,其中船员245人,中方船员71人,波方船员174人。

中波公司初创期,由于当时美国和西方列强对新中国的经济封锁,只有社会主义阵营国家才愿意把船卖给中波公司,所以只能从4艘旧船起家,而且中波公司的船舶主要在中国至波兰的航线上航行,在中国境内停靠华北、华东、华南各大港口。1951年5月,"普拉斯基"轮由波兰抵达中国港口,这是中波公司所属船舶第一次在中波航线上航行,同时开辟了天津新港至波兰北方格丁尼亚港口的航线,也宣告了中波公司实际上开始运行。

"国际友谊"轮(Przyjaźń Narodów,又被音译为"披·那罗多夫"轮)是中波公司购入的一艘二手船舶,由德国建造,1937年出厂,10 129载重吨。船舶虽然经历过第二次世界大战的炮火,但在波兰船厂的精心修缮下,以"国际友谊"轮的船名焕然新生,船名也显示了人们对国际合作的美好向往。

1951年5月28日,大修后的"国际友谊"轮开往远东,正式投入新的营运。8月初,"国际友谊"轮抵大沽口,部分波兰船员来天津参观游览。晚上,公司领导邀请双方船员在一家山东饭庄见面,并共进晚餐,联络感情,配合做好工作。8月中,装好货后,船员们便驾驶新中国第一艘自己拥有的万吨级远洋轮踏上了远航征程。

悬挂波兰国旗和用波兰文字标识的船名的"国际友谊"轮

297

据老船长费新安回忆,"国际友谊"轮自远东出发的首航次,也是新中国海员首次远洋航行。当时波兰与中国船员混编。船长是波兰人;中国船员有政委刘平之、轮机长卢学庭(笔者父亲,时任民生公司北归"怀远"轮轮机长)、大副费新安、二副林树伟、三副陆大洲等20多人,他们都是招商局十三轮船起义北归的爱国船员。据费新安回忆,他先在1951年的春节后到南京海员训练班参加了4个月的学习。

当时,朝鲜战争仍在继续。"国际友谊"轮自进入黄海起,到绕航台湾东部海域,直穿回吕宋海峡,将近十天里,每天都有美国飞机定时前来,低空盘旋对船舶摄影骚扰,最终悻悻离去。船员们对此并不在意,真正让大家紧张的是绕着台湾转的那几天。当时,海峡被美国和台湾地区当局军事力量所控制,对往来商船进行袭扰甚至劫持。幸好船舶有惊无险地驶过这一危险区域。由于对华封锁禁运,"国际友谊"轮无法正常在航线沿岸港口加装燃油,最终船舶在吉布提解决了燃油问题。经历50多天的航程,"国际友谊"轮终于进入波罗的海,波兰船长也对中国船员在航次中的表现表示满意和赞赏。

1951年5月,正在德国汉堡港卸货的华夏公司梦荻莎轮大副陈嘉禧接到了波兰打来的紧急电话,电话那头正在筹建中波公司的刘松志用闽南话告诉他:"马上把船开到波兰,换波兰旗。"海员们这才知道,美国刚刚发布了新的

盘旋在中波公司远洋船上空的美国侦察机(来自笔者父亲所摄)

禁令:"所有挂巴拿马旗的船不得开往苏联、中国等社会主义国家。"而华夏公司船队多数都挂巴拿马旗。

于是在1951年10月,当年香港中资华润公司旗下的华夏轮船公司的"梦荻莎""梦荻娜""莫瑞拉"三艘远洋万吨轮改名,连同三条船舶的配员一齐划归新组建的中波公司。三轮分别改名为"兄弟""希望""团结",加上波方新增的"哥德瓦尔特""华沙""米克拉瑞"共6艘,此时的中波公司拥有的自营船总数达10艘,总吨位99 483吨。

"兄弟"轮

三艘巴拿马籍旧船船名都是字母"M"开头,因此被简称为"3M"船。1952年,这4艘中方船舶陆续紧急完成改籍和更名,"梦荻莎"改名为"兄弟","莫瑞拉"改名为"团结","梦荻娜"改名为"希望","塔维拉"改名为"工作"。

然而,这几艘船的状态又旧又破。"希望"轮建于1924年,"团结"轮建于1943年。建于1917年的"兄弟"轮是船队中最老的船,被认为"应该就地拆除",虽然船壳和机情况尚可,但"外边下大雨,里边下小雨"的船员生活区情况糟糕。建于1921年的"工作"号在1951年大修前,主机、锅炉和机械设备情况尚可,但船身锈蚀严重,机舱和生活区处于彻底报废状态。

此时的中波公司船员只能用自己的聪明才干和勇气,驾驶4艘船克服重重困难,直面封锁,无惧武力威胁,参加了蓝色补给线上的斗争,其中有的直至20世纪70年代依旧驰骋在大海上——它们是新中国远洋运输史上赫赫有名的"3M"船以及鲜有人知的"塔维拉"号。

曾在"兄弟"轮连续担任三年轮机长的卢学庭,每天至少要抽两包以上香烟,动着脑筋应对该轮常常发生的各种机械故障,每次从机舱走出都是浑身汗水湿透,因而笔者母亲总是为他备好十条汗衫和衬裤。鉴于卢三年不回上海工休,并将"兄弟"轮治愈得服服帖帖,为此,波兰政府授卢学庭首枚金质十字勋章,他也成为当年中波公司首位天津市劳动模范。

中波海运公司"兄弟"轮卢学庭轮机长

1959年6月,劈波斩浪的"兄弟"号离开中欧航线,那时距它出厂已经过去42年。1963年"团结"号也退出往来十多年的航线。它们曾历经牺牲和磨难,始终在蓝色补给线上坚守,终于完成了使命。

这4艘船舶在蓝色补给线上的斗争映射出中华人民共和国航运事业"站起来"的艰辛历程。在历史中,回溯她们的过往,在当下,重现她们的故事,与广大一往无前的航运人们共勉!

回忆过往,在国民党当局和美帝对人民中国实施全面封锁和禁运的情况下,中国船员只能持中波海运公司的海员证,受雇于中波海运公司。而且在不

第十七章　台海军劫持中波海运公司两艘货轮和苏联油轮

公开船东身份的情况下，船舶全部悬挂波兰国旗，由波兰人担任船长，在波兰船级社注册登记。其中好几条船有中国船员，如中方船员负责机舱工作的轮机部，则轮机长和下属人员都是中国船员，如中国船员负责驾驶和甲板工作，则大副以下全为中国船员，但船长是波兰人。成立后的第一年，中波公司就为新中国运回了26座工厂的设备。然而，此时的中国沿海并不太平。对于中波船员而言，每一次的出航都是生与死的考验。

1950年6月25日，朝鲜战争爆发，美国海军第七舰队开入台湾海峡，并派空海军驻扎台湾，与国民党当局联手封锁台湾海峡。同年12月，美国商务部对华禁运。1951年9月18日，美国操纵联合国大会，通过对大陆施行禁航禁运决议。美英法加等国禁止本国船只与中国进行贸易。更为严重的是国民党台湾当局，以金门马祖等沿海岛屿为基地，对大陆进行骚扰和破坏，并在美国怂恿下公然破坏国际法，掠夺在台湾海峡及周边公海航行的各国商船。包括中国在内，英国、丹麦、挪威、意大利、荷兰、巴拿马、希腊、联邦德国、波兰和苏联等国的船只先后被美国和国民党当局攻击。根据1949年8月到1954年10月5日的统计，通过台湾海峡遭到国民党当局以武力拦截、追踪和炮击的中外商船达到228艘次，其中被劫持扣留68艘，被击沉8艘，被炮击扫射、拦击洗劫、骚扰追踪达152艘。中波公司的船舶除了航行途中无法添加燃料和淡水等困难外，又时常遭到美国和台湾地区当局飞机、军舰的追击、炮击甚至劫持。

1949年6月，国民党海军与英国舰队在长江口也剑拔弩张，差点相互开火就是一典型事件。

那年5月27日解放军进驻上海，国民党当局败退台湾，蒋介石不甘心失败，作出"封锁"大陆海区、企图摧毁大陆经济的决定，称之为"闭港政策"。这一政策的实施，损害了英美等国的利益，引发多起国际争端。其中，国民党海军和英国海军在长江口的对峙，险些酿成海战。

上海是全国经济的中心，地位十分重要，是台湾封锁的重点港口，国民党海军派出第一舰队所有军舰以及第一机动艇队8艘舰艇集中实施封锁。

当时进出长江口的船只，主要是英美等国的商船，它们大多是往上海运送大陆紧缺的物资。封锁大陆的第三天，英国货轮"安琪色施"号就遭到国民党空军的扫射，英国政府提出抗议，国民党当局却宣布："英轮于1949年6月26日前必须离开各封锁港口领海外，以免发生意外。"

11月下旬，英国政府不得不采取护航手段，英海军远东舰队以4艘驱逐舰护送商船队7艘轮船逼近长江口，意图进入上海港。24日，英国商船在长江口外九段沙灯标水域被国民党海军拦截,英方舰队要求国民党军舰放行。先遭国民党海军"太康"号、"永泰"号两艘军舰的拦截,英船被迫停航。随后,国民党海军"太和"号和"太平"号两舰也在第一舰队司令刘广凯率领下赶到。4艘军舰在英舰上游2 000码处一字排开形成作战架势。英舰也不示弱,将所有炮口对准国民党军舰。

当时,国民党海军敢与英国海军翻脸,一是任务在身,二是新仇旧恨一起暴发,其旧恨是指不久前发生的台海军"灵甫"号事件。

在从英国租借的"灵甫"号护航驱逐舰是随"重庆"号巡洋舰服役于国民党海军,因"重庆"号起义投奔解放区,英当局欺骗国民党海军,将"灵甫"号扣留在香港,违反双方五年租舰合约。新仇是指双方对峙中,英方威胁会加速承认新中国政权等等。

双方都在对方有效射程内,僵持了三天三夜。26日下午,国民党海军的机会来了,美国商船"佛兰克林"号不顾国民党舰的阻拦,强行冲入吴淞口,国民党海军舰队司令刘广凯当即命令向"非重要部位开火","佛兰克林"号中弹,摇摇晃晃逃入吴淞口,国民党海军的杀鸡儆猴方式,让英国舰队大吃一惊,做梦也没想到刘广凯会"动真格的",只好护着商船一起驶离了长江口。

中波海运"布拉卡"号油轮被劫持到台湾

中波海运"布拉卡"号油轮和"哥特瓦尔德"号轮的血色归途就发生在国民党海军强行霸道台湾周边海域期间。

1953年7月中波公司新买的油船"布拉卡"(波兰文"PRACA",中文"工作")轮,经过比利时安特卫普船厂为时一年的大修理后,停靠罗马尼亚康斯坦萨港装载煤油和杂货9 019吨,由于当时国内油料严重匮乏,这近万吨的煤油属急需品。8月30日离开装货港驶向上海。然而船员们不知道的是,该轮进入南海水域后,行踪已为美蒋特务掌握,蒋介石责令海空军严密布控,"务必拿获"该轮。

读者肯定有疑惑,为何我们的海军不护航?其实,刚组建的新中国人民海军当时还未有那个能力,再说台湾当局的海军也没有能力24小时全天候监视巡逻台湾周边海域,中波的船只往往是冒着风险穿越海峡,有时航行于台湾以东海面。那时,我父亲是中波的第一代轮机长,也经常穿越海峡,都是有惊无险,笔者认为有偶然和必然两种因素交叉在一起:偶然是父亲的运气较佳,

第十七章 台海军劫持中波海运公司两艘货轮和苏联油轮

其驾驶的船舶恰好与国民党军舰擦肩而过,必然是该轮为1918建造的老杂货轮,与1912年建造的"泰坦尼克"邮轮仅相差6年船龄,主机配置四台蒸汽机,简直就是老掉牙、又破又旧的,没人要上这艘破船工作,加之该轮装载的都是杂货,应该说不会受到台湾国民党的特别关注,反而是"布拉卡"号油轮装载的近万吨煤油是解放军空军飞机的血液,也是美国操纵联合国禁运封锁中国的军事战略物资,该船在康斯坦萨港装载煤油时就被美国情报机关知晓后,就有了国民党海军在海上守株待兔的一幕。

被劫持前的"布拉卡"号油轮

1953年10月4日下午,为躲避在台湾海峡巡逻台湾当局军舰的拦截,"布拉卡"号在波兰籍船长指挥下,主动放弃距离上海最近的,但风险最大的台湾海峡航道,转而行驶在台湾岛东面的太平洋上,力求快速通过危险地带。然而"布拉卡"号刚一露面,还是被台空军战机发现,该机在船舶上空盘旋侦察近一小时,与此同时,中波总公司接到"布拉卡"急电,称在台湾东南被台湾当局的驱逐舰阻截,命令停船检查。

"布拉卡"不予理睬,敌舰向该轮开炮射击。船上政委刘学勇冒着敌人的炮火,沉着冷静,紧急动员17名中国船员,要求大家立即销毁船上一切机密文件和能证明自己身份的所有证件,包括家信、日记等,以防不测。接着在离台湾岸边125海里处(北纬21°27′、东经122°43′)遭遇台湾当局驱逐舰拦截,船舶被迫停航。台湾当局军舰人员于18时登上"布拉卡"轮,随后将船劫持到台湾高雄港。

"布拉卡"挂的是波兰旗,但船员是混合编制,据公开资料显示波兰船员29人,中国船员17人。国民党水兵登轮控制船舶后,对所有房间逐个搜查,然后将中国船员集中关押,由荷枪实弹的武装士兵看守。6日下午,"布拉卡"号被劫持到高雄港,中国17名船员全部被扣押在高雄港左营军法处。接着台军政战系统对被扣押的"布拉卡"号船员进行密集的审问,了解船员的历史情况,在什么公司工作过,是否中共党员、团员,社会关系,并要每人填表登记。在不断地审问同时,尤其是加强对大陆船员的"攻心战",组织船员去高雄等地参观水泥厂、糖厂、化肥厂等,进行策反活动,要求所有船员填表宣誓反共,效忠国民党,提供大陆(新中国)的军事、政治、经济情况。若有不从,便以严刑拷打"伺候"。如此审讯了20多天,"布拉卡"号的中方船员无一屈服,台当局遂将他们押解到远离本岛的火烧岛集中营(绿岛),继续关押。

1953年12月24日,《人民日报》发表了社论《制止美蒋匪帮截扣波兰商船的海盗行为》,但主角是中波轮船公司被国民党军扣留的"布拉卡"号,中方也不能越俎代庖。

国民党当局就此霸占了"布拉卡"号,扯下波兰国旗,改舷号"305",命名为"贺兰"号运输舰,直到1964年退役,为台海军整整服役了10年

中波公司"哥德瓦尔特"号货轮再遭劫持

1954年3月18日,中波公司又一艘远洋货轮"哥德瓦尔特"号(Prezydent Gottwld,哥德瓦尔特总统)由波兰格但斯克港开出,装载五金杂货7 066吨。4

月3日经过苏伊士运河,20日过马六甲海峡,22日上午航行在中国南沙群岛附近,遭受美军水上飞机长时间伴船侦察、拍照。24日船航行到中国中沙群岛附近,又遭遇同样飞机的低空盘旋侦察。27日船抵达广州黄埔港外"垃圾尾"锚泊,翌日移到莲花山卸货。最后又装载43箱西药和由波兰带往华北港口的一箱机器,于5月9日上午离港开船。12日14时20分船航行在台湾东南海区北纬20°30′、东经128°07′处,遭受台湾当局"太湖"号(弦号25)护航驱逐舰炮击,"哥德瓦尔特"号不予理睬,继续航行,15时20分又一次遭受炮击。接着"太湖"号掉转船头正对着"哥德瓦尔特"号驶来,该轮在北纬23°24′、东经128°07′处,也就是在台湾以南450海里的公海上,"哥德瓦尔特"号被迫停下,国民党水兵强行登船。

在1954年5月13日,"哥德瓦尔特"号被劫往台湾基隆港。船上33名波兰船员经交涉后放回,中国船员12人连同船舶一起被扣留。船员被关押在高雄左营军法处、海军陆战队台湾警务处,中国船员遭受了与"布拉卡"号船上同胞相同的审讯,最后被押送到火烧岛集中营。

当时,国民党军人持枪登上"哥德瓦尔特"号时,其中的国民党宪兵也手持黑名单登轮抓人,他们呼叫的第一个名字便是:"大副陆俊超!"无人答应。原来,陆俊超因妻子临产,请假从广州赶回了上海,这才逃过一劫。

这是国民党台当局针对性抓捕起义回归船员。当时香港招商局起义北归的陆俊超等七八十名起义船员被派到中波海运公司的船上任职。回国后,有些人升任船长、轮机长,成为航运界的中坚力量。国民党当局对起义船员恨之入骨。

1955年,陆俊超奉调到上海海运局,五年之后,年仅32岁的他就升任船长。在繁忙的航海工作中,他挤出时间,笔墨耕耘,自1956年起至1966年,先后创作《九级风暴》《幸福的港湾》《惊涛骇浪万里行》《国际友谊号》等一批海员小说,成为闻名中外的海洋作家,被中国作家协会吸收为会员。

"哥德瓦尔特"号货轮被国民党海军强行改成运输舰,编号"AK-313",命名为"天竺"号,1968年退役。

对中波公司两艘船舶被劫持的事件,波兰政府以船舶拥有国的名义向美国政府提出严重抗议,呼吁保证公海航行安全。在波兰华沙和格但斯克,波兰人民举行声势浩大的示威游行,波兰政府还向联合国递交了抗议照会,并在联大会议上广为散发,波兰政府还委托法国政府向台湾当局进行交涉,一名欧籍律师前去为船员辩护。在国际正义力量的影响下,台湾当局不得不作出妥协,

台湾海军"太湖"号护航驱逐舰

被迫将两轮上的63名波兰船员释放。

被台湾当局军舰劫持的两艘船上共29名中国船员,其中11人经国际红十字会营救于1956年返回大陆。其余18人关押在火烧岛达7年之久,所遭受的苦难和折磨难以想象。特别是"布拉卡"号政委刘学勇年仅28岁,他和"哥德瓦尔特"号三副周士栋,在被关押期间进行了英勇顽强的斗争,毫不屈服,坚决抵制敌人的策反活动,揭露台湾当局妄图获取大陆军事、政治和经济情报的阴谋。在其本人中共党员身份暴露后,义正词严地驳斥台湾当局的宣传。两人千方百计地试图逃离台湾,在逃出监狱后,使用简陋的工具和材料编扎筏子,打算漂回大陆,两次均因为洋流原因未成功,在山洞里隐蔽20多天,被台湾警方发现包围。面对军警攻击,两人进行英勇顽强的殊死搏斗,三副周士栋被当场杀害,刘学勇负伤后,惨遭秘密杀害。二副姚森周被关押3年多,台湾当局以所谓"叛乱罪"判处其死刑。1957年4月9日临刑前高呼"新中国万岁""共产党万岁",表现了共产党人的大无畏精神和革命气节。这三人于1990年被追认为革命烈士。其余的船员中,1人死于狱中,5人于80年代回大陆定居,5人因生病和车祸亡故,4人在台湾定居。

中波海运两船被劫持事件发生后,由于当时的中波公司设在天津,东体育会路海员新村的家属代表(或是居委主任)龚大姐邀请我母亲一同安抚船员家属,龚大姐儿子也是被台湾当局劫持人员,而笔者母亲在船员家属年龄中是年长辈,船员家属都尊称她为师母。笔者那年才5岁,但是一直记得母亲一反往常在家中的习惯,一连好几天早出晚归,我知道她是去安慰那些船员家属,好像当时我也不去弄堂里"疯",左邻右舍找不到母亲搓麻将就来问我,我就随口而答：姆妈要我勿许乱讲。

以上被劫船员的家属和回到大陆的船员都得到了中波公司几十年如一日的热情关心与照顾。

1954年5月24日，"哥德瓦尔特"号被劫持事件不到2周，又发生了台海军劫持苏联"陶普斯"号油轮事件。

从1954年下半年起，鉴于美蒋的海盗式频繁劫持商船行为，原航行于中国华北各港的船舶，全部改驶中国华南港口。行驶中波航线等来中国的波兰国旗船，一律先驶往榆林港等待中国海军护航，放弃停靠华东、华北等港口，由海军护航停泊广州黄埔港卸货，再转载铁路运输，这种高成本的海陆运输直到1957年才停止。为了加强管理，1954年7月12日，中波公司在广州黄埔成立黄埔工作组，负责公司船舶到华南港口的业务和政治工作。1955年10月1日，改为黄埔办事处。1982年6月1日，办事处中止工作，留一名调度员在广州。1986年10月，改名为广州代表处。

1958年中波轮船股份公司第八次管委会就总公司办公地址迁往上海达成了协议。出于海洋运输实际和更多商机考虑，1962年2月24日，中波公司正式从天津搬迁到上海中山东一路18号办公。

从1957年10月，中波轮船股份公司船舶开始停靠安特卫普、鹿特丹、汉堡等西欧港口，1960年，中波轮船股份公司船舶开始弯靠越南海防港。1961年，开辟上海—澳大利亚散粮运输航线。

1959—1961年，中国遭遇三年困难时期。中波公司利用其有利条件，派出7条船，从美国、澳大利亚直接运回了急需大批粮食，从叙利亚、埃及等国运回棉花、种子和化肥。在整个20世纪50年代，中波公司从东欧运回了国家紧缺、急需的燃油、钢材、橡胶、机器设备和各种原材料。1963年，中波公司"肖邦"轮期租给中国租船公司，承运加拿大至古巴的粮食，从古巴运糖，还运送铁矿石等到波兰。

1967年6月，第一次中东战争，苏伊士运河阻断，公司船舶不得不绕道好望角航行。1977年苏伊士运河重新开放，开辟了中国至北非和黑海港口的航线，1980年，开辟了中国和北欧的定期班轮航线。

1981年8月1日，"永兴"轮自波兰赴美国南部港口查尔斯顿（Charleston）装运化纤至中国华北港口，这是中波公司船舶首次到达美国港口。1982年开始，公司船舶每月一次定期挂靠中国香港。80年代后期至90年代开始，在继续巩固传统的中—波—中航线，巩固中国—西北欧班轮航线的基础上，建立了

上海市中山东一路18号中波公司总部大楼

两条散杂货和集装箱运输相结合的班轮航线,并向全球航运进军,开辟多条国际航线。

1989年,中波公司中悬挂波兰国旗的船只开始挂靠韩国港口。1990年5月17日,"莫纽斯克"轮挂靠台湾基隆港,这是公司船舶首次挂靠台湾港口,同年9月22日,"德乌果士"轮靠泊西贡和岘港,恢复了中断12年之久的越南航线。

到1962年,中波公司的船队有较大发展,一方面建造新船,也购进一些二手船,已将船龄较长的"普拉斯基""兄弟"轮退出营运,至1962年年底,拥有船舶20艘,载重吨位为22.4万吨。

第十七章 台海军劫持中波海运公司两艘货轮和苏联油轮

从1963年开始,中波公司以订造新船为主,先后订造了"科诺普尼卡""陆丰""新丰"等13艘新船,将老旧船退出营运。1979年以后,以订造适应中波航线的半自动化的多用途船舶为主。公司先后新购进"帕拉查"轮等5艘新船,1988年后,每年都建造新船艘,至1992年,公司将1974以前建造的船舶全部退出营运,更新了船队,全部为多用途船。是年底,共拥有21艘船舶,计39.45万载重吨位。

1965年8月2日,时任中国交通部部长孙大光和波兰航运部部长布拉凯维奇就公司混合配备中、波船员的船舶在越南海面是否停下接受美国军舰检查的问题交换信件,双方同意中波公司混合配备中、波船员的6艘船舶中3艘改悬中国国旗,全部配备中国船员,另3艘悬挂波兰国旗,全部配备波兰船员。自此以后,中波公司船队开始悬挂中国国旗和波兰国旗并存的局面。

9月24日和10月19日,"弗尔娜斯卡"轮和"波库依"轮先后在广州黄埔港举行换旗仪式,分别改名为"崇明"轮和"松江"轮。自此,中波公司船队结束了全部悬挂波兰旗的情况。

1963年9月6日,"希望"轮在中波公司波兰分公司所在地格丁尼亚举行换旗仪式,改名"嘉定"轮,这是中波公司第一艘悬挂中国国旗、第一艘全部配备中国船员的船舶

1977年1月1日，根据股东会第13次会议决议，恢复公司名称为"中波轮船股份公司"，船东标志为宽红带上并排书写黄色"C"和白色"P"字，船舶烟囱也改用上述标志。

1998年，中波公司从外滩18号搬入新办公楼办公，新的办公楼是在外滩的延安东路55号。

21世纪初，中波公司4艘62 000载重吨多用途重吊船先后下水。这组船舶是迄今全球最大载重吨多用途重吊船，可灵活装载各种尺寸重大件设备货，尤其擅长装载超长超宽的重大件设备，也可装载集装箱，还适合散货运输，其先进的设计理念和极佳的适货性，能够为客户提供更高效、优质的运输服务。该船型出口航程是一艘重吊船，回程就是一艘散货船。中波公司以"散杂兼营"模式，提升以散货为主的回程经营能力，极大提升了航次效益，很好地解决了长期以来回程经营不理想的状况。

"永兴"轮是中波公司订造的这一批次多用途重吊船项目的最后一艘，在公司71岁生日的喜庆日子顺利交接，标志着中波公司本轮新造船项目完美收官。此前，"泰兴"轮、"赫贝特"轮、"皮莱茨基"轮先后于2021年12月、2022年2月和4月投入运营。此组多用途重吊船为目前世界载重吨位最大多用途重吊船。船长199.9米，宽32.26米，型深19.3米，满载吃水13.5米，设有5个大开口货舱，可灵活装载各种尺寸重大件设备货，大载重吨和箱型结构设计适用普通干散货运输，对于进口货源揽取同样具备优势，是执行中波公司"散杂兼营"战略的重要支撑。

"永兴"号重吊货轮

第十七章　台海军劫持中波海运公司两艘货轮和苏联油轮

通过建造新船、购买二手船双措并举,中波公司打造了一支船龄年轻、结构合理、性能卓越、节能环保的世界一流多用途重吊船队,市场竞争力显著提升。

随着"永兴"轮的交接,时至今日,中波公司已经扎根上海黄浦发展70余年。从成立之初的4艘旧船起家,公司如今船队规模达到31艘,共计109万载重吨,稳居世界多用途重吊船领域前列,航线遍及全球主要港口的远洋运输企业。

美蒋策划劫持苏联"陶普斯"号油轮

在"哥德瓦尔特"轮被劫持一个月后,台湾海峡又发生了震惊世界的"非常事件"。

此事件必须从苏联在50年代末拍摄的电影《非常事件》说起。由于父亲一年四季在船上工作,即使回上海公休,也很少与子女交流,远洋海员的海上生活和工作对我来说也还是很神秘的,不过我从小喜欢看电影,只要是与船有关的中外电影都看,现在还记得读小学时看过《海军上将乌沙科夫》《乘风破浪》《冰海沉船》和《甲午风云》等,其中苏联的彩色电影《非常事件》给我留下了深刻的印象,因为小时候我已知道中波海运公司有两艘远洋轮被台海军劫持。

电影《非常事件》是根据真实的历史事件改编拍摄,而发生在1954年的台海军劫持苏联货船事件,是当年冷战期间的一个惊天大事件。当时差一点爆发

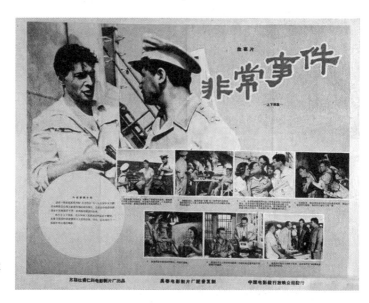

苏联电影《非常事件》海报

苏联与台湾海军的战争,也有可能将中美一起拖入战争而爆发第三次世界大战。

事件的主角"陶普斯"号油轮是1953年苏联国营黑海航运公司委托丹麦造船厂建造的,排水量达1.32万吨,在交付后头7个月里,"陶普斯"号连续两次参加苏联国家科学院组织的科考船队,为船队提供燃油和食品,表现极为出色,被誉为"苏维埃海上明星"。

1954年5月24日,"陶普斯"号油轮从苏联的乌克兰敖德萨港起航,先抵达罗马尼亚康斯坦察港,在那里装上1万多吨照明煤油(另一种说法称油轮满载航空汽油),然后前往中国上海。这批燃料是中国国营外贸公司订购的紧缺物资,当时以美国为首的一些西方国家对新中国采取"封锁禁运"政策,导致上海及长江沿线城市照明煤油短缺,可以说"陶普斯"号此行承载着为数以万计中国家庭恢复光明的重任。

据公开资料,苏联油轮是在香港被美国CIA的"西方公司"(Western Enterprises Inc., WEI)的眼线发觉该轮的目的港,笔者认为,可能在康斯坦察港装载煤油时,该轮就已被当地美国间谍盯上,香港被泄密只是情报确认完成的最终程序。

台海军拦停"陶普斯"油轮,国民党水兵乘艇欲登上苏联的"陶普斯"号油轮

当时以美国为首的一些西方国家对新中国采取"封锁禁运"政策,在"陶普斯"号出发前,不知什么原因,无论是苏联的海运部还是内务部,或者有关的情报机关都没有向船员们介绍当时新中国面临的复杂环境,尤其是没有交代盘踞在台湾的蒋介石集团的危险性,如1953年10月4日发生了台海军劫持中波公司装载煤油的"布拉卡"油轮,1954年4月13日又发生了劫持"哥德瓦

第十七章 台海军劫持中波海运公司两艘货轮和苏联油轮

尔特"货轮,半年内两起台海军在公海武装抢夺的海盗行为已在全世界闹得沸沸扬扬,在联合国安理会上,苏联也出头帮助波兰抨击美蒋当局。笔者认为,之所以灾难又落在苏联油轮,最大的可能是苏联当局轻视了相关威胁,断定台湾当局不敢对有强大军事实力为后盾的"陶普斯"号下手。

1954年6月21日,"陶普斯"号驶入香港维多利亚湾,副船长(对内政委)库斯坚科和一名炊事员奉命上岸采购物品,他们在一家外国人经营的药店里"意外"遇上了一个叫萨姆索诺夫的老板,他自称是早年离开祖国的白俄,很想了解苏联的情况。萨姆索诺夫热情地帮忙挑选防暑用品,并爽快地把价码压到最低。告别时,萨姆索诺夫"不经意"地问了一句轮船还要去哪,炊事员顺嘴说道:"上海,然后回符拉迪沃斯托克(海参崴)。"库斯坚科马上阻止了他再说下去,然后匆匆与萨姆索诺夫告别。

这两位苏联船员不知道的是,萨姆索诺夫正是美国CIA安插在香港地区的眼线,他迅速将"陶普斯"号的情况通报给台北。"西方公司"驻台北代表狄伦立即与蒋介石进行谋划,美蒋决定干一场震惊世界的"海上绑票"行动。

当时美国认为对前往中国大陆的苏联油轮下手不是美国可以公开做的事情,而希望台湾地区当局拦截外国油轮。1954年6月22日上午,美国告知台湾当局"有苏联油轮三艘,最近运油经过香港,似有驶往厦门或者上海模样",美方希望台湾当局加以拦截,以此打探蒋介石的态度。蒋介石决定进行拦截,并认为"此乃俄共资匪物资十年来第一次之截获,亦为对第一次俄寇侵华之报复行动也",并指示"若油轮有军舰护航,可以攻击,若拒捕,可以击沉"。

台海军的"丹阳"(舷号12)号护航驱逐舰

6月23日，苏联"陶普斯"号油轮满载油料离开香港时，一切都在对方的算计中，得到"西方公司"通报的国民党"海军总司令"亲自乘"丹阳"号驱逐舰，率领"太康"护航驱逐舰前去拦截苏联油轮。

其实，"陶普斯"号驶离香港后，在其航行中也遭到台空军的侦察，但没有引起苏方的警觉，至行驶在台湾岛南部巴士海峡中立水域时，加里宁船长通过望远镜突然发现一支舰队正急速驶来，起初他还未在意，以为是美国第七舰队的派出的巡逻舰队，因为从1950年6月起，美国第七舰队以所谓"台湾海峡中立化"之名，在台湾海峡保持例行性"侦察巡逻"和作战演习。但随着双方距离越来越近，加里宁感觉情况不对，这些舰艇的桅杆上飘扬着国民党旗帜。

当船长意识到对方是国民党军舰时，为时已晚，对方打出旗语，要求"陶普斯"号报告航线和所属国，并要求其立即停止前进，否则将开火。"陶普斯"号并不理睬，继续前进。不久，国民党军舰上的25毫米机关炮开始了长达5分钟的警告性射击，炮弹在"陶普斯"号四周不断激起水柱。考虑到船上满载煤油，船长只好下令停船。同时，他让电报员赶紧将突发情况通报苏联海运部和黑海航运公司。

参加劫持苏联"陶普斯"号油轮的台海军"太康"护航驱逐舰

油轮还没停稳，100多名荷枪实弹的国民党水兵就乘坐机动艇登上油轮，随即控制了驾驶台、电报房和发动机舱，他们逼迫船员们驾驶油轮跟在军舰后面行驶，但遭到拒绝，苏联轮机长和大管轮试图破坏主发动机的启动系统，但没成功,由于苏联船员不肯合作,他们被押上"丹阳"号驱逐舰,由国民党水兵驾驶"陶普斯"号。但国民党水兵不熟悉船上动力系统和海轮操作习惯,本来最大航速可达14.5节的"陶普斯"号只能以5节左右的速度行驶。为了加快速度,国民党海军"丹阳"号和"太康"号驱逐舰用钢缆拖着"陶普斯"号,于次日抵达高雄港。

蒋介石知道劫持油轮成功后十分高兴,他一面向美国邀功请赏,一面指示手下与"西方公司"合作,加强策反40多名苏联船员。据船长回忆,台方想策反这些船员投奔"自由世界",以造成国际影响。台湾情报部门体会到美方的意图,着实下了不少功夫。除了为苏联船员提供舒适的旅馆外。还准许他们上酒吧,香槟美女,并暗中录像,作为要挟他们的手段。但绝大多数苏联船员拒绝了对方拉拢和腐蚀。台湾当局没达到目的,便使用各种手段折磨苏联船员,不给吃喝,不让睡觉,鞭打恐吓,威逼利诱,甚至将一些苏共党员和共青团员关进水牢。大部分苏联海员勇敢地经受了种种野蛮拷打以及挑拨离间,"最终邪恶被击退了"。虽然美方没有直接参与审讯苏联船员,却扮演了不光彩的幕后角色。美国第七舰队还通过"西方公司"的安排,获得"陶普斯"号上的煤油样品,然后送到美军冲绳基地进行化验,以分析社会主义阵营的燃料提纯能力。

1955年苏联油轮"陶普斯"号改名为"会稽"号,舷号是306运输舰,编入国民党海军序列,台海军不仅获得了一艘大型远洋运输油轮,还得到了一万多吨的战略物资——煤油。

苏联油轮"陶普斯"号

当时，苏联的《真理报》《消息报》等官方报纸，也发表文章谴责美国政府支持台湾当局拦截外国商船的行为。《真理报》上的一篇文章指出："这次对苏联油船的攻击是悍然侵犯在公海上航行自由和违反国际法的基本准则的行为。这引起了公众的公愤，尤其是因为这种非法的行动并不是偶然的，而是美国当局蓄意奉行的政策的一部分。"

与此同时，苏联立即向美国提出紧急交涉和严正抗议，要求美国施压台湾当局放人放船。美国心知肚明却装糊涂，就说不清楚这个事件的事实，要苏联拿出证据，证实油轮真的被台湾海军劫走了。而中国大陆也立即采取行动，配合社会主义阵营的苏联，让在台潜伏人员策反了台湾海军军官崔长林，协助这位台湾海军情报机构的军官从台湾辗转回到大陆，他揭露台湾海军处心积虑劫持苏联油轮的过程与事实的公开，让美国感到很难堪。

他谈到劫持苏联"陶普斯"油轮情况时说："这次行动完全是根据美国驻台军事指挥部的指示并在其支持下进行的。劫持油轮的是国民党'丹阳'号军舰，当时我正在舰上。具体指挥整个行动的是'丹阳'号舰长丘春民。这是国民党当局第一次敢于劫持苏联船只。那时我不由得想到一个问题：我方怎么敢发起这一行动？我很快就从舰长那儿得到了详尽的答案。情况是这样的：6月23日清晨我们看见了油轮并向它靠近。当时我站在舰长的指挥桥楼上，用望远镜看见远处还有两艘舰艇，就立即报告了舰长。舰长说，那是美国军舰。它们在巴士海峡遇到'陶普斯'号油轮并尾随油轮来到预定的劫持地点，随即美国方面把苏联油轮的坐标通报给了台湾。"

"陶普斯"号劫持事件中，表面上来看，好像只有国民党当局捞到了好处，其抢夺的一万多吨航空煤油可作为自己飞机的燃料，而美国没得到实惠，其实当初美国另有打算。

劫持事件招致苏联方面强烈的抗议，由于压力越来越大，1954年7月起美国方面态度开始转变。7月9日，美国要求台湾地区当局尽速放船。但美国情报系统方面也有人持有不同意见，例如当时美国中央情报局长杜勒斯主张，可以用"陶普斯"号的船员当人质，以争取中共释放朝鲜战争中被俘的美国人。而蒋介石在面对美国放船放人的劝告时态度也显得强硬，不愿放船放人。

有位台海军将领曾评价道："探讨这几次公海上的战争掠夺行为（包括劫持中波海运的"布兰卡""哥德瓦尔特"两货轮），以当时我海军的资讯能力，稍嫌不足，大概都是背后那位美国大海盗所出的绑票点子，再以'假善中人'的身份做出和解的姿态，说穿了，无非是想以此来换取1953年1月12日在鸭绿江朝鲜上空,被志愿军击落的B-29机上被俘的11位美国飞行员罢了。"

然而,在1955年8月1日的中美华沙会谈中。中方通知美国,1955年7月31日,中国已释放上述11位美国飞行员,于是换来8月4日,钱学森获得美国移民局批准其返回中国的通知。

当年的西方公司为美国派驻于台湾地区的机构之一,于1951年2月在美国宾夕法尼亚州匹兹堡正式注册成立,由最早开始与国民党台湾情报机构进行秘密接触的查理·詹斯顿(Charles S. Johnston)担任董事长,威廉·R. 皮尔斯(William R. Peers)则负责主持西方公司驻台北办事处的业务。

西方公司表面上是民间公司,但实际上隶属美国中央情报局,是一个秘密机构。其成员来自美军各军事单位选出的七十多位精英军官组团,负责训练国民党军人,1955年年初,西方公司结业后将业务转移给另一个中央情报局派驻台湾的秘密单位——美国海军辅助通讯中心(Naval Auxiliary Communications Center, NACC)。

在自己的商船被台湾劫持后,苏联哪能咽下这口气,立马派出舰艇编队到台湾海峡游弋,向台湾当局施加压力,要求释放被劫持的商船和船员,寻机抢回自己的油船。

但是,在美国和台湾当局看来,扣押苏联油轮是"合法"的。其根据在于,1951年5月,在美国操纵下,联合国通过了制裁中国、朝鲜的决议,决议"禁止向上述国家出口战争物资(包括油料)"。美国方面认为,1953年7月7日在朝鲜板门店只是签订了"停战协定",台湾当局代表的是"中国",因此扣押油轮无疑是"正确"的,这也是美台敢于在公海劫持苏联油轮的"法律依据"所在。

台湾当局也仗着有美国海军第七舰队在其背后撑着,苏联舰队真要动武也难占上风,在得知劫持事件是美国在幕后操纵,最后苏联无奈地把特遣舰队撤回了,而是通过外交和红十字会渠道继续索要人和船只。台湾当局也觉得自己扣人违反国际法,不想让美国太过难堪,最后台湾只好把29名不愿去美国的苏联船员在关押一年后放回国内,其他的关在台湾,到了1988年才放回苏联,此时这些船员在台湾地区竟然被扣了三十多年之久。

至于已改名为"会稽"的"陶普斯"号油轮,虽然在美苏关系最紧张时,美国政府曾要求蒋介石返还苏联油轮。1954年10月,美国驻联合国代表洛奇(Lodge)曾在给美国国务卿杜勒斯的信中提到,美国总统"艾森豪威尔(Eisenhower)曾数次致信蒋介石,要求他返还'陶普斯'号油轮"。且随着美台军事同盟谈判的不断深入,美国要求蒋介石返还油轮的事情最后不了了之。

由于生怕出航被苏联海军夺回,虽然"会稽"号加入了台海军序列,却经常停泊在港内,只是航行在基隆和高雄两地,直到1965年退出军役。

　　从整体的劫船事件的来龙去脉来看,客观上证实了当年台湾当局依仗着美国军事实力的支持赢了苏联当局,然而在1959年,苏联当局将劫船事件搬上银幕,苏联是善于做宣传的国家,喜欢拍摄一些政治大片。既然有了上述的非常事件这一好题材,于是有作家写了小说,再把小说情节搬上银幕,拍摄了电影《非常事件》,结果在苏联国内一放映就大受关注,而中国也立即组织翻译,《非常事件》很快在中国的电影院上映。

　　这部影片的剧本是三个人合写的,作者之中除了高尔杜诺夫是一位有经验的剧作家以外,其余两个人既不是作家,也从来没有写过剧本,但却是事件的经历者,这就是"陶普斯"号油船原来的船长卡里宁和负责政治教育工作的第一副船长波·库兹涅佐夫。电影情节与事件的主要事实基本属实。

附录一
航海世家的二三事

航海世家与他们

20世纪20年代末,笔者的祖父曾是上海汇山码头的领班,常年与船舶打交道,因过早逝世,我的父亲卢学庭初小毕业就入虹口金昌机器厂当学徒,由于学的是修船手艺,师满后经姐夫陈祺寿的推荐,入轮船行,上船做了机工。

陈祺寿是我的二姑父,原名陈夔一,其父亲在静安寺路(今南京西路)开了一个皮鞋铺。1921年7月23日,担当放哨的陈夔一身背擦皮鞋箱,在上海法租界望志路106号(今兴业路76号)周边踱来踱去。当时他还以为屋内是在开帮会,其实是中国共产党的成立会议。到了1924年,在上海的时任中国劳动组合部书记的邓中夏,介绍陈夔一加入中国共产党,1927年4月10日到达汉口的陈独秀,是由陈夔一安排其坐船离开上海,两天之后发生"四一二"反革命政变,陈夔一与党组织失去联系,改名陈祺寿,后一直在船公司当轮机长,抗战胜利后,出任香港民生公司工程师,年薪1.25万元港币,北归后,他出任广州海运局总轮机长,月薪1 000元人民币,退休前工资约300元,不过在最困难年代,省统战机构一直提供陈祺寿额外的肉票和油票等副食品。

在那动乱年代,陈祺寿的香港干亲家们还是不避嫌来看望他,然而,最麻烦的是不断有从北京来的外调人员,总是想从他口中得知大革命时期的人物有关问题,姑父往往避重就轻,不说任何人的不利之言,他曾对我说,候生仔(广东话,年轻人),我不会抓个老白色(上海方言,跳蚤)放到自家身上。他是广东人,四川话上海话也讲得顶呱呱的。不久,组织上安排他去广州远郊黄浦码头边上的局物资供应站上班,每天都有局班车接他上下班,有意让他避开运动的风暴点,广州黄埔地区隔海对面是香港,不是什么人都能进入该地区,他虽不断受到骚扰,还是受到有关部门的关照,以局级顾问安然度过他的退休岁月。总之,陈祺寿是有故事的人。

民生船队北归船员们经过千辛万苦,冒着生命危险,将18艘新中国稀缺的国家财产领回内地,撑起了中华人民共和国初期海运事业的大旗,为今天中国海运发展打下了夯实基础,为中国远洋船队迈入世界第二名作出了不可磨灭的贡献。如同民国船王卢老作孚先生一样,他们也是一群不可忘记的爱国人士。

民生船队首艘北归上海的"怀远"轮改名"和平十五"号轮,于1964年调拨上海打捞局,是为沿海货轮中最后退役的一艘美国的L.S.T(坦克登陆舰),由此可见该轮被改装成相当不错的海船。父亲北归离开"怀远"轮后就加入南京海员训练班,学习结束后,调入中波轮船公司,担任新中国首艘远洋航行"国际友谊"号轮机长。

1958年,卢学庭离开中波公司,调入刚成立的中捷航运公司,曾任"利吉柴""杜克拉""俄拉克""奥拉瓦"等万吨轮轮机长。

1965年,卢学庭随"杜克拉"轮划归新成立4年的中远广州远洋运输公司,此后,中捷公司的"伏契克"号、"奥拉瓦"号、"利吉柴"号和"奥利克"号

穿工作服和西装革履的卢学庭轮机长

等分别改名为"佛山""兰州""许昌"和"临潼",加入广远的船队。

"杜克拉"改名为"杭州"后,卢学庭一直任"杭州"和"兰州"两艘既熟悉又破旧的船的轮机长。1966年10月"兰州"轮(ORAVA)发现主机曲轴众多裂缝问题,总公司邀请广州海运局和船厂的老技术人员等近十人,开技术会议商讨对策,卢学庭轮机长以图解析了该轮曲轴裂缝的来龙去脉,后来又发现"杭州"轮也存在同样问题,最后决定先更换"杭州"轮的主机曲轴。

从卢学庭1942年成为民生轮船公司轮机长,从中波公司转到中捷公司,再到中远广州分公司,直到1976年从广远退休,整整干了

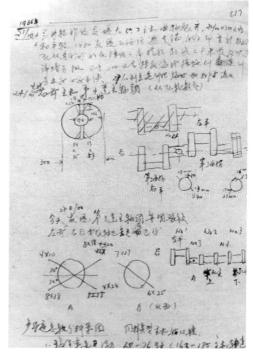

中远集团总工程师卓东明的旧日笔记,详细记载了"兰州"轮曲轴裂纹会诊记录

34年轮机长职务,与他同过船的第一代资深老船长有陈家祥、夏家箴、陆治定和沙惠企等人,第二代的有费新安、鲍浩贤、顾复山、贝汉廷和武叔章等人,这些在狂风巨浪中穿梭的海员一生献给了中国的远洋事业,如今渐渐离我们远去,铭记他们的丰功伟绩是对他们最好的纪念。

"怀远"轮大管轮梁继藩,北归后服务于上海海运局,曾以其姓名获得(技术革新)的"梁继藩小组"光荣称号,后调入南京海员学校任校办工厂主任,虽是光荣的北归海员,一个机电全能的海员离开船舶犹如好骑手失去骏马一样,其中的委屈只有船员自己知道。后来,每当笔者父亲回沪公休,梁叔总是来沪叙旧,父亲也多次向有关部门沟通,调梁叔上船工作,由于抗战时期梁叔在上海修理过电台,始终政审不过关。

"怀远"轮二管轮李承乾,当年亲戚都劝他留在香港,他仍然认为上海是他的家。北归后一直在海运局(和平十五号)原来的怀远号工作,直到1965年这艘船卖给了打捞局,对方非要李轮机长同船进打捞局,李承乾1971年退休,"怀远"也随之退役。他对这艘船充满感情,从民生公司到新中国航道局,他

一直以老黄牛精神,以娴熟的技能管理着这条旧破船,当年船上经常有大连海运学院的大学生来实习,在李老轨的手把手教授下,不少人后来都当了轮机长。可以这么说,北归为新中国的海运事业提供了物质和技术上的支持,今天中国海运业的壮大与当年老一辈人的努力和付出是分不开的。

轮机长潘顺波是笔者七姑父,他随民生船队北归广州后,以轮机长职务担任广州海运局机务处负责人,60年代中期出任广东交通战线航运业务组负责成员,之后被派往香港出任南方船务公司机务负责人,他对我们小辈说他在香港是灰色人物,但香港船业老板和昔日同事都知他是共产党派来的。

轮机长麦松炳是我的舅舅,原民生公司轮机员,后任武汉长航总局机务处负责人,70年代属于长航的武汉青山船厂要改造成造船厂,麦松炳被委任为船厂负责人。其兄麦松胜曾任中国最早的"合资"企业长江强华轮船公司"强华"号轮机长。

我的外祖父麦锦波是广东番禺人,汉口海关的海巡船轮机长,该船巡视九江至汉口的长江航道,月薪99大洋,据说一块袁大头可买美孚壳牌煤油一桶或大米五斗。

1950年,外公退休居住宜昌,因有在船上写轮机日志习惯,依旧每天用英文写些日记,至今我们都不知外公的英文是在哪里学会的。

1974年年底,中远广州分公司率先实施职工子女顶替政策,我也转入广远当起海员。

左:笔者外公麦锦波,右:笔者舅舅麦松炳

轮机长与烟票、皮底鞋

读者阅到此处就会萌生疑问，卢学庭为何与香烟票和皮底鞋有关，这与本人从小就帮父亲买烟、皮鞋打掌有着最密切的关联。此话要从住在四川北路公益坊（今新潮8弄）说起。1957年，我在读一年级时，公益坊弄堂口就有一修鞋摊，经常在摊边和邻居男孩调入广一起玩"四国大战"陆军棋，弄堂口对过是四行大楼，大楼北侧有家专卖香烟、烟斗、打火机和指甲钳等商店，父母亲都抽烟，父亲每年公休回家总是带回4听免税"555"牌进口烟送老朋友，他自己抽牡丹或中华牌香烟，母亲只抽大前门。虽说四川北路海宁路口的大祥食品店也有售烟酒柜台，规模较小，买烟总是差我到对过马路的烟店买整条好烟，所以那里的售货员都认识我，随着时间的流逝，好烟的供应越来越少，母亲就私底下与烟店和大祥食品店熟人打招呼，有好烟入店时告知一声，而我会时不时去"侦察"，那时不懂，非必需食品紧张是必需食品供应减少的前奏曲，此现象随着票证的来临越来越明显，好烟限购，不准整条买，也不准小孩购烟，我就暂时"失业"。好像到了1959年，市面上物资供应紧缩了，香烟要凭票供应，烟票好像还有上旬、中旬和下旬之分，高档和低档烟相互搭配，自此，吸烟者都是自顾自的，请人抽烟绝对是凤毛麟角，"台型"十足。那时父亲在中波海运公司当轮机长，服务的远洋船都是老旧船，三天两头出故障，出航时每天至少抽两包香烟，虽然轮机长有公家配给的招待烟，按规定这种高级香烟只是在工作上招待国内外有关人员，父亲从来不碰招待烟，在他的老轨房间客厅咖啡桌上永远摆放着两种烟，比如招待烟是中华牌，另一种就是自带上船的牡丹牌香烟，所以在烟票盛行时代，父亲公休还未结束，母亲就要千方百计想法准备些高档香烟，其中亲朋好友会将好烟转给母亲，这样作为父亲上船时自用香烟，就可让父亲省下在船上工作时向船上管事购买香烟的所需的外汇津贴。父亲在这类区区小事上很顶真地洁己奉公，想必是受到其民生公司"老板"卢作孚廉洁和其自杀的影响，1952年卢作孚请公方代表吃便饭，就被判作腐蚀拉拢对方，直接引发"中国式敦刻尔克大撤退"的总指挥服安眠药与世长辞，由于父亲与卢作孚有些交集，他一向敬重自己的"老板"的为人，这一不幸事件肯定促使父亲一生奉行决不拿公家的一个铜板的做人准则。

再聊聊修鞋打撑之事。父亲长年累月在轮船的机舱工作,整个机舱都布满着各种机械设备,尤其是走道铺的是花铁板,普通橡胶底鞋踩在沾油的花铁板上必然滑倒,不是小伤就是大伤,那时还未有硬底塑料凉鞋、硬底塑料底松紧鞋,但是皮底皮鞋或皮底布鞋作为工作鞋在机舱是防滑的,所以父亲每次回家公休就有两三双旧的全牛皮船(型)鞋要打撑,早年住在公益坊时,就近由我递交给弄堂口皮匠师傅,取鞋也是我,过后母亲付钱。过了两三年,皮鞋店里开始供应猪皮面皮鞋时,全牛皮皮鞋就开始稀少了,直至跑遍南京路上所有皮鞋商店都缺货,皮匠摊也跟着倒霉,他们已批发不到打掌用的牛皮备货了。而我的打掌差事就变得"沉重"些,不得不在"虹口金山角"周边寻找新的鞋匠,只要有牛皮撑可打,价格高些也无所谓了。记忆中,有时两家皮匠铺可打牛皮撑,材质是很破旧的皮鞋,可能他们收购来的旧皮鞋。到了1975年,笔者顶替父亲也干同一行当,找遍南京路淮海路皮鞋店无一牛皮底船(型)鞋。好在那时已有"懂经鞋",其硬底塑料鞋底防油防滑,我就买了几双学名为塑料底的松紧鞋充当工作鞋,好处是穿脱方便,缺点是鞋面沾上污油永远洗不干净。这一切都记忆深刻。

照片中的父亲,脚上穿的是一双家中为他自制的圆口布鞋,这证实了当时已到最困难时期,有美金外汇在国际海员俱乐部的商场也买不到牛皮底船鞋。为何不能穿帮带牛皮底鞋?对父亲来说,他认为机舱内大部分是快速运动型机械,重大故障往往在几分钟内就产生,半夜三更只要听到从机舱传来的异响噪声,立刻起身,边穿衣边套进不用帮带的船鞋冲进机舱,采取应急措施来排除故障。所以,做过轮机长的船员都喜欢全牛皮船鞋。50年代初期的中国,只有中波公司才有十艘远洋货轮,堂堂的万吨级远洋船舶轮机长穿着自制布鞋,

卢学庭不得不穿家中为他量脚自制的牛皮底圆口布鞋

不是有照为证，绝大部分人，尤其是非同行者绝不会相信这一事实。那时，真有些到了"山穷水尽疑无路"的地步，有钱买不到所需品，母亲和我大姨妈就在一块木板上用糨糊粘上一层层破旧布，晾干后按脚样裁成鞋底，再将涂蜡棉线或麻线一针针纳好的鞋底和黑色鞋面交皮匠摊制成圆口布鞋，粘上牛皮前后掌替代皮底鞋。

后来已有防油防滑橡胶底工作鞋，船员们不为避免工伤事故而烦恼，人们要选择鞋的种类已琳琅满目，旅游鞋休闲鞋和运动鞋已成主流，不少人以穿上千元一双的名贵跑鞋为荣，皮鞋不再是有钱的标志。笔者叙述的皮鞋打皮掌的事，年轻人一定会感到惊讶，确实这种陈年往事会让他们觉得匪夷所思。

我与广远"银山海"轮和"双峰海"轮

1977年，本人作为广远"银山海"船员第一次航行澳大利亚，船停靠达尔文港附近外海的海岛，整个海岛全是露天铁矿石场，岛内道路也是用偏红铁锈色铁矿石铺成路面，岛上只有零星的几幢平房，用来办公和休息。每天早上，码头装卸人员约五人都是乘坐小飞机从本土抵海岛上班，8小时工作完毕，又乘坐停在起飞跑道兼道路上的飞机回家。据说附近有类似岛屿七八个，都是富含铁矿石的海岛，开采完毕的海岛，除了重要设备移到新海岛，原海岛就放弃。澳大利亚真富裕，用不完的"石块"——铁和煤的储量都居世界前列，吃不完的粮食——笔者查到2020—2021年度预计小麦产量为2 891万吨，若每人口粮为200公斤/年，竟然能养一亿四千多万人，这些流放者后代与祖辈的命运的截然不同，当初谁都没有预料到，真得让人感慨万千。

1985年之后，由于宝山钢铁厂的建成，从澳大利亚进口的铁矿石数量猛增，每年都超过200万吨，1991年进口散杂货运量达到338.91万吨，这些运量的90%以上是"石块"——优质铁矿石和煤炭。

1978年3月11日，国家决定从日本新日本制铁公司引进成套设备，在上海宝山新建钢铁厂。同年11月7日，在上海宝山区月浦以东的滩涂上，宝钢工程打下第一桩。这个设计规模为年产钢、铁各600万吨的上海宝山钢铁总厂，成为当时新中国成立以来最大的工程项目。1985年9月15日，宝钢一期工程投产成功。1989年,宝钢年产量达370万吨,一跃成为全国第4号钢铁巨人。1991年,宝钢二期工程投产,钢年产量671万吨,仅次于鞍钢。第三期工程投产后,宝钢的年钢产量登上1 000万吨的台阶,成为我国第一大钢铁联合企业。据说,宝钢大部分炼的是澳大利亚铁矿石,COSCO则是装载这些进口的"石块"的主要远洋运输船队。

1978年,COSCO从日本船公司购入有十年船龄的"双峰海"轮,这艘中国十万吨级的巨轮(空载)首次驶入黄浦江时,那威风凛凛的气势震撼上海滩,当该轮系上江中浮筒,从江边观望,停泊江心的"双峰海"貌似航母,巨无霸的船体让老上海人惊叹不已。是年,中远乘着改革开放的东风,大力扩展远洋运输规模,其国际航运线路都纷纷采用大吨位干散装船装运粮食、矿石等,经济效益更好,而我国进口这些货量也猛增,为此,中远积极开展对外合作,解决长江和黄浦江吃水浅的老难题。

1979年,有着"中国根"的德国友人Claus Kruetzfledt,其中文名葛志飞,他在上海为中远和港务局等单位展示了离岸船舶之间如何过驳卸载粮食散装货。当时中远副总经理江波,精通英、德文的广远船技处处长卓东明等人,在现场观摩考察了德方吸粮驳载设备。

据我所知,广远为了适合国内对进口铁矿石等大宗商品需求,参照了国际流行做法就改装了"双峰海"轮,是为了配合上海宝钢建设,改装后成为自卸驳载船,解决了大吨位船舶因黄浦江吃水浅而被卡脖子的现象,大大提高了经济效益。在"双峰海"完成了其历史使命后,为纪念其做出的卓越贡献,一艘近12万吨位的"新双峰海"轮又出现在上海长江口外绿华山锚地。

系泊在黄浦江中的"双峰海"

1979年，"SEARADIANCE"轮到上海卸粮食，由于吃水深，不能进港卸货。汉斯托夫集团咨询部总经理葛志飞用NEUERO吸粮机表演从大船将部分粮食转驳到"战斗75"轮，使大船能进港卸货

改装「双峰」海

三菱重工业公司受中国远洋运输公司委托，将我十万吨级的油矿两用运输船"双峰海"轮改建成世界最大级自卸式铁矿石驳载船。今年7月19日正式移交给我国。

由于上海港水深最深不足十米，通常十万吨级左右的矿石运输船在满载时不能直接进港卸矿，为了不超过港口的水深，这些船来回一个多月的航行只能装载船载重量的一半矿石，而满载矿石的运输船就必须在港外装卸锚地把一部分矿石驳载在驳船上。为此将"双峰海"轮改建为自卸式驳载船，它将大大提高我国远洋矿石运输船的装载能力和矿石驳载能力。

"双峰海"轮增设了如下各种铁矿石驳载装置：

(1) 增设了2台大型移动式起货机，它能从10万吨级的铁矿石运输船的货仓内把矿石驳载到本身的货仓里，每小时能驳载1100吨矿石。

(2) 增设了一组皮带输送机，此机是将矿石从船左舷输送到右舷，每小时输送矿石2800吨。

(3) 增设2台矿石卸料器，它以每小时1400吨卸矿速度将矿石从皮带输送机卸放到装料机。

(4) 增设2台装料机，能以每小时1400吨装矿速度把矿石装载在转运的运输船或驳船。

此外，还改建了船锚装置，将锚链增大到与20万吨级以上的超级油轮锚链同样大小，这样就能同时系留铁矿石运输船、驳船及转运运输船，增设了3台驱动驳载装置的850千瓦发电机。

卢轮安

1979年第4期《航海》杂志刊登了笔者有关"双峰海"轮改装报道（译文）

11.9万吨级"新双峰海"在水上的雄姿

广远"明华"游轮开启对外合作

广远"明华"游轮首次与澳大利亚五星公司合作,从其首航到1983年6月4日的合作期间,"明华"轮主要航行在澳大利亚、新西兰、斐济、巴布亚新几内亚、日本、菲律宾、泰国、新加坡、马来西亚和中国香港等十几个国家和地区之间,共航行69个航次,接待澳大利亚、新西兰、美国、英国和意大利等国的旅客2.24多万人次。"明华"轮上设有西式鸡尾酒会,还设有中式的"海龙餐厅""竹林酒吧""中国之夜"等,安排中国民族风格的文娱活动,丰富和活跃了旅客的海上生活。船上除了广远公司船员外,还有30多名澳方工作人员。在船长钱方安、洪善祥带领下,"明华"轮多次战胜风浪,安全航行,按船期表正点进出全部港口,赢得了良好的信誉。

80年代初,"明华"轮作为国际定期邮轮正在南太平洋上的旅游胜地、海岛之间穿梭,忙得不亦乐乎。广远公司决定公司驻上海船技组航修队派人上"明华"轮,随船航行三个月,协助船方完善该轮机部的工作,本人正好被选中,随同叶老轨、康老轨,还有一位宋同事组成工作小组。老上海远洋船员有一秉性,在船上待久了就想尽快下船公休,在家时间一长就又想上船出海,公司给予的任务很符合大家的心愿。虽说工作小组成员都是海员而跑惯了国外码头，但是，并非真正"白相"（玩）过所到之港，改革开放前海员下船，踏上异国土地，必须三人一组同行，大部分人很守涉外纪律和遵守规则，生怕闯祸或连累他人。不过那时的改革之风到处漫延，人们的思想观念也开放了。本人记得是叶老轨萌发了一个念头，提出不要坐飞机去悉尼，乘坐自家的拉矿拉粮船去澳大利亚，既省钱又安全。因为四人中只有我随"银山海"去澳拉过"石块"，就出了一个馊主意——坐"银山海"去达尔文（澳北部地区首府），再从那里坐火车去悉尼，沿途可观赏澳大利亚大草原的美丽风景，也可了解当地的风土人情。

整个工作计划在叶老轨指导下，由67届大连海运学院毕业的康二轨执笔成文，上报公司，由于省了来回8张国际机票，再者计划中将会为"明华"轮主（发动）机实施吊缸/换缸套和废气透平解体工程，这些工作将为公司节省不少外汇，要知道航修队内部结算（向公司报价）是每吊（解体）一只主机气缸是收费6500元人民币，可想而知，外国人的收费就高许多了，公司老板何乐不为，准行的报告很快批下。没过几天，作为上海—澳大利亚准班轮航线的"银山海"轮就停靠上海港，在叶老轨带领下，每人手提一旅行包，持海员证轻装上阵。记忆中这是本人闯荡海外最开心的日子，一来，不必像以往在机舱工作值班4小时，休息8小时，再工作值班4小时那样不分昼夜轮回倒班；二来，该轮老轨四轨与我们很熟，笔者就白天专干船上液压起货机英文说明书的翻译注释工作，如鱼得水，轮机员们对我们"四个外来人"很客气，这起因于一个小故事。不久前"银山海"轮靠上海港时，其船上的液压回旋起货（重）机出了故障，尤其是仓货吊升到半空中，吊车会失灵，非人为刹车，造成重物悬挂在半空而相

1984年第6期《航海技术》刊登的《赫格隆特回旋起货机常见故障排除法》

当危险。笔者记得该轮的起货机是德国名牌"赫格隆特",还是首次出现在中远的船队,一时半刻找不到修理人员,叶老轨脑子活络,他知道我懂外文,能看懂说明书就有解决的故障的机会,于是我作为"侦察兵"得令上阵,好在起货机的说明书是英文版,文字解说和图纸都相当清楚,一目了然,很快就排除了故障。那天我很高兴,自学的液压技术理论在实践中取胜,要归功于曾辅导我的前辈和老师,也与叶老轨的厚爱分不开。

经过约15天的航行,"银山海"轮快进入澳大利亚近海时,船长收到澳方代理来电,要求中方船停靠黑德兰港外海的海岛装铁矿石。经查证结果,令人大失所望,黑德兰港无铁路通往悉尼,又无直飞悉尼的航班。船靠海岛码头的第二天,在代理的安排下,四人乘坐海岛矿区比面包车长些的交通飞机,摇摇晃晃在简易跑道上滑飞,缓缓地飞向蓝天,飞行约半小时后就抵达黑德兰港机场。又急急忙忙坐上一架有四五十个座位的去珀斯的班机,笔者心想,这架飞机应该比刚才坐的小飞机要稳些、安全些,然而,它遇上气流产生的摇晃却让人提心吊胆。飞到珀斯机场接近午夜,随后坐上(可能是)最后一班飞往悉尼的航班,旅途的劳累,令四人就席后就呼呼大睡。走出悉尼国内机场,搭上出租车直奔在市中心伊丽莎白大街的中国驻悉尼领事馆。那时,国内很少有公派人员出国,我们四人就安排入住领事馆的客房,这样既省外汇又便于管控。离"明华"靠港还要一周左右,只能暂时住下,但是这给了我难得的了解悉尼的好机会,由于四人是领事馆的住客,征得叶老轨的首肯我和同事就结伴外出步行"观光"了。领事馆坐落在悉尼中央车站(火车与地铁交汇总站,共用同样铁轨)旁边,离唐人街步行十分钟左右。走出领馆大门,沿着伊丽莎白大街走到头,向左望就能看见悉尼大桥,朝右看就能见到悉尼歌剧院,靠着"11路无轨电车"来回漫游悉尼大街小巷,怀着好奇心沿途进出多家商店,只看不买,倒不是袋中无钱,只是留着买大件,再说,那年月的上海物价比悉尼低多了,舍不得在外上餐馆填饱肚皮,用完早餐外出逛荡三四个小时就赶回领馆吃午饭,或者吃晚餐,领馆前身是刚落成的旅馆,有着很雅致的餐厅和大厨房,国内来的专业厨师每天都烹制十来个拿手好菜,组成的自助餐,让我们做海员的都羡慕不已,当然,我们四人的住食费是单位之间结算,自己不用操心,喝着可乐,品品美食,串街走巷,欣赏异国风情,一周观察之下,得出结论:悉尼是个养老的好地方,地大人稀,蓝天白云,绿树成荫,空气新鲜,道路整洁,尤其是下午五时以后,领馆周围及其他街区静悄悄的,路上行人屈指可数,寂静中显得安详。那时那刻,让在喧闹中成长的笔者,心头泛起令人神而往之的奇想。

"明华"邮轮靠上了紧倚悉尼歌剧院附近的国际邮轮码头,结束了悠闲的领馆借住日子,四人又登上了"海上旅馆",虽然同样都是船,豪华邮轮与货船还是大不一样,邮轮公共活动空间大而多,当初上船者行走在迷宫似的狭窄的走道,船未动就有些人"晕船"了。笔者与同事被安排在相邻的两个单间客房,中间隔着卫生间,都有门连通客房,无论哪侧门打开,另一侧门就联动锁闭,里外都打不开,只有卫生间无人时,他人才能入内,巧妙的设计,令人敬佩。

船上的两位船长钱方安和洪善祥都认识叶老轨,大家平起平坐,又都是上海人,于是叶老轨被优待安排于总统套房就寝。其实这只是豪华套房,据说法国总统戴高乐曾住过,就被船员称之为总统套房。当晚,洪善祥船长到总统套房来聊天,老上海船员碰在一起,特别融和与亲切,大家有说有笑无隔阂。其间,叶老轨指着笔者,特意问洪船长,侬认得小卢父亲卢老轨吗?卢学庭老轨。船长不加思索就答,认得,同过船。所谓同过船就是在同一条船上一起工作过。有我父亲这层关系,笔者离"明华"轮回上海时,洪船长托我随身携带一些食品孝顺住上海的老人。

"明华"轮穿过悉尼大桥时,笔者头顶是桥身底部,远处可见悉尼歌剧院

上船第二天,四人就乘专用自动电梯下机舱熟悉工作环境,记忆中是两台丹麦名牌的B&W低速大功率柴油机为主机,每台12缸和三只VTR废气涡轮增压器。总功率26 700马力,双轴,双螺旋桨和双舵。看到的一切都了然于胸,工作计划中的主要维修工程——主机吊缸和废气涡轮增压器的拆检(overhaur),在时间许可下是"小菜一碟",在上海时,这两类航修工程对大家

中国航海学会的1984年第一期《航海技术》会刊（《VTR型废气涡轮增压器的简易维修》，广州远洋公司 卢铭安）

来说是家常便饭，也是获得奖金的主要来源。"明华"轮离开悉尼驶向新西兰，将停靠奥克兰港三天，叶老轨交代：乔只透平（turbine，船员对废气涡轮增压器的习惯称谓）做做，康老轨就与船方老轨二轨商洽，笔者"老花头"，仔细翻阅透平说明书和察看图纸，由于邮轮必须准时离港驶向下一目的港，我就将拆检过程中所需的重要数据，用马克笔标在硬纸板上，并配上简图，这不仅在几天后的涡轮机拆检中大大节省了操作时间也为我后来撰写的如何拆检涡轮机文稿提供了可靠的基础。"明华"轮的第一部主机涡轮机拆检，既顺手，又快捷，一般他人是很难完成的。

我们随着"明华"轮巡航南太平洋诸岛三个多月，跑了五、六个航次。其间，为该轮主机吊缸检测多次，好在气缸盖的紧固（大）螺帽拆装采用液压式拉伸油泵，免去了用24磅大铁锤敲打缸头螺帽的辛苦，同时也拆检了五六台主辅机尺寸不等的涡轮机，收获满满，加上一日三餐的伙食相当不错，大家心情很舒畅，到了晚上是笔者的快乐时光。船上设有一个几百人座位的电影院，船在海上航行时，每晚都会放映美国电影，由于船上规定船员不准入电影院与外国游客共看西方电影，但笔者是译制片电影迷，只能依着不是"明华"轮正式编制船员的"擦边球"，每当新电影上映就逢场必到，老上海人拎得清，识相，总是在电影开场后，悄悄地摸黑入内坐在后排，散场之前又静静地离去。笔者还能记得是好几部有关太平洋海战的黑白和彩色电影，也促使我后来翻译了十来篇太平洋战争史的文章。船上也为游客放映最新问世影片，其中有 Blue Lagoon，国内90年代初才上映，译名为"青春珊瑚岛"。美人、美景和令人惊叹的海底世界，10年前就先睹为快的感觉是美好的；也看了一部由成龙刚出道主演的电影《蛇形刁手》。

三个多月随"明华"轮的海上航行转眼结束,悉尼的自然环境和人文风情给笔者留下了深刻又美好的印象,于是十年之后,又踏上澳大利亚大地,就读于澳大利亚海事学院,这一人生转折与"石块""银山海"和"明华"轮有着很大的关联。1983年8月14日,"明华"轮最后一个航次结束,广远转手卖给深圳蛇口招商局,船本身退出航运后,改作靠岸的游乐船,成了深圳蛇口独特靓丽游览风景区,改革开放总设计师邓小平为其题词"海上世界",到深圳旅游的人们必然到"海上世界"一游。而"明华"游轮的钱方安船长荣升上海海事局局长,洪善祥船长在交通部副部长的高位上退休,曾任报务主任的魏家福一路高升至中远集团总裁,经常在国际会议上阐述COSCO宏伟的远景。

系泊在深圳蛇口特区的"海上世界"

附录二

香港侨利、益丰船务的创立者程丽川和"香港远洋"艰辛创业历程

新中国成立之初，由于败退台湾的国民党和西方国家的破坏和联合封锁，新中国的航运事业和国内经济建设举步维艰，直到1961年，挂五星红旗的远洋船舶才第一次扬帆远航。为了这神圣的一天，在新中国成立后的十多年间，第一代远洋海运人筚路蓝缕、舍生忘死，为打破封锁、发展远洋海运事业作出了积极贡献，如今每当人们望见五大洋上随风飘扬着五星红旗的COSCO巨轮，都不应该忘记创业初期远洋海运人的功劳，其中程丽川先生的三兴船务行、侨利公司（KIULEE COMPANY）、益丰船务和友联船厂，以及香港远洋公司都曾经起过很大作用。

想当年海船无法由华南北上，华东、华北一带沿海港口的进出口物资，除少量由中波轮船股份公司及捷克斯洛伐克代营的船舶承运外，其余由中国承运的外贸物资皆由租轮承担。侨利、益丰船务的创立者程丽川先生就是其中的一位典型代表。

1949年，国民党当局全面退败台湾，其为扼杀新生的人民政权，利用残存的海空优势封锁中国大陆沿海港口，对所有开往大陆口岸的中外船只进行无差别的拦阻检查，如果被认为有所谓"资匪"之嫌就连船带货没收，拒不配合的船舶还会遭到野蛮炮击和飞机轰炸。从1949年起至1954年10月，据不完全统计，228艘各国船只先后在台湾海峡附近受到国民党海军的围堵、攻击和骚扰，其中被劫掠走68艘，被击沉8艘，被炮击、洗劫、骚扰152艘次。由此可见，香港到内地的海运要比从海外往香港地区转运物资危险百倍。作为对策，国内曾大量租用侨、华商船为国内运输物资，利用方便旗船方式参加了祖国海上运输。因为他们的船舶悬挂外国旗，便于通过台湾海峡，所以这支运力就成了新中国成立初期突破帝国主义的封锁禁运，承运新中国外贸运输的一支重

附录二　香港侨利、益丰船务的创立者程丽川和"香港远洋"艰辛创业历程

要力量。其中选择程丽川作为可靠的合作对象的缘由,如今已无从考证,但与程前辈的一生爱国情操,及大公无私的为人处事,不无关系。

程丽川(1907—1992),又名程文铸,福建莆田县涵江七埭里乡溪口村(今莆田县梧塘镇溪游村)人,是涵江有名的爱国华侨,幼时家贫,仅读一年半私塾,就辍学务农。1928年秋起,他在涵江宫口经商。30年代中期至40年代,先后到东南亚五国及中国香港、台湾地区,以及上海、广州、汕头、福州和厦门等地经商。

中年时的程丽川

捐赠资产,成就一生梦想,纵观程丽川的一生,与其航运事业密不可分的是他对于慈善事业的投入。由于自幼吃了没文化的苦,他将经营所得大部分投资捐办家乡的教育事业,40年代中期,在溪口村创办蒲江小学,用重金聘请名师执教,招收学龄儿童入学,免收其学杂费。1946年程丽川在福州下杭街开设"建隆"侨汇庄,为头盘局(国外局的分支机构称为头盘局),专营新加坡、马来西亚地区的侨批、侨汇业务,建隆侨汇庄汇款手续费低廉,且速度快、信誉度高,极受侨胞、侨眷的信赖。1947年,他在涵江中学捐资创办"高中商业职业科"。又捐资设立"兴安奖学金",资助贫困学生就学。

50年代初期,程丽川独资为蒲江小学新建教学楼,并捐款人民币6万元作为学校教育基金。1951年,程丽川独资在涵中中学新建教学楼和平楼;1952年,又与香港同胞集资再建民主楼,还捐款给莆田中学建教学楼。

经营三兴船务行期间,他还从个人分红中拿出钱来支援国家抗美援朝。而他自己则勤俭自律,上班不坐专车,总是乘坐最便宜的叮叮车(香港的有轨电车),嚼着面包看报纸,午餐习惯用简餐,始终保持着劳动人民的淳朴本色。

50年代初定居香港,经营航运业

新中国成立前,程丽川已经是一位家道殷实的华侨商人。1949年5月上海解放后不久,他便亲自随船冲破国民党袭扰,打通上海至福州的航线,受到了交通部、上海市的赞扬。

1950年,作为一名爱国商人,程丽川经常往返于国内和印度尼西亚、新加坡之间,把军用轮胎、汽车配件等国内紧缺物资通过开设在香港的华夏公司等中转回内地,支援国家建设。按照这样的人生轨迹发展下去,程丽川本人可以借助时局和华侨的特殊身份,走一条报效祖国、发家致富两不误的人生道路。但是在1951年的春天,让他做出了一个改变自己人生的决定。

那年,程丽川从新加坡省亲返回福建过春节,2月,他的友人傅乃超受福建省贸易局盛一群局长所托到访程宅,谈及台湾军舰横行福州口外,大肆劫掠往来船舶,海运受阻,福建的经济民生受到很大影响。劝说程丽川不要再回新加坡,到中国香港地区去创办海运生意,帮助家乡突破封锁,复兴经济。对于程丽川本人而言,这并不是一个很好的选择,明眼人都知晓,此时此刻从事海运业将面临巨大的风险,作为一名海外华侨他完全有正当的理由推却,但是这对一位非常热爱祖国的程丽川来说,辜负国家的嘱托和人民的期望不是他的为人风格。当然他也有种种顾忌:一方面,考虑到自己从事的业务与船务无关,担心力所不及;另一方面,也忌惮于国民党特务在香港的猖獗活动,恐出师未捷便血洒香江,连累亲属……程老经过反复的思想斗争,最终做出了决定:服务国家需要,承担祖国交给的任务。为解除后顾之忧,他将新加坡业务交由胞弟经营,省内的业务交给家叔及从弟料理,此后还登报声明:脱离家族、脱离公司事务。孤身一人赴香港创办船务公司。对旁人的看法,程丽川说:"我们虽是华侨,但骨子里永远是中国人;漂泊二十余载,须知先国而后家;新中国刚成立,我想为人民做点事、为家乡做点事,不愿独善其身、更不能坐视不理。"

组建"三兴船务行",租船支援国内建设

1950年9月1日,经中央交通部批准,中国人民轮船公司上海区公司成立茂林船务股份有限公司,此举是为了反制沿海被国民党军残余势力封锁禁运。公司地址设于四川中路218号。经理刘延穆,副经理曲少华。

1951年5月15日,程丽川以侨商身份与华夏公司和上海茂林船务有限公司成立三兴船务行,程丽川任经理,对外名义上为上海茂林船务有限公司开办承租外轮的业务,运输福建出口的木材等物资。当初三兴船务行的股本30万港币,其中福建省出资10万港币,代表刘朝缙;永大公司出资10万港币,同年10月改为华夏公司刘

附录二 香港侨利、益丰船务的创立者程丽川和"香港远洋"艰辛创业历程

松志代表。程丽川负责10万港币,为隐蔽企业里的国有身份,程丽川根据组织要求在同乡中进行了招股,个人实际出资4.2万港币。

茂林船务股份有限公司以私营名义,通过香港爱国侨商程丽川的三兴船务行、侨利船务有限公司等关系,租用经营或代理外籍轮船运输业务。主要航行南洋航线,承运福州到上海的木材及由上海、福建出口的其他物资。当时,经营南洋航线的仅有陈巳生、赵朴初的安通运输公司,外商太古轮船公司(只航行上海—香港线)及茂林公司共三家,其中茂林公司的船舶运力占70%以上。自1950年9月至1952年10月,茂林公司通过租用外轮完成货运量430 869吨,运输物资主要是木材、化肥、纸浆、水泥等。

茂林船务有限公司提单

当时,程丽川的三兴船务行与茂林船务有限公司福州分公司进行公开业务来往,该公司对内是上海海运局驻福州办事处。

零星的资料还是充分证实,程丽川先后租用"安登"轮等英国籍船舶,来往于香港、福州、涵江、泉州、厦门和上海之间,把福建的土产、木材运往海外,运回国内紧缺的化肥、饲料、建材等物资。其间,他多次使用假报卸货港的方式,骗过敌人在香港的耳目,船到福州口岸外,再趁封锁入海口的敌舰不备,组织船员冲口,如此反复多次,均顺利完成任务。在此之前,由于外商垄断,南洋航线运价水平居高不下,国内外贸运费外汇损失很大,通过三兴船务行的介入参与,仅四个月时间,便将航线运价水平压减了60%左右,如福州至上海的运价由120港币降至50港币,茶叶杂货由涵江至香港的运价300港币降到了100港币左右,为福建省出口单位节约外汇上千万元,不仅顺利完成了组织交办的任务,其自身盈利也达到200万元人民币。

回顾这段鲜为人知的历史,让人惊讶和感动,当年是三兴、侨利和茂林共

同合作开辟了福州通往中国香港地区和南洋的航线,在突破台湾海峡禁运、封锁的斗争中取得重大胜利。

创办侨利公司,坚持战斗在突破封锁的第一线

1952年7月,正当程丽川摩拳擦掌准备进一步扩大规模,购买自有船舶经营的时候,福建贸易局与华夏公司、茂林公司再次派员到访,告知因为国家政策调整,南洋线的运输将改由茂林船务专营,三兴船务行可以歇业了。业务的调整主要鉴于这一时期我国沿海不断发生国民党劫持船舶得手的事件,系为加强南洋线运输领导和保护而采取的应对措施。

1952年9月,根据交通部"以自有船舶为主,租用外轮为辅,采取武装护航,发展南洋航运"的指示,华东区海运管理局于1952年12月筹组南洋运输部。1953年3月,经中央交通部批准,以茂林船务股份有限公司和利民运输公司合并组成南洋运输部,下设福州、海门办事处。经理和副经理仍然是刘延穆和曲少华、宋其友,公司对外仍用茂林船务有限公司名称,也都是程丽川的老

"和平20"号,1905年英国建造(后在中国改造过外形),总吨2 000,据收集船舶图片资料者称,该船是香港华侨老板送给早期的上海海运局的

搭档，因而程丽川将自己与海外租船运输业务无条件地转给上海海运局。

翌年2月19日，南洋运输部撤销，成立南洋运输处，为隶属上海海运管理局的职能部门，对外仍保留茂林船务有限公司名称。1956年1月1日，交通部海运管理总局决定，茂林公司划归上海区港务管理局所属中国外轮代理公司上海分公司；其福州分公司划归福建省交通厅所属福州港务局。

1952年后，程丽川配合北京交通部在香港创办侨利公司，地址设在中环皇后大道中59号A三楼（旧楼）。随着侨利公司的快速发展，1953年秋，茂林公司告诉程丽川，根据先前许诺的10%的分红比例，到当年底，他个人将分得50万港币和部分人民币。程丽川请示上级是否可以将这笔钱继续投入家乡的学校建设。组织表示：建校的初衷很好，但国家已经宣布社会主义建设，读书的事情国家统一安排。程丽川很高兴，同时也很迷茫，捐建学校本是他一生的志向，而今学校无须投入，对他而言，这么多的钱自然也没有用处。他说："我从小和大多数人一样受苦，现在有钱了，挥霍也不合适，更不习惯，留给子孙也是贻害他们。"程丽川又说，现在业务一年比一年好，按茂林公司10%的分红约定，5年之后，我的收入何止千万，再加上侨利自身的收益，每年也可能在20万以上，那我不是变成大富翁了？名为为人民服务，实则自己谋利。与事实不相称，与平生志向不符合。经过深思熟虑，程丽川做了一个决定：从1953年第三季度开始放弃茂林的分红权，由茂林公司合并上缴；从1954年开始，又把侨利公司交给国家作为茂林的分支机构，并保证，对外一切事宜，照旧办理保守秘密。程丽川说："我亲眼看到现在全国解放，共产党、毛主席领导下，逐步进入繁荣富强的祖国，回想旧中国，海外华侨是一个孤儿，解放短短三四年间，看到国内治安和卫生及交通等，川感到万分欢欣鼓舞，川一定要听毛主席话，跟共产党走。……愿把自己的一切贡献给祖国和人民。"

1953年夏天，侨利租用的"新利础"轮从上海运送面粉到福州卸货，在福州口外，遭到国民党匪帮军舰开枪射击，一名水手受伤；1954年起，随着侨利租船业务的增加，海上遇险的情况也越来越多。一次，国民党匪帮突袭福州口外，将港外侨联、南洋公司的两条船舶洗劫一空，严重威胁到港内侨利公司租用的三条外轮的安全，经侨利协调英国船东呼叫英国军舰护航，方才安全出港。另有一次，侨利所租英籍商船在厦门装满货物后出港，即遭国民党劫持，被挟往台湾，已看到台湾岛上的灯火时，侨利呼叫的英国护航舰队终于赶到，方才获救返港。这一时期，侨利遭受国民党军舰、飞机轰炸、扰袭的情况还有很多，但万幸的是除了船期延误，货物均未受损。

1954年至1956年间,身处香港地区的程丽川本人也不断受到国民党特务的电话威胁,办公室和住所屡屡收到恐吓信和恐怖画;有一次还被诬告陷害,遭香港警察抄家,所幸程丽川以华侨身份交涉得免。组织很关心程丽川的安危,问他如何应对。程丽川告知:"遗嘱早已备好在家,将来如有意外事故发生,你们可随时派人接收和管理。"

程老的二儿子回忆:

> 对于家父的业务一无所知,家母亦是。家父工作,我们只是感觉早出晚归十分紧张,而至脾气对我们有点大。在20世纪50年代在我们家香港铜锣湾歌顿道七号二楼(旧楼)确实经常发生一些莫名其妙紧张事情,家父只吩咐我们不要理会,亦告诉家母如有什么事情,电话告诉他回家处理,此外,我们亦感觉到家里经济由富有人家渐渐变成有点紧张,在50年代后期,家母由原本有保姆照顾我们(四男一女,家兄金华仍生活在内地,与大妈一起),后改由家母独自照顾我们五人。
>
> 记得在我12岁以后,亦经常到侨利公司"工作",做一点打什及练习打字(在当时打字机算是高级的东西),亦会到北角渣华道侨利机器厂暑假间做学徒。另家父确实十分爱国、爱家乡,更信仰共产党和敬爱毛主席。在我们还是少年时代,他经常向我们灌输共产党,说起他以前小时候如何如何,在五六十年代香港,"共产党"这三个字还是禁忌,我们听后总是笑,觉得这是神秘的东西。

1956年,毛泽东主席听取交通部汇报时指出:"在世界航海吨位中,我国不到0.3%,这表明我们太穷,希望将来能有一两千万吨船。"周恩来总理也多次要求:"力争到1975年基本结束主要依靠租用外轮的局面。"但是困难是:一,根据当时的国内工业水平,还没有大规模造船的实力;二,在计划经济体制下靠国家调拨外汇买船,金额有限,不足以购买所需船舶。

鉴于上述的情况,到1959年6月,单单中国对外贸易运输公司(以下简称中外运)承租"德风"轮,交中国对外贸易运输公司福建省分公司(以下简称中外运福建公司)使用,当年航行福州至香港线20航次,装运出口货物5万余吨。而从1959年下半年开始,侨利公司除继续租船经营福建木材运输业务,程丽川先后租入英籍的"易宝河"和"联大"两轮,开辟了国内各口岸到中国香港地区、新加坡、马来西亚和印度尼西亚间的外贸货物运输。这一时期,为

附录二 香港侨利、益丰船务的创立者程丽川和"香港远洋"艰辛创业历程

应对印度尼西亚排华事件,时任香港侨利船务公司的程丽川董事长主动通过招商局联系国内,安排船舶接运难侨,从1960年起,程丽川又租入一条客货轮"大宝安"开辟了广州到东南亚的航线,积极参与我国的印度尼西亚接侨工作。

面对印度尼西亚排华这一突发事件,中央决定派船接运难侨回国。国家侨委紧急布置从东南亚、香港侨商、华商及向苏联租用他们的船舶接侨。一时间租船达到十余艘,远洋运输局驻广州办事处承担了租船管理和调度之责。由于所租的船来自多个船东,费用高,管理困难,远洋局遂建议从接侨费用中买两艘旧客船代替租船,因为经过计算,买一艘二手旧船可能让我们在接侨上主动许多,购船及维修等方面的费用控制得好还可以节省费用。经过租船接侨,北京有关单位也开始考虑以买船替代租船的计划。

然而最早提议贷款买船的是谁,时间可以追溯到1959年。根据曾担任远洋局副局长、买船小组组长的江波老先生回忆,最早提出贷款买船建议的是爱国华侨程丽川先生,为此他作出了很大的贡献。

1959年初,程丽川就向上海海运局建议:沿海煤运不宜再租用外轮,而是应该改租船为购买旧船。估计一年支付给一艘船的租金,可以购得一艘同样的船舶。这是一个很好的建议,对国内航运部门起了启迪作用。他又提议贷款买船挂方便旗的解决海运被"卡脖子"的现象。这一建议得到刚到香港的招商局副总经理刘云舟的大力支持,此后中国远洋事业开创了以贷款买船逐渐减少租船的新阶段。

1959年9月,程丽川利用赴北京参加国庆十周年观礼活动的机会,向交通部远洋局陈化民局长提出了贷款买船的构想,并将买船挂方便旗船经营的规划作了详细汇报,得到了交通部的认可。

据程丽川儿子回忆:"关于最初买船的事,根据家父曾跟我说及,亦有书信提到,(提出贷款买船建议后)颇长一段时间家父没有得到答复,关于内部实际情况,家父作为局外人当然不知道,家父追问曲少华(上海港务局港监局副局长)是否资金问题,他手头有一笔南洋华侨存放的约百万港币资金,可以作为保证金向银行贷款买船,假如经营导致损失,则由他个人负责,绝不会招致国家损失。当时家父在香港设有东成贸易公司,专做东南亚国家经香港侨汇到家乡的生意,与香港宝生银行来往,当时六七十年代我当海员到港放船期间,曾在东成贸易公司帮手为宝生银行交来的美元旅行支票背书签名。宝生银行经理吴玉逊,系家父同乡兼好朋友,后来我才知道吴经理是国内派来的共

"长洲"轮(CHEUNG CHOW)1956年由英国建造,总吨11 000,1975年售与上海海运局后,改名"战斗17"号

产党员。可能经过家父与曲少华(或者上面)频频接触,终于得到回复,组织同意购买船只,据我所知,第一艘蒸汽船'和风'号(S S HO FUNG)资金由家父解决,第二艘'顺风'号(S S SHUN FUNG)在'和风'经营顺利后再购买,当然亦需要银行贷款,后来'和风'轮约60年代初在香港维修期间,被台风被吹上香港离岛长洲搁浅,后获得保险赔偿而购买'长洲'轮(M.V. CHEUNG CHOW),之后,陆续购入'荣福'轮、'荣禄'轮、'金露茜'、'北冰洋'、'南极洲'(听闻此轮是香港第一艘有冷气的船)。"

货款购船的机会来临

1959年10月29日,西方资本主义世界遭遇了由第二次中东战争导致的世界经济危机,西方航运市场同样受到了很大冲击,美国第二次世界大战期间建造的自由轮价格从1956的650万英镑已暴跌至7万英镑左右,近乎废钢价。而在世界的东方,新中国却依然因为没有一条自己的远洋船而发愁:一方面,国内造船工业底子薄,当时造一条5 000吨级的蒸汽船需要3—5年的时间,耗资超100万英镑;另一方面,由于西方的禁运封锁,中国仅能采取易货贸易等形式从社会主义阵营的友好国家购造少量船舶。船队发展速度缓慢。西方国家一方面卡住我国买船造船的"脖子";另一方面通过垄断中国海运市场的高运价,攫取高额利润。当时我国每年远洋外贸物资1 000万吨,沿海内贸物资600万吨,大部分不得不靠租用外轮来完成,每年租船费用高达1 500万英镑,被国际航运界称为"国际租船市场的台柱子"。程丽川结合租船实践和经验算了一笔账,租用一条外轮18个月的租金便可购买一条同样的船舶,显然买船要比租船更为合算;而且当时香港游资较多,贷款利率低,通过贷款买船更是节约投资,快速发展船队的好办法。

那年,正是程丽川在香港积极建言贷款买船时,远在北京的交通部也正在积极谋划着新中国自己的远洋船队建设蓝图。程丽川的建议和侨利公司的特殊区位优势得到了上级领导的高度重视,购买船舶,通过香港公司挂方便旗经营成为新中国探索自营远洋船队迈出的第一步。

1960年2月19日远洋局向交通部党组报告中明确提出要利用侨利作为开辟远洋运输的一个辅助力量,"他以侨商名义出现,业务活动比较机动灵活,不引人注意,可以在较大范围内经营运输,完成一些不宜用自有远洋船队负担的任务","有利于我们摸索一些航运经验以及外国港口、航商的情况"。交通部部长王首道在报告上批示:"同意,这种方式是可以利用的,要妥善掌握,逐步发展。"

成立益丰船务,开创新中国贷款发展船队新径

为了能贷款购买船舶,解决侨利公司是无限公司而不能购买船舶的问题,程丽川于1960年4月19日注册成立了益丰船务企业有限公司,与侨利公司实际为两块牌子,一套人马,程丽川任董事、副经理。在上级的支持下,程丽川利用侨利的盈余为基础,先后贷款购入两艘万吨级旧货船"和风"轮(10 290总吨,船价9万英镑)和"顺风"轮(10 713总吨,船价72 500英镑),挂英国船旗经营,在第一条自有船舶"和风"轮到位后,侨利马上将其投入东南亚航线,开辟了交通部最早的远洋航线。

益丰船务成为我国贷款买船首家公司,开创了我国利用贷款买船成功的先河。

1973年越南战争期间,因美军封锁越南海防港,"和风"轮受困16个月,后被越南政府授予"友谊"荣誉勋章,以表彰其在越南战争期间运输物资所做出的贡献。

"和风"轮

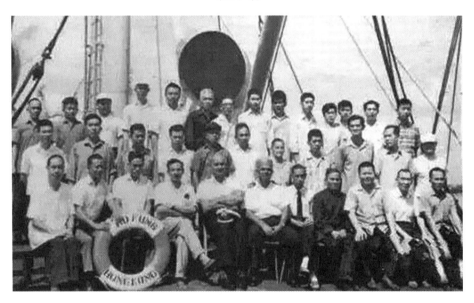

侨利公司贷款买入的第一条船"和风"轮抗美援越期间在海防港的照片

到1961年底,侨利船务公司逐渐减少租用外轮,公司业务还更有起色,不仅完全靠船舶营运收入还清了"和风""顺风"两轮的贷款本息,还盈利7万块钱。仅用两年时间经营,利润便可还本付息。

1962年11月13日,通过侨利公司10多年来的艰苦经营,交通部门终于领悟了一条不依靠国家拨款也能够成功地发展中国远洋船队的道路,积累的宝贵经验,经交通部报总理批准,以这两艘船的赢利款和香港招商局的计划外利润,用来第二批贷款购入"南极洲"轮等3艘货轮,这种借鸡生蛋的方式引起了国内有关部门的高度重视。此时正值国际船舶市场船价呈现螺旋式下跌趋势,为我国买船提供了有利的时机,综合国内外市场形势和各方面意见,1963年,我国正式启动了贷款买船工作。1963年11月,交通部、外贸部、财政部和中国人民银行联合向党中央和国务院建议,利用贷款买船的办法来发展我国的远洋船队。得到了国务院总理周恩来,副总理李先念、李富春、薄一波的批准。

1964年,由交通部主导,以益丰等香港公司为平台的海外贷款买船工作正式启动,同年1月,购船领导小组成立,12月,国内第一艘贷款购买的船舶"黎明"轮交付广远公司。中远成为新中国最早"负债经营、借钱发展"的企业,这种模式一直运作到20世纪80年代,中国买造船的国际壁垒被打破为止。

到1966年,短短两年时间,交通部贷款购置的20艘、24.9万载重吨的远洋船舶就偿还贷款额的50%,相当于空手套得10艘万吨轮。随着贷款买船工作的全面铺开,进入20世纪70年代,随着国家投入的加大和香港贷款买船工作的不断成熟,中国的自有船队规模实现了快速扩张,到1978年,中国(不含台湾地区)总吨位已跃身世界第17位,增幅达到世界第3位,中远船队运力达到510艘、857.36万吨,其中贷款买船总运力超过86.14%。在1980年中远总公司买船接船工作会议上,交通部对中远的贷款买船工作给予了高度肯定,指出"在短短几年里国家不花一分钱就净挣了六七百万吨船"。贷款买船的成功为中国远洋海运事业开辟了一条高速发展的全新航道,作为贷款买船的最早实践和倡议者,程丽川功不可没。当然,程丽川敢为人先的开拓创新精神不仅仅局限于贷款买船一个事例,与贷款买船同时期,他看到董浩云的金山轮船公司正通过分期付款的方式在日本造船,便也向上级做了汇报,建议借鉴这种方式,虽然没有被采纳,但这项建议后来也得到了交通部的肯定,(20世纪)五六十年代是香港航运业发展的黄金时期,当时很多船王就是靠分期付款造新船起家的,如果当时程丽川不是一心一意跟着国家走,自己干,早就发达了。这也是程丽川难能可贵的品质之一。隐名奋斗,甘做新中国远洋事业的铺路石。

到1964年,益丰、侨利贷款买入的自有船舶已达9艘,先后开辟了古巴、西非等多条航线,并积极支持抗美援越。随着国内远洋船队的建立,为解决国内远洋船舶修船难的问题,于1964年2月1日,受到国家、交通部、中远公司的支持,程丽川联合几位爱国华侨,合资50万港币专门设立了侨利机器修理厂,这家工厂以服务中国远洋船队为第一目标，一年后程丽川又以个人名义增加投资扩大业务，并拿出侨利船厂与中远合作创办了香港友联修船厂，1976年4月，新中国远洋第一位船长陈宏泽奉调友联船厂任总经理，在他的领导下的船厂不断扩大，成为中国远洋60—80年代最主要的修船基地。在远洋局的领导下不断发展，已成为香港最大的修船企业——友联船厂。此后，程丽川又将在香港经营的轮船公司的11艘、近10万吨的远洋轮船和设备齐全的修船厂，以及1 000余万港币等先后无偿捐献给了国家。

通过侨利公司和益丰公司在国际海运界的不断的探索，为新中国五星红旗远洋船队的首航积累了大量的实践经验，尽管在开展上述工作过程中，程丽川与侨利公司始终隐藏在厚重的历史大幕之后，但他为新中国远洋事业所作出的贡献已铭刻在新中国远洋发展的青史之中。

1965年农历正月初，程丽川突发腰脊病症，行动困难，不久左腿萎缩、瘫痪，经针灸服药三个月才得以拄拐行走。此时他还操劳关于贷款建造新船，他通过在任职金山轮船公司朋友陈润生（福州人）和曾是集美航校老师收集资料，并参考包玉刚环球集团利用日本造新船和长租日本财团船只建成壮大的船队方式，开始埋头苦干计算如何使用按揭贷款造新船，组建船队。

与此同时，考虑到身体日渐不堪，于是程丽川请示香港招商局总经理刘云舟代为报告交通部，将侨利、益丰的船队、友联船厂正式移交国家，由招商局派副总经理高明接收。程丽川的儿子回忆："父亲生病期间曾向母亲诉说把公司资产全部移交国家的想法，母亲并未表示反对，只是担忧未来的生活无所依，父亲安慰她说国家会照顾他们。"

自1966年，程丽川将发展壮大的益丰船务企业有限公司无偿转交给了国家经营，成为交通部系统在港组建最早的企业，也是日后成立"香港航运"的一支重要血脉。

80年代，程丽川为了促进对外开放和经济发展，不顾年老体弱，奔走于闽港之间，促成香港到厦门、福州客运航线的开辟。他待人诚挚，谦逊坦率，清廉端正，爱国爱乡。曾任政协福建省委员会常务委员。1984年，为了表彰程丽川捐资办学的功绩，福建省人民政府授予他金质奖章。

1992年8月，程丽川病逝于北京，终年85岁。

1994年11月1日，益丰公司以230万余吨的近50艘远洋船舶，与香港远洋轮船公司合并成立中远（香港）航运有限公司，发展成为全球第三大干散货船队。

香港远洋轮船有限公司

继程老提出贷款买船后,许多中远老前辈的回忆和一些文献记录都指出郭玉骏也是中国贷款买船的倡议者。1963年初,叶剑英元帅视察"光华"轮,时任中远广州分公司经理的郭玉骏向叶剑英元帅汇报了利用银行"游资"贷款买船的想法。郭玉骏的建议,得到叶帅首肯,并指示迅速将此建议写成书面意见上报。

不过早期贷款买船实践的还要从1957年5月27日说起,那年林勤和白金泉以200万港币资金注册成立了"香港远洋轮船有限公司"(简称香港远洋或香远)首任董事会成员为陈嘉禧、林勤、白金泉,第一次董事会会议委陈嘉禧任经理。此后,在这些远洋事业老前辈奋斗拼搏下,在租船经营运输业务的基础上扩张规模,开始建立船队。

1958年2月26日,香港远洋从英国普利茅斯购买了第一条船,船名叫"希尔福"(HERFORD),这是一艘有着38年船龄以煤为燃料的蒸汽动力船。同年,香远陆续接入"隆福""伟福""法尔福""显福"五艘船,时称"五福",这五条船经营良好,并在运营两年左右全部出售,这是香远购进的第一批起家的船舶,为香远在60年代快速发展船队奠定了物质基础。

陈嘉禧任经理期间,香远注册资本于1958年2月16日增至500万港币,1962年12月15日再增至1 300万港币,同年底,公司拥有9艘,共计27 081总

1920年英国建造、1958年香港远洋收购的"法尔福"轮

吨的杂货船。

1963年2月14日，香港远洋董事会委任朱启正为董事总经理。在其任职的10年间，香港远洋也不断发展壮大，1963年首次购入了新造船——"牡丹号"（14 000吨），首次与外国（芬兰"RAUMA—REPOLA OY"船厂）签订造船合同，购置了四艘14 000吨杂货船。

白金泉，男，福建安溪人，1929年2月出生。1949年7月毕业于集美水产航海学校高19组。1948年在学校加入中国共产党地下组织，开展革命活动。毕业后按党组织安排前往香港，到当时为冲破美蒋禁运封锁而组建的华夏船务公司船上工作，担任二副。1957年受命参与筹办注册"香港远洋轮船有限公司"任董事，负责船员部和到欧洲验收接收新买船舶等工作。1969年被派长驻芬兰监造新船工作，四年中监造5艘两万吨散装船。1977年秋曾代表香港远洋公司在厦门签字，把"海智"轮移交给母校——集美航海学校——作实习船。1980年受命到台北向台湾中国造船公司订造两艘6万吨散装船，至

SS. Peony/牡丹轮，1963年芬兰建造，总吨14 000

香远创办人之一的白金泉

在芬兰监造的伍蓉先生（右一）

1982年完成交接船。几十年来,为国内航运事业的发展辛劳工作一辈子,尽了自己一份力量。

据历史资料显示,益丰和香远两家公司抓住六七十年代国际船舶市场船价暴跌的时机,克服众多困难,利用中国香港地区的特殊区位,突破西方对新中国的封锁,以香港公司名义不断为中国远洋船

70年代香港远洋与外国船厂签署买造船协议

队购入船舶,从50年代中国总载重量不到世界航海吨位的0.3%,到1978年总吨位跃居世界第17位,为中国远洋事业的腾飞以及航运规模的不断壮大贡献了自己特殊的力量。

改革开放排头兵,"香远"建造中国第一个15吨浮船坞

深圳作为改革开放的最前沿,其40多年来的发展历程和成就举世瞩目,但鲜为人知的是,香远、益丰人曾为点燃这改革开放的第一炮发挥了重要作用。

在那年代,由于还没有相应等级的大型船坞,大型远洋船舶每年花费在国外的修理费用高达1.5亿美元。为了改变这种状况,乘着改革开放的东风,香港远洋轮船有限公司决定自行投资建造一艘15万吨级的大型浮船坞,建成后再以租赁渠道交由南通船厂使用。当年在蛇口坐镇指挥的是时任香港远洋总经理的张振声,他从益丰抽调严华,从香港远洋抽调林远生、张鸣,组成由张振声出任工业区建设指挥部临时党委书记兼总指挥,许智明任副书记兼副总指挥,郑锦平、林远生为副总指挥的强有力指挥部。

在指挥部的统筹协调下,工人们夜以继日施工,于是1991年12月,一座总长254米、浮箱长度235.5米、外宽58米、内宽48米的15万吨级浮船坞"南通"号在中国建成,不仅填补了中国修船业的空白,结束了中国不能修理10万吨

级以上大型船舶的历史。同时,其诞生过程曾被造船界称为奇迹,一批经验丰富的退休工程专家,与具有专业技术的焊工一起,采取独特创新的方式自行设计建造了当时中国最大的浮船坞。这个消息立时轰动了当时的航运界,因为他们知道,他们从此不用再愁在中国找不到修理大吨位船的地方。而可能很多人不知道的是这座15万吨浮船坞是由香远用其船舶作抵押,向中银香港贷款2000万美元,组织力量建造的。

30多年来,"南通"号船坞共计修理了世界各国大型船舶1608艘,成为我国现代修船业和南通地方经济发展的重要历史见证

此外,为了响应改革开放号召,支援深圳特区建设,原中远集团拟在深圳成立系统内第一个中外合资股份制航运企业。1993年2月12日,深圳市人民政府正式向原中国远洋运输(集团)总公司发出《关于成立深圳远洋运输股份有限公司的批复》,同意成立深圳远洋运输股份有限公司(简称深远)。此时的"深远"已有十条船舶,分别是"神泉海""康苏海""剑阁海""宁海""通

左：深远最早的"神泉海"散装轮；右："新鞍钢"矿砂船

海""正阳""惠阳""秦岭""黄云""橙云""深远驳1"。时光荏苒，最后一艘"神泉海"也于2013年退役。

"新鞍钢"轮是一艘超大型30万吨级矿砂船，总长327米，船宽55米，最大高度64米，29.7万载重吨，2009年2月13日下水。该轮长期往返于中国至巴西航线，承担着国家战略物资的运输任务。截至2017年，近8年来，秉承"新鞍钢，每天都是新起点"的核心理念，实现下水近8年净收益近7 000万美元，单船年均净收益近1 000万美元，安全零事故，PSC检查全部无缺陷通过，连续8次被评为公司一级船舶，先后荣获"全国水运系统安全优秀船舶""广东省水运系统安全生产优秀船舶""广东省工人先锋号"等20余项省部级以上荣誉，是中远香港航运船队的先进典型标杆船。

香港远洋与益丰船务从成立之日起，就积极承担起祖国对外海上运输的桥头堡和窗口公司的作用，克服了1974、1978年两次世界石油危机对航运业的重大打击，经受了80年代长达5年航运大萧条的考验，到1993年底分别拥有48艘船216万载重吨和43艘船189万载重吨。1994年11月1日，根据原中国远洋运输（集团）总公司决定，香港远洋、益丰船务进行业务整合，中远（香港）航运有限公司在香港注册成立，归属原中远香港集团。1996年2月8日，香港航运正式营业，拥有经营管理船舶78艘，397万载重吨，成为中国香港地区最大的航运企业。

1997年香港回归以后，悬挂台湾地区旗帜的船舶无法进入香港水域，台湾方面也不允许飘扬着五星红旗的香港船舶进入台湾水域。为了避免港台航运完全中断，海协会授权香港船东会与台湾方面进行谈判。1997年5月2日和24日，"香远"总经理作为香港船东会代表团成员之一与台湾海基会代表，就1997年7月1日后台湾海运问题进行了两次商谈,签署了《港台海运商谈纪要》,解决了船舶进入双方港口悬挂旗帜问题,促进了两岸经济交流,并为日后两岸"三通"问题的解决提供了借鉴。

2003年,为了解决香港地区航运人才紧缺、管理成本过高等瓶颈问题,中远(集团)总公司决定,以香港航运为主体,与深圳远洋进行重组,成立新的香港航运,实行"一司两地、一司两制"经营运作。当年香港航运已拥有和经营的船舶近100艘,约500万载重吨,是当时中国实力最强的现代化散装船队之一,也是原中远(集团)总公司在海外的最大船队,占香港散货船总数的21%。港深重组后直到2012年,公司一直保持盈利。其中2003年至2011年9年间合计盈利人民币412亿元,平均每年盈利45.8亿元,连续两年破百亿,是原中远集团的创效大户,曾创造过以集团10%的资产赚取集团50%的年利润的辉煌纪录。

按照公司统一部署,中远集团最年轻的下属企业深圳远洋先后接收了"新富海""新丽海""广亨海"等船舶,所谓江山代有才人出,各领风骚数百年,希望它们带着"前辈们"曾经的荣耀继续驶向远方……

2016年中远海运散货运输有限公司在广州挂牌成立,主要由香远、益丰、深远、天远、青远和中海散装等企业组成。公司是全球规模最大的专业化散装货物运输企业,拥有各类散货船400多艘,逾3 800万载重吨,装载铁矿石、煤炭、粮食、散杂货等全品类.散装货物,航线覆盖国内沿海和世界港口,服务网络遍布全球。并拥有一支数量超过1 700人的散货运输经营管理团队和一支逾1.25万人的优秀船员队伍,秉持"安全、诚信、优质、高效"的服务理念,为全球客户提供专业和优质的干散货运输服务。

中远海散货船队的雄姿

附录二　香港侨利、益丰船务的创立者程丽川和"香港远洋"艰辛创业历程

从租船、贷款买船、造船到举足轻重的COSCO

在成功迈出贷款买船实践第一步后,为打破帝国主义封锁,发展中国远洋事业,香港益丰公司和1970年划归中远的香港远洋公司又继续承担起了利用香港的资金、地利优势,以在港灰色国企身份为国内大量买船的历史重任,成了助推新中国航运事业腾飞一双"隐形的翅膀"。

根据当事人的回忆,当时香港地区对于航运业政策比较宽松,两家公司通过向香港汇丰、渣打等银行进行融资贷款,可以以30%的抵押获得100%的买船资金,为国家节省了大量外汇。当时在国际市场贷款买船,对象选好、条件谈好后要提交远洋购船领导小组同意,并报李先念副总理审批成交(这一审批制度一直执行到1969年),再由益丰、香远两家公司代表中远签署买船合同,所买船舶主要由广远、上远、天远三家单位接收。为了保密,一般不在香港为买船问题直接与北京通电话。尽管如此,两家公司的买船活动还是引起了世界航运市场的关注,中远总公司1973年的报告指出:"虽然是通过香港购买,资商大部分有所发觉。"

比如英国出版的《世界航运和造船》月刊,于1973年1月公开发表称:"中华人民共和国及其在香港的有关公司1972年买了大量货轮。'远洋轮船有限公司'(香远)就是他们一个主要的有关公司。"还有报纸称"大陆中国的出现可能鼓舞其他潜在的买主,在船舶涨价前采取某些步骤"。有的经纪人说:"根据过去经验,中国一买船,船价就会涨。"还有的说:"中国买船给世界买船打了强心针。"

时任香远的总经理回忆,为了弄清贷款买船的一些细节,他曾经求教过当时的香港船王包玉刚先生,熟稔之后,一次包玉刚先生突然问起:"你们公司到底是什么背景?"高先生只能笑而不语。其实船王包玉刚是过来人,他在全面抗战时期就在八路军驻重庆办事处和周恩来有过来往,他此举只不过明知故问而已。

从60—80年代,近20年的时间中,益丰和香远两家公司为国内究竟买了多少船舶,因为数据的缺失已经很难统计完全,根据仅存的资料,可查的数据也足以说明两家公司的重要作用:1971年10月—1972年6月,香远公司为中远购船7艘5.8万载重吨;1972年—1974年,益丰公司为中远购船175艘,343.4万载重吨,1977—1979年,香远公司为中远购船130艘,97.88万载重吨……根据江波老先生的回忆,也证实了从1972年到1983年,国家共批准贷款25亿—27亿美

元,为中远买船1 200万载重吨。绝大部分是由益丰、远洋两家公司购入的。

回顾益丰与香远这段历史,是与中远共同成长的历史。他们没有辜负国家和时代赋予的嘱托。除了完成国家下达的购船任务,两家公司还利用地处香港的优势为中国航运业的发展做出了自己特殊的贡献:一是为国内船队更新开辟新途径,一些国内退役的老船通过香港转方便旗后卖出,再买进新船进行运力更新。二是为国内公司接船工作形成必要的缓冲和对接。1970年后买船工作进展更快,国内船队平均每年大约有50艘船的增速,但受限于国内的干部船员队伍跟不上,船舶配员成为问题,为此,利用两个香港公司作为调剂平台,国内接不了的船舶由两个香港公司先接手经营,待接船密度减小、内地船员配齐后再由香港转内地经营。三是为中国远洋事业培养了大批优秀人才。益丰、香远两家公司利用香港国际航运中心的有利位置,大力吸收国际先进的航运管理经验,为中远打造出了一支"稳健、务实、高效、守规"的船员队伍,益丰和香远船员也成了国际航运市场的一面金字招牌。

同样,国家也从来没有忘记益丰、香远为中国远洋事业所做出的突出贡献。1979年交通部党组会议就指出"益丰、香远两船公司要给予扩大自主权,可以直接向银行贷款和自筹资金,选择和购买本公司营运的船舶"。在交通部和中远总公司的大力支持下,益丰、香远两家公司不断发展壮大,同时两家公司以为国内买船为业务平台,通过在香港市场几十年的航运实操,积累了良好的商业美誉,以至于招商局国际业务的过程中也曾以"香远母公司"的名义来赢得客户的信赖。

在翻阅中远的那段特殊历史资料,确实非常不完整,但笔者认为这项工作意义非凡,铭记历史,是为了激励前行;不忘过去,是为了更好地擘画未来。今天让我们一起重温这段历史,重温以程丽川前辈为代表的三兴、益丰、侨利和香远人服务国家大局的家国情怀、勇挑时代重担的使命担当,我们应当向这些曾在狮子山下默默为共和国远洋运输事业奉献了全部青春和热血的前辈们致敬!让不灭的远洋爱国精神照耀新一代海员攻坚克难、砥砺前行。

本章最后以程老次子的话作为结束语:"根据我所知最难是开始的第一艘在银行按揭贷款,若能够按申请贷款时报告每月还款则第二艘、第三艘……则容易得多,最主要的是得到背后支持,安排货量及运费的保证,一切问题都容易解决!正如修船厂,只要有船只安排修理及修理单得到保证可以收到,便会轻易发展壮大起来!所以家父只是在前面走出第一步,而真正的发动机是背后我们的国家。"

附录三
我受教于民生公司北归精英的二三事

1949年从海外和香港北归还有原民生公司的精英轮机员，其中有大管轮金庆骥和轮机工程师李铭慰给我影响深刻，他俩都是那个时代的佼佼者。

北归的工程师精英

金庆骥，1925年出生，广东番禺人。上海交通大学热能动力机械与装置教授，1946年毕业于交通大学轮机系。先后任民生轮船公司大管轮、上海柴油机厂（简称上柴）主任工程师，上海交通大学动力机械系教授。

笔者作为待业青年大约从1972年开始自学轮机工程学，好不容易找到了自学的书本，但找人辅导更难。正好那年父亲在家公休，民生轮船公司的老同事金庆骥带江南船厂几位技术人员前来拜访，了解建造大型舰船的有关技术，父亲当场在客厅的磨光石地板上用粉笔画图解释，从此我的人生轨迹也发生了改变。

金二车（广东人对大管轮Marine Engineer的称谓）是我母亲对金庆骥叔叔的称呼，当时，金叔叔是上海柴油发动机厂的主任工程师，过去他与我父亲同船共事，毕业于吴淞商船专科学校，父亲很了解他的为人和知识水平，也请他辅导我的学习。第二天是周日，我应约骑着自行车，穿过半个上海，来到住在五原路上的金叔叔家，那天我第一次见到金妈妈（杨代芬），她是上柴资料室的翻译，其父亲是香港民生轮船公司杨成质经理（香港民生船队北归的主要执行者），而妹妹杨代蕴又是我高中的政治课老师，笔者曾与几位志同道合的同学在杨老师最困难时帮了她一把，所以金杨夫妇俩对我很热情。至今不忘的一幕是那天金叔叔借给我一本全英文的轮机工程专业书籍，并且关照我，此本书是他读书时的教科书，要我将此书读懂读熟，今后就可以举一反三了。

记得50年代初起，父亲卢学庭一直在远洋公司的船上当轮机长，每年只有58天的公休日，然而，他往往假期没结束，就被公司召回上船工作，事也凑巧，我被金叔叔收为"徒弟"后不久，原老同事、交通大学教书的李铭慰老师也上门看望父亲，以往两人很少有机会能见面，母亲知道李老师与父亲曾在同艘船上工作过，是要好的朋友，就要李老师留下吃中饭，李老师欣然接受，看来他是想与父亲好好聊聊，我也奉命去广茂香斩了半只烧鸭和一斤脆皮烧肉。我家有个潜规则，父亲留客就餐，母亲和小辈是不上桌的，两人用广东话交谈甚欢，我则揣着一本轮机教科书坐在角落，李老师看到后，就问我父亲："细洛哥重再推书（小孩还在看书）？"此时父亲毫不犹豫地将我拜托给李老师，至此，我就成了交通大学教授的编外学生，李老师毕业于吴淞商船专科学校，该校被称为中国航海家的摇篮，父亲很了解他的为人和知识水平，也请他辅导我的学习。

李铭慰，1915年出生，广东新会人。1939年毕业于吴淞商船专科学校轮机科。曾任民生轮船公司轮机工程师多年。历任大连工学院副教授、副系主任，上海交通大学船舶动力系主任，中国造船学会常务理事、轮机学术委员会主任，船舶动力类教材编审组组长，《辞海》编委兼分科主编。全面抗战期间从事汽车代用燃料和内燃机车的研究工作。新中国成立后潜心致力于理论与实际相结合的教学法研究，在教学计划、内容、方法、管理等方面均提出过有益的意见。创办了船舶动力装置专业，较早编出《船舶动力装置》《船舶辅机》《船舶系统》等新教材。发表《多机并车装置的负荷分配》《可调螺距螺旋桨的N-H最佳匹配》等论文。

必须提的是我父亲说过，李家有十来个兄妹，均在海外，而在1949年初夏，李老师夫妇乘坐太古轮船公司的"北海"轮离开香港前往天津，然后转到北京，参加新中国的教育事业。

老师有料，学生有成

自从我有幸成为两位中国柴油机动力装置海归权威的子弟后，学习的劲头十足，除了吃饭睡觉，参加里弄活动外，就是捧着书看。刚开始，每天最多只能学习和看懂日英文书各一页，后来达到每两三天能看完一章节的内容。那时，市面上的日汉辞典之类的工具书奇缺，每当遇到难解的日语，我只能采用日译英，再译汉的迂回战术，好在我表哥在上海图书馆工作，于是图书馆、李老师和金叔叔就成了我的最佳解答老师。

附录三 我受教于民生公司北归精英的二三事

一直到1975年10月,每个月两三次从家骑自行车依次去外文书店、上海图书馆,再骑到金叔叔家(住乌鲁木齐路)和李老师家(住宛平路),那是我经常骑车的四点连一线的常规路程,在两位老师无私的教导下,我的轮机专业知识和日文翻译能力大有进展,起初,他俩只是让我笔译一些专业段落,到了1974年年底,李老师觉得我能独当一面正式笔译日文资料时,他经常让我翻译一些非常专业的日文资料。与此同时,由金叔叔的推荐,我译自日文《内燃机关》杂志的《用玻璃气缸套研究润滑油运动状况》一文,又被刊登在《国外内燃机》1975年第3期,而此译稿是我第一次获得的稿费。

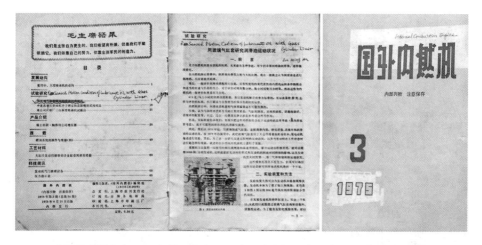

《国外内燃机》1975年第3期上刊登《用玻璃气缸套研究润滑油运动状况》

下面一段的回忆是实实在在的当年待业青年求知的艰难实情,不是现在的人能理解的。寒冷的冬天,经常周一的清晨6点,刺骨的西北风呼呼直叫,我也会准时站在上柴班车站对斜对面,北海宁路上的丰满供销合作社/胜利电影院旁,手中拿着遮盖着的日文版《内燃机关》杂志,等待着金庆骥叔叔出现,那时我们两人像地下党接头一样,金叔叔一到,就把上周六下午借来的杂志塞还给他,两人很少对话,需说的事已写在杂志内的纸条上。

40年代的吴淞商船学校

1939年,上海的吴淞商船专科学校内迁重庆,改称重庆商船专科学校,并增设造船科。1943年,重庆国民政府教育部将该校并入在重庆的交通大学本部,航海、轮机两专修科仍沿袭旧制,造船科则扩展成为四年制的造船工程系,由此我国大学里第一个培养本科生的造船工程系诞生,当时的造船工程系主任为叶在馥。抗战胜利后,上海交通大学返回上海。国民政府教育部又着手恢复吴淞商船专科学校,并令交大将航海、轮机两专修科重新划归吴淞商船专科学校,1946年,吴淞商船专科学校正式复校。鉴于造船与轮机两科目的不可分割性,交通大学为此重新设立了航海、轮机两专修科,并在1947年护校运动中升格为四年制的航业管理系和轮机工程系,同年暑期开始招收新生。1950年9月,根据华东军政委员会教育部和中央人民政府交通部命令,国立吴淞商船专科学校、海关总署税务专科学校海事班与国立交通大学航业管理系合并,改校名为"国立上海航务学院",1950年10月,改校名为"上海航务学院"。

内迁的吴淞商船专科学校在重庆招商局"江顺"号客轮上举行开学典礼

同济大学培养造船人才是从1936年开始的,但是其造船组课程一直附设在机械系内。直到1945年抗战胜利,同济大学复原上海后才将造船组从机械系中分离出来,建立造船工程系,聘请叶在馥担任系主任。1949年之后,杨槱接替叶在馥出任该校造船系主任,但同年11月,杨槱与叶在馥一起受旅大招聘团之聘去大连工作,系主任一职改由李永庆担任。

武汉交通学院的前身是国立海事职业学校,由国民政府交通部于1946年在武汉设立,培养航运、公路、邮政和电讯四个方面的人才,其中航运中设造船、驾驶、轮管三科。造船科的创建人为汪应寿,是1944年交通大学造船工程系的第一届毕业生。1949年5月武汉解放,该校由中南交通部接管,改名为中南交通学院。1951年又改名为武汉交通学院。直至院系调整时,该校造船科及其学生并入交通大学。

上海市立高等工业专科学校是抗战胜利后建的,校址在上海平凉路,设有造船、土木、电机、动力等科。其学制先是初中毕业生入学后读五年,后改为高中毕业生入学后读两年。1952年,电机、动力与造船各科都调入交大。

民国交通部吴淞商船专科学校大门

投 笔 从 戎

金庆骥曾是抗战中交大学生投效海军的一分子。

在全面抗战初期,弱小的民国海军便损失殆尽,陷入无舰可用的困境。在太平洋战争爆发后,国民政府利用同盟关系,向英美两大海军强国寻求援助,力图重建海军和协助盟国对日作战。从1942年的赴英美实习参战与学习造舰,到1944年的赴英美受训接舰参战,国民政府先后同英美两国选派了2 000

多名海军官兵。当时国立交通大学的青年学子们积极号召,争相报考海军,最终有100多人被录取并分批出国受训。虽然他们最终没能上阵杀敌,却在交大校史上留下了重要的一页,同样值得后人铭记和称赞。

1942年3月15日,蒋介石颁布手令:"凡由国内外海军学校毕业之海军军官,其现年在40岁以下者,应设法统计,与英、美交涉派往英、美各国海军舰队上服务参战。"3月18日,蒋介石进一步指示:"我国应速派海军制舰人员,尤以制造潜艇人员尽量送往美国与英国实地学习,照此方针希拟定具体计划与可派人员列表呈核。一面与英美切实交涉为要。"7月6日,蒋介石再次指示:"前拟派遣我国海军官员前往英美参战,此事如何办理,务希如限办竣,早日出国为要。"

8月5日,军事委员会办公厅、军令部、军政部和海军总司令部联合组建了考选委员会,负责通过考试选拔赴英美参战与学习造舰的人员。考选委员会临时聘用各海校的资深教官及交通大学商船学校的教授,负责命题、批卷及监考。1月上旬在军委会大礼堂举行笔试,最终录取76名,计航海科41名、轮机科3名,造船科32名。造船科中的陈玉书、蒋大经、钱俭约、鞠鸿文、朱子育、林诚明、刘雍、罗续甫、卞保琦、崔叔缓、都先钧、魏东升、叶于沪、阎瑛14人毕业于交大商船学校,出国前都被授予准尉军衔。

1943年4月5日,除两名未报到外,其余74人在重庆复兴关参加中央训练团第25期受训。在为期一个月的训练结束时,考选委员会决定:派24人赴英国受训,领队为周宪章上校;派50人赴美国受训,领队为驻美海军武官刘田甫少将。8月8日,除李一国学员因病延缓行程外,49名留美学员从重庆出发乘车去昆明,接着换乘美军运输机前往印度,然后在孟买登上美军运输舰。当时日军控制了整个东南亚地区,因此运输舰只能从印度洋绕过澳大利亚南部横穿太平洋才能到达美国。经过40多天的航程,他们终于抵达美国西海岸的圣地亚哥军港,前来迎接的是一位美国海军中校和中国驻美海军副武官杨元忠中校。10月,49名学员在东海岸的费城正式编入V12美国海军军官预备班。

在军官预备班学习半年后,造船班的25名学员被安排进入麻省理工学院13A班学习。这是专为美国海军军官设立的研究生班,原定学习期为三年,因当时处在战争期间,压缩为二个学年,取消寒暑假,每年完成三个学期。第一学期考核后,阎瑛和另一个学员即转其他院校学习。1946年6月,23学员从麻省理工学院毕业,获硕士学位,然后分配到各地的船厂、工厂实习。除卞保琦因肺病滞留美住院治疗外,其他24人都在1947年6月回程报效祖国。

中国驻美海军副武官杨元忠中校首先提出"借舰参战"的构想,并积极与美方联络。1943年8月,他向军令部寄呈《向美借舰参战意见书》,引起国内的高度重视。11月18日,驻美海军武官刘田甫少将向军令部报称:"目前太平洋战事关系重要,美国极愿中国派多数有海上经验中校以下军官及士兵来美训练以便自立带舰协同作战。彼方愿先以驱逐舰、布雷舰各数艘交我来美官兵运用。"12月18日,蒋介石指示:"美方既一再表示极愿我国多派有海上经验之官兵赴美参战,应即由办公厅会同海军总部尽先选足驱逐舰、布雷舰各4艘之官兵限期出发,并准备第二批之人选。"

中美双方就派遣海军官兵接受训练以及接舰参加对日海上作战等事宜进行了反复协商,至1944年9月美国确认向中国租借8艘舰艇,中国则选派近千名官兵赴美受训。同年秋,日军大举进攻桂黔,抗战形势恶化。10月10日,国民政府军委会提出了"一寸山河一寸血,十万青年十万军"的口号,发动知识青年参军。11月底,广西桂林、柳州沦陷,贵州独山被敌占领,一时间重庆震动。莘莘学子怀着对日寇入侵大后方的无比愤慨,认为鬼子打来了,横竖书读不成了,不如干脆弃学从军杀敌。在看到招考"赴美接舰参战海军学兵"的布告后,当时交通大学航海、轮机、造船的毕业班学生几乎全班报名,低年级的同学和土木系、机械系、财管系、运输系的同学也不甘示弱,至12月中旬共有86人入选"赴美接舰参战学兵总队"。在赴美接舰的1000名士兵中,青年学生兵有475名,其中交大同学占了近二成。

由荣正通撰写的《抗战中交大学生投效海军始末》一文,列出交大86名赴美受训的海军名单,笔者从中找到"朱凤翔、顾善豪、金庆骥、庞耿明、王伟民……"。

从1945年1月下旬起,赴美接舰的士兵队从重庆和成都分批启程,沿着危险的驼峰航线,途经缅甸北部,飞抵印度加尔各答。在印度休整一个多月后,他们于3月16日搭乘美军运输舰"曼恩将军"号离开孟买,开始漫长的海上航行。当"曼恩将军"号经过新西兰附近海域时,突然发现有日军潜艇出现。舰长沉着应对,指挥军舰作"之"字形航行,不断改变航向和降低主机转速以减轻声响,使潜艇难以发动攻击,最终安全脱险。4月15日,士兵队抵达美国的圣地亚哥军港,然后乘火车横穿美国大陆,于4月21日来到迈阿密军港。

5月初,士兵队正式进入迈阿密海军训练中心受训,由美国海军专业军官和军士担任教官。教材内容特别强调操作使用和维修保养,注重理论与实践相结合。专业包括:航海、帆缆、枪炮、通讯、轮机、船体修配、电气、无线电、雷达、补给、医药、伤病护理、文书等。1 000名士兵按专业岗位分班学习，被分成九个中队，每中队有三个分队，各分队下设三个班。在27名分队长中，交大同学占18名，在81名班长中，交大同学占39名。在长达一年的学习和生活中，他们发挥了重要的领导和示范作用。第五中队第三分队分队长荣纪仁是著名民族资本家荣德生的第六子。第四中队第五班班长刘行恕（刘山）是刘田甫少将之子，在1956年加入中国共产党，曾任外交部政策研究室主任，驻比利时大使兼驻欧盟大使，国务院外事办副主任，外交学院院长兼党委书记等职。

重返职场，成绩斐然

由于日本在1945年8月15日正式宣布投降，赴美接舰的学兵们未能实现杀敌报国的理想。1946年4月8日，中国驻美海军副武官林遵中校率领八艘舰船离开关塔那摩海军基地启程回国，途经巴拿马城、圣地亚哥、珍珠港、东京等地，于7月19日驶抵吴淞口，24日在南京下关举行归国典礼。此后绝大多数学员兵不愿参加内战，以各种方式离开了海军。

离开海军的金庆骥又复员在重庆及上海交通大学轮机专业深造，到了1947年3月，上船当了上海民生轮船公司轮机员，1948年1月他派往加拿大圣罗伦斯船厂，作为民生轮船公司的验船师，监督建造民生公司的九艘"门"号客货轮，1949年2月随船抵达中国香港地区，在香港民生轮船上任大管轮（second engineer）。

率船北归后，1954年11月至1978年9月，金庆骥曾荣获厂先进工作者和市五好职工荣誉，始终担任厂主任工程师。在那个年代，他发表了不少译著作：

29岁的金庆骥与另外两位专家翻译了156页的《船用柴油机主动件校中工作》。

1955年，人民交通出版社发行了由吴家骧编著，金庆骥校订的《船用柴油机的修理与安装》；机械工业出版社出版了《机器制造互换性概论》，该书是由金庆骥、杨代芬翻译自苏联大百科全书第五卷。

第二年，金庆骥又与陶钧合作翻译了苏联良顿（Ю.Н.Ляндон）著的《机器制造互换性原理》。

50年代末，金庆骥主持设计了"内燃机生产流水线上的气动和液压系统",发表《曲拐自动线的结构分析与改进》等论文,主编《工程实验的设计与分析》,主译《船舶机械制造工艺学》等。1962年,在积累了机械制造的理论和实践的金庆骥,与他人发表了《上柴自行设计和制造的曲拐自动线的几种新结构》,刊登在《组合机床和自动线工作简讯》上。

1975年,金庆骥研制轮机单件组合制造跨入成熟的自动线制造级段,发表了《加工13种大型工件的快调自动线》,也刊登在《组合机床与自动化加工技术》1975(Z1)专业杂志。

三年之后,金庆骥、钱伟明《谈谈液压流阻》一文在《组合机床与自动化加工技术》1978年第6期发表,该文标题简朴,内容却深度解析了液压流阻的大小,在液压传动中提高工效而不可忽视的课题,也是液压装置制造商的参考指导书籍。

1978年9月,金庆骥由上海柴油机厂调入上海交通大学,三年之后评定为动力机械系副教授。低调的金庆骥在交通大学十年间,仍然发表了高质量论文8篇,退休之前金庆骥教授还与他人合作在1990年的《上海交通大学学报》上发表了《等效增压器概念及柴油机各类增压系统的比较》。

中国轮机学术幕后功臣

李铭慰老师更是一个低调默默为中国教育事业贡献一辈子的知识精英。尤其在那特殊年代,李老师依然积极与上海各造舰船机构协作提高中国的造舰船水平,具体从事些什么项目,作为学生的我也不好多问。

从1975年起,26岁的我经常无偿地为李老师翻译"大船"日文资料,所谓"大船"的称呼是有由来的。这是因为李老师给我的日文资料都是来自军工单位或保密机构,为了避免不必要的麻烦,两人就将这些资料称为"大船"资料,近五十年后,我还记得众多的译文中的二篇,因为1991我就是凭借这两篇专业长译文,被澳大利亚交通部海事管理局的首席考试官破格允许本人参与澳大利亚轮机工程师考试。

我还记得,当年将70页的译文《高弹性双锥体摩擦离合器的研究报告》交给李老师时,随口问老师"这么大型船用离合器,好像不太适合货轮?""喔,这是配套大船的,你自己知道就可以了。"当时,我就很明白老师口中的"大船"为何物,果不其然,此译文被上海的七一一所汇编成国外船用柴油机《传动装置译文集》时,我全明白了,八九不离十,李老师所说的"大船"就是航空母舰,或者是现在网上军事发烧友的用语"大驱"(万吨级的导弹驱逐舰)。70年代,七一一所还在现在锦江之星的大楼里,该大楼在四川路桥南墩,离我家步行10分钟左右,李老师经常去该所联系工作后就会到我家,了解我的学习状况,或送来和收回日文资料,以及我的译稿。

李老师在教学和专业学会的繁忙的行政工作中,每年仍然发表论文,1962年中国造船工程学会年会论文集第四部分有李铭慰著作的《船用内燃机》。

上海沪东造船厂一九七五年汇编的《船用发动机论文集》刊登了我译自日文的《关于热应力和机械应力的叠加疲劳》

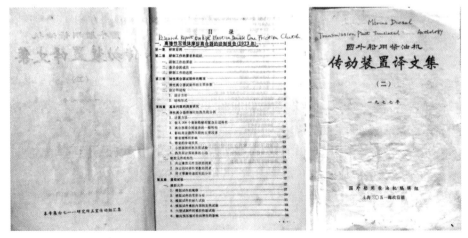

由上海七一一研究所1977年汇编的国外传动装置译文集,刊登了我译自日本的《高弹性双锥体摩擦离合器的研究报告》

《舰船知识》杂志于1981年第4期报道一则消息,以"轮机战线空前盛会"为标题,叙述了在南宁召开的1980年学术年会。这次轮机学术年会,是轮机学术界一次空前盛会,报道中称:"轮机学术委员会主任委员李铭慰教授等著名科学家,分别在大会上做了专题发言,介绍了世界能源情况和我国的动力政策,以及舰船柴油机,舰船涡轮机、船用辅机……"众所周知,从那以后,乘着改革开放的东风,中国的造船能量逐渐跨进突飞猛进的地步,舰艇下水也快速发展到"下饺子"的状态。

1987年2月,已过70岁的李铭慰老师通过实践而得的《油轮油舱加热系统的实船调查及实验》论文,由大连海运学院出版社出版,真可谓从心之年显本质。

1978年,当时中美还没正式建交,但邓小平同志亲笔批示:"交大应与美国交大校友会取得联系,到美访问。"这鼓励和推动了中美交往,至少是中美教育史上具有历史意义的举措。

同年9月29日,上海交大访问团经巴黎到达华盛顿,这是1949年以后内地第一个访美的高校代表团,意义深远。李铭慰老师是这个12人访问团的代表之一。

后来我出国谋生,才知道李老师用自己的外汇津贴买回不少专业书籍,由此可见李铭慰教授的为人做事的风范。

后排右二为李铭慰老师,后排右四为访问团团长邓旭初

附录四
"跃进"号沉船事件再探

1963年5月1日,新中国制造的第一艘万吨级远洋货轮"跃进"号沉没于长江口外的苏岩礁。苏岩礁(Suyan Islet)即"江苏外海之礁石"之意,是中国东海上的一个礁石,在江苏南通和上海崇明岛以东约150海里,距离中国舟山群岛最东侧的童岛132海里(247公里),在地质学上是长江三角洲的海底丘陵。该礁石在低潮时仍处在海面以下,离海面最浅处达4.6米,位于公海水域,处于中国东海大陆架上。1952年,韩国政府擅自将苏岩礁划入韩国海域,但未得到任何国际承认。

"跃进"号沉没之后,日本媒体抢先报道《"跃进"号因腹部中了3枚鱼雷而沉没》,此新闻一出,美国首先辩白,声称美海军没有军舰、潜艇在该海域活动,"跃进"号很可能是被过去布置的水雷击沉的。而日本人也很快出来解释,货轮沉没的海域是渔场,没有水雷。而韩国也说和自己无关,他们没有潜艇。一时各种推测、解释、谣言满天飞,远东局势顿时有些紧张。

那年,我才14岁,刚好入上海北虹中学读初一,已懂事,记得报纸和电台一将沉船事件公布,震动了全世界,尤其是刺痛整个上海航运界,社会上也议论纷纷,而居住在虹口区的船员家属,心急火燎,互相走动,打听消息。由于1953年和1954年先后发生中波海运公司的两条远洋船舶被台湾当局海军劫持到高雄港的事件,两船上共有29名中国船员和62名波兰船员。此事的阴影又在人们的脑海中浮现。

事隔十年左右,又发生了特重大沉船事故,当然在航海界引起一片喧哗和猜疑,尤其是船员家属之间,更流传着"跃进"号是否被美帝或国民党潜艇或军舰击沉的消息。

1963年5月2日,"跃进"号轮机长(上海人称为老轨)徐翊令的儿子一早来到学校,比他更早到校的同班同学突然对他说:"'跃进'号沉掉了!"小徐随口回答:"瞎讲,侬不要开玩笑。""这是广播里讲的。"小徐志忑不安奔进校务处,借用电话拨通家中电话,他从母亲回话中知道,"跃进"号确实沉没,日本海上保安厅救获了"跃进"号的全体船员。

我与小徐(现在是老徐,广州远洋公司资深轮机长)是1969年从学校退回街道时认识,才知我们的父亲早就互相认识,在50年代就是同事,他们也是新中国第一代著名的资深轮机长。那年有一天,笔者父亲见到我俩在家门口一起聊天,才得知小徐是徐老轨儿子,应该是从这天起,我就开始留意有关"跃进"号的资讯,直到1974年8月,广州远洋公司(简称广运)实行子女顶替政策,父亲得知这一消息,立刻要我去告诉徐家,从那以后,我俩就进入广州远洋公司,各自开始了漂洋过海的海员生活,直到前二年一篇转载在公众号"上海老底子"上发表的《老海宁路上的传奇》文章,我们又联系上了,从而也激起我多年以来的愿望,即写一篇真实的《现在可以说了——跃进号沉船事件》,该文是本章的底稿,还原历史的真相,警示后人。

新华社对"跃进号"沉没的报道

笔者为何要写这篇文章?因为有关"跃进"号沉船事件,几十年来,有种种说法,在当时的环境下,出于各自的考量,无可厚非。当年的亲历者、知情者都已过世,再说有关沉船事故也是航海界忌讳的话题。但是笔者和老徐也是1949年后中国航海界的第二代,已迈入70岁的当年的海员,必须继承新中国第一代海员,也是父辈的迎风劈浪的精神,尊重历史,还原历史。回忆这起不幸事件,愿世人哀之更要鉴之,常怀敬畏自然之心,以免后人复哀后人。

先从2013年说起,那年是"泰坦尼克"号沉没100周年,"跃进"号沉没50周年,中国航海学会秘书长在上海的科学会堂是这样说的:

"跃进"号的沉没堪称中国的"泰坦尼克"号。亲历"跃进"号沉没的海员往事不堪回首,心中一直非常沉痛,加上当年的媒体某些不实的报道,"跃进"号海员几乎都背上了沉重的十字架。几十年后,当事船长在郁闷心情下离开了人世,大副为了脱离痛苦的环境远走他乡,在澳大利亚定居。主要责任者二副不愿意谈论"跃进"号事件,远离尘嚣,在乡下两耳清净,但忐忑地安度晚年,回避一切媒体的采访。当年的三副在临近上海的浙江某地小城市内生活,也不愿意任何人再去揭一辈子无法愈合的伤疤,三位驾驶员都是当年海运学院毕业的优秀生。船长是当年吴淞商船学院的早期毕业生,曾是招商局的当家船长,驾驭过当年最大的邮船。解放后是某航运公司的海务船长,承担了公司全部船舶的安全责任。

依最新资料,上述的内容有所偏差。笔者对这几位驾驶员的身份背景作如下补充:

陈家祥,资深老船长(1909—1996),江苏无锡人。1929年就读吴淞商船专科学校。1933年起在轮船招商局"江天"轮等船舶任二副、大副。1946年始,先后在轮船招商局、台航公司、安信公司、益祥公司、油轮公司等任船长。1951年在中波轮船股份公司"普拉斯基"等轮任船长,1952年调交通部海运总局任调度室副主任。1957年12月加入中国共产党。1958年调至交通部远洋局,任副总工程师、总船长,并先后在中捷国际海运公司、中阿轮船公司任船长、顾问。1963年5月"跃进"轮沉没时在该轮任船长。1965年任中波轮船股份公司海务监督。

上海海运局任命徐翊令为指导轮机长时制服照

张衍铎,上海海运局老船长。据前交通部部长徐永昌的回忆他是徐永昌在吴淞商船学校30年代的老校友,是徐的前辈。张衍铎驾驶技术和业务素养都很高,曾被评为上海市劳动模范,"跃进"轮下水后,就是由他首先驾驶试航,试航完成后,交班给了准备执行首航日本任务的陈家祥老船长。徐永昌以前没有和张船长同船工作过,但听过他的很多事迹,所以徐永昌对张船长很尊重。

徐翊令,资深轮机长(1915.11—1975.5),浙江鄞县人。15岁在上海鸿长兴船厂铜匠学徒,先后在中日船务公司、中华轮船公司、英国蓝烟囱公司、招商轮船公司和中兴轮船公司工作,由铜匠升任轮机长,任中兴轮船公司机务科长时,参加和组织1950年中兴轮起义北归成功,后并入上海海运局。1951年加入中国共产党。1952年被评为上海市劳动模范,1954年提升为上海海运局指导轮机长。1956年被派往德国监造验收上海海运局在东德建造的两艘货轮,1959年任中捷轮船公司轮机长。1960年任中远总公司轮机长,同年派往大连造船厂监造"跃进"号,并验收和试航,首航日

后排右一为中远资深轮机长徐翊令

本时触礁沉没。参与了调查"跃进"号沉船原因和沉船海域的勘察工作。被周总理亲切称为"宁波人老轨"。1961年调入广州远洋公司任轮机长。后又去大连造船厂参加监造验收"跃进"号的姐妹船——"红旗"号。

1958年11月27日万吨巨轮"跃进"号下水这天,大连(红旗)造船厂彩旗招展,锣鼓喧天。全国各家报纸都以醒目横栏大标题,庆贺大连造船厂开创了中国自行设计、自行建造万吨巨轮的历史。同时,国务院也向大连造船厂发来贺电表示庆祝。在人们的欢呼声中,厂长原宪千按动了电钮,"跃进"号万吨巨轮缓缓滑出船台,驶进了大海,由此开创了我国造船工业的新纪元。

"跃进"号自1958年9月开工,从船台铺底,到同年11月27日船体建成下水,只用短短58天时间,其船台周期创下世界最短耗时纪录,标志着中国船舶工业水平的飞跃。

"跃进"号由大连造船厂按照苏联设计图纸制造,为近代自动化程度较高,船员较少的船型,船员编制约60人。为纪念当时的"大跃进"运动,命名为"跃进"号。此前中国大陆自建的最大船型为1958年建成,满载排水量8 730吨的"和平28"号沿海货轮及其姊妹船,船员编制约120人,用于国内和东南亚近海航线。"跃进"号虽然船壳制造只用了58天,舾装却因"大跃进"运动及随后的经济困难,无力进口所需的各种自动化设备,直到1962年底才建成,并于当年12月投入上海至大连的中国近海航线试运营。

"和平28"号是由上海江南造船厂建造,主机(发动机)是蒸汽机,当时我国还不能造马力5 000匹以上的船用柴油机,所以"跃进"号装置的是苏联造的船用汽轮机,其实国际上的商船一般不使用汽轮机,其原因是经济上不划算,那时西方国家对中苏两国执行技术封锁,大型船用柴油机制造商都在欧洲。"跃进"号配置汽轮机是不得已而为之。

"跃进"号载重量为15 930吨,满载排水量22 170吨,船长169.9米,宽21.8米,型高38米,满载吃水9.72米,主机采用汽轮机,14 000马力,航速22节,运营速度18节。因为是"中国自力更生的结晶",这艘万吨货轮就显得非同寻常。为此1960年,邮电部还发行了特种邮票——"中国制造的第一艘万吨远洋货轮",票面以蓝色为基调,画面为"跃进"号乘风破浪在大海中航行,船头有"跃进"二字。这也是北京邮票厂印制的第一套特种邮票。

"跃进"号是大连造船厂为中国远洋运输公司建造的首艘万吨级远洋货轮,徐翊令老轨作为中远的监造师长期进驻大连造船厂,监造跃进号,从"跃

1958年"跃进"号下水纪录片截图

进"号准备建造起,到1963年的年底,试航的全过程都印在徐老轨的脑海里,那是苏联援助中国的重点项目,根据苏联提供的设计图纸、主机(蒸汽轮机)及其他辅助设备,在其专家指导下,用苏联的钢板造好的船体下了水,但由于中苏交恶,苏联单方面撕毁合同、撤回专家,后由大连造船厂自行建造(即舾装)。

1963年年初,"跃进"号舾装完成,正式下水后曾在大连和上海间连续试跑了3个航程,情况正常。接着,它很快有了用武之地。60年代,正

"跃进"号特种邮票

是冷战时期，美国和苏联对峙，国际关系很微妙。此时，中日外交有所缓和，双方开始试探着进行民间外交。

1962年年底，外交活动家廖承志在北京同日本高崎达之助签署发展中日贸易备忘录。中日贸易促进会和交通部商定，由"跃进"号担负首航任务，借此承担起开辟中日航线的任务。但在此之前，"跃进"号实际上仅仅在海上试航了4个月，按规定，大型新船的验收试航期起码得半年以上。

1963年4月24日，"跃进"号装载着3 000吨杂货驶离上海高阳路码头，在上海港上船船员中有两位上海籍船员，二人各自怀着不同的离别心情，此时此刻谁也不会想到"跃进"号会一去不复返，永远沉睡在长江口外的东海海底下。

姜景寅临时从外轮代理公司转调到中远的业务部主任（管事），此时既兴奋又有些紧张，心里想着领导说的话："原来的海员都必须在新到海员上船后马上交接离船！你马上准备，该轮在上海高阳路码头装载3 000吨杂货，随后24日开航去往青岛，开航前你必须接下管事的工作。这是党和国家交给你的任务，必须圆满完成。"第一次登上万吨级远洋货轮的年轻人，满怀着完成崇高任务的抱负，没有思考"跃进"号出海的目的港是哪里。

徐老轨是"跃进"号试航轮机长兼监造师，这位新中国成立前就是轮机长的宁波海员对开航已习以为常，他离家时，小徐在场，记得其父亲对母亲说，这次从上海出发去青岛装货后去日本，这件事你不要对任何人讲！

通常远洋船舶执行保密任务，只有船长、政委、轮机长提前知晓。在高阳路码头时，"跃进"号就悄悄地换了一批船员，用党团员船员换下非党团员船员，在当时的条件下是交通部对有重大任务的船舶常规人事配置的模式，无可厚非。

"跃进"号到达青岛后。船长张衍铎接到调令就下船回上海了。新船长陈家祥在"跃进"号起航前两天才赶到青岛，与校友张衍铎船长都无法打个照面。

张船长30年代就读于中国航海家的摇篮——吴淞商船专科学校，当时已是口碑很好的资深老船长，后来曾当选为上海市劳动模范。接班的陈船长是更资深的老船长，以总船长的身份派到"跃进"号，这一人事配置似乎是无可挑剔了，但是其中忽略了非常关键的船员业务对口交接的程序，这在航运界是绝对的大忌。再说，当时的"跃进"号正处于试航阶段，所有的船上设备都处于调试过程，尤其是导航仪器的重要误差的修正，多次试航过程中的所得经验

大学生们正在兴高采烈参观"跃进"号

和注意事项,都应毫不保留告知接班的船长和驾驶员,为了保密而省去了这一步骤,无意间造成了航行事故的潜在风险。

在青岛停留期间,参观者不断涌来,船长等人应接不暇。船长和驾驶员根本无法坐下来研究航线和导航设备。离码头时还未获得上级部门规划的航线。上级领导只是要船先开到青岛外的前湾锚地,到了锚地后等待通知去往下一个港口。因此,作为船上的管事,也只能在出口报关单以及其他资料上的目的港一栏留白。

起航时间到了,船长命令船驶向前湾,到达锚地后,船长命令报务员守候电台,等候起航命令。

对于"跃进"号的起航,有两种说法。

第一种说法是,锚定2个多小时后,一艘海军快艇疾驶而来,他们把一圈资料带上船,然后就离去。

船长拿到资料后打开,原来是由海军保证部指导绘制的航线,海军某参谋部设计的航线。航线的终点是日本的门司港。随即船长从获得绝密文件中知晓航次的注意事项。指示要求保持高度警惕"帝国主义及其走狗"对我国远洋船的破坏。文件中还有抵达日本后的首航仪式的准备要求等,并要求船长做好靠泊门司港后的接待工作,写好演讲稿,立报上级领导审核。领导指示船长、政委把政治任务放在首位。此时,由于船长拿到已经绘制好航线的海图,没有时间和驾驶员对其进行研究就付诸航行了。

第二种说法是,临开航时,才有人送来了"跃进"号首航日本的航线。来者强调说这是有关的作战部门帮助制定的。商船的航线要作战部门来确定,船长吃了一惊。但他们说是为了防止"帝、修、反"的破坏,要"跃进"号从青岛起锚后,不能暴露目标,沿隐蔽航线向南行,到北纬32°、东经124°时转向,直奔大隅海峡,经日本内海抵达日本。然而指定的航线周边区域有一片暗礁,叫苏岩礁区。海图上注释说,这片暗礁是火山爆发后形成的浅水礁,水深只有54米,退潮时的水深不到5米,属极其危险海域。

放着安全的老航线不走,却偏要走这个危险的海域,船长表示不能接受。但来人反问船长,如果往北移,船一旦被韩国劫持,谁敢负这个责任?船长无话可说,一切只能服从上面安排。

1963年4月30日下午3时58分,"跃进"号装载1.346万吨玉米、氟石和杂货,从青岛港外锚地启航,首航日本门司、名古屋两港,开辟中日航线。5月1日下午1时55分,在济州岛附近海域,"跃进"号向交通部发出求救密电:"我轮受击,损伤严重。"

沉船这天正好是五一劳动节,全国都沉浸在节日欢乐气氛中,下午两点多钟,交通部向周恩来总理办公室报告这一消息。下午2点10分,"跃进"号也发出"SOS"国际求救信号,晚上,船沉入海底。

得知沉船消息后,在请示了毛主席后,周恩来立即一把抓起电话呼叫海军司令部,语气沉重地下达命令:即刻派遣军舰前往遇难海域执行营救。东海舰队随即派出4艘军舰,冲破重重巨浪向"跃进"号失事遇难的海域驶去。

5月2日,日本日中贸易促进会向中国发出通知:"跃进"号59名遇难船员分乘3艘救生艇在海上漂流时,由日本渔船"壹岐丸"救起,后转移到日本巡视船"甑"号上,不久,所有船员登上赶去救援的中方军舰。当"跃进"号海员由海军"211"护卫舰接到上海海军黄浦路码头时,全体海员都显得疲惫不堪,先被安置在北外滩浦江饭店内进行政治学习,同时接受调查。

附录四 "跃进"号沉船事件再探

"跃进"号从撞击苏岩礁起,至弃船逃生,到登上救生艇,这一全部过程,有不少公开资料,众说纷纭,其中不缺外行的说法,还有撰稿者的错误论断。其中最令人不解的,就是怪罪于陈家祥船长已离船多年,实事上,陈船长的履历显示,其先后在中捷国际海运公司和中阿轮船公司远洋船上任船长,中捷是1959年成立的,中阿是1962年成立的,以此断定陈家祥是作为船长服勤中捷、中阿之后调往"跃进"号的,并没有离船多年。总之,"跃进"号沉船原因至今没有一个令人信服的权威说法。

"跃进"号触礁时,除了陈家祥船长,船上所有人员没人想到是触礁,在大家满脑了沉浸在"阶级斗争""政治任务""警惕敌对势力的破坏"的想象中,大多数船员倾向受到三枚敌方潜艇鱼雷的攻击,在惊慌失措之下,没对船舶采取相应措施也是情理之中,国家对"跃进"号船员后期处理是宽大的。

在拉响警报后,在机舱内监督的徐翊令轮机长的一系列操作充分证实了上述分析。他开始以为是消防警报,按应急预案,最后一个带着轮机日志从机舱底往上爬,到锅炉层(因为"跃进"号安装的是汽轮机,需要烧锅炉产生很高的气压作为驱动汽轮机叶轮)放泄锅炉内气压,逐爬逐层检查,最后到了甲板,看见大家急着穿上救生衣,他才明白出事了。这时,政委跑上跑下指挥大家弃船撤离,船长强拉硬推赶船员下救生艇,等到大家都上了救生艇后,才发觉船长却待在甲板上不愿离船,露出与船共存亡的意思,只有在政委徐老轨表示少了你,我们如何回去时,陈船长才下艇,指挥59名船员分乘三艘救生艇弃船而去。约3小时后,"跃进"号巨大的船身被海水吞没。从此,在陈船长的心目中留下了抹不去的阴影。

几年后,陈船长与笔者父亲曾相遇,陈船长表示:("跃进"号沉没)太可惜,太冤了。当然这是笔者工作后才得知的,父亲告诉我,他很同情他的老搭档、老同事。那么陈船长的"太可惜,太冤了"是否有理据?

在北京回沪前夕,周总理又接见了船长、政委、轮机长和大副等人。见面后,周总理先对这些干部船员一一亲切问候,等大家放松后说:在集美的当船长的多,宁波当轮机长的多(这就是为什么之后总理在锦江饭店布置勘察"跃进"号沉没原因之前会问:怎么宁波老轨不在),后突然问徐翊令,你海图识吗?老轨回答,如果海图上有标明的话,我能看懂。周总理说:我和你一样!接着又问徐翊令,这次"跃进"号沉没的原因是什么?徐老轨回答:不像水下攻击,更像触礁。

笔者认为,总理听完徐老轨的回话,已经倾向沉船是人为因素,而不是鱼雷攻击，之所以再向徐老轨提问一个技术问题，是因为当时沉船事故中，徐老轨的责任微乎其微，没有包袱，处于中立地位，能客观地回答总理的问话。从中能看到总理的思维缜密，知识面宽广和自信。

事后他对在场的一些负责同志说:"我们在调查'跃进'号沉没原因时，一定要贯彻毛主席的指示：不仅要注重和阶级敌人作斗争，而且要注重和自然界作斗争，要实事求是，要有科学态度。"还强调，"到出事海域查实情况是关键一步，只有进行海底探摸，获得证物，才能判断是受敌方攻击还是航行触礁，在没有取得确凿证据之前，不下结论，不发消息"。

5月12日清晨，北京浓雾遮天。周总理不顾劝阻，坚持乘飞机来到上海，检查指导海上调查的准备工作。在锦江饭店的小礼堂，总理准备召开安排人员去沉船地点勘察，开会前一看，不见徐老轨，他就问工作人员，宁波老轨怎么不在？随后工作人员马上给徐家打了电话，徐老轨出席了这次领导层的会议，并参与了实地勘察。

5月13日，在上海锦江饭店小礼堂，周恩来总理对东海舰队干部和出海船员所作的报告中语重心长地指出：

> "跃进"号如果没有沉，现在可能回来了，实际上船已经沉没了。可是我们要好好地总结下呀，损失不小啊！花钱买教训！听说船开得很匆忙，如果在船开走之前，当时若有人认为船上工作没准备好，而建议没准备好就不要开航，这位同志才真的了不起呢！船开航前考虑的阶级斗争多，对自然作斗争的考虑就少了。只考虑到了外国码头，如同台湾的船或是同美国的船靠同一个码头，遇到台湾船员和美国船员怎么办？现在连船都沉了，斗争的工具都没有了，拿什么作斗争呢？……听说在船开航前，为船交了保险，这件事办得很好，及时办了保险，减少了损失。多少年来，各国都有很多船到日本去，都很正常，没听说发生过什么大问题。而我们第一次派自己新造的船出去，还没到日本港口，在半路上就沉了，应该认真地检查检查，政治上很被动啊！

此外，在报告中他开门见山地说:"根据我们的调查，'跃进号'极大可能是触礁沉没的。"这句话，引起了战士们的不解。周恩来进一步解释可能是触礁的理由。

"跃进"号沉没的地区有三个礁石，很大的可能是遇到一个浅水，也就是在北纬37度7分,东经125度11分这个地区,有一个苏岩礁区,是珊瑚礁,这是火山爆发出来的,火山岩上的珊瑚礁。因为它水浅,在水下有5.4米,而我们"跃进"号最大的吃水是9.7米,我们装货装到9.4米的样子,很可能要碰到它。如果碰到它,那就触礁了。此刻,他的讲话让大家大吃一惊,都没想到总理这么内行。

"我上面的分析对不对,是不是符合实际,这要由你们去现场进行调查,再作最后的判断。"周总理对出海调查寄予了很大的希望,一句简明的话让在场者充满了完成任务的必胜信心。

晚上7点半钟,总理在华东局第一书记柯庆施陪同下步入锦江饭店小礼堂时,"跃进"号全体船员早已等候在那里。那些死里逃生的硬汉子见到总理,个个激动不已,不少人无法控制自己的感情,边鼓掌边流泪。总理一一同船员亲切握手,代表中共中央和国务院对他们表示慰问,并进一步了解"跃进"号遇难的详细经过。其间一段戏剧性的对话很能说明"跃进"号出事的主要原因。

老八路出身的上海市打捞局局长张智魁说:"制作这次航线图的,是当时东海舰队的一个作战处长,和海运局的一个处长。制作出来的航线直接对准苏岩礁。"

时任华东局书记的柯庆施大声责问:我也不懂航海,你们怎么这么笨啊,明知道前面航线有礁石,就不会避开,愣是往上画,又不标明。

被批评了的两个制图人,站在那里两个小时,紧张得大汗淋漓。

"其实,那是那个年代的需要啊。"事后张智魁回忆道,"他们制作的航线图,是出于战备考虑。"

随后,周总理又了解了航线的制定情况,发现不少问题:"这条航线的制定也是错误的……'跃进'号是条商船,不仅要考虑拿枪的敌人,还要考虑自然界的'敌人',比如暗礁、浅滩等各种航行障碍物。确定航线时这些都考虑到。"

接着总理神情激动地说:"大家想想,这样一些临时从四面八方凑起来的人,在心神不定、目的不明的情况下,乱哄哄地就将一艘万吨巨轮开了出去,行驶的又是一条充满危险的错误航线,怎么可能不出事故!这是对国家财产和船员生命严重不负责任的行为。"

5月18日9时,在周恩来总理的指挥下,一支庞大的海上编队从吴淞口出发。编队包括"和平60"号与"海设"、"救捞1"号、"救捞8"号四船组成潜水调查的作业分队,由上海市打捞局局长张智魁统领。海军护卫舰"昆明"号、"成都"号,扫雷舰"沙家店"号、"周口店"号,驱逐艇"金州"号、"兖州"号,6艘舰艇护卫两旁,组成三个战斗警戒分队。与此同时,从北海、东海两支舰队抽调了30艘舰艇140架飞机作为支援海上调查编队,以及防备突发事件的备战梯队。

当天,新华社发布公告:我编队赴济州岛西南海域进行调查。

经过10多天的艰苦奋战,72人次的潜水探摸,克服重重困难,终于查清了"跃进"号沉没的准确位置和确实原因。根据打捞队调查显示跃进号沉没的海域距离苏岩礁只有1.2公里,船只的破损并不严重。破洞3处凹陷5处,龙骨有1处折裂,而船体3段和拢处的两条焊缝没有任何破损,并且苏岩礁存在明显的碰撞痕迹,苏岩礁上还残留有"跃进"号的红色油漆。

由此终于弄清"跃进"号沉没并不是遭到鱼雷攻击,而是触礁。

根据周总理的指示,1963年6月2日清晨,海上编队组织最后一次潜水复查,取出了"跃进"号航向记录本、国旗和有关数据,收拾好所有器材,撤离作业区。

与此同时,新华社根据周总理的命令发出电稿:新华社奉命发表声明,中国交通部为了进一步查明"跃进"号沉没的真实原因,而派出的调查作业区船队和中国人民解放军海军协助调查的舰艇,在苏岩礁周围海域,经过15天的调查作业,在北纬32°6′、东经125°11′42″处发现沉没了的"跃进"号船体,经过周密调查,已经证实"跃进"号是因触礁而沉没。

船沉了。不幸中的万幸,"跃进"轮于启航前的4月20日曾投保,总保险金额就达125万英镑(按当时汇率约合300余万美金),保险条件为船舶险和战争罢工险,其中船壳机器设备仪器等保额100万英镑,增值保险保额25万英镑。起保日期为1963年4月30日中午12时。此外,中国人民保险公司已在国际保险市场办理了分保。除了上述保险外,还有数十万英镑的货运险。

1959年起,虽然中国人民保险公司全面停办国内保险业务,好在还保留了办理涉外保险业务,主要承保外贸部的进出口运输保险、交通部的远洋船舶保险和国际分保业务。

5月1日沉船后,5月2日中国远洋运输公司即向人保公司电话报案;5月25日,中远向人保提出书面索赔申请;6月18日,人保已向中远支付全部赔款125万英镑,与此同时,人保公司积极开展与国际分保人的交涉。由于涉保证件的准备做得比较周到,外国分保公司对我方送去的各项索赔证件均未提出任何问题或疑问。在解付赔款方面,绝大部分保险公司在收到我方索赔要

海上编队中的"和平60"号勘察顺利结束回港后的合照

求的一个月内即将赔款汇来。截至9月20日,"跃进"轮对外摊赔工作基本结束,未收到的赔款仅剩零星尾数。

"跃进"轮的125万英镑保险金额是比较高的,交通部拿到这笔赔款,按当时国际市场的船价,可以购置一条至两条设备较好的万吨级货轮。据交通部远洋局经办保险的同志透露,"跃进"轮之所以这么"贵",一是因为国内的造价比较高,二是此船是按照苏联巡洋舰的规格造的,钢板的标准比普通商轮高。人保公司在办理国际分保时,经纪人也问过这个问题,我方回答:水险保单是定值保单,我们跟投保人确定的保险价值就是125万英镑,足额承保,并无不妥。

此后,不仅我方曾考虑过,英国明乃特保险经纪人也曾询问过沉船打捞问题,鉴于"跃进"轮沉没于水下50米之海底,打捞费用太大,遂放弃。"跃进"号不打捞,并不是因为获得了保险公司的赔偿就可以放弃该船,笔者也曾问过与陈家祥在中捷海运公司共事过的父亲,他认为船舱内的玉米等谷物货物进了海水后,船体受到其膨胀的应力完全变形,不值得打捞。

因为有了保险,"跃进"轮在经济上损失并不大,但在政治上的影响却是无法挽回的。其实,国际上远洋船舶出事是"家常便饭"。陈家祥船长没有受

"红旗"轮首航抵达日本门司港

到任何公开的处分,继续在北京担任中远指导船长。

1964年3月起张燕铎(张衍铎)任上海远洋运输公司"红旗"轮船长。"红旗"是"跃进"号的姊妹轮,也是大连造船厂建造的。

1965年8月31日"红旗"轮从青岛启航,装载同样是运往日本门司港的玉米。周恩来总理点名安排张燕铎任此次远航的船长,并指示"做好安全检查,确保万无一失"。"红旗"号轮全程监造师是当年周总理所说的"宁波老轨"徐翊令轮机长,但在即将首航时,因监造工作艰辛而身体欠佳,因病返家,在上海家中与上海海运局原"团结"轮轮机长交接班。

当年随航"红旗"轮的三副陆儒德(海军大连舰艇学院原航海系主任、教授)回忆道:

> 下午6时,我正在协助船长指挥"红旗"号解缆启航,码头上没有当年欢送"跃进"号的热闹场面,只有零星几人在码头挥手告别。突然有位码头工人手举喇叭向驾驶台高声喊话:"'红旗'号同志们,你们要把船开回来啊,不要再把这么好的船弄沉了!"声音清晰、如雷贯耳,张燕铎船长语重心长地说:"这不仅是青岛人民的心声,也是全国人民对我们的要求啊!"大家倍感此次航行责任重大。

9月2日"红旗"号驶过日本的关门海峡安全抵达司门港;又航经横滨、川崎和神户3港,9月28日回国靠上了天津新港码头,胜利完成了"跃进"号未能实现的"处女航"。